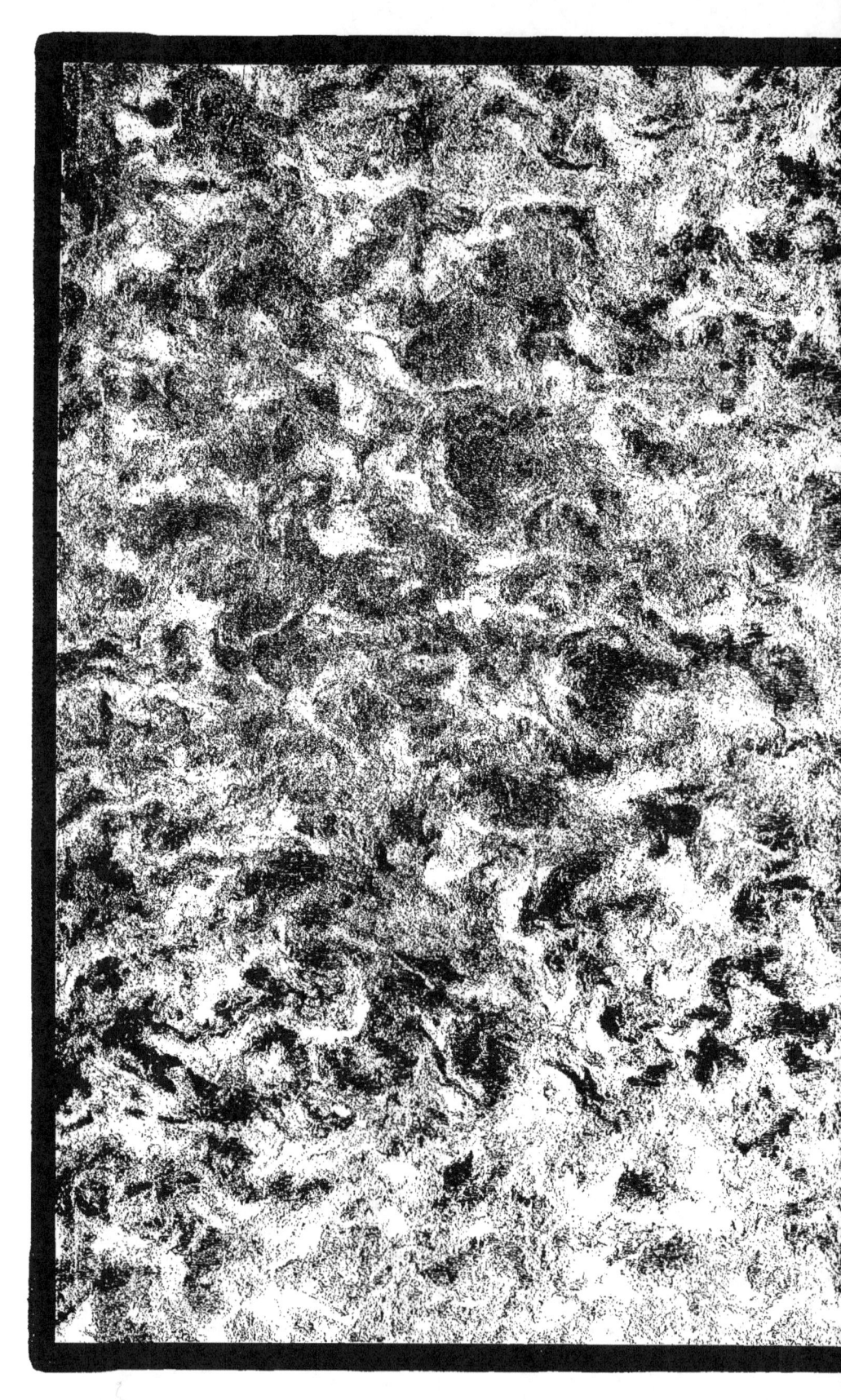

FERRET GUIONIE 1986

LE JAPON

IMPRIMERIE EUGÈNE HEUTTE ET Cie, A SAINT-GERMAIN.

LE JAPON

RACONTÉ PAR

LAURENCE OLIPHANT

TRADUCTION PUBLIÉE

PAR

M. GUIZOT

NOUVELLE ÉDITION

ILLUSTRÉE PAR LES PRINCIPAUX ARTISTES

PARIS
MICHEL LÉVY FRÈRES, ÉDITEURS
RUE AUBER, 3, PLACE DE L'OPÉRA

LIBRAIRIE NOUVELLE
BOULEVARD DES ITALIENS, 15, AU COIN DE LA RUE DE GRAMMONT

1875

Droits de reproduction et de traduction réservés.

Aspect des côtes du Japon.

LE JAPON

.1

Premier aspect du Japon. — Charmant paysage. — Singulier bateau. — Pappenberg. — Forts Dungaree. — Spectacle enchanteur. — Un gardien du port philosophe. — Visite des fonctionnaires japonais. — Decima. Abolition des restrictions. — Ancien emprisonnement des Hollandais. — Un skipper contrebandier. — Avidité hollandaise. — Règlements sévères. — Concessions récentes. — Nangasaki. — Aspect des maisons. — Boutiques de Nangasaki. — Les rues. — Plan de la ville. — Janiteurs de Decima.

Il n'y a pas plus de 450 milles de Shanghaï à Nangasaki, mais l'Océan tout entier roulerait entre les deux empires que le Japon ne serait pas plus complétement isolé du reste du monde. Nous traversâmes promptement et facilement cet étroit bras de mer si rarement sillonné par un bâtiment quelconque. Pas un flocon d'écume ne venait troubler sa surface de cristal, à peine un petit nuage apparaissait-il sur la teinte bleu foncé du ciel. Glissant sur ces ondes solitaires, nous aurions pu nous croire en route pour le pays des rêves, bien tranquillement établis dans un coin d'un autre monde éloigné des troubles et des orages du nôtre. Dans l'après-midi du 2 août nous aperçûmes pour la première fois les indices d'une terre et nous passâmes à côté de quelques grands rochers d'une forme pittoresque, couverts parfois de verdure, mais qui n'offraient pas à un habitant la place d'y poser son pied; ces grands hérauts de la terre se trouvent hors de vue de la côte du Japon, et on les appelle les Oreilles d'âne. Le lendemain, de grand matin, les montagnes du Japon devinrent visibles, la terre la plus rapprochée se trouvait l'île d'Iwosima. En y arrivant, le premier objet qui frappa nos regards était la preuve d'une civilisation inconnue aux Chinois, un grand drapeau placé sur le sommet le plus élevé annonçait déjà notre arrivée à l'île principale. Nous ne savions pas alors que des canons placés à intervalle sur la route de la capitale répétaient bruyamment ce signal, en sorte que la nouvelle de notre approche retentissait déjà d'un bout de l'empire à l'autre, et que Sa Majesté le Tycoon apprenait à Yedo, à six ou sept cents milles de distance, que nous venions d'entrer dans le golfe de Nangasaki au moment où nous jetions l'ancre.

Les grandes îles vertes d'Iwosima cachent l'entrée de la baie jusqu'au moment où l'on tourne leur pointe occidentale, même alors, d'autres îles et de hardis promontoires rendent la vue un peu incertaine. Heureusement, je ne suis pas chargé de piloter le vaisseau et nous pouvons concentrer toute notre attention sur le paysage, qui est fait pour l'attirer bon gré mal gré. Les îles à notre droite s'élèvent brusquement au-dessus de l'eau. Le promontoire qui nous domine est couronné d'une batterie de canons autour de laquelle sont groupés quelques soldats qui nous regardent curieusement; au delà, d'autres batteries apparaissent sur diverses projections du rivage, qui est çà et là découpé par des baies, au fond desquelles s'étendent de profondes vallées dans la direction de l'intérieur. Elles ont l'air extrêmement peuplées, car les chaumières, avec leurs toits de chaume pointus, sont groupées sur les flancs de la montagne et percent au travers du sombre feuillage. Dans certains endroits les falaises sont taillées à pic, et des masses de rochers forment des pyramides qui refusent aux arbustes les plus robustes la place de végéter.

Le paysage sur la rive opposée est du même genre, mais sur une plus grande échelle. Les vagues soutiennent une guerre continuelle avec cette série de baies profondes et de rochers escarpés, et elles écument et gémissent amèrement dans les cavernes et les fissures comme pour se lamenter de l'impuissance de leurs efforts pour les miner. Des pentes verdoyantes et des champs de riz qui forment des terrasses sur les flancs herbeux de la montagne offrent un charmant contraste avec les traits sauvages du spectacle, et des bosquets épais trahissent l'existence des petits hameaux qu'ils abritent, par la fumée blanche qui s'élève au-dessus de leurs ombrages. Solidement amarrés dans des criques reculées, ou tirés à terre sur des petits coins sablonneux du rivage, on aperçoit des bâtiments indigènes d'une forme bizarre, d'autres glissent sur cette paisible mer intérieure, transportant des îles à la terre ferme des passagers et des marchandises, ou flottant sans mouvement sur l'onde comme s'ils étaient endormis, leurs voiles repliées, « comme les pensées dans un rêve, » pendant que les bateliers sont occupés à pêcher; les voiles sont faites avec des morceaux de natte ou de drap, elles sont en général alternativement noires et blanches; chaque pan de voile n'a pas plus de deux pieds de large, et on les hisse perpendiculairement. Lorsqu'il est nécessaire de diminuer le nombre des voiles, on cargue un ou deux pans de natte. Lorsqu'on ne marche pas à la voile, les barques sont conduites par dix ou douze hommes robustes, n'ayant pour tout vêtement qu'une étroite ceinture, et qui ont l'air particulièrement nus, grâce à leur teint bronze clair. Ces hommes travaillent tous sous des tentes de nattes, ou sous une petite cabane de bois léger construite à l'arrière du bateau. L'avant est regardé comme la position la plus honorable; c'est pourquoi cette partie du bateau est consacrée aux passagers. Les proues se terminent en pointes aiguës, et sont élevées au-dessus de l'eau. Quelques-unes de ces barques portant des passagers passaient tout près de nous pour nous voir à leur aise. Les hommes qui les montaient ne témoignaient aucun effroi, mais bien une forte dose de curiosité et d'intérêt; de nombreux pavillons flottaient à l'arrière, chaque arrangement des couleurs ayant une signification à nous inconnue. Les pavillons étaient généralement blancs et noirs et de forme carrée ou en losange. Un rond noir sur un fond blanc, ou des triangles blancs et noirs étaient les plus communs, mais parfois le dessin se compliquait et présentait aux profanes tout l'aspect d'une collection mystérieuse des emblèmes de la franc-maçonnerie.

Nous voguions doucement, en arrivant à l'entrée d'un port long et étroit, avec l'île de Pappenberg sous la forme d'un cône surmonté de bois, en gardant l'entrée; les vaisseaux étrangers ne pouvaient pas naguère pénétrer plus avant. Cette île conservera dans les annales historiques du Japon une célébrité peu enviable; c'est la roche tarpéienne du haut de laquelle des centaines de chrétiens furent précipités dans les ondes bleues qui tourbillonnent au-dessous de ses flancs escarpés, pendant la violente persécution qui avait pour but d'exterminer tous ceux qui professaient la foi. La morale de cette triste histoire est écrite sur les flancs de toutes les montagnes qui entourent la baie; les rangées de canons s'élèvent les unes au-dessus des autres, les batteries succèdent aux batteries à mesure qu'une pointe apparaît à la suite d'une autre pointe. Les canons sont pointés moins contre l'étranger que contre le chrétien, qui est méprisé en même temps que redouté, et dont les rapports avec les Japonais ont eu pour principal résultat de munir ceux-ci d'armes qui leur permettent de résister plus efficacement à ses tentatives. Cependant, voilà le Japon rouvert aux chrétiens; il reste à prouver jusqu'à quel point l'estime que les autorités de l'empire avaient été amenées à former par leur ancienne expérience de leur pratique et de leur profession, sera réalisée par leurs rapports nouveaux avec les habitants du Japon.

Les canons, qui paraissaient d'un énorme calibre, n'étaient pas défendus pour la plupart au moyen d'embrasures, ils reposaient sous des hangars ouverts, et ils étaient généralement entourés de soldats. Outre les fortifications sérieuses qui avaient l'air en bon état, on voyait de longues lignes de batteries factices, connues aux matelots sous le nom de forts Dungaree, et qui se composaient tout simplement d'une grosse toile tendue sur des pieux et peinte de façon à représenter des batteries. Il est possible qu'elles aient souvent caché des canons, et qu'elles aient été fabriquées dans le but de faire croire au spectateur qu'il voyait une solennelle attrape, afin de l'entraîner à sa perte. Quoi qu'il en soit, ces fortifications aux couleurs éclatantes ajoutaient un trait nouveau et caractéristique au paysage qui continuait à être ravissant.

Le port de Nangasaki est une mer intérieure, de quatre milles de longueur, sur un mille de largeur en moyenne. Au fond s'élève la ville, derrière elle une grande chaîne de montagnes, dont le plus hardi sommet, Kawarajama, atteint une élévation de deux mille pieds. Les montagnes des deux côtés de cette nappe d'eau sortent parfois de la mer comme un mur de rochers à pic, d'autres fois elles remontent doucement par des pentes boisées traversées par des torrents qui viennent s'élancer dans la mer ; des marches taillées dans le roc conduisent à des pics aériens surmontés de canons ou d'un temple; des arbustes touffus se pressent partout où ils trouvent un coin de terre, et jettent leurs ombres épaisses sur les fissures et les anfractuosités des rochers, adoucissant et égayant les traits les plus rudes, comme un doux regard et un sourire aimable communiquent leur expression à une physionomie sillonnée par les rides.

Derrière les forts Dungaree nous aperçûmes des bâtiments considérables, probablement des casernes, et des jardins admirablement tenus, avec des terrasses, des allées et des bordures soigneusement taillées; les brillantes couleurs des vêtements de ceux qui s'y promenaient donnaient à la scène un aspect animé et presque féerique.

Nous étions arrivés au point où les vaisseaux hollandais eux-mêmes, il y a quelques années, étaient obligés de s'arrêter, et l'intervalle qui s'écoulait jusqu'au moment où on leur donnait la permission de se rendre à l'endroit où ils devaient jeter l'ancre était employé à cacher les Bibles. « Lorsqu'on jetait l'ancre à l'entrée du port, » dit Thunberg, « on réunissait toutes les Bibles et tous les livres de prières appartenant aux matelots, et on les enfermait dans un coffre dont on clouait le couvercle. On laissait ensuite le coffre entre les mains des Japonais jusqu'au moment de notre départ, alors chacun reprenait son livre. » Ils étaient également obligés de déposer leurs armes et leurs munitions. En dépit cependant de l'aversion des Japonais pour les Bibles et les revolvers, nous conservâmes le droit de nous servir des unes et de porter les autres, et il est juste de dire que l'arme spirituelle fut la seule dont nous eûmes à faire usage dans leur pays.

Récemment encore, un cordon de bateaux postés en travers de cette partie du port, empêchait les vaisseaux étrangers d'aller plus loin. Nous ne trouvâmes d'autres obstacles qu'une barque officielle, sur le pont ou plutôt sur le toit de laquelle un monsieur assis lisait tranquillement en s'éventant doucement. En nous voyant approcher, il se contenta de lever les yeux et de nous faire signe de nous éloigner avec son éventail. S'il était le gardien du port, il n'était pas un portier très-formidable; car, voyant que nous continuions notre chemin sans nous inquiéter de ses signaux, il se remit à lire, évidemment convaincu qu'il avait rempli ses devoirs à notre égard et qu'il était déchargé dorénavant de toute responsabilité sur notre compte. La conduite de cet homme nous fournit la clef de la conduite de tous les fonctionnaires japonais dans nos rapports avec eux; en dépit des véhémentes protestations qu'ils prodiguent tant qu'ils croient possible d'exécuter leurs instructions, ils possèdent une faculté merveilleuse pour accepter toute situation qui leur est imposée d'une manière inévitable. Nous étions d'autant moins disposés en cette occasion à faire attention aux signaux du dignitaire du bateau que nous apercevions deux ou trois vaisseaux à l'ancre près de la ville. Nous découvrîmes plus tard que c'étaient un navire de commerce hollandais et un bateau à vapeur de guerre japonais accompagnés d'un petit cutter; au delà se trouvaient quelques jonques japonaises.

Nous venions de jeter l'ancre, et nous étions sur le point d'aborder sous le pavillon hollandais qui annonçait la factorerie de Decima, qui, tout en étant bâtie sur une île, semble faire partie de la ville de Nangasaki, grâce aux vaisseaux qui la relient au rivage. Nous n'avions pas encore eu le temps de mettre pied à terre, lorsque nous fûmes abordés par un bateau rempli de fonctionnaires japonais dont le costume et l'aspect nouveau nous retinrent. Ils se présentèrent tous ensemble sur le pont de l'air le plus aisé et le moins embarrassé possible, souriant avec affabilité et parlant hollandais, mais personne à bord ne comprenait cette langue. Leurs robes de dessus en gaze, leurs pantalons larges, leurs guêtres et leurs « gants pour les pieds » formaient un costume étrange, tandis que la situation des deux épées, dont chacun d'eux était muni et qui projetaient en arrière, leur donnait à une certaine distance l'air d'une nouvelle espèce de bipèdes ornés de deux queues. Lorsque notre curiosité mutuelle fut satisfaite, nous fîmes signe à ces dignitaires de retourner dans leurs bateaux, et comme ils ne pouvaient nous arracher aucun renseignement, ils obéirent à l'instant, mais se rembarquèrent seulement pour rester immobiles à une certaine distance comme une espèce de bateau de garde.

Quelques-uns d'entre nous se rendirent à terre pour faire une visite à la factorerie aux fonctionnaires hollandais. En approchant du rivage, nous aperçûmes quelques pieux qui restaient encore dans l'eau à une petite distance de la factorerie, au delà desquels il n'était pas permis naguère aux bateaux japonais de s'aventurer, de peur qu'ils n'entamassent avec les Hollandais des communications secrètes. Nous abordâmes près d'un quai grossier où des matelots hollandais se reposaient sous un hangar ouvert, et, passant une barrière de bois, nous nous trouvâmes dans une seule rue, longue environ de deux cents yards, aussi propre et aussi soignée que les rues de ce modèle de la propreté, le village de Brock. Les maisons à deux étages étaient solidement construites et munies de volets et de stores verts, derrière lesquels on apercevait le joli visage d'un grand nombre de Japonaises, car on ne permet pas ici aux Hollandais d'amener des femmes de leur pays. On ne voyait pas plus d'une demi-douzaine d'habitants mâles, et ils avaient tous l'air de marins. Sur la demande que nous adressâmes à l'un d'entre eux pour nous faire indiquer la demeure du surintendant en chef, M. Donker Curtius, il nous apprit que celui-ci était absent pour le moment, qu'il avait été faire une visite dans la capitale, mais que son secrétaire était à Décima.

Nous fûmes très-cordialement et poliment reçus par ce monsieur, et nous fûmes enchantés d'apprendre de lui que par les derniers arrangements conclus avec le gouvernement japonais toutes les restrictions qui limitaient naguère les explorations des étrangers à la petite île, ou qui les soumettaient aux formalités les plus désagréables lorsqu'ils désiraient aller plus loin venaient d'être levées, et que nous étions libres désormais d'aller et de venir sans difficulté partout où il nous conviendrait. On ne peut guère douter que le gouvernement ne désire, en adoptant à Nangasaki une politique très-libérale et en y offrant aux étrangers des agréments et des facilités qu'ils ne trouveraient pas ailleurs, les attirer le plus possible dans ce port, au préjudice et à l'exclusion des autres. Notre hôte nous apprit cependant que le gouverneur actuel n'était point du tout un homme d'idées avancées ou libérales, et il nous cita plusieurs exemples des tendances rétrogrades qu'il avait manifestées. D'après le système régulier, les gouverneurs des îles impériales changent tous les ans, mais on fait une exception en faveur de Nangasaki, parce qu'on suppose qu'il faut du temps pour étudier le caractère des étrangers, et on accorde au gouverneur une prolongation de séjour, afin qu'il puisse profiter des connaissances qu'il a acquises.

Il paraît que M. Donker Curtius était en route pour revenir de Yédo, où il avait résidé quelque temps, cherchant en vain à négocier un nouveau traité. M. Harris, consul d'Amérique à Simoda, venait également, nous dit-on, de retourner à son poste, après avoir fait dans la capitale un séjour qui n'avait pas amené de résultats politiques immédiats.

Les demeures des fonctionnaires hollandais à Decima étaient des petites maisons sans prétention, généralement construites en bois avec des vérandas du côté de la mer. L'étage inférieur servait de magasins, tandis que l'étage supérieur contenait trois ou quatre petites pièces simplement meublées. Tout récemment encore

Jeunes femmes japonaises.

Decima devait présenter l'aspect d'un établissement pénitentiaire plutôt que celui d'une colonie de négociants. La surveillance à laquelle les membres de la factorerie étaient soumis était tellement étroite, les restrictions qu'ils étaient obligés de subir étaient tellement sévères qu'on est tenté de croire que les hommes bien élevés qui choisissaient la factorerie hollandaise de Nangasaki pour leur résidence devaient être victimes de cette espèce de mélancolie qui porte chez nous, dit-on, certaines personnes à demander la garde d'un phare. Il y a peu de temps encore, l'arrivée d'un vaisseau hollandais dans le port était le signal qui appelait une foule de fonctionnaires japonais à fondre sur Décima. Les interprètes occupaient la résidence qui leur était assignée, et personne ne pouvait se rendre du rivage sur le vaisseau sans s'être muni d'un passe-port et sans être accompagné par un de ces agents. Un corps d'*ottonas* ou espions officiels était posté dans l'île, et ils étaient chargés de surveiller les moindres mouvements de tous les membres de la factorerie. Ils montaient régulièrement la garde près de la seule porte par laquelle on puisse entrer à pied dans la ville aussi bien qu'aux deux grilles sur l'eau, et la nuit comme le jour ils accomplissaient leurs patrouilles avec une exactitude et une ponctualité religieuses.

On ne permettait l'entrée de Decima qu'aux membres d'une seule secte ecclésiastique, ceux de la Montagne de Koja et qu'aux femmes d'une seule classe, au nombre des plus méprisables. Le soir on fermait les grilles, et on ne tolérait aucun rapport entre la factorerie et la ville après le coucher du soleil. Il en était de même pendant notre séjour, mais nous allions et venions des établissements au vaisseau sans le moindre obstacle, et nous ne fûmes pas exposés à ce rigoureux examen de nos personnes que les vieux auteurs hollandais dépeignent avec tant d'amertume. Il faut convenir que leur conduite leur avait attiré cet ennui. Le capitaine du vaisseau de Thunberg avait coutume de se rendre à bord avec des culottes d'une dimension inouïe, même pour un Hollandais, et si pesamment chargées des objets de contrebande qu'il y avait cachés qu'il lui fallait le secours de deux matelots pour l'aider à marcher. Les Japonais, disposés au premier abord à bien penser des étrangers, sont d'autre part, lorsque leurs soupçons ont été éveillés, d'une vigilance extrême et prompts à appliquer des mesures préventives. Que le sort du capitaine hollandais serve de leçon aux contrebandiers qui sont parfois sujets à étendre leurs opérations vers l'est du Cap ! Ce navigateur malhonnête fut contraint de réduire ses culottes à la dimension de celles que portent les robustes bourgmestres, et fut obligé par dessus le marché de subir l'affront de se voir tâter les jambes, pendant qu'on retournait ses poches, toutes les fois que le gouvernement lui permettait, avec bien de la peine et sur les pressantes représentations du surintendant hollandais, de mettre pied à terre et de se rendre à la factorerie. Depuis ce temps-là, personne n'a été tenu pour sûr. L'un était trahi par un perroquet indiscret qui se mettait à parler dans sa poche ; un autre avait cousu des dollars dans son caleçon, en sorte que les recherches des Japonais devinrent plus curieuses que jamais et qu'ils en vinrent à sonder les fromages lorsqu'ils avaient beaucoup d'odeur et à casser les œufs qui leur paraissaient suspects. C'est ainsi que l'improbité commerciale et la faiblesse politique contribuèrent à faire tort aux étrangers dans l'esprit des Japonais, dont la confiance en nous ne peut être rétablie que par le scrupule des négociants à adhérer au code le plus sévère de la moralité commerciale et par le soin des représentants de notre pays à maintenir notre dignité nationale.

Il sera bon de remarquer, en considérant la situation actuelle des Hollandais dans l'empire, combien ils ont peu gagné à tenir une conduite qui non-seulement les a discrédités aux yeux des Japonais, mais qui les a placés sur un pied d'infériorité morale à l'égard de toutes les autres nations qui peuvent maintenant s'établir dans une position fort différente. Le vieux Kæmpfer remarquait avec raison que « l'avidité des Hollandais était si grande et que l'attrait de l'or japonais était si puissant que plutôt que de perdre la perspective d'un commerce (à la vérité fort avantageux) ils se soumettaient volontiers à un emprisonnement presque perpétuel ; car telle était dans le fait notre résidence à Decima, et ils consentaient à endurer des choses pénibles dans un pays étranger et païen, à négliger de célébrer le service divin le dimanche et les jours de fêtes, à renoncer à prier et à chanter des psaumes, à se garder de faire le signe de la croix, d'invoquer le nom de Christ en présence des indigènes et de faire tout autre signe extérieur de christianisme, enfin à supporter patiemment et sans se plaindre les manières insultantes et injurieuses de ces fiers infidèles envers nous, qui étaient choquantes au dernier point pour une âme généreuse et noble. »

L'horreur et le mépris pour les étrangers que ses rapports avec les Portugais d'abord et ensuite avec les Hollandais avaient inspirés au gouvernement étaient tels que tout Japonais, ayant des relations quelconques avec la factorerie de Decima, était obligé de prêter certains serments dont la violation attirait sur lui les peines les plus sévères. Il promettait de servir les Hollandais pendant le jour seulement, de ne jamais entrer en conversation ou en discussion sur quoi que ce soit touchant la secte interdite des chrétiens ; il ne devait admettre aucune familiarité de la part des Hollandais sur un sujet quelconque ; à cela se joignaient des règlements très-sévères ayant trait à la complicité dans les affaires de contrebande. D'après l'extrême réticence que nous remarquâmes chez tous les fonctionnaires avec lesquels nous eûmes quelque contact pendant notre séjour au Japon, nous eûmes toute sorte de raisons de croire qu'ils étaient liés par des instructions, sinon par des serments du même genre, dans leurs rapports avec nous.

Ce sera sans doute une tâche longue et assez difficile que de dissiper les impressions défavorables que le Japonais conserve envers nous, sans qu'on puisse l'en blâmer. Cependant leurs préjugés sur ce point ne sont pas insurmontables, et si nous échouons dans nos efforts pour les faire disparaître, ce sera uniquement parce que nous n'aurons pas su leur prouver par notre conduite que la civilisation de l'Occident ne corrompt pas ceux qu'elle atteint.

Jusqu'ici les Japonais ont paru croire que le beau sexe des pays étrangers était un hôte plus dangereux que les hommes. On raconte une touchante histoire d'un président hollandais de Decima, Herr Blomhoff, qui, il y a trente ans, amena sa femme à Nangasaki, et en attendant qu'il pût en référer à Yédo, obtint la permission pour elle et pour son enfant d'aborder à Decima. Deux mois s'étaient à peine écoulés, lorsqu'un décret impitoyable arriva, ordonnant à la Vrow Blomhoff de quitter les rivages du Japon et condamnant le malheureux mari à une longue vie d'isolement. La dernière nouvelle que nous ayons apprise avant notre départ de Shanghaï, c'était qu'on venait de célébrer à Nangasaki le mariage d'un jeune couple anglais qui inaugurait ainsi d'une manière bien intéressante le nouveau régime des lumières. Naguère il était non-seulement défendu à un Japonais de se marier, mais encore de naître ou de mourir à Decima. Il était plus aisé d'intervenir dans les lois de la nature lorsqu'il s'agissait de la première opération que lorsque le dernier événement se présentait. En cas de mort subite, le corps était seulement emporté hors de la factorerie. Tous les enfants nés de mères japonaises étaient regardés comme Japonais.

L'une des concessions les plus importantes que M. Donker Curtius ait récemment obtenues du gouvernement japonais, c'est celle qui permet d'élever en Hollande les enfants de cette origine, à condition cependant que, s'ils reviennent jamais au Japon, ils seront traités comme des sujets hollandais. Des lettres qui arrivèrent pendant notre séjour à Decima annonçaient que M. Donker Curtius, revenant de Yédo, se trouvait à Ohosaka.

Revenus à bord du *Furieux* avec notre rapport sur Décima et ses habitants, nous débarquâmes de nouveau dans l'après-midi pour visiter la ville de Nangasaki. En nous approchant de la foule de bateaux amarrés devant les marches de pierre du quai, j'éprouvai ce vif sentiment de plaisir dont l'ardeur disparaît devant les nécessités du métier de voyageur, de façon à nous faire craindre de n'éprouver jamais ces sensations délicieuses produites par des spectacles bizarres et nouveaux qui nous avaient séduits naguère et nous avaient attirés loin de nos foyers. Jusqu'à ce moment la ville était restée en partie invisible; une sorte de remblai s'étend le long du rivage; à quelques yards de la mer et derrière ce mur de terre se trouvaient les principales rues. Il n'y avait point de foule pour nous voir débarquer; les étrangers devenaient un spectacle commun, et on nous laissa suivre notre fantaisie dans le choix d'une ligne d'explorations.

On franchit le remblai par une série de marches, au haut desquelles se trouve située l'une des résidences officielles du gouverneur. Ce remblai, qui dans le fait est une espèce de terrasse élevée, est fort large et une grande rue le suit dans toute sa longueur. Traversant cette rue, nous nous trouvons au sommet de l'escalier qui descend dans la ville qui s'étend à nos pieds. La vue est extrêmement frappante, surtout pour l'étranger qui arrive de Chine. Au lieu d'un amas de maisons bâties apparemment sans plan arrêté, si rapprochées les unes des autres que les rues qui les séparent sont complétement cachées, nous voyons devant nous une rue large et spacieuse d'un mille de longueur environ, bordée de jolies maisons ayant en général deux étages avec des toits de tuiles ou de bois avançant au-dessus de l'étage inférieur. Le milieu de la rue était pavé et les deux côtés étaient sablés jusqu'aux ruisseaux qui coulaient à droite et à gauche. On ne voyait ni véhicules, ni bêtes de somme, mais un grand nombre de passants à pied donnaient à la scène un air d'animation. Au fond, on apercevait un escalier qui disparaissait bientôt au milieu du feuillage sur le flanc de la montagne couronnée par un temple ou maison à thé, ou resplendissant de l'éclat des murs blanchis d'un entrepôt à l'épreuve du feu.

En traversant la ville dans toute sa longueur, aucune odeur désagréable ne vint assaillir nos narines, aucune maladie hideuse ne vint choquer nos regards, des murs incommodes ou des volets jaloux ne nous empêchèrent pas d'examiner en passant les arrangements intérieurs des boutiques ou des maisons des deux côtés de la rue. De légers paravents en bois recouverts de papier et glissant dans des coulisses sont presque toujours repliés pendant le jour, et le passant peut voir au travers de la maison les arbustes agités par le vent dans un jardin au frais aspect qui l'invite à pousser plus loin ses explorations. Entre l'observateur et cette retraite se trouvent d'ordinaire une ou deux chambres élevées de deux pieds environ au-dessus du sol, et sur des nattes parfaitement propres et bien rembourrées étendues sur le plancher, des hommes et des femmes à demi nus flânent et se reposent, pendant que leur progéniture complétement nue rampe à terre et se désaltère avec délices à l'indispensable fontaine. Les femmes portent rarement un vêtement au-dessus de la taille; les hommes ont un étroit morceau d'étoffe autour des reins. Au milieu du jour pendant l'été, la population tout entière a l'air languissant; vers le coucher du soleil, le public commence à se lever, et les enfants japonais s'amusent bruyamment comme des amours enivrés.

Les boutiques ne contiennent pas généralement les objets de laque et de porcelaine qui ont valu au Japon une juste célébrité. Pour se les procurer, il faut se rendre dans les bazars russes et hollandais; mais notre intérêt est excité par les divers produits de l'industrie indigène qui sont étalés dans les boutiques ouvertes sur la rue comme les échoppes d'une foire, et qui contiennent tous les objets en réquisition parmi la population. Des boutiques de parasols, d'éventails et de souliers abondent, les bazars de jouets et d'ornements en verre nous arrêtent un moment; mais le temps est précieux, et nous nous contentons de jeter un coup d'œil sur les nouveautés étalées à nos yeux, en cherchant vainement à comprendre le but de divers travaux et occupations que nous voyons poursuivre assidûment, mais dont le résultat, faute d'un interprète, reste pour nous un mystère. A vrai dire, à l'exception des renseignements que nous donnèrent les fonctionnaires hollandais de Décima, il nous fut très-difficile, pendant notre court séjour à Nangasaki, d'obtenir des informations, attendu qu'il n'y avait qu'un Japonais qui sût quelques mots d'anglais. Tous les interprètes parlaient le hollandais, langue que je comprenais à grand'peine et que ne parlait aucun des membres de l'ambassade. Nos promenades dans Nangasaki, quelque amusantes et quelque séduisantes qu'elles pussent être, avaient donc par conséquent l'inconvénient de laisser la curiosité et l'intérêt qu'elles excitaient sans satisfaction. Nous ne pouvions pas même nous donner le plaisir d'acheter des curiosités, nous n'avions pas encore été présentés aux changeurs du gouvernement qui siégeaient en conclave solennel dans le bazar russe, et rien ne pouvait décider un marchand à accepter la plus petite ou la plus grosse pièce de monnaie étrangère. Il savait bien que son voisin avait l'œil sur lui et qu'une visite officielle viendrait lui rappeler le lendemain matin cette grande institution nationale de l'espionnage universel que nous regarderions comme une tyrannie intolérable, mais que les Japonais tiennent pour un ingrédient indispensable au bien-être et à la protection de la société.

Nous poursuivîmes nos pérégrinations au travers des rues de Nangasaki sans rencontrer aucun obstacle, et presque sans attirer aucune attention de la part de la population, qui n'encombrait pas les rues avec des clameurs bruyantes et affairées comme en Chine, mais qui flânait négligemment par les chemins, apparemment sans grandes occupations, avec un air de contentement aimable et l'expression de la bienveillance à l'égard des étrangers curieux et étonnés. Bien que Kæmpfer parle de nombreux indigents, je ne remarquai que deux ou trois moines mendiants. Une rivière, à peu près de la taille d'une canal ordinaire, coupe la ville dans une direction latérale; on la traverse sur trente ou quarante ponts, une quinzaine environ sont solidement construits en pierre avec de belles balustrades. Des balcons remplis de femmes occupées des affaires de leur ménage sont suspendus au-dessus de l'eau, des petits bateaux sillonnent sa surface, çà et là, les vieux arcs-boutants des ponts sont à moitié couverts de plantes grimpantes, de nombreux piétons passent et repassent, et nous trouvons quelque plaisir à nous arrêter sur l'un de ces ponts et à regarder le mouvement de cet endroit de la ville, tout en jouissant de la vue pittoresque qui se déroule devant nous.

Nangasaki contient plus de quatre-vingts rues qui se coupent les unes les autres à angles droits et qui ont environ trois quarts de mille ou un mille de longueur. On estime sa population à 80,000 âmes environ, mais la ville présente un aspect beaucoup plus imposant et couvre un espace de terrain beaucoup plus considérable qu'une cité chinoise de la même dimension. Les faubourgs s'étendent dans les vallées étroites formées par les montagnes environnantes dont les pentes arrivent jusque dans la ville; en sorte que presque toutes les rues se terminent par un escalier; et même il y en a quelques-unes, que nous visitâmes plus tard;

qui gravissent le flanc de la montagne et dont les maisons sont construites les unes au-dessus des autres comme à Malte.

Nous terminâmes notre premier jour d'exploration à Nangasaki par une seconde visite à Décima, dans le but de voir le bazar hollandais. Après avoir traversé le fossé plein d'eau qui sépare la factorerie de la ville et en fait une île, nous passons la grille, auprès de laquelle sont installés, dans un sanctuaire qui leur est consacré, trois ou quatre fonctionnaires que les Hollandais appellent des Banjos, et qui sont chargés d'examiner minutieusement toutes les personnes qui désirent entrer ou sortir, et tous les objets ou ballots qu'on apporte de la ville ou qu'on veut y introduire. Les gardiens des portes possédaient jadis une très-grande responsabilité, et le gouvernement japonais regardait leurs fonctions comme de la plus haute importance. Maintenant, le relâchement des règles se rapportant aux étrangers a allégé les soucis de leur charge; et les terribles *custodii,* si longtemps la terreur des employés hollandais à Décima, cesseront bientôt d'exister ou occuperont tranquillement des sinécures.

Il était tard lorsque, entièrement épuisés par l'intérêt et l'excitation de notre première journée au Japon, nous allâmes chercher notre maison flottante.

II

Succès de la mission de Xavier. — Dons surnaturels. — Héroïsme des convertis japonais. — Discussions théologiques des convertis. — Leurs objections aux peines éternelles. — Louis d'Almeyda. — Le prince d'Omura. — Sa conversion. — Fondation de Nangasaki. — Conversion des princes. — Sort de Nangasaki. — Mort de Sumitanda. — Constitution du gouvernement japonais. — Les deux empereurs. — Taïko-Sama. — Persécution des chrétiens. — Projets de Taïko-Sama. — Il envahit la Corée. — Nangasaki est annexée par le Ziogoon. — William Adams. — Factorerie anglaise au Japon. — Économistes japonais. — Intrigues des Hollandais. — Expulsion des Portugais. -- Établissement de Decima

Nangasaki ne faisait pas partie naguère comme à présent des domaines impériaux ou des terres appartenant à la couronne. La ville tomba entre les mains de l'empereur par une série d'événements sur lesquels il peut être intéressant de jeter un coup d'œil rétrospectif, tant à cause de leur importance politique que parce qu'ils font comprendre la condition politique intérieure d'une partie du Japon, à laquelle se rattachent les premiers souvenirs des étrangers, et qui peuvent donner quelque idée des rouages du système de gouvernement qui subsiste encore dans l'empire.

Les premiers rapports que les Japonais eurent avec les étrangers étaient de nature à leur donner la plus haute idée des avantages qu'ils pouvaient tirer des rapports qu'ils entretiendraient avec une race si fort avancée dans la civilisation et qui était sous l'empire d'une religion dont les tendances étaient si élevées et si innocentes en apparence. Le zèle et le talent de saint François

Xavier, et de la bande de missionnaires dévoués qui lui succédèrent immédiatement, amenèrent une révolution dans les sentiments religieux d'une partie importante et influente de la population. L'histoire des actes de ces premiers apôtres de la foi chrétienne, comme elle est rapportée dans les œuvres des pères Bouhours, Charlevoix, Marini, Froës et autres, bien qu'elle soit écrite sans doute sous une inspiration à laquelle on ne peut pas toujours se fier, est un frappant exemple de l'influence que la religion chrétienne, quelle que soit la forme sous laquelle on la présente, est destinée à exercer sur les esprits assez cultivés et assez civilisés pour en apprécier le mérite. Comme dans le monde romain, ses doctrines anoblissantes s'emparaient de l'esprit des hommes instruits et chassaient peu à peu la philosophie et les croyances qui leur avaient suffi jusqu'alors, de même elles satisfirent les Japonais intelligents et raffinés et se répandirent avec une rapidité qui n'avait été surpassée que par ses progrès dans le siècle apostolique.

S'il faut en croire les récits de ces derniers pères de l'Église, qui ont raconté l'histoire des tentatives des premiers missionnaires au Japon, le secours surnaturel qui avait si puissamment concouru au succès des premiers propagateurs du christianisme dans l'Occident ne leur fut pas refusé; Xavier avait reçu, dit-on, le don des langues, et prêchait éloquemment en coréen, en lewchew, en chinois et en japonais, sans avoir jamais étudié un mot de ces langues compliquées. Ses biographes rapportent des conversions miraculeuses par centaines, et, d'après le père Charlevoix, il ressuscita une jeune fille dans des circonstances qui confondirent complètement ses ennemis les bonzes, qui, comme les Pharisiens d'autrefois, s'attachaient à ses pas et faisaient tous leurs efforts pour lutter contre cette influence qui grandissait tous les jours, pour le perdre et pour réfuter ses doctrines par des intrigues secrètes et par des discussions publiques.

Quels que pussent être les moyens de prosélytisme qu'il employait, on ne peut révoquer en doute leurs merveilleux effets, et il est bon de faire remarquer à ceux qui s'intéressent à la conversion des païens que le succès qui accompagne leurs efforts peut dépendre en grande partie de la nature et du degré de culture du sol sur lequel on sème la semence. On ne peut douter que les Japonais, remplis d'imagination, entendant parler du christianisme pour la première fois, ne l'aient reçu dans un esprit fort différent de celui d'un sauvage de la Nouvelle-Zélande ou d'un Chinois tranquillement sceptique. La foi ainsi implantée dans le cœur de quelques centaines de convertis n'était pas une pure croyance nominale que les premiers flots de la persécution devaient faire disparaître. Non-seulement elle leur donna du courage, mais elle leur inspira des arguments pour répondre à leurs persécuteurs. On rapporte ainsi la réponse d'un néophyte auquel on demandait ce qu'il répondrait à son souverain si celui-ci lui donnait l'ordre d'abjurer le christianisme : « Sire, » dit-il, « voulez-vous que je reste fidèle et que je conserve toujours envers vous la soumission qui convient à un sujet vis-à-vis de son roi? voulez-vous que je manifeste mon zèle pour votre service dans toutes les occasions où je pourrai vous être utile, sans qu'aucun intérêt privé puisse me faire oublier ce que je vous dois? voulez-vous que je sois doux, tempéré, affectueux, plein de charité envers mes égaux, que je supporte patiemment tous les mauvais traitements auxquels je pourrai être exposé? alors ordonnez-moi de rester chrétien, car c'est d'un chrétien seul qu'on peut raisonnablement attendre tout cela. »

Les premières annales de l'Église ne fournissent pas des exemples d'un héroïsme plus inflexible que ceux qui sont contenus dans les récits de ces martyres, auxquels les Japonais de tout rang furent soumis lorsque vint le jour de l'épreuve. Des milliers furent massacrés à Simabarra, des milliers d'autres furent torturés et mis à mort de sang-froid, ou précipités du Pappenberg. Cependant nous avons des raisons de croire que la dernière étincelle n'est pas encore éteinte, et que le feu allumé par François Xavier couve encore secrètement dans le cœur de quelques-uns de ceux qui ont reçu la tradition de ses enseignements. Il est à regretter que la passion excessive pour le pouvoir politique, qui caractérise les disciples de Loyola, ait entraîné les successeurs des premiers missionnaires dans des intrigues qui se sont terminées d'une manière si désastreuse pour eux et pour leur foi, puisqu'ils ont fermé ainsi le Japon aux efforts des missionnaires protestants, que le gouvernement de cet empire est maintenant fermement résolu à ne pas tolérer.

Convaincus que le christianisme catholique ou protestant n'est qu'une excuse pour acquérir secrètement une influence politique, ils regardent avec les mêmes soupçons et la même répugnance les missionnaires des deux croyances, et il ne paraît pas probable, pour le moment du moins, qu'ils nous fournissent l'occasion de leur montrer la différence. On ne peut douter qu'il ne fût facile de la leur faire apprécier, au moins en ce qui regarde leur intelligence, s'il nous était permis de leur exposer la question.

Nous avons un compte rendu d'un traité publié par les néophytes japonais, prouvant la supériorité de la religion chrétienne sur les sectes du Japon, tandis que les arguments qu'ils opposaient au premier abord aux enseignements de Xavier, prouvent combien ils étaient intellectuellement en état de saisir les mystères de la religion qu'il prêchait. « Une chose arrêtait pourtant les progrès de l'évangéliste, » dit son biographe : « il était difficile de prouver aux Japonais que ceux qui, pendant leur vie, n'auraient pas adoré le vrai Dieu, seraient condamnés aux flammes éternelles de l'enfer. Ils ne pouvaient accorder cet article de foi avec la bonté infinie de Dieu : « Si le Verbe incarné est mort pour tout le monde, disaient-ils, pourquoi sa mort ne profiterait-elle pas à tout le monde? S'il condamne aux châtiments éternels tous ceux qui n'obéissent pas à sa loi, pourquoi a-t-il tardé à nous la faire annoncer pendant plus de quinze cents ans? » Les bonzes ne manquaient pas de surenchérir sur ces objections, et ils ajoutaient que les prêtres des chrétiens n'étaient bons à rien, puisqu'ils n'avaient pas la puissance de faire sortir une seule âme de l'enfer, ce qu'ils accomplissaient tous les jours par leurs jeûnes et par leurs prières, et que ce Dieu devait être bien cruel s'il ne voulait pas mettre fin aux souffrances des damnés, ou bien impuissant s'il ne le pouvait pas.

Les Japonais aiment tendrement tous ceux qui leur tiennent par les liens du sang, et la mémoire de leurs ancêtres leur est chère et précieuse. Ils ne pouvaient pas prendre leur parti de les regarder comme des réprouvés. « Quoi! » s'écriaient-ils en fondant en larmes, « nos pères, nos enfants, nos parents, nos amis, seront-ils pendant toute l'éternité les malheureuses victimes et les objets de la vengeance d'un Dieu qu'ils auraient certainement adoré s'ils l'avaient connu, et ce grand Dieu qu'on nous représente comme la bonté et la justice même, n'aura-t-il pas égard à leur ignorance? » Ils fondaient en larmes en parlant ainsi. La chambre tout entière retentissait des sanglots et des cris qu'une pensée si touchante les pressait de pousser vers le ciel, et les missionnaires ne pouvaient s'empêcher de mêler leurs larmes à celles de leurs néophytes.

Les larmes de leurs maîtres devaient néanmoins être une faible consolation pour ces pauvres Japonais, qui auraient compris sur-le-champ la distinction pratique en faveur d'une croyance qui leur donnait le bénéfice du doute sur une question si solennelle.

Il ne faut pas croire que les jésuites se bornassent à propager leur foi; ce fut aux efforts de Louis d'Almeyda, gentilhomme portugais d'une énergie et d'un tact rares, qui entra dans l'ordre au Japon, qu'est dû l'heureux établissement de la plupart de ces colonies portugaises dont Nangasaki est devenue la plus célèbre et dont l'importance politique a été pour l'Empereur le premier indice de l'ambition des Portugais.

Lorsque Louis d'Almeyda fit, en arrivant, une tournée de visites chez les rois et les princes de l'île de Kiou-Siou, ces grands dignitaires se disputaient presque l'honneur de sa connaissance et rivalisaient d'ardeur pour lui persuader de fonder des établissements dans leurs divers petits États. Il réussit même à amener quelques-uns des princes à embrasser le christianisme; il se concilia ceux qui étaient indifférents ou hostiles, et gagna même

Vue de Yédo.

l'amitié des bonzes, si bien que certains d'entre eux demandèrent un jour à être baptisés, ce qu'on leur refusa, sous prétexte qu'ils étaient obligés de prendre part aux cérémonies funèbres célébrées pour leur prince s'il venait à mourir, et cela d'après la religion de leur pays.

Mais la conversion qui eut les conséquences les plus importantes pour le christianisme au Japon, et pour le sort ultérieur des colonies portugaises, fut celle du prince d'Omura qui eut lieu en l'an 1562. Bien qu'il dépendît de la province de Fizen et qu'il fût en quelque sorte vassal de son frère le roi d'Arima, Sumitanda, prince d'Omura, qui n'avait jamais pris le titre de roi, possédait une grande puissance et beaucoup d'influence, son esprit était étendu et éclairé. Après avoir lu quelques-uns des livres des jésuites, il se rendit promptement et instinctivement compte des avantages qu'il pouvait tirer de l'établissement des Portugais dans sa principauté, et il fit des ouvertures à Almeyda, qui se trouvait alors à Firando, pour l'engager à former un établissement à Omura. Malgré les efforts que fit le roi de Firando pour faire échouer les projets de son rival, Sumitanda eut bientôt après la satisfaction de recevoir Almeyda dans son pays et de l'établir dans le port de Vocotsura dont il fit la concession aux Portugais.

L'établissement des jésuites servit de point de ralliement aux chrétiens de la province voisine, tandis que les débuts d'un commerce actif élevaient le petit amas de chaumières qui composaient primitivement la ville au rang d'un marché commercial actif et animé. Cependant les supérieurs ecclésiastiques de la colonie se consacraient à la conversion du prince, tâche qui ne paraît pas avoir présenté de grandes difficultés. On raconte qu'il les salua par ces paroles : « Je viens ici, mes pères, pour vous enendre parler de votre religion; considérez mon cœur comme un terrain bien préparé, ne craignez pas d'y semer la semence de la parole divine. J'espère qu'avec la bénédiction du ciel, elle portera du fruit. D'ailleurs, mon intention n'est pas d'en profiter à moi tout seul, mais bien d'en faire jouir également tous mes sujets. »

Comme on pouvait s'y attendre, le résultat des instructions des missionnaires sur un esprit ainsi disposé, fut que le prince déclara qu'il adhérait aux doctrines du christianisme. Il ne restait qu'un obstacle à la profession publique de sa foi. Sumitanda n'avait point d'enfants, et il craignait qu'une démarche aussi décidée ne mît dans l'embarras sa principauté, tant que son trône resterait sans successeur. Il se contenta donc, pour le moment, de porter une croix sur la poitrine, et, ainsi paré, il se présenta à la cour de son frère le roi d'Arima, en annonçant son intention de se faire chrétien dès qu'il aurait un fils et un héritier. Le résultat de cette visite fut que le roi d'Arima envoya chercher Almeyda qui était toujours prêt, et qui s'occupa de fonder des établissements sur divers points de son territoire. Cependant le prince d'Omura servait avec zèle la cause du prosélytisme dans ses États et détruisait les temples et les idoles qui y abondaient.

Ce ne fut pas sans de grandes difficultés que Sumitanda seconda ainsi chaudement les efforts des missionnaires. Les prêtres de Bouddha et de Sintoo, voyant leur religion ainsi attaquée par l'autorité supérieure, s'apercevant que leur influence diminuait tous les jours et que leur office était discrédité aux yeux du peuple, formèrent une conspiration à la tête de laquelle ils placèrent le fils illégitime du dernier prince. Un grand nombre de conseillers d'État, restés fidèles au culte des faux dieux, se joignirent au complot. Leur premier acte fut d'incendier le palais d'Omura et la plus grande partie de la ville, en proclamant l'usurpateur, puis ils marchèrent sur la colonie portugaise et sur l'odieux établissement des jésuites, à Vocotsura, et réussirent également à les réduire en cendres. Sumitanda, cependant, sans se laisser décourager par ces revers, réunit autour de lui ceux qui restaient fidèles à sa cause, marcha contre les insurgés qu'il battit complétement et mit en déroute en bataille rangée, en fit un grand massacre, et finit par s'emparer de leur chef auquel il fit trancher la tête.

Peu de temps après, Sumitanda reçut une lettre du roi de Portugal, le félicitant de sa conversion au christianisme et lui jurant une éternelle amitié. En 1569, il forma le projet de construire une église sur un point de son territoire, qu'on appelait dans ce temps-là Fucaye ou Longue Baie, et qui est connu maintenant sous le nom de Nangasaki. On dit que c'était l'ancien nom de ce district lorsqu'il appartenait à une famille japonaise noble qui le possédait avant son annexion à la principauté d'Omura. Quoi qu'il en soit, Nangasaki devint bientôt une ville prospère; les avantages de sa situation, supérieurs à ceux que pouvaient offrir tous les autres ports de la côte, attirèrent une quantité de colons portugais, et elle devint bientôt le centre d'une grande activité commerciale. Cependant, le prince d'Omura s'étant fortifié dans la foi et plus versé dans les doctrines du christianisme, avait appris que « si quelqu'un n'a pas soin des siens et principalement de ceux de sa famille, il a renié la foi, et qu'il est pire qu'un infidèle, » il considérait en outre qu'un prince doit être pour ses sujets ce qu'un père est pour sa famille, et qu'il serait responsable du salut de ceux qui mourraient dans l'incrédulité; en conséquence il résolut que tous ses sujets deviendraient chrétiens, et ayant réuni autour de lui les principales familles de ses États, il reçut avec elles le rite du baptême.

Nous avons exclusivement suivi jusqu'ici la fortune de Sumitanda, prince d'Omura, non-seulement parce qu'il était le plus intéressant et le plus éclairé de tous les convertis royaux qui abondaient dans ce temps-là, mais aussi parce qu'il a fondé une colonie destinée à devenir célèbre à cause de la singulière situation qu'elle a occupée depuis lors parmi les marchés commerciaux du monde. Ce serait une tâche fatigante et peu profitable que de suivre les pères jésuites dans leurs prolixes récits des progrès du christianisme dans les différentes principautés où il pénétra, de raconter les guerres entre les princes de Bungo et de Firando, de suivre la politique tortueuse du roi d'Arima, ou de détailler tout au long la conversion extraordinaire de Son Altesse de Gotto. Il serait encore plus difficile, tout en étant plus intéressant, d'accompagner le zélé père Vilela dans ses missions à l'intérieur, et de s'engager, à sa suite, à Maiko ou à Ximo, dans les interminables intrigues qui caractérisaient à cette époque la cour impériale. Le père Vilela, plus ambitieux que ses prédécesseurs ou ses collègues, s'était voué à la conversion des plus grands dignitaires du royaume, et en se mêlant activement des complications politiques qui accomplissaient à cette époque de grands changements dans le gouvernement du pays, il espérait recueillir pour la foi qu'il prêchait les avantages temporels dont la possession devait, à son avis, lui assurer un triomphe ultérieur.

Il sera peut-être nécessaire, avant de quitter le Japon, de revenir en passant sur les épisodes les plus importants de son histoire; mais, pour le moment, le sort de Nangasaki et de son prince réclame toute notre attention. En 1573, les persécutions qui fondirent sur les chrétiens, dans certaines principautés voisines dont les gouvernements étaient violemment hostiles à une foi dont ils avaient commencé à soupçonner le caractère agressif, engagèrent les Portugais de Nangasaki à se préparer aux événements qui pouvaient surgir, dans l'éventualité de la mort du fidèle Sumitanda, en fortifiant la ville, ce qu'ils firent en élevant des batteries destinées surtout à s'emparer des vaisseaux qui pourraient se trouver dans le port. La mort du roi chrétien de Gotto, qui survint à cette époque, et la révolution qui s'ensuivit dans ses États, porta un grand nombre de ses sujets convertis à chercher un refuge à Nangasaki. Cinq ans après, le roi de Bungo, qui s'était converti, le roi d'Arima et le prince d'Omura, résolurent d'envoyer à Rome une mission composée de quatre Japonais du plus haut rang, parents des princes qu'ils allaient représenter. Les envoyés furent très-gracieusement reçus par Sa Sainteté, et lui remirent les lettres dont ils étaient porteurs; comme elles avaient probablement été écrites par les pères, elles ne valent pas la peine d'être insérées ici. La suscription de celle du roi de Bungo porte : « A celui qui doit être adoré, et qui tient la place du roi du ciel, le grand et très-saint pape, » et celle du prince d'Omura : « Les mains élevées vers le ciel, et dans les sentiments d'une vénération profonde, j'adore le très-saint pape qui tient la place de Dieu sur la terre, et lui présente humblement cette lettre. »

Le pape Sixte-Quint répondit amicalement à ces épîtres, et après avoir fait le tour de l'Italie et d'une partie de l'Espagne, les ambassadeurs japonais retournèrent dans leur pays, enchantés de tout ce qu'ils avaient vu en Occident. En 1587, Sumitanda, prince d'Omura, mourut, au grand chagrin de tous ceux qui avaient à cœur la cause du christianisme. Il fut cependant consolé, dans ses derniers moments, par la pensée qu'il laissait après lui un digne successeur en la personne du jeune prince dont la tardive apparition dans ce monde avait, on s'en souvient, retardé son baptême. Malgré les bonnes intentions du jeune prince, le zèle de ses sujets et de la plupart des princes voisins les plus influents, les infortunes commencèrent à pleuvoir sur les chrétiens, et le premier chaînon de la série des événements qui finirent par chasser les jésuites du Japon, vint présager alors l'extinction de cette foi qu'ils avaient si ardemment travaillé à propager. Afin d'apprécier la situation des chrétiens à cette époque, il est nécessaire d'expliquer en peu de mots les conditions d'après lesquelles les affaires de l'empire étaient administrées.

Afin de comprendre le système actuel du gouvernement dans le Japon, il n'est pas indispensable de remonter dans nos recherches jusqu'au règne des cinq dieux-hommes qui gouvernèrent entre eux leurs destinées pendant 2,342,467 ans, et dont les successeurs furent tous plus ou moins des personnages mythologiques ou légendaires. En l'an 660 avant Jésus-Christ, la forme théocratique du gouvernement qui subsiste encore sous une forme mitigée et qui est un trait si particulier de l'histoire de ce peuple, prit naissance pour la première fois. Jointe à une autorité ecclésiastique héréditaire d'une espèce très-remarquable, le Mikado des temps passés unissait théoriquement en sa personne une autorité absolue et sans limite sur les nombreux princes féodaux dont les territoires composaient son empire. On ne pouvait guère espérer que le prestige attaché aux fonctions sacrées dont il était investi et le pouvoir despotique qu'il exerçait suffisent par eux-mêmes à contenir les vues ambitieuses de ces chefs féodaux qui, plus entreprenants et moins soumis au despotisme spirituel que leurs semblables, étaient disposés à se faire mutuellement la guerre et même à lutter contre les forces impériales. Cet état de choses arriva au comble vers le milieu du xii° siècle, et était alors devenu si grave qu'on crut nécessaire de confier le commandement de l'armée entière à un généralissime qui prit le nom de Ziogoon. Le premier Ziogoon était un jeune homme du nom de Yoritomo, célèbre dans les annales du Japon comme fondateur de cette série d'empereurs secondaires qui, après avoir partagé quelque temps le pouvoir temporel avec le mikado ou empereur spirituel, finirent par le posséder tout entier, et qui sont maintenant lentement chassés de cette sphère mondaine par le conseil d'État, qui gouverne de fait les destinées du pays. Comme les deux empereurs portent une quantité de noms différents, il est bon de les spécifier pour éviter la confusion. Le véritable titre de l'empereur spirituel est mikado, mais on l'appelle aussi très-souvent Dairi, ce qui veut dire cour ou palais, et est une abréviation de Dairi-sama ou Seigneur du palais. Pendant la guerre, on appelle l'empereur temporel Ziogoon ou généralissime; en temps de paix, Tycoon ou Koboe. Le terme Empereur, lorsqu'on l'applique à ce dignitaire, choque les Japonais, bien qu'ils ne puissent nier que le suprême pouvoir repose virtuellement entre ses mains.

L'un des Ziogoons du Japon, dans le temps des premiers pères, était un certain Nobanunga, originairement roi de Mino et de Voari, et qui avait acquis la dignité temporelle à force d'énergie, de courage et de hardiesse. Nominalement, le trône des Tycoons est héréditaire; mais l'histoire de ceux qui l'ont occupé est, comme de coutume, un tissu de violences, d'intrigues et de sang.

Sous l'influence des pères Vilela et Vilegnani, le farouche et hautain Nobanunga en vint à regarder la religion de l'Occident avec tolérance sinon avec faveur, et sous son règne elle atteignit l'état le plus prospère. D'après don Rodrego de Vivero y Velasco, qui fit naufrage sur les côtes du Japon quelques années plus tard, il répondit aux bonzes avec une absence de bigoterie religieuse bien rare à cette époque dans les pays civilisés. Les bonzes de toutes les sectes s'étaient associés pour demander à l'Empereur l'expulsion de nos moines du Japon; le prince, ennuyé de leurs importunités, leur demanda combien il y avait de religions au Japon? « Trente-cinq, » répondirent-ils. — « Éh bien! » dit-il, « là où l'on tolère trente-cinq sectes, on peut bien en supporter une trente-sixième, laissez les étrangers tranquilles. » Ce prince mourut en 1582, victime de l'un de ses généraux, qui, à la tête d'une armée placée sous ses ordres par Nobanunga, assiégea le monarque dans son palais, et finit par y mettre le feu, entraînant sous ses décombres le malheureux Koboe et son fils aîné.

Sa mort fut le signal de la lutte des prétendants au trône. Après cinq ans d'anarchie, pendant lesquels Fide-Noba l'occupa trois ans, le célèbre Faxiba ou Taïko-Sama s'empara du pouvoir; il avait passé sa jeunesse à couper du bois dans la forêt et à le porter sur ses épaules à la ville; mais, introduit dans le palais de Nobanunga pour y remplir un emploi servile, ce monarque intelligent avait compris qu'il possédait de grandes qualités et l'avait rapidement élevé dans sa faveur jusqu'au commandement en chef de l'armée; il finit par s'emparer du trône, sous prétexte de le conserver pour le petit-fils de son bienfaiteur.

Taïko-Sama (car ce fut le nom qu'il adopta plus tard et qui veut dire « très-haut et souverain seigneur ») fut incontestablement l'homme le plus remarquable qui ait jamais occupé le trône des Ziogoons. Doué d'une ambition excessive, il unissait beaucoup d'originalité dans la conception à beaucoup d'énergie et d'habileté dans l'exécution de ses hardis projets. Se fortifiant par une alliance avec le trône spirituel, en épousant la fille du Mikado, dont l'indifférence, quant aux affaires terrestres, ne s'étend pas jusqu'aux relations domestiques, Taïko-Sama gouverna l'empire avec une verge de fer. Kæmpfer dépeint ainsi la condition de l'empire à cette époque et les changements introduits par le Ziogoon : « L'ambition et l'insolence des princes de l'empire étaient peu à peu arrivées à un tel degré qu'il devint à la fin presque impossible aux empereurs ecclésiastiques de les contenir et de les diriger. En vain envoyèrent-ils, pendant quatre siècles, les généraux de la couronne contre eux, à la tête d'armées nombreuses. Cependant cette entreprise fut accomplie en dix ans par Taïko, non pas tant par la force des armes que par une conduite prudente et une habile politique. » Il professa d'abord beaucoup de considération pour les missionnaires et beaucoup de respect pour leur religion ; mais le résultat des observations qu'il fit pendant un voyage dans ses territoires de l'Occident où le christianisme avait surtout pénétré, fut de changer son opinion et de l'engager à publier un édit qui expulsait de l'empire tous les missionnaires. Cet ordre fut reçu avec un mécontentement général ; les rois d'Arima et d'Omura adressèrent à l'Empereur des représentations qui ne servirent qu'à l'irriter, et il résolut de dépouiller le prince d'Omura du port de Nangasaki, en s'en emparant pour son usage personnel.

En conséquence, on détruisit les fortifications, on démolit quelques-unes des églises, et le prince d'Omura ne réussit à conserver la ville qu'en payant une rançon considérable. Cependant les missionnaires s'étaient cachés dans les palais et dans les cités de leurs convertis, résolus à ne pas abandonner sans une lutte le champ où leurs travaux avaient été couronnés d'une si large part de succès. Pendant quelque temps, Taïko paraît avoir été trop occupé de ses divers projets pour se donner la peine d'exiger l'exécution d'un édit qu'il avait peut-être promulgué dans un moment de mauvaise humeur. Ses succès sur tous les points l'avaient peut-être d'ailleurs adouci. Quoi qu'il en soit, les missionnaires sortirent bientôt de leurs retraites et recommencèrent à travailler avec un redoublement d'énergie, tandis que l'arrivée des ambassadeurs qui avaient été à Rome, sous la conduite du père Valegnani, avec les lettres, fit une heureuse diversion en leur faveur. Leur voyage à Miako fut une marche triomphale, leur réception dans la capitale une ovation. On rapporte qu'ils parurent à l'audience du Ziogoon, vêtus de velours noir comme des Italiens, et qu'ils réussirent bientôt à exciter l'intérêt par le récit de leurs aventures et par se concilier la bienveillance de leur souverain. Peu de temps après, ces quatre nobles Japonais entrèrent dans l'ordre de Jésus. Cependant le gouverneur de Nangasaki et ses collègues s'occupaient, d'après l'historien jésuite, à faire naître dans l'esprit du Ziogoon des préjugés contre les chrétiens, et ils réussirent à lui faire fulminer contre eux une seconde menace d'expulsion. Sa réponse à la lettre du vice-roi portugais de Goa, que lui avait apportée le père Valegnani, est intéressante et caractéristique. Après avoir récapitulé avec quelques détails les succès qui avaient uniformément accompagné l'exécution de ses projets et la situation florissante de l'empire du Japon qui en était la conséquence, Taïko-Sama continue ainsi :

« Cette grande monarchie est comme un rocher inébranlable, et tous les efforts de ses ennemis ne pourront l'agiter. Voilà pourquoi non-seulement je suis en paix chez moi, mais pourquoi on vient des pays les plus éloignés pour me rendre les hommages qui me sont dus. Je projette pour le moment de subjuguer la Chine, et je ne doute point de réussir dans ce dessein qui nous rapprochera l'un de l'autre et rendra les communications beaucoup plus faciles entre nous. Quant à ce qui regarde la religion, le Japon est le royaume des Kamis, c'est-à-dire de Xim qui est le principe de toutes choses. La sécurité du gouvernement, qui a été établi dès le commencement, dépend de l'exacte observation des lois sur lesquelles il repose, et qui ont été promulguées par les Kamis eux-mêmes. Nous ne pouvons nous en éloigner sans voir disparaître la différence qui subsiste entre le souverain et les sujets, aussi bien que la subordination des femmes envers leurs maris, des enfants envers leurs parents, des vassaux envers leurs seigneurs, des serviteurs envers leurs maîtres. En un mot, ces lois sont nécessaires pour le maintien de l'ordre intérieur et de la tranquillité extérieure. Les pères qu'on appelle de la compagnie (de Jésus) sont venus dans ces îles pour enseigner une autre religion; mais, comme celle des Kamis est trop bien établie pour qu'on puisse l'abolir, cette nouvelle ne sert qu'à introduire au Japon une diversité de religion nuisible pour le bien-être de l'État. Voilà pourquoi j'ai défendu par un édit impérial à ces docteurs étrangers de continuer à prêcher leur doctrine. Je leur ai même ordonné de quitter le Japon, et je suis résolu à ne plus permettre à personne de venir ici pour débiter de nouvelles opinions. Je désire cependant que nos relations commerciales restent sur le même pied. Les Portugais auront le droit de communiquer librement avec mes sujets, et je ne permettrai à personne de leur faire du tort. »

Pour mettre à exécution ce projet de subjuguer la Chine, auquel Taïko fait si légèrement allusion dans l'épître ci-dessus, il mit sur pied quatre armées et en envoya trois en Corée, où elles remportèrent deux victoires, s'emparèrent de la capitale, chassèrent le roi de son trône et l'obligèrent d'aller se réfugier en Chine, dont il était tributaire. La consternation se répandit promptement au loin; mais les Chinois dépêchèrent bientôt une armée en Corée, et, après plusieurs batailles sanglantes, la guerre se termina de consentement mutuel par l'envoi d'ambassadeurs coréens, chargés de traiter avec Taïko-Sama, qui finit par accepter les conditions suivantes : 1° sur les huit provinces qui composaient la Corée, cinq devaient appartenir au Japon; 2° l'Empereur de la Chine devait donner une de ses filles en mariage à l'Empereur du Japon; 3° l'Empereur de la Chine devait payer un tribut annuel à la couronne du Japon, en témoignage de la supériorité qu'il reconnaissait à ce potentat.

D'après Kæmpfer, ce fut environ trois ans après ces événements, à peu près vers 1596, que l'Empereur dépouilla définitivement le prince d'Omura de Nangasaki et l'annexa à ses domaines en qualité de ville impériale. Les pères jésuites sont singulièrement silencieux sur les motifs de cette conduite, mais l'historien hollandais raconte qu'elle fut inspirée par les menaces insolentes d'un prêtre à l'égard d'un conseiller d'État qu'il avait rencontré dans la rue. Quelle que pût en être la cause immédiate, on ne peut douter que la situation des Portugais à Nangasaki ne se fût consolidée de façon à menacer quelque peu l'intégrité de l'empire, fait que les nombreux émissaires, envoyés à différentes époques des Philippines au Japon, pour entretenir les relations du gouvernement espagnol avec l'Empereur, ne manquèrent pas de faire remarquer à ce grand personnage. A dire vrai, les intrigues des Espagnols pour déloger leurs rivaux sont un sujet fertile et quelque peu ennuyeux chez les vieux chroniqueurs jésuites.

La rivalité des Espagnols et des Portugais était religieuse plutôt que commerciale, et ce ne fut qu'en l'an 1599 que l'arrivée des Hollandais au Japon introduisit un nouvel élément dans les relations étrangères de l'empire. Cependant les hostilités avaient recommencé en Corée; elles se terminèrent par la retraite des troupes japonaises, qui évacuèrent cette province. La mort du redoutable Taïko-Sama vint enlever toute cause d'inquiétude à sa Céleste Majesté.

Au moment de l'accession au trône de son successeur Ogosho-Sama, les Portugais et les Espagnols redoublèrent d'intrigues les uns contre les autres, et s'allièrent pour travailler contre les Hollandais. Ils ne firent pas, cependant, grande impression sur le monarque, qui était libéral et éclairé, et qui niait le droit d'une puissance quelconque à lui dicter la politique qu'il devait suivre à l'égard des étrangers qui visitaient son territoire, soutenant qu'il ne s'inquiétait que de la tranquillité de son pays et du bien-être de son peuple, et que toutes les fois que les étrangers obéissaient aux lois, et par leur commerce honorable et légitime accroissaient les agréments et les jouissances de ses sujets, peu lui importait à quelle nation ils appartenaient ou de quelle puissance de l'Occident ils étaient nominalement sujets. La dernière fois que les Espagnols et les Portugais lui présentèrent de concert un mémoire sur ce sujet, Ogosho semble avoir perdu patience; il chassa ignominieusement les remontrants de sa présence, en leur déclarant vivement que si des diables de l'enfer venaient visiter son royaume, ils seraient traités comme des anges du ciel tant qu'ils se conduiraient selon les principes qu'il avait établis [1].

1. Mémoires de Rundall.

Pour les Anglais, le souvenir de ce monarque est particulièrement intéressant, car notre compatriote William Adams, pilote du premier vaisseau hollandais qui se rendit au Japon, et qui était le premier Anglais qui eût mis le pied dans l'empire, attira si fort l'attention et la faveur d'Ogosho-Sama, qu'il finit par le presser d'entrer à son service, fait auquel William Adams fait dévotement allusion en disant : « Pour mon service que j'ai fait et fais tous les jours au service de l'Empereur, il m'a donné une situation comme celle d'un seigneur en Angleterre, avec quatre-vingts ou quatre-vingt-dix travailleurs, qui sont comme mes esclaves ou domestiques, ce qu'on n'a jamais vu faire pour un étranger. C'est ainsi que Dieu a pourvu à mes besoins après mes grands malheurs, et à lui soit l'honneur et la louange, la puissance et la gloire, maintenant et à jamais, aux siècles des siècles. »

Le brave Adams prouva qu'il était chrétien par la pratique aussi bien que par la profession : car en dépit de toutes les calomnies odieuses que les Portugais, les Espagnols et les Hollandais, qui hurlaient tous de concert contre un intrus, répandaient contre lui et contre son pays, son influence et son autorité à la cour allèrent croissant, « ce dont mes ennemis d'autrefois s'étonnaient, et en même temps ils me pressaient de leur rendre quelque service, ce que j'ai fait pour les Espagnols et pour les Portugais, leur rendant le bien pour le mal. »

Peu d'années après, en 1613, le capitaine Saris, commandant le *Clove*, arriva au Japon porteur d'une lettre du roi Jacques Ier à l'empereur du Japon, et par l'entremise d'Adams, il négocia un traité très-avantageux avec Ogosho-Sama. En conséquence, nous établîmes une factorerie à Firando. Elle ne dura néanmoins que dix ans; la violente animosité des Hollandais et les moyens peu scrupuleux auxquels ils eurent, dit-on, recours pour entraver notre commerce, combinés avec l'absence de demande pour nos produits, et avec notre ignorance des ressources du pays avec lequel nous étions entrés en relations, amenèrent l'abandon de l'entreprise, lorsqu'on y avait déjà dépensé quarante mille livres sterling.

Cependant les Portugais et les Hollandais faisaient un commerce lucratif; les premiers, surtout, avaient tiré d'énormes profits de l'or et de l'argent qu'ils exportaient du Japon, tellement que Kæmpfer dit : « On croit que si les Portugais avaient joui encore vingt ans du commerce du Japon sur le même pied que par le passé, ils auraient emporté à Macao tant de richesses venant de cet empire, il y aurait eu dans cette ville des flots d'or et d'argent aussi abondants que ceux dont les écrivains sacrés disent que jouissait Jérusalem du temps de Salomon. » Un des économistes japonais s'en plaignait dans la suite, il écrivait : « J'estime à cent cinquante mille kobans l'exportation annuelle de l'or, en sorte qu'en dix ans on dépouille cet empire de un million cinq cent mille kobans, ce qui vaut environ deux millions cinq cent mille livres sterling; à l'exception des médecines, nous pouvons nous passer de tout ce qu'on nous apporte du dehors. Les étoffes et autres marchandises étrangères ne nous sont pas véritablement utiles. Tout l'or, tout l'argent et tout le cuivre tiré des mines pendant le règne d'Ogosho-Sama et depuis ce temps a disparu, et ce qui est surtout à regretter, c'est en échange d'objets dont nous pouvions nous passer [1]. »

Nous n'avons cependant point de raisons de supposer que les considérations d'économie politique soient entrées pour quelque chose dans la politique de l'Empereur lorsqu'il résolut d'expulser les Portugais de son territoire en y tolérant les Hollandais aux conditions les plus humiliantes.

Nous avons eu assez de preuves des dispositions libérales et tolérantes de plusieurs monarques japonais envers les étrangers, pour supposer que si ces derniers s'étaient bornés à faire des opérations commerciales, ils eussent continué à jouir de la généreuse hospitalité qui avait caractérisé les premiers rapports des Japonais avec les étrangers.

Il est inutile d'entamer ici une discussion sur les causes im-

---

[1]. Traité composé en 1708 par le premier ministre de l'empereur Tsouna-Yosi, cité par Tilzingh dans les *Illustrations du Japon*.

médiates qui amenèrent l'expulsion des Portugais et l'extermination des chrétiens; c'est le sujet de récriminations amères entre les pères jésuites et les anciens chroniqueurs hollandais. D'après Kæmpfer, les Hollandais avaient intercepté des lettres révélant une conspiration que les chrétiens japonais, de concert avec les Portugais, avaient tramée contre la vie et le trône de l'Empereur. D'après le père Charlevoix, les Hollandais avaient fabriqué ces lettres dans le but de donner la couleur de la vérité aux calomnies qu'ils répandaient contre leurs rivaux. Quoi qu'il en soit, ces deux puissances éclairées de l'Occident réussirent à elles deux à faire détester et mépriser le nom de Christ, et à fermer hermétiquement pendant deux siècles un pays riche et productif, habité par l'une des races les plus aimables et les plus civilisées qu'il y eût au monde. La proclamation suivante fut le résultat du misérable triomphe des Hollandais sur leurs rivaux. « Aucun vaisseau ou bateau japonais ne pourra s'aventurer à sortir du pays, quiconque contreviendra à cet ordre mourra, et le vaisseau, avec l'équipage et la cargaison à bord, seront séquestrés jusqu'à nouvel ordre. Tout Japonais revenant de l'extérieur sera mis à mort. Quiconque découvrira un prêtre recevra une récompense de quatre à cinq cents shuets (quatre ou cinq cents livres sterling) d'argent, et pour chaque chrétien une récompense proportionnée. Tous ceux qui propageront la doctrine des chrétiens ou qui porteront ce nom odieux seront emprisonnés dans l'Oméra, ou prison commune de la ville. Toute la race des Portugais, avec leurs mères, leurs nourrices, et tout ce qui leur appartient, sera bannie à Macao. Quiconque aura l'audace d'apporter une lettre de l'extérieur ou de revenir après son bannissement, sera mis à mort avec toute sa famille; quiconque osera intercéder pour eux sera mis à mort. »

Alors suivit cette épouvantable série de persécutions, qui n'a pas été surpassée, pour l'horreur et le raffinement des tortures par celles auxquelles les premiers chrétiens avaient été soumis, et les Japonais trouvaient toujours chez les Hollandais des adjudants empressés et habiles pour les aider à mettre en pratique leur impitoyable politique contre les chrétiens. Ces négociants infatigables ne perdaient pas une occasion de s'insinuer dans les bonnes grâces des insulaires. Ils apportaient les dons les plus précieux de l'art et de la nature pour leurs présents annuels, et ils se conduisaient plutôt comme des esclaves empressés que comme de libres bourgeois. Lorsqu'on leur donna l'ordre de démolir leurs magasins et leurs factoreries, parce qu'elles étaient construites de blocs de pierre mieux taillés que les bâtiments du pays, et qu'elles portaient la date de l'ère chrétienne, ils obéirent avec une satisfaction apparente, et ils mirent enfin le comble à leur obéissance en bombardant, sur l'ordre du gouvernement japonais, trente-sept mille chrétiens entassés dans les murs de Simabarra.

Ce fut à peu près à cette époque, en 1636, que Décima fut fondée. Depuis ce moment, les Hollandais ont été renfermés dans cette étroite sphère, et ils ont constamment poursuivi la politique qu'ils avaient inaugurée dans des circonstances si tragiques. Depuis deux cents ans, ils n'ont pas même eu la consolation d'un commerce lucratif pour compenser l'ignominie des traitements qu'ils subissaient; au contraire, le commerce a diminué à mesure que les insultes s'aggravaient, en sorte qu'ils ont été bien aises, dans les dernières années, de faire de nécessité vertu, et de professer un ardent désir de contribuer à établir des rapports entre le Japon et les autres nations; leur monopole a déjà disparu. Dans la course qui va s'en suivre, leur vieux bâtiment aux larges flancs restera en arrière, et dans dix ans le commerce de la Hollande avec le Japon sera devenu de l'histoire.

III

Surabondance de sensations. — Les bazars russes et hollandais. — Les changeurs. — Placements séduisants. — Visite du vice-gouverneur. — Une école d'équitation. — Environs de Nangasaki. — Une visite dans un jardin à thé. — Festins et musique. — Produits de Fizen. — Mines de charbon. — Le prince de Satsuma. — Écoles japonaises à Nangasaki. — Organisation militaire. — Un coup de vent. — Éruptions volcaniques. — Lieux de châtiments futurs. — Une nuit orageuse. — Arrivée à Simoda. — Dangers du port.

J'ai bien de la peine, en cherchant à retracer nos premières impressions sur le Japon, à éviter de présenter à l'esprit du lecteur un tableau trop coloré. Le contraste avec la Chine était si frappant, les indices d'un état de civilisation extrêmement avancé tellement inattendus, les circonstances qui accompagnaient notre visite y ajoutaient tant de nouveauté et d'intérêt, que nous nous laissâmes aller à l'enthousiasme et à l'excitation que tout cela nous causait. Nous n'avons pas un seul souvenir désagréable qui vienne ternir nos réminiscences de ce charmant pays. Chaque jour nous donnait de nouvelles preuves du caractère aimable et généreux du peuple chez lequel nous nous trouvions. Chaque heure du jour appelait notre attention sur quelque fait nouveau et qui valait la peine d'être noté. Toutes nos facultés d'observation étaient constamment en jeu; mais on sentait qu'elles avaient trop à faire, que le temps était trop court, les spectacles et les impressions se succédaient avec une rapidité et une variété pénibles. C'était comme si on eût été obligé de manger un pâté de foie gras tout entier à un seul repas ; le mets était trop succulent et trop chargé de truffes pour la digestion intellectuelle. Au moment même, la

Fonctionnaires japonais.

sensation était délicieuse ; c'est seulement lorsqu'on cherche, par la suite, à classer les faits et à décrire ce qu'on a éprouvé, qu'on s'aperçoit de l'inconvénient de cette surabondance d'émotions diverses.

Le lendemain, en débarquant à la factorerie de grand matin,

nous trouvâmes les bazars hollandais et russes encombrés d'acheteurs anglais; les objets de laque et de porcelaine, les bronzes et les plus élégants ouvrages de fine vannerie présentaient l'aspect le plus séduisant. La beauté et l'élégance de tout ce que nous voyions nous enchantait et nous étonnait; ce n'est qu'après avoir fait des emplettes à Yedo que nous avons appris à faire des marchandises de Nangasaki le cas qu'elles méritent, et à apprécier la différence entre les objets fabriqués et étalés pour le marché européen et ceux qui sont destinés aux Japonais eux-mêmes. En règle générale, les laques de Nangasaki sont d'une qualité inférieure, les formes et les dessins sont presque tous d'invention hollandaise, et les incrustations en nacre de perle qui y abondent sont purement et simplement une idée occidentale. La porcelaine coquille d'œuf est également fabriquée pour le commerce européen; c'est un travail d'une délicatesse exquise auquel on se livre surtout dans les provinces de Fizen et de Satsuma, mais dont les Japonais ne font pas usage. Nous ne pûmes nous procurer à Yedo des tasses de l'espèce la plus mince.

Les Japonais l'emportent de beaucoup sur les Chinois en fait de bronzes; les dessins et le travail sont infiniment supérieurs. A Nangasaki, on s'aperçoit à merveille du résultat de deux cent cinquante ans de rapports avec les Européens. On y voyait de magnifiques télescopes fabriqués dans le pays, des pendules, des microscopes et des verreries de différentes espèces, sans compter une grande quantité d'imitations des étoffes européennes. Le bazar russe, qui est situé sur la terre ferme, est construit comme un caravansérail oriental; c'est une cour pavée, entourée de petites maisons et de vérandahs en bois sculpté remplies d'objets à vendre. A la porte d'entrée se trouvent un certain nombre de fonctionnaires qui ne font pas maintenant attention aux visiteurs, et qui m'ont toujours paru occupés à se faire réciproquement les plus humbles révérences en buvant du thé très-chaud dans des étouffoirs d'une forme toute particulière. Le principal bâtiment du carré est consacré à l'échange de l'argent contre la monnaie de papier du pays.

Dans une chambre au premier étage, à laquelle on monte par un escalier d'une propreté scrupuleuse dont la dernière marche porte une rangée de pantoufles japonaises, siégent trois ou quatre graves fonctionnaires, portant l'épée, autour d'une table, sur laquelle sont placées deux boîtes, l'une pleine de monnaie métallique, l'autre de papier. Il est inutile de chercher à persuader à un marchand japonais de prendre une pièce d'argent étrangère, quelque grosse et quelque tentante qu'elle puisse être; le gouvernement lui a interdit de recevoir autre chose des étrangers que le petit morceau de carton oblong qui porte le timbre du gouvernement; ainsi tous les étrangers sont obligés d'avoir recours à cette petite chambre pour obtenir un moyen d'échange qui leur soit de quelque utilité. La monnaie courante entre les étrangers et les marchands sont les taëls, les mâces, les can et le cash. Les noms sont les mêmes qu'en Chine, mais ils représentent des valeurs fort différentes, attendu que le trésor accorde de la monnaie de papier japonais en échange des dollars espagnols et mexicains, au taux de quatre taëls sept mâces par dollar.

Cependant les officiers de marine se pressent autour de la petite table et les manifestations d'impatience ordinaires aux Anglo-Saxons ne font perdre aux Japonais ni leur compte, ni leur sang-froid. Ils conservent l'affabilité imperturbable des croupiers des tables de jeu, ils ne cessent pas de sourire d'un air avenant, et si nous sommes pressés, ce que nous avons de mieux à faire, c'est de prendre notre parti, de nous asseoir tranquillement sur un banc, auprès de la fenêtre qui donne sur le canal, jusqu'à ce que notre tour arrive. Nous pouvons regarder les bateaux voguant sur l'eau chargés de lourds fardeaux, et examiner les arrangements intérieurs des maisons, avec les balcons suspendus au-dessus du canal, nous pouvons jeter un coup d'œil dans la chambre et admirer la merveilleuse propreté de la natte rembourrée sous nos pieds, et la patience inépuisable des changeurs, nous pouvons moraliser sur les différences de la civilisation et du caractère national chez les Anglais et les Japonais, et nous demander si la théorie de M. Buckle les expliquerait, ou bien nous pouvons regarder par l'autre fenêtre dans la cour, où les Japonais autorisés par le gouvernement à faire le commerce avec les Européens font une masse d'affaires fort lucratives. Ils luttent bravement avec la langue anglaise, ils sont inflexibles à l'égard du prix, ils ne veulent rien rabattre, et ils sont presque aussi importuns et aussi insinuants dans leurs manières, vis-à-vis des jeunes étrangers, que s'il s'agissait d'une vente de charité et qu'ils fussent de jeunes personnes anglaises à la tête d'une boutique. Il y a aussi des porteurs officieux tout prêts à emporter les marchandises; mais les aspirants sont indépendants et rejettent leurs services, préférant chanceler sous le poids de leurs laques, et pendant tout ce temps à la porte d'entrée on se fait des révérences et on avale du thé bouillant.

Mais il ne faut pas rester trop longtemps ici, car le vice-gouverneur doit venir nous voir à bord, et il est temps de retourner au vaisseau pour le recevoir. Il arrive, assis à l'avant d'une barque de cérémonie, entouré d'une foule de serviteurs, et avec une quantité de drapeaux blancs et noirs flottant à l'arrière. C'est un homme d'une mine vulgaire, avec une physionomie très-souriante et des jambes très-courtes, qui sont emballées dans des culottes larges de damas brodé, d'un dessin qu'on trouverait trop voyant pour des rideaux. Il fait rapidement une série de saluts, et ses deux épées se relèvent à chaque fois comme une double queue. Au-dessous du genou, il porte des guêtres collantes, et ses pieds couverts de bas reposent dans des sandales de paille. De nombreux plis d'une fine étoffe de coton qui compose sa chemise couvrent sa poitrine, et le reste de son costume consiste en une tunique de gaze. On lui a préparé des rafraîchissements, ainsi qu'à un certain nombre de personnes de sa suite, et il est bientôt assis à la droite de lord Elgin, buvant du vin de Champagne, et se servant de son couteau et de sa fourchette comme s'il passait habituellement sa vie à Londres. Les autres Japonais présents semblaient également accoutumés aux manières de l'Occident. Le vice-gouverneur avait été envoyé par le gouverneur pour exprimer ses regrets de ce qu'une indisposition l'empêchait de voir lord Elgin, et en même temps pour demander que le yacht qu'on avait amené, disait-on, pour en faire présent à

Cavaliers japonais.

l'Empereur, fût remis au gouverneur japonais de Nangasaki. Comme lord Elgin n'avait guère d'autre excuse pour se rendre à Yedo que la nécessité de remettre le yacht, s'il était possible, à l'Empereur lui-même, il assura au gouverneur qu'il ne lui était pas possible d'opérer la livraison du yacht ailleurs que dans la capitale. Voyant que les arguments ne réussissaient pas à ébranler lord Elgin dans sa résolution, le vice-gouverneur abandonna la question en désespoir de cause, et, après avoir causé d'une façon très-intelligente du traité récemment conclu avec la Chine et d'autres sujets intéressants, il prit enfin congé.

Comme lord Elgin n'avait pas encore beaucoup parcouru la ville, je l'accompagnai à terre pour faire une seconde tournée d'exploration. Dans le cours de notre promenade, nous rencontrâmes un grand espace entouré de murs, et en y entrant nous vîmes quinze ou vingt jeunes gens à cheval, galopant et gambadant dans une arène assez vaste qui semblait servir d'école d'équitation. On nous apprit que c'était l'amusement journalier des jeunes gens élégants de Nangasaki. Ils étaient tous bien nés et doués d'une grande fortune; c'étaient les princes et les nobles du pays qui s'amusaient dans leur Rotten-Row. Ils montaient des petits chevaux fougueux qu'ils prenaient plaisir à mettre au grand galop, pour les arrêter ensuite tout court, à la façon des Arabes. Les selles étaient faites d'après le même principe que les selles chinoises, moins rembourrées cependant. Les courroies des étriers étaient courtes et les étriers ressemblaient à de grandes pantoufles de laque, les mors étaient puissants, les rênes de mousseline, mais solides; cependant, ce qu'il y avait de remarquable dans le costume des écuyers c'était le chapeau, il ressemblait à un bouclier presque complétement plat; il était fait en laque et fixé sur la tête par une série de cordons. Deux rubans croisés passaient derrière la tête, deux autres sous le nez, et les deux derniers sous le menton. Il est aussi difficile d'attacher un chapeau japonais que de mettre une paire de patins, et, lorsque l'opération est accomplie, la figure a l'air couverte de bandes comme s'il lui était arrivé quelque accident grave; cependant, on était étonné de voir comme les rubans étaient bien arrangés et comme ce toit plat, ou plutôt cette tuile, semblait solidement fixé sur leur tête.

Lorsque nous entrâmes, deux ou trois jeunes gens de bonne

mine arrêtèrent leurs chevaux à côté de nous, en descendirent et nous les offrirent de très-bonne grâce. Je fis un temps de galop assez peu agréable sur un cheval disposé à ruer, et je fus enchanté de le rendre promptement à son maître. Nous fûmes très-frappés des manières aisées et élégantes de ces jeunes gens, qui désiraient évidemment nous témoigner tous les égards qui étaient en leur pouvoir.

Avant de quitter Nangasaki, nous voulions étendre notre promenade au delà des limites immédiates de la ville. La cité proprement dite, comme un amant aux pieds de sa maîtresse, s'étend à la base de montagnes couvertes de bois et d'une forme ravissante, comme si elle n'osait pas profaner de son grossier attouchement ces pentes charmantes consacrées au culte de Bouddha et de la déesse de Cythère, car les flancs de ces montagnes sont parsemés de sites enchanteurs, tous occupés par un temple ou par une maison à thé.

Au Japon, la religion ne sert pas, comme dans d'autres pays, à cacher l'immoralité, elle lui offre son concours et son appui, en sorte qu'il n'y a pas grande différence pratique entre un temple et une maison à thé. Tous deux sont entourés de jardins artistement dessinés. Les Japonais l'emportent sur tout autre peuple du monde dans l'art de planter leurs jardins. On s'y rend indifféremment pour chercher une agréable retraite contre le bruit et le mouvement de la ville. On y trouve également les bosquets les plus frais, les plats les plus recherchés et la musique la plus douce.

On estime qu'il y a soixante-deux temples, grands et petits, et sept cent cinquante maisons à thé sur les montagnes autour de Nangasaki, tous offrant au Japonais qui cherche du repos, du thé délicieux et un panorama étendu. Il vaut la peine de grimper jusque-là, ne fût-ce que pour jouir de la vue. Des marches antiques et couvertes de mousse vous conduisent le long du flanc escarpé de la montagne; on traverse de vénérables portes, on monte un escalier plus massif encore, et on arrive à un bâtiment de bois, à l'apparence féerique, perché sur une pointe de rocher, et entouré de jardins en terrasses et de bosquets touffus qui mènent à des grottes où des sources limpides jaillissent du flanc de la montagne. La maison semble construite en vue du panorama qu'elle domine. Les chambres nues, dont le plancher est couvert de fines nattes, sont entourées de larges verandahs, et à chaque angle un nouveau spectacle vient s'offrir à nos yeux ravis. Derrière nous se trouvent des retraites boisées, d'autres temples, d'autres maisons à thé. A nos pieds s'étend la ville, et nous pouvons examiner le derrière des maisons où les familles sont occupées, à cette heure-ci, de leurs ablutions. Il est charmant de voir papa, maman et tous les enfants se plongeant de si bon accord dans la fontaine du jardin. Au-delà de la ville s'élèvent d'autres montagnes en terrasse, et le beau port avec ses replis sinueux se perd dans les criques et dans les baies, et nous offre l'aspect d'un paisible lac, car l'Océan ne se laisse pas apercevoir.

Cependant le dîner que nous avons commandé vient d'arriver. Il est servi par terre dans des bols de laque et occupe une grande partie de la chambre. Il a été promptement et adroitement arrangé par une série de jeunes filles proprement vêtues, qui s'asseyent à l'entour et nous invitent à en faire autant. Il y a longtemps que nous avons ôté nos souliers, et maintenant nous nous accroupissons en rond sur le plancher, et nous regardons avec une curiosité mêlée d'effroi le repas étalé devant nous. Voilà du poisson cru en boulettes minces, du gingembre salé ; voilà des crevettes, des œufs conservés, des sangsues de rocher, des grillades provenant d'un animal inconnu qu'on doit manger avec de la sauce, et des ignames, et des poires, et diverses espèces de fruits et de légumes arrangés parfois d'une manière assez appétissante ; mais l'expérience est hasardeuse, et nous sommes soulagés en voyant un bol de riz comme pièce de résistance.

Les esprits destinés à servir semblaient prendre plaisir à nous offrir les choses les plus odieuses, apparemment pour s'amuser à voir nos grimaces. Bientôt une autre troupe de jeunes filles arriva avec des luths et des tambourins ; mais elles tirent de leurs instruments de musique des sons trop discordants pour des oreilles non japonaises, en sorte que nous nous réfugions sur le balcon, pour régaler encore une fois nos yeux du spectacle qui s'efface, et puis nous redescendons de notre poste aérien jusque dans les rues, qui reprennent déjà un silence qui indique que la bonne population de Nangasaki ne permet ni aux affaires, ni aux plaisirs de lui dérober les meilleures heures de la nuit.

Nous aurions regretté de faire un si court séjour à Nangasaki si nous n'avions pas eu Yedo en perspective. Nous ne nous étions pas attendus, en quittant Shanghai, à un programme aussi brillant que celui qui se déroulait graduellement. L'arrivée de l'amiral sur le *Calcutta* mit fin à tous les doutes que nous pouvions avoir sur la question. Il avait eu d'abord l'intention de livrer lui-même le yacht. Sa présence était trop nécessaire à Canton, où l'état des affaires était loin d'être satisfaisant, pour que cela fût maintenant praticable. Dans ces circonstances, il fut convenu que lord Elgin se rendrait avec le yacht à Yédo, puisqu'il était évidemment désirable de ne point retarder l'accomplissement de cette mission. Il nous était donc impossible d'essayer de faire quelqu'une de ces excursion dans les environs de Nangasaki, qu'on a rarement permises aux Européens. On me dit que les princes des cantons voisins de Fizen et de Tsikuzen étaient tous les deux favorablement disposés pour les Européens. Fizen est l'une des provinces les plus riches de l'empire ; elle donne à son prince un revenu que Siebold porte à trois cent mille livres sterling par an. Outre le riz et diverses espèces de gomme, elle produit du thé, du tabac, du coton, du suif végétal, du fer, du soufre, du cinabre et du marbre.

Il y a une mine de charbon dans un endroit appelé Wuku-Moto dans l'intérieur, où sont descendus quelques-uns des attachés de la mission hollandaise. Ils disent que la mine est exploitée avec jugement et avec intelligence, que le charbon est de nature bitumineuse, et qu'on le convertit en coke pour l'usage du public.

Le vieux Kæmpfer, pour donner un exemple de la nature volcanique du pays, raconte l'histoire d'une mine de charbon dans la province, qui prit feu par la négligence des mineurs, et qui brûle depuis ce temps-là. On trouve dans les provinces de Fizen et de Satsuma une excellente espèce de terre à porcelaine que les Européens recherchent pour la porcelaine coquille d'œuf, dont on vend une grande quantité. Le prince de ce premier État est un homme d'idées assez libérales, à ce que disent nos renseignements hollandais de Nangasaki. Il ne paraît pas cependant avoir complétement réussi à se débarrasser des anciens préjugés ; il en a récemment donné la preuve en refusant aux Hollandais la permission d'entrer dans son territoire pour monter une machine à vapeur qu'il avait fait venir d'Europe pour pomper l'eau dans ses mines de charbon. Il ne faut pas oublier la production la plus intéressante de cette province, où se trouvent, dit-on, les plus belles personnes de l'empire.

Mais le prince de Satsuma était le grand héros des résidents hollandais à Nangasaki, attendu qu'il les avait plusieurs fois invités à les visiter. Ce prince, qui est mort depuis notre visite, était, dit-on, le plus éclairé, comme il était l'un des plus puissants des princes indépendants. Le dernier empereur avait épousé sa fille, et cette étroite alliance lui donnait une grande influence à Yedo, où il possédait neuf résidences dans la ville ; sa famille était l'une de celles où on choisit un héritier présomptif pour le trône temporel lorsqu'un héritier direct vient à manquer. L'un des ancêtres de cette illustre famille avait conquis les îles Lew Chew. La province de Satsuma contient une grande quantité de soufre, qui pourra former un article considérable de notre commerce avec le Japon. A l'extrémité méridionale est située l'île d'Ivogasima ou île de Soufre, qui brûle, dit-on, constamment. Les mines de cette île rendent au prince de Satsuma un revenu annuel de deux cents coffres d'argent. Le capitaine Kattendyke, hollandais établi à Nangasaki, m'a appris que ce prince avait déjà établi un télégraphe électrique qui fonctionnait à merveille, entre son palais et sa capitale Kagosima, sur une distance d'environ trois milles. Il avait également des fabriques de verre considérables et des fonderies pour les canons, où l'on employait huit cents ouvriers.

Sous les ordres du capitaine Kattendyke, les Japonais exécutaient dans ce moment-là des travaux assez considérables dans le port. Les bâtiments se composaient principalement d'un atelier pour les machines et d'une fonderie avec tout un établissement pour construire et réparer les bateaux à vapeur que l'Empereur avait récemment décidé d'introduire à Nangasaki. Six mois avant notre arrivée, les ingénieurs hollandais s'étaient mis à l'œuvre pour réunir les machines; un grand nombre était déjà arrivé.

L'endroit choisi pour élever ces divers bâtiments se trouve dans une belle vallée qui descend vers le port et se termine à gauche du côté de la mer, en face de Nangasaki. Nous remarquâmes un bateau chargé de constructeurs et d'ingénieurs hollandais qui s'y rendait tous les jours, mais nous n'eûmes pas le temps d'aller examiner nous-mêmes leurs travaux. On calculait qu'il fallait deux ans pour qu'ils pussent être achevés. On construisait devant l'établissement, et pour son usage, une jetée longue de plusieurs centaines de pieds, et qui s'étendait assez loin pour assurer au moins vingt pieds d'eau à marée basse. Les ouvriers japonais, sous la direction des Hollandais, employaient constamment, dans la construction de cette jetée, une cloche à plongeur et le marteau de Nasmyth.

On permet aux Japonais d'entrer dans ces ateliers comme apprentis, afin de les perfectionner dans l'art du mécanicien et de l'ingénieur, et leur goût pour acquérir des connaissances est si prononcé, que plusieurs princes ont demandé et obtenu de l'Empereur la permission de recevoir des instructions, et qu'on les voit tous les jours dans les ateliers, activement occupés près de l'établi ou de la forge, selon que le cas le requiert, tandis qu'on en trouve d'autres dans la chambre des plans, préparant les dessins nécessaires pour les divers travaux. On a également fondé, depuis quelques années, une école de marine. D'après les nouvelles que nous avons reçues de Nangasaki, datées du mois d'avril dernier, nous apprenons qu'un décret impérial de Yédo vient de transférer l'école navale de Nangasaki dans la capitale, le gouvernement étant convaincu que ses officiers en savent assez sur la navigation pour se passer de nouvelles instructions sur ce sujet. On est arrivé à cette conclusion, à ce qu'il paraît, depuis que le bateau à vapeur le *Yedo* est venu sans encombre de Nangasaki à Yedo en neuf jours, sans le secours d'aucun étranger. L'école des ingénieurs, dont nous venons de parler, doit pourtant subsister, ainsi qu'une école de médecine et de chirurgie fondées depuis peu et qui sont fort suivies.

Dans le cas d'une guerre entre le Japon et un pays étranger quelconque, la défense de Nangasaki et de la côte adjacente dépendrait des levées faites par les princes de Fizen et de Tsikuzen. Chaque prince indépendant du pays est obligé de fournir un certain nombre d'hommes pour assister les troupes du gouvernement impérial. On tient pour propre au service militaire une si grande proportion de la population mâle, que l'armée permanente du Japon prend probablement rang comme l'une des plus nombreuses qu'il y ait au monde, bien qu'elle soit absolument dépourvue de cette discipline et de ces connaissances scientifiques de l'art militaire qui pourraient la rendre redoutable à un peuple civilisé.

L'état militaire est tenu en grande estime dans le pays ; les soldats appartiennent au quatrième degré de l'échelle sociale, et on les appelle *Samlai*, parce qu'ils possèdent leurs terres nominalement à titre de fiefs de leurs supérieurs féodaux, en considération de leurs services militaires. On estime les troupes impériales, à part des forces des princes feudataires, à 100,000 fantassins et à 20,000 chevaux. Je ne suis pas sûr, cependant, qu'on puisse compter sur mes autorités.

Le 5 août, à trois heures de l'après-midi, nous levâmes l'ancre et nous sortîmes du port de Nangasaki en compagnie du yacht, de la *Rétribution* et de la canonnière *Lee*. Au moment de notre départ, une salve de coups de canon annonça qu'un vaisseau étranger était en vue, et en passant à côté des îles Iwo-

Sima nous aperçûmes un grand bâtiment hollandais qui fendait bravement les flots en venant du Midi. Nous ne nous doutions

Soldats japonais

guère qu'une tempête se préparait déjà qui allait éparpiller, au bout de quelques heures, les planches de ce beau navire sur les rochers sous notre vent, et qui nous obligerait à chercher un refuge sous le sauvage cap de Chichakoff. Nous voguions paisiblement afin de profiter du jour pour traverser le détroit de Van-Diemen, et nous nous trouvâmes le lendemain matin entre deux pics volcaniques en forme de cône, parfaitement semblables, s'élevant à une hauteur de 2,500 pieds environ, et séparés par un espace d'une vingtaine de milles. Le vent fraîchissait, les rochers et les îles hérissaient de tous côtés cette mer peu connue, et à mesure que le temps se brouillait, il devenait évident qu'il fallait chercher un port où nous pussions supporter la violence du coup de vent.

Le moment était critique : nous cherchions notre chemin sous les falaises escarpées du cap Chichakoff, sondant en vain et mettant notre nez dans un voisinage incommode des brisants. Au delà du cap battu par l'orage, nous ne pouvions pas espérer de trouver un abri. Notre seule chance était de remonter dans la baie profonde mais inconnue de Kagosima, jusqu'à ce que nous pussions trouver un endroit sûr pour jeter l'ancre. Heureusement nous n'eûmes pas à aller loin : une petite découpure dans la côte, avec quelques chaumières dans le sable, et un ou deux bateaux tirés sur le bord, promettait un endroit pour jeter l'ancre, ce que nous trouvâmes à un mille environ du rivage C'était une côte ceinte de pics ; les montagnes escarpées et verdoyantes se terminaient par des falaises de rochers contre lesquelles la mer se brisait avec force. Nous étions cependant en sûreté tant que le vent restait dans la même direction, et la *Rétribution* et le yacht furent bientôt amarrés près de nous à la distance de la longueur d'un câble. Nous avions perdu la *Lee* de vue depuis la veille au soir, et nous étions fort inquiets de son sort. Nous regrettions presque que la fortune ne nous eût pas poussés dans la baie, jusqu'à Kagosima, la capitale de Satsuma, où nous aurions eu l'occasion de visiter la résidence du prince et d'examiner les progrès des arts et des inventions étrangères qu'il a introduites chez lui et qui ont déjà si largement contribué à la prospérité de la principale ville de sa province.

Toute cette partie de la côte du Japon est éminemment volcanique ; on apercevait dans l'intérieur de l'île des pics, et on distinguait des îles pointues qui témoignaient de leur origine. Dans l'île de Kiu-Siu seule, à la pointe méridionale de laquelle nous nous trouvions alors à l'ancre, il n'y a pas moins de cinq volcans en ébullition ; l'un d'eux se trouve dans la province de Satsuma ; mais le plus célèbre, le Wunsen-take, ou Grande Montagne des Sources chaudes, est dans le Fizen. On trouve dans le *Magasin chinois* le récit de l'une des éruptions. En 1793, le sommet de la montagne s'éboula entièrement, des torrents d'eau bouillante sortirent de toutes parts de la profonde cavité qui s'était ainsi formée, et la vapeur s'en élevait comme une épaisse fumée. L'une des éruptions détruisit, à ce qu'on raconte, la malheureuse ville de Simabarra : 35,000 personnes périrent dans ce sinistre. Le vieux père Froës, écrivant en 1586, raconte l'histoire d'un grand château, dans le royaume de Mino, bâti sur le sommet d'une montagne, qui, après plusieurs violentes secousses, s'abîma tout d'un coup et disparut, « la terre s'ouvrant si bien, qu'il ne resta pas la trace d'un seul pas; un lac vint promptement remplir l'espace qu'occupaient les fondements du château. Un autre accident du même genre arriva dans la province de Tkéja. On voyait çà et là dans l'empire une grande quantité de fentes et d'ouvertures, quelques-unes si larges et si profondes que lorsqu'on tirait dedans un coup de fusil, on n'entendait pas les balles arriver à l'autre bout, et il en sortait tant de fumée et une si mauvaise odeur, que personne n'osait s'aventurer de ce côté-là. » Kæmpfer décrit une petite île près de Firando, qui brûlait et tremblait depuis plusieurs siècles, tandis que les sources d'eaux chaudes et sulfureuses bouillonnaient partout dans l'empire ; on les fréquente beaucoup en l'honneur des propriétés médicales qu'elles possèdent, dit-on.

On ne peut guère s'étonner de ce que dans ce pays de feu et de soufre les habitants spéculent savamment sur les régions infernales, et qu'ils choisissent de temps en temps quelque puits d'eau bouillante ou quelque montagne flamboyante pour le *descensus Averni*. Ils ont décidé, d'ailleurs, les différents endroits de châtiments. Les pâtissiers et les confiseurs qui ont vendu pendant leur vie des marchandises falsifiées, sont condamnés à habiter une source couverte à la surface d'une écume qui ressemble à de la crème, pendant que les mauvais brasseurs coulent une misérable existence dans une source aussi épaisse et aussi bourbeuse que la bière ou le sakee qu'ils débitaient à leurs pratiques.

Passer une nuit d'orage à chasser sur l'ancre sur une côte aussi mal famée, c'était comme si on eût été condamné à coucher dans une chambre pleine de revenants. Nous étions en proie à des terreurs vagues et imaginaires, ne sachant pas si les eaux ne s'entr'ouvriraient pas dans quelque convulsion de la nature pour nous laisser échoués au fond de la mer, comme la frégate russe la *Diane*.

Nous passâmes trente-six heures à l'ancre dans cet endroit lugubre, le vent soufflant avec une telle violence qu'il était impossible de chercher à aborder. Le 7, vers minuit, le temps changea cependant tout d'un coup. Le capitaine Osborn s'attendant à voir tourner le vent, avait tenu le câble court, et au bout de quelques minutes nous avions levé l'ancre, et nous naviguions avec un vent et une mer qui nous aveuglaient, nos vergues d'avant plongeant dans l'eau à chaque bordée. Les grands rochers pointus au delà de Chichakoff se détachaient dans l'obscurité comme une masse noire et menaçante, et nous entendions les vagues s'y briser en mugissant pendant que nous travaillions à les dépasser. La *Rétribution*, traînant le yacht à la remorque, avançait courageusement, pendant que ses lumières dansaient à côté de nous sur les vagues comme un *ignis fatuus*. Nous ne sûmes que huit jours après, en la retrouvant à Yedo, combien le *Lee* avait été près de laisser ses os à blanchir sur cette côte inhospitalière. Clouée contre le rivage, sous le vent, pendant quelques heures son brave commandant, le capitaine Grahame, désespérait de la sauver; à force de courage et d'habileté, il réussit cependant, avec le secours du capitaine Colin Campbell, qui se trouvait alors en visite à son bord à la tirer de cette dangereuse situation.

Le vent se maintint très-fort pendant les trois jours qui sui-

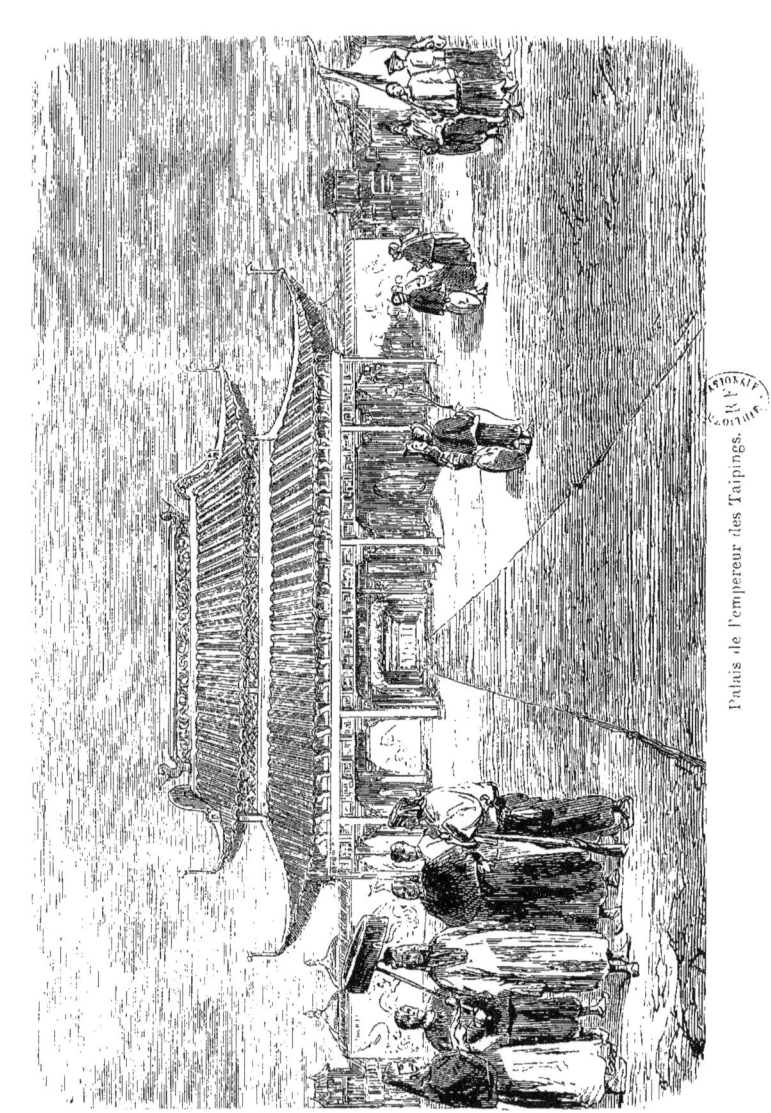

Palais de l'empereur des Taipings.

virent, mais il nous était favorable et nous avancions rapidement. Le 10 au matin nous vîmes au loin, à l'horizon, la grande montagne de Fusi-yama, pic dont je n'avais pas même soupçonné l'existence jusqu'alors et dont nous ignorions encore la célébrité.

Un Corps de garde japonais.

A grande distance le spectacle était frappant; s'élevant au-dessus de toutes les éminences inférieures, il élevait sa tête couverte de neige à une hauteur de douze mille pieds au-dessus de la mer et présentait dans ses formes et ses lignes beaucoup de ressemblance avec le mont Etna. D'après les récits japonais, il n'a pas eu d'éruption depuis plus d'un siècle. Changeant notre direction d'après ce guide, si digne de la grande ville de Yedo, nous distinguâmes bientôt à tribord les Iles Brisées, et tout près le volcan en ébullition de Vries, avec une bouffée de fumée planant au-dessus du cratère comme si une bombe venait d'y éclater.

Nous nous dirigions d'abord sur Simoda, mais il était assez difficile d'en découvrir l'étroite entrée sur cette côte découpée par tant de baies. En approchant du rivage nous aperçûmes une quantité de bâtiments entrant et sortant des ports, et jouant à cache-cache autour des caps hardis et verdoyants et derrière des îlots de rochers; nous entrâmes enfin dans la gracieuse baie de Simoda, et nous glissions sur ses ondes paisibles entre des rives couvertes de grands arbres touffus et revêtus du feuillage le plus éclatant. Des criques profondes invitaient le pêcheur battu par l'orage à se laisser aller à une sécurité parfaite; l'entrée en était protégée par les rochers; la verdure arrivait jusqu'au bord d'une eau claire comme du cristal, animée par les poissons qui s'y jouaient. Nous regardions d'un air d'envie ces retraites séduisantes, trop petites pour admettre autre chose qu'une barque de pêcheur, et nous remontâmes tranquillement dans le port, au milieu duquel deux énormes rochers, fort incommodes du reste, forment un coup d'œil très-pittoresque. L'un d'eux, qu'on appelle l'Ile centrale, est traversé par une avenue et couronné par des arbres. L'eau est profonde tout à l'entour, et parfaitement calme tant que le vent ne vient pas du sud-est.

Pour le visiteur ignorant le port semble offrir une sécurité parfaite, tant la baie est profonde; au-dessus s'élèvent les montagnes en masses désordonnées; elles entourent la petite ville et donnent naissance à la rivière qui poursuit son cours languissant jusqu'à la mer à travers une vallée qui pourrait faire partie du pays des fées. L'ancre se plonge tout à coup dans l'eau profonde et bleue, à quelques pieds du rivage, et ce bruit fait courir dans nos veines un nouveau frémissement de plaisir, pendant que nous contemplons avec extase le spectacle charmant qui se déroule devant nous et que nous nous préparons à explorer ces beautés inconnues.

IV

Résidence du consul d'Amérique. — Un ermitage. — Visite au consul d'Amérique. — Son succès récent à Yedo. — Bazar de Simoda. — Tourments de l'indécision. — Un cimetière japonais. — Temples de Bouddha. — La religion Sintòo. — Dieux Lares. — Un temple japonais. — Doctrines des Sintòo. — Spéculations théologiques. — Valeur de la religion Sintòo. — Visite du gouverneur. — Politesses dispendieuses. — Aspect général de Simoda. — Voyage pour reconnaître la baie de Yedo. — Chaumières japonaises. — Kanagawa. — Arrivée à Yedo.

A l'entrée de la baie de Simoda, à un mille environ de la ville, se trouve un beau bosquet. Ses ombrages mystérieux sont consacrés sans doute à quelque destination religieuse et cachent dans leurs solennelles profondeurs quelque vieux temple bien pittoresque où des prêtres ridés remplissent leurs fonctions sacrées depuis un nombre d'années incommensurable. C'est un lieu qui donne tout de suite l'idée du repos et d'une sainte retraite, et nous ne pouvions en croire nos yeux, lorsque, en dirigeant nos télescopes de ce côté, nous distinguâmes, flottant au travers des feuilles d'un arbre sacré, les couleurs rouge, blanche et bleue qui forment le pavillon national de nos cousins transatlantiques. Cependant, il n'y avait pas à en douter, les raies et les étoiles ondoyaient fièrement au-dessus du bâtiment naguère occupé par quelque récente incarnation de Bouddha, et M. Harris, le consul d'Amérique, s'est fait un lit de la châsse de la divinité. C'est ce que nous apprend M. Hewsken, le secrétaire de M. Harris, qui vient nous faire une visite avant que nous ayons eu le temps de débarquer, et qui apporte à lord Elgin les offres de service du consul d'Amérique.

Je débarquai avec lord Elgin pour faire une visite à M. Harris. L'aspect extérieur de sa demeure, vue du vaisseau, ne démentait pas son apparence pittoresque lorsqu'on s'en approchait davantage. Si l'on avait voulu se retirer absolument loin des soucis et des anxiétés de ce monde incommode, il eût été difficile d'imaginer une retraite mieux adaptée à ce dessein. Cependant, lorsque la réclusion complète et entière est une affaire de nécessité, plutôt qu'une affaire de choix, c'est une médiocre consolation que de savoir qu'on est emprisonné dans un coin admirablement approprié à un reclus. Quelquefois le voyageur rencontre sur ses pas errants, dans ce monde si agité, quelque retraite silencieuse dont le charme le frappe. « Quelle délicieuse retraite pour un ermite ! » voilà sa première impression, mais la seconde est : « Oh ! comme je plaindrais le pauvre malheureux ! » Cependant, pour les disciples de Zimmerman, ou pour des amants réduits à l'état de Pétrarque, le Japon offre peut-être plus d'attraits que tout autre pays du monde. Mais M. Harris ni M. Hewsken ne semblaient les apprécier complétement. Une bibliothèque bien assortie, quelques chambres confortablement meublées, donnaient à l'établissement une agréable apparence de civilisation ; mais qui est-ce qui peut compenser deux années d'isolement presque complet et l'absence de tout rapport avec ses semblables? A l'exception des très-rares visites d'un vaisseau étranger à Simoda, ces deux messieurs n'avaient pas vu une seule créature humaine avec laquelle ils pussent échanger une idée. Ils avaient passé dix-huit mois sans recevoir une lettre ni un journal et il y avait deux ans qu'ils n'avaient goûté du mouton, cet animal étant inconnu au Japon. Cependant cet exil n'avait pas eu pour effet de les dégoûter du pays où ils étaient bannis. M. Harris parlait des Japonais en termes encore plus flatteurs que ceux qu'emploient d'ordinaire les Hollandais. Résidant parmi eux dans une situation qui l'obligeait à entrer avec eux dans des relations intimes, puisqu'ils étaient ses seuls compagnons, il en avait pris une plus haute opinion de leurs qualités aimables et du charme de leur caractère naturel. Il nous en donna un grand nombre d'exemples et nous parla surtout des attentions extraordinaires que lui avaient témoignées l'Empereur et l'Impératrice dans une grave maladie qui l'avait atteint. L'Empereur voulut absolument lui envoyer son médecin pour le soigner, pendant que Sa Majesté prenait plaisir à préparer elle-même des plats délicats convenant à un convalescent, qu'elle lui envoyait tous les jours.

M. Harris revenait de Yedo, où il avait réussi à conclure avec le gouvernement japonais un traité plus favorable que tous ceux qu'on avait faits depuis le temps du capitaine Saris. Il avait passé quelques mois dans cette ville, cherchant avec M. Donker Curtius à amener le gouvernement à accepter leurs conditions. En 1855, le président hollandais avait conclu un arrangement commercial par lequel certaines concessions étaient accordées aux étrangers, mais les rouages embarrassants du Geldkammer subsistaient encore, et le gouvernement japonais conservait le monopole du commerce à des conditions qui rendaient ces concessions inutiles pour les nations qui faisaient le commerce d'après des principes éclairés. M. Harris, cependant, était résolu à conclure un traité digne du peuple ami du progrès qu'il représentait, et M. Donker Curtius, apprenant ce à quoi il travaillait, se rendit à Yedo, résolu à ne pas se laisser dépasser, s'il était possible. Ses précautions restèrent cependant sans effet.

Le cabinet japonais s'était montré inexorable; les deux agents, au désespoir, quittèrent Yedo, M. Donker Curtius pour se rendre à Nangasaki, en faisant un long voyage de deux mois par terre, M. Harris pour retourner à Simoda. A peine y était-il arrivé que le *Powhatan* lui apporta la nouvelle du traité de Tientsin. M. Harris ne perdit pas un moment pour aller annoncer lui-même cette grande affaire dans la capitale, et, pendant que M. Donker Curtius, ignorant les grands événements qui venaient d'arriver, retournait laborieusement à Nangasaki, son rival avait signé son traité, et, de retour à Simoda, se reposait sur ses lauriers.

Nous suivîmes à pied le bord de la baie pour nous rendre du

temple de M. Harris à la ville. Simoda est un pauvre endroit comparé à Nangasaki, et on se demande pourquoi le commandant Perry l'avait choisi pour en faire un port. Même alors, ce n'était autre chose qu'un village de pêcheurs, qui a été depuis lors renversé par un tremblement de terre dont la ville et le port ne se sont jamais bien remis. On y est toujours exposé, même lorsqu'on a jeté l'ancre dans un bon endroit, et lorsqu'il vient une tempête, on ne peut tenir nulle part, tant cette terrible convulsion de la nature a changé la surface du fond.

La ville, située à l'endroit où la petite rivière débouche dans la mer, se compose de quelques mauvaises rues se coupant à angles droits, et contenant peut-être trois ou quatre mille habitants. Dans un coin se trouve un bazar fondé pour l'usage des étrangers, contenant des laques d'une qualité supérieure à celles de Nangasaki et une quantité d'objets manufacturés dans le pays que j'avais déjà remarqués; entre autres, j'achetai plusieurs paletots imperméables coûtant dix-huit pences, faits de papier ciré, et qui résistaient à une averse aussi bien que le meilleur makintosh qu'on ait jamais fabriqué. Ces redingotes sont extrêmement légères et commodes, leur seul défaut est de se déchirer facilement, mais aussi elles coûtent la moitié de ce que coûte une paire de gants blancs.

Les bazars sont les endroits du monde les plus séduisants. On y voit tant de choses, et tout est si nouveau et si tentant, qu'on se promène au milieu de ces rangées de brillantes nouveautés d'un air abasourdi et avec le sentiment d'une responsabilité écrasante. Si quelqu'un voulait venir nous dire ce qu'il faut choisir et ce qui sera le plus admiré au retour? Hélas! tout le monde achète avec fureur, personne ne semble avoir un doute; on achète sous votre nez ce qu'il y a de plus joli, et vous restez là confondu et troublé, ce qui vous amène enfin à acheter à tort et à travers jusqu'à ce que vos poches soient vides. Le procédé est bien simple. Dès qu'on a choisi un objet, le marchand japonais vous tend un morceau de papier et un pinceau très-fin, trempé dans l'encre; vous écrivez votre nom et le prix, après quoi vous prononcez votre nom au Japonais le plus simplement que vous pouvez, et il écrit dans sa langue quelque chose qui se rap-

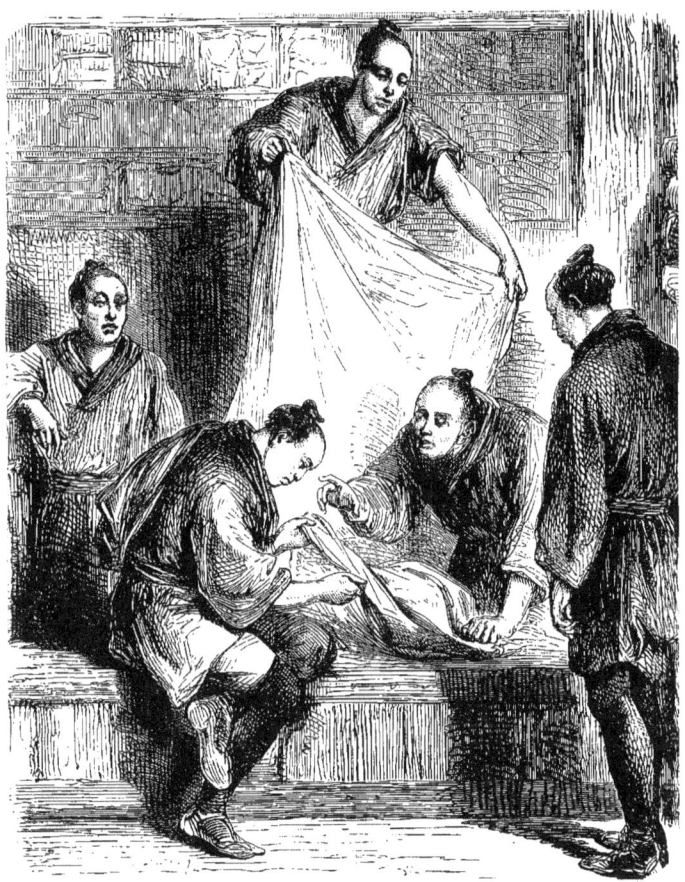

Un magasin d'étoffes au Japon.

proche le plus possible du son étrange qu'il a retenu. A la fin de la journée, vous vous rendez dans une espèce de bureau où toutes les emplettes sont entassées, dûment étiquetées, avec leurs prix ; les employés chargés de ce soin font l'addition et reçoivent au poids l'argent étranger qu'on leur offre. On ne marchande pas au premier abord, on ne se dispute pas ensuite, tout est conduit avec un ordre et une régularité parfaite.

Un autre inconvénient de ces bazars est la perte de temps qu'ils entraînent. On est constamment martyrisé par sa conscience pendant les heures qu'on y passe. Qu'a-t-on à faire de regarder des laques tout le jour, pendant qu'on devrait explorer la ville et ses environs, observer et noter une quantité de faits importants et curieux ? Il serait plus économique et plus instructif de tourner le dos à ce théâtre d'extravagances et d'aller chercher des aspects nouveaux et pittoresques. Nous n'avons pas besoin d'aller bien loin. Derrière le bazar s'élève une montagne entièrement boisée, qui est naturellement ornée de temples et de sanctuaires auxquels nous arrivons en escaladant de grands escaliers, et nous trouvons des petites figures debout derrière des morceaux de papier de couleur, des inscriptions et les cendres d'un feu sacré. Nous jetons un coup d'œil sur la ville et sur la baie, et puis nous suivons un sentier pittoresque qui serpente à travers les ombrages impénétrables formés par un feuillage épais, et nous arrivons tout d'un coup dans un grand cimetière où une quantité de pierres tumulaires curieusement sculptées s'élèvent sous les grands arbres. On dit que les tombeaux dont ces monuments indiquent la place sont de forme circulaire et garnis de chaux à l'intérieur pour empêcher l'infiltration de l'eau. D'après le vieil Arnoldus Montanus, les femmes y sont placées assises, avec leurs mains séparées et la tête tournée comme si elles regardaient par-dessus leur épaule, les hommes sont assis comme pour prier avec les mains jointes. On appelle les pierres tumulaires des Sisek, quelques-unes sont sculptées avec art, et portent des bas-reliefs représentant des guerriers qui se battent ; celles des femmes sont ornées de guirlandes de fleurs. Les inscriptions sont gravées sur la pierre et restent dans cet état jusqu'au moment où le propriétaire du tombeau vient l'occuper, alors on les dore.

A tout prendre, un cimetière japonais abondamment pourvu de grandes pierres tumulaires sculptées, dont un grand nombre sont anciennes et couvertes de mousse, abritées par un feuillage épais et protégées par les clochers tortillés de quelque édifice sacré, présente un spectacle intéressant et d'une tranquille beauté, destiné à produire sur l'esprit des étrangers venus de l'Occident une impression très-favorable à un peuple dont les goûts et les sentiments sur un sujet aussi solennel semblent si bien d'accord avec les siens.

Nous passâmes du cimetière dans le temple. L'intérieur était une vaste salle garnie de nattes et de grandes lanternes, l'espace du milieu était entouré d'une barrière comme dans les temples de Bouddha, et renfermait des cierges sacrés et des idoles de différentes grandeurs. Pour ceux qui n'étaient pas profondément versés dans les mystères de la religion, ni l'idole principale, ni l'aspect général du bâtiment ne semblaient différer beaucoup des temples dédiés ailleurs au même culte. Mais comme il y a trente-cinq sectes au Japon, — du moins elles existaient du temps de Nobanunga, — il y avait certainement dans le temple en question bien des choses qui n'étaient pas orthodoxes. Le prêtre, vénérable vieillard vêtu d'une longue robe grise, fut remarquablement poli à notre égard ; mais comme nous ne pouvions pas échanger une idée avec lui, nous nous contentions de faire de notre mieux pour avoir l'air satisfait et attentif.

Les nombreux temples des environs de Simoda forment le trait le plus attrayant du voisinage ; on y arrive plus aisément qu'à Nangasaki, on grimpe moins longtemps, et les promenades sont plus jolies. Un *yasiro* ou un *miya* se cache sous presque toutes les montagnes ; la porte d'entrée se compose en général de deux monolithes au-dessus desquels repose un long bloc de pierre relevé aux deux bouts et parfois arqué vers le milieu ; une longue avenue conduit de là à un perron au sommet duquel se trouve le sanctuaire d'une divinité armée d'un grand nombre de bras. D'épais bosquets de bambous et d'autres arbres offrent un frais ombrage au promeneur, qui, par le jour le plus chaud, peut flâner à travers des allées couvertes d'un temple à l'autre, et fumer d'innombrables cigares en se reposant sur les marches de leurs perrons. La plupart de ces temples avaient une grande ressemblance les uns avec les autres, nous en visitâmes un pourtant qui différait entièrement des autres et que nous apprîmes être un temple Sintòo.

Un Japonais voyageant en Angleterre, et qui voudrait donner à ses amis du Japon quelques idées sur les nuances diverses d'opinions religieuses qui existent parmi nous, ne trouverait pas grand profit, pour s'éclairer sur la question, à visiter et à comparer un certain nombre de cathédrales, d'églises et de chapelles, et si son temps était limité, que son interprète ne fût pas bien bon et peu versé dans la théologie, le compte qu'il rendrait des dénominations religieuses de la Grande-Bretagne serait un peu confus. De même nous ne savons pas grand'chose personnellement sur les religions du Japon, celle qu'on peut cependant appeler la religion nationale, et qui remonte à la plus haute antiquité, c'est la religion de Sinsyn ou « la foi des dieux. » Les fidèles s'appellent des Sintòos, et le chef temporel est le mikado ou empereur spirituel. La divinité à laquelle on rend le principal culte est la déesse Ten-sio-dai-zin, ou déesse patronne du Japon. Elle était la fille du premier des dieux qui se soit jamais marié, et qui a créé le monde, qui se composait alors du Japon. A cette déesse à l'interminable nom succédèrent quatre dieux terrestres, dont le dernier épousa une femme mortelle, et laissa sur la terre un fils mortel, ancêtre immédiat des mikados.

Ce mikado, outre qu'il est l'empereur spirituel du Japon, est encore en quelque sorte un médiateur qui intercède pour ses sujets de ce monde-ci auprès des esprits et des êtres canonisés de l'autre monde. Ses fonctions semblent ressembler sous beaucoup de rapports à celles du pape. Il a le pouvoir de canoniser, honneur fort recherché parmi les kamis et grands seigneurs de l'empire. Une fois canonisés, ils conservent dans l'autre monde le titre de kamis, et servent surtout d'intercesseurs auprès de la déesse Ten-sio-dai-zin, qu'on ne peut approcher directement; aussi chaque Japonais sinto a-t-il un kami pour patron, un sanctuaire lui est consacré dans sa maison, ce sont ses dieux lares et ses pénates.

Les kamis sont divisés en kamis supérieurs et inférieurs : 492 sont nés dieux, et 2,640 sont des hommes déifiés ou canonisés.

Le temple que nous fûmes visiter contenait un grand nombre de ces petits sanctuaires avec des images de kamis, ainsi que des modèles de vaisseaux et autres curiosités qu'on appelle des jemma, mais qui sont tout simplement les présents de fidèles reconnaissants qu'on a placés là pour amuser les gens qui fréquentent le temple. Le bâtiment lui-même était dénué de toute prétention architecturale, il est peint en couleur ardoise, et la simplicité de l'intérieur forme un contraste frappant avec les temples de Bouddha. Le trait le plus caractéristique est un clocher orné de sculptures bizarres. L'ornement le plus remarquable des temples sintoos est un miroir qui représente la pureté de l'âme ; à droite, en entrant, se trouve une espèce de fontaine contenant de l'eau, en face est une grosse cloche. Une boîte de forme oblongue, sans couvercle, mais fermée par un treillage de fil de fer et placée dans un endroit où elle attire les regards, vient rappeler aux fidèles le devoir de l'aumône. La forme du culte est très-simple : En entrant dans l'église, les fidèles commencent par se laver dans la fontaine, puis ils prient en face du miroir en demandant comme nous ce dont ils ont besoin ; ils mettent quelques pièces de cuivre dans la boîte grillée, frappent trois fois sur la cloche pour dire que tout est fini, et puis se retirent. Les gens d'un tour d'esprit métaphysique supposent que Dieu voit dans leurs cœurs aussi clairement qu'ils voient dans le miroir, et en conséquence ils se dispensent de prier.

Je remarquai une quantité de petites bandes de papier blanc, que Siebold appelle des « Gohei, » et sur lesquelles sont inscrits des caractères japonais. Kæmpfer prétend que les Sintoos croient à des champs élyséens ou sous-célestes, qui servent de demeure aux âmes séparées de leurs corps, mais qu'ils sont universalistes au sujet des châtiments futurs, et qu'ils n'ont l'idée du diable que sous la forme du renard. Siebold, cependant, dit que les Sintoos ont une vague idée de l'immortalité de l'âme, d'un état à venir heureux ou malheureux étant la récompense de la vertu et du vice, des endroits différents où l'âme peut vivre après la mort. Les juges célestes appellent tous les hommes à rendre leurs comptes, les bons sont appelés dans le paradis et entrent dans le royaume des Kamis, les méchants sont condamnés et vont en enfer. Certainement la fameuse dispute sur la couleur du diable prouverait qu'ils croient à son existence et démentirait l'assertion de Kæmpfer. Nous donnons ici la traduction d'un passage de leurs livres sacrés, cité par cet auteur : « Au commencement de l'ouverture de toutes choses flottait un chaos, comme les poissons nagent dans l'eau pour leur plaisir, de ce chaos sortit quelque chose qui ressemblait à un aiguillon qui remuait et pouvait se transformer ; cette chose devint une âme ou un esprit, et cet esprit s'appelle Kunitoko-Datsuo-Mikotto. »

Les nombreuses sectes qui existent au Japon semblent être à divers degrés des modifications du bouddhisme et de la religion de Sinsyn. Le bouddhisme ne fut introduit au Japon qu'en l'an 552, et, après avoir lutté quelque temps pour s'y établir, il y prit racine vers la fin du siècle, et finit par se mêler à la religion du pays ; à tout prendre, il ne différait pas beaucoup du culte existant. Tous deux prêchaient une morale très-élevée, la pureté du cœur et de la vie était le trait caractéristique des Sintoos ; la pureté du corps était recommandée par des observances cérémonielles d'une nature presque lévitique. Certainement la vague condition de bonheur futur que le bouddhiste espère n'approche pas de l'idée que se font les Sintoos du paradis ; mais aussi en supposant que Siebold ait raison, il échappe aux régions infernales par la doctrine de la métempsycose. En revanche, les prêtres sintoos sont plus favorisés que ceux de Bouddha, ils ont le droit de se marier, et le mikado en donne l'exemple ; ce fonctionnaire habite en théorie dans le ciel, mais quelqu'une des douze femmes que la loi lui accorde lui rappelle probablement de temps en temps le voisinage de cette vallée de larmes.

Les prêtres de Bouddha se rasent toujours la tête, qu'ils portent découverte. Les prêtres de Sinsyn laissent pousser leurs cheveux et portent un chapeau d'une forme extraordinaire qui ressemble à un bateau de laque retourné, et qui est souvent de la couleur la plus éclatante. Outre les religions de Sinsyn et de Bouddha avec leurs différentes nuances, les Japonais possèdent encore la croyance philosophique de Sutoo, ou « la manière de vivre, » qui paraît être une modification de la doctrine de Confucius, ici comme en Chine, assez large et assez élastique pour s'accorder avec toutes les sources de superstition. A proprement parler, elle ne reconnaît ni dieux, ni temples, ni lieux de culte, elle fait profession de croire à un esprit partout présent, elle nie tout état futur de récompenses et de châtiments, et soutient que vivre purement c'est être heureux, et que celui qui pratique les cinq vertus cardinales est parfait ; les vertus sont de vivre vertueusement, de faire le bien, d'être courtois, de gouverner sagement et d'obéir à sa conscience.

On peut supposer qu'au Japon comme dans tous les pays où le bouddhisme existe, les principes élevés et quelque peu mystiques développés dans les livres saints agissent sur l'esprit des classes de la société les plus éclairées et les plus policées, tandis que la partie inférieure de la population se réfugie dans l'idolâtrie de ces formes matérielles et terrestres qui peuvent seules répondre à leurs besoins grossiers et sensuels. On peut se demander si l'intelligence du vulgaire est bien la pierre de touche d'après laquelle on doit éprouver la puissance et la valeur d'une théologie ; combien de fois elle dégrade la plus noble foi jusqu'à son propre niveau, tandis que l'observateur juge à la légère de la religion sur ses formes les plus grossières ! S'il faut cependant considérer le caractère des Japonais uniquement au point de vue de leur instruction religieuse, le bouddhisme n'est certainement pas le culte qui a exercé sur leurs esprits et sur leurs penchants la plus favorable influence. On dit que le bouddhisme est la religion de trois cent quinze millions d'hommes moralement et intellectuellement inférieurs aux Japonais. En laissant donc de côté toutes les causes physiques et toutes les théories par lesquelles on a récemment cherché à expliquer la civilisation et les progrès sociaux, nous sommes forcés d'admettre que la religion sintoo a produit des effets qui lui donnent droit à un rang très-élevé parmi les religions du monde.

Étant arrivés à cette conclusion, nous descendons les marches du temple de Sinsyn, sur lesquelles nous nous étions assis tout en réfléchissant aux vérités de la foi, et le soleil ayant disparu derrière les crêtes des pics formant la vallée, nous pouvons nous promener au milieu des champs de riz, au bord de la rivière, et jouir de l'air embaumé du soir, ou nous arrêter pour répondre à une invitation et nous régaler d'excellent thé, sans être obligés de le payer. Dans son état primitif du moment, le Japon est une résidence économique autant qu'agréable, la monnaie étrangère étant interdite et les habitants très-consciencieux ou redoutant fort d'être trahis auprès du gouvernement. Nous fumions des pipes, nous buvions du thé dans des pavillons, nous passions en bac, et nous contractions ainsi une quantité de dettes que nous n'avions aucun moyen d'acquitter, car on refusait toujours résolûment notre argent, et cela avec une politesse qui nous faisait regretter notre offre ; nous étions donc obligés de nous consoler de notre sort et de chercher à impliquer la réciprocité des bons sentiments par l'échange du tabac.

Le lendemain de notre arrivée à Simoda, lord Elgin reçut une visite du gouverneur. Il avait appris que nous avions le projet de remonter la baie de Yedo, et il venait maintenant dans le but de faire usage de toutes ses facultés de persuasion pour engager lord Elgin à renoncer à ses intentions. Il amenait à bord une suite considérable dont tous les membres semblaient en état d'apprécier les rafraîchissements anglais. Je fus un peu étonné d'entendre l'un d'eux refuser du curaçao et demander du marasquin à la place. Le gouverneur était un personnage de l'humeur la plus joviale, il riait constamment et prenait tout en plaisanterie, même le refus de lord Elgin de consentir à sa requête de livrer le yacht à Simoda et de rester dans cette ville. Il eut recours à tous les arguments possibles pour emporter la position, mais sans résultat. Il disait qu'il redoutait personnellement les conséquences du refus, et il riait ; qu'il les redoutait encore plus pour nous, et il riait toujours ;

enfin, lorsqu'il vit qu'il ne réussissait ni à nous effrayer ni à nous séduire, il prit un air parfaitement satisfait et s'occupa à envelopper dans des morceaux de papier carrés les mets qui lui plaisaient particulièrement et les plaça dans les plis de sa chemise en disant qu'il avait chez lui une quantité d'enfants en âge d'apprécier les curiosités culinaires des pays étrangers. Plusieurs personnes de sa suite avaient également une famille, à ce qu'il paraît, car elles suivaient son exemple. Je crois même que l'un d'eux essaya d'emporter de la confiture de fraises dans sa chemise ou dans la manche de son habit qui était large et formait un sac approprié à cet emploi. Ces morceaux carrés de papier ne servent pas exclusivement à envelopper des restes, les Japonais curieux y écrivent leurs notes, et ils leur servent également de mouchoirs. C'est une marque de politesse que d'emporter d'un dîner une quantité de morceaux délicats, en sorte que les gens très-polis amènent parfois un domestique chargé d'un panier pour emporter les restes qu'une bonne ménagère anglaise ferait reparaître le lendemain au déjeuner. C'est une façon un peu dispendieuse de témoigner son approbation du repas, mais ce n'est pas aussi désagréable que les gradations que se permet dans le même but un homme bien élevé.

Le gouverneur nous dit qu'il était autorisé à avoir sa femme avec lui à Simoda, mais à ce que nous comprîmes, c'était seulement parce qu'il n'était pas d'un rang assez élevé pour rentrer dans la catégorie de ceux qui sont obligés de laisser leurs femmes à Yedo. Il y a deux gouverneurs de Simoda qui se relayent tous les six mois dans le but de se servir mutuellement de frein. Le gouverneur ayant apparemment déchargé sa conscience, se prépara enfin à prendre congé; il demanda plus tard, par écrit, qu'on voulût bien accorder passage sur le *Furieux*, jusqu'à Yedo, à deux employés japonais. On s'y refusa, sous prétexte qu'il était contraire aux règles du service de prendre des passagers à bord.

D'après le nouveau traité Kanagawa remplace Simoda, qui cesse d'être un port franc. Il n'a aucune valeur pour les étrangers à ce point de vue, la baie n'est pas sûre, la population est peu considérable et fort pauvre ; elle se compose surtout de pêcheurs. Les communications avec l'intérieur sont difficiles, attendu que la ville est située sur une péninsule et que, pour arriver dans la campagne, il faut traverser une chaîne de montagnes hautes environ de six mille pieds.

Les maisons sont toutes construites en bois, la plupart n'ont qu'un étage. Là, comme à Nangasaki, les classes inférieures sont à peine vêtues, les hommes ne portant guère qu'une ceinture et les femmes ayant généralement tout le haut du corps découvert. Ils témoignaient peu de curiosité en nous voyant circuler dans les rues ; mais je fus amusé de voir une foule rassemblée autour d'un chien de la race des terriers de Shantung, appartenant à l'un de nous, et qu'on peut à peine distinguer d'un terrier de Skye, bien que ce soit un chien de pure race chinoise. Cet échantillon à longs poils de la race canine excitait beaucoup de curiosité et d'intérêt parmi les hommes et les chiens japonais, tandis qu'il trottait tranquillement dans les rues de Simoda.

M. Harris nous combla de soins et d'attentions pendant notre séjour à Simoda, mais il nous rendit surtout un grand service en comblant de la meilleure grâce du monde une lacune très-grave, il offrit à lord Elgin le concours de son excellent interprète hollandais, M. Hewsken. Pendant tout le temps de notre séjour à Yedo, M. Hewsken fut pour nous un compagnon très-aimable et très-obligeant, tout en nous rendant des services signalés. Il avait passé deux ans dans le pays, il avait assez bien appris la langue, et je lui dois beaucoup de renseignements curieux. Dans toutes les transactions officielles, on employait un interprète japonais pour traduire du hollandais en japonais.

Nous levâmes l'ancre à Simoda, le 12 août au point du jour, avec un bon vent, et nous remontâmes promptement la baie, laissant à notre gauche une chaîne de montagnes hautes environ de six mille pieds. Les rives commençaient à se rapprocher, et au détroit d'Uraga, où nous entrâmes cinq heures après notre départ de Simoda, elles ne sont pas éloignées de plus de dix milles. A cet endroit, le paysage était très-joli, des collines boisées s'élèvent au

Grands officiers Taïpings.

bord de l'eau, s'en éloignant doucement, çà et là elles sont traversées par une vallée charmante dans laquelle se cachent des chaumières couvertes en chaume, avec de larges toits surbaissés. La rive occidentale ressemble à quelques parties de la côte de l'île de Wight.

Une ferme japonaise près Kanagawa.

La ville d'Uraga elle-même est l'endroit le plus important de la côte. On la regarde en quelque sorte comme la barrière de Yedo, et même les bâtiments du pays doivent s'y arrêter pour rendre compte de leur cargaison. Deux bateaux chargés de fonctionnaires armés de deux épées mirent à la voile à la hâte en nous voyant approcher, et nous conjurèrent de nous arrêter à force de gestes et de signes suppliants, mais nous passâmes outre, sans faire attention à leurs signaux, et les laissant bien loin derrière nous, nous les apercevions encore luttant sans espoir, cherchant vainement à rejoindre un bateau à vapeur de la force de quatre cents chevaux, allant à toute vitesse.

Nous ne pouvions en croire nos yeux le soir, lorsque, après avoir jeté l'ancre, nous vîmes ces mêmes bateaux auprès de nous, après avoir continué tout le jour leur poursuite.

Cependant nous voguions tranquillement au travers de ces eaux que l'escadre du commodore Perry avait traversées pour la première fois quelques années auparavant, et qui sont par conséquent peu connues. Passant à côté des îles Perry et Webster, qui sont d'une forme pittoresque et joliment boisées, nous arrivâmes sur le milieu du jour en vue de l'escadre à l'ancre près de Kanagawa. Ce port est situé à dix-huit milles environ de Yedo. A un demi-mille du port l'ancrage est bon, la ville est importante et elle a été choisie pour l'un des nouveaux ports. Le comte Poutiatine, qui s'était rendu tout droit au Japon en quittant le golfe de Pechelee, était arrivé à Kanagawa quinze jours auparavant, et depuis ce temps-là il était occupé à faire des arrangements pour sa réception dans la capitale. Lord Elgin, cependant, au lieu de s'arrêter à Kanagawa, résolut d'adopter la conduite, jusqu'alors sans précédent, de se diriger tout droit sur la capitale, pensant, s'il pouvait venir à bout de cette entreprise, qu'il y aurait non-seulement économie d'un temps précieux, mais que la présence de nos vaisseaux produirait un effet salutaire sur le gouvernement et tendrait probablement à faciliter nos négociations. Il était fort heureux, dans des occasions de ce genre, qu'il comptât implicitement sur le zèle et sur l'habileté du capitaine Sherard Osborne.

Notre apparition inattendue dut étonner un peu nos amis les Moscovites, surtout lorsqu'ils nous virent remonter la baie à toute vapeur là où jamais vaisseau de l'Occident ne s'était aventuré. Jusqu'à cet endroit, la rive occidentale que nous avions côtoyée était partout très-élevée, et son uniformité était rompue par des promontoires qui s'avançaient dans la mer ; ici, au contraire, la côte se trouvait au niveau des eaux de la baie. Les sondages de la carte de Perry cessent aux abords du cap de Kawasaki, long banc de sable qui s'avance fort avant dans la baie et sur lequel les Japonais ont placé un phare.

Les eaux devenaient peu profondes et le passage était difficile. Nous commencions à nous demander si l'entreprise était praticable, lorsque nous aperçûmes à une certaine distance de grands vaisseaux aux larges flancs, d'un tonnage qui nous prouvait que leur ancrage nous suffirait; mais nous fûmes un moment amèrement désappointés en apercevant des bâtiments de construction européenne, annonçant, à ce que nous supposions, la présence de quelque pavillon étranger plus hardi que le nôtre. Ce ne fut qu'en approchant de plus près que nous vîmes que ces navires à l'aspect occidental étaient en réalité des Japonais, et que nous distinguâmes le drapeau blanc avec la boule rouge qui flottait à l'arrière d'un joli petit bateau à vapeur, indiquant qu'il appartenait à l'Empereur.

Derrière ces vaisseaux nous vîmes s'élever peu à peu les forts des îles et ensuite les maisons de la ville de Yedo. Lentement, en nous aidant avec deux sondes, nous entrâmes dans ce port depuis si longtemps désiré, suivis de près par la *Rétribution* et par le yacht, et dans l'après-midi, à deux heures, après le voyage le plus heureux, nous jetâmes l'ancre tout près de la flotte japonaise, à trois milles environ de la côte et à cinq milles de la capitale de l'empire.

V

Visiteurs officiels. — Nous changeons d'ancrage. — Visite des princes. — But de l'entrevue. — Un bâtiment de guerre japonais. — Visite à l'amiral. — Jonques japonaises. — Uniforme impérial. — Curiosité des promeneurs sur l'eau. — Moriyama. — Visite des commissaires. — Parties de débarquement. — Lieu de débarquement. — Une selle japonaise. — Procession à travers Yedo. — Excitation de la foule. — Le beau sexe. — Les femmes mariées sont défigurées. — Parties de plaisir japonaises. — Arrivée à notre future résidence.

Nous venions de jeter l'ancre lorsque nous vîmes arriver à notre bord ces personnages toujours actifs, vigilants et décorés de deux épées, qui semblent fourmiller sur les côtes du Japon, et qui s'élancent sur les étrangers comme s'ils étaient leur propriété particulière. Ils montent toujours l'échelle avec impétuosité, en trébuchant et en souriant; ils n'ont pas la moindre peur de se trouver à bord du vaisseau étranger; alors ils saluent, ils prennent un air aimable, et ils parlent avec une excessive volubilité en hollandais et en japonais, en y mêlant de temps à autre un mot d'anglais. Ils veulent savoir qui nous sommes, combien nous avons de canons, combien d'hommes à bord, quel est le but de notre visite, si nous attendons d'autres vaisseaux. Tout d'un coup ils reconnaissent M. Hewsken, c'est un ancien ami, et voilà le palanquin de M. Harris (il avait eu la bonté de le prêter à lord Elgin). Nos visiteurs sont bien préoccupés. Il est évident que M. Harris est caché quelque part à bord; sans cela comment son secrétaire et son palanquin se trouveraient-ils ici? Mais M. Harris navigue sous le pavillon « à étoiles et à raies, » et les Japonais savent bien que le drapeau qui flotte au-dessus de leurs têtes est le pavillon anglais. Ils assaillent M. Hewsken de questions, auxquelles ils ne lui laissent pas le temps de répondre, et, en tout cas, ils sont parfaitement nets sur un point, que M. Harris soit ou non à bord, il faut que nous retournions sur-le-champ à Kanagawa. Nous leur expliquons que le ministre d'Angleterre est à bord, bien qu'il ne soit pas visible à leurs vulgaires regards, et que nous ne pouvons nous aventurer à lui faire une semblable proposition. Cependant, voilà encore des bateaux officiels, et nous apprenons que le comte Poutiatine vient d'arriver de Kanagawa, et qu'il a fait son entrée en cérémonie dans Yedo, où il s'est installé. Il était évident qu'il n'y avait pas parmi nos visiteurs un seul homme d'un haut rang ; ils venaient plutôt pour recueillir des renseignements qu'en qualité de messagers officiels ; mais le refrain de la chanson était toujours: « Retournez à Kanagawa. » Dans l'après-midi, lord Elgin envoya une lettre à terre pour le premier ministre, annonçant qu'il venait pour traiter et pour offrir le yacht à l'Empereur et demandant qu'on lui indiquât une résidence convenable à terre.

Le lendemain matin, ayant appris par nos chaloupes que nous pouvions nous rapprocher du rivage, ayant une profondeur de trois brasses, nous allâmes jeter l'ancre à un mille et demi de la côte, au milieu de la flotte japonaise, qui se composait de deux grands vaisseaux gréés en carré, d'un joli petit bateau à vapeur acheté au gouvernement hollandais, et d'un schooner à trois mâts. De notre ancrage nous pouvions suivre la ligne des maisons de la ville, s'étendant le long des rives de la baie depuis le faubourg de Sinagawa, près duquel nous nous trouvions, jusqu'à un pont que nous apercevions dans le lointain. Les cinq forts des îles qui s'élevaient au-dessus des basses eaux de la baie, à moitié chemin entre nous et le centre de la ville nous coupaient la vue. Des collines assez basses, joliment boisées et couronnées de temples, formaient un fond sur lequel se détachaient Sinagawa et la portion occidentale de la ville, tandis qu'une éminence couverte de bois, surmontée par une pagode s'élevant au centre, et sur laquelle on apercevait briller çà et là un bout de mur blanc, indiquait la citadelle ou résidence du tycoon.

Le majestueux Fusiyama, trop souvent caché par les nuages, élevait sa tête cônique à l'horizon du côté de l'occident, et dominait tout le paysage. Les princes vinrent nous faire une visite vers le milieu du jour; ils apportaient une réponse à la lettre de la veille. Ces dignitaires n'étaient que des Saimios ou princes titulaires, qui sont d'un rang inférieur à celui des Daimios ou princes héréditaires. L'un d'eux, Sinanono-Kami, était le second gouverneur de Simoda, le collègue de notre joyeux ami de la veille. Ils étaient simplement vêtus et accompagnés de leur suite ordinaire, dont nous commençâmes à comprendre l'usage. Pendant toute leur entrevue avec lord Elgin, la plupart d'entre eux étaient occupés à prendre note de toutes les paroles qu'on échangeait. J'aperçus même un indiscret qui faisait le portrait de Son Excellence au moment où je regardais par-dessus son épaule.

Lorsqu'on ne parlait pas ils notaient leurs observations sur les objets qui les environnaient. Ils étaient extrêmement inquisitifs dans leurs questions à propos de toutes choses, et toujours prêts à inscrire la réponse; ceux qui n'avaient pas de calepins étaient des espions chargés de veiller à ce que ceux qui en avaient fissent convenablement leur besogne, en ayant également l'œil sur les princes pour rendre compte de toutes les imprudences dont ils pourraient se rendre coupables. Tout le monde surveillant tout le monde, il était naturel que les Japonais se demandassent qui nous surveillait. Ils tranchèrent la difficulté d'une manière amusante. Voyant qu'il n'y avait à bord qu'un seul ministre d'Angleterre, mais remarquant cependant que sa lettre était signée Elgin et Kincardine, ils nous firent entendre de la manière la plus délicate qu'ils supposaient que ce Kincardine, que personne ne voyait, était chargé d'avoir l'œil sur Elgin. Nous eûmes bien de la peine à leur faire comprendre comment une seule et même personne pouvait porter deux titres.

Ils n'oubliaient pas cependant le principal objet de leur visite, qui était de persuader à lord Elgin de retourner à Kanagawa, d'où il lui serait beaucoup plus facile, assuraient-ils, de prendre des arrangements pour sa réception à Yedo. Cela ne paraissait pas évident. Lord Elgin objecta qu'en allant à dix-huit milles plus loin, il ne rendrait pas son arrivée dans la capitale plus facile ; ils dirent alors que l'arrivage était fort dangereux. On leur recommanda en ce cas d'établir leur flotte dans un endroit plus sûr. Ils assurèrent, en outre, qu'il leur serait impossible d'envoyer des provisions au bâtiment ; mais on les tranquillisa en disant que nous étions parfaitement indépendants vu la quantité de vivres que nous avions à bord. En fait, chaque prince fit son objection, sans doute au bénéfice de son espion, et ce devoir accompli, ils accueillirent par des sourires la déclaration de lord Elgin, qui leur annonça qu'il lui était tout à fait impossible de quitter son mouillage actuel tant qu'il n'aurait pas atteint le but de sa visite et livré le yacht au gouvernement impérial. Ils dirent qu'ils transmettraient cette décision à leurs supérieurs et ils consacrèrent le reste de la visite aux pâtés de foie gras et au vin de Champagne. Ils finirent par s'en aller en promettant de revenir le lendemain avec une réponse ; mais le lendemain il faisait si mauvais temps que nous ne pouvions les blâmer d'avoir renoncé à braver les éléments, et pour rompre la monotonie, quelques-uns d'entre nous allèrent faire un voyage d'exploration sur le plus grand vaisseau de la flotte et de là dans les forts.

 Les deux vaisseaux aux gréements carrés ressemblaient à ces arches monstrueuses sur lesquelles nos ancêtres faisaient le tour du monde, et bien que de construction récente, ils étaient, en fait, construits sur d'anciens modèles hollandais. Celui sur lequel nous montâmes était peint en rouge ; ses mâts étaient énormes et entourés de cercles de fer ; ses agrès étaient blancs et en mauvais état, grâce à l'action du temps et à l'absence de goudron. Nous montâmes par une pesante échelle jusqu'à un grand trou carré par lequel on arrivait sur le pont. Nous fûmes très-poliment reçus par un personnage qu'on pouvait prendre pour l'officier de quart, et qui nous montra le vaisseau. Nous vîmes deux ou trois canons de 32 à la Paixhans, mais pas trace d'un affût ou de boulons pour le palan. L'échantillon était d'une épaisseur énorme et les sabords étaient fermés par des volets grossièrement organisés. Cependant le premier pont surtout avait une apparence confortable ; l'équipage y habitait et les nattes étaient soigneusement arrangées à l'entour. Le second pont était vide, à l'exception de quelques caisses et de quelques barriques d'eau.

Sur une poupe élevée, à l'arrière, se trouvait la cabine du capitaine. Nous y entrâmes et nous trouvâmes deux ou trois dignitaires de marine accroupis par terre et prenant du thé ; nous découvrîmes par la suite que l'un d'eux était l'amiral en chef de la marine impériale. Il avait été nommé de la commission chargée de traiter avec lord Elgin, et se trouva être extrêmement intelligent. Nous n'avions aucune idée que le groupe de modeste apparence que nous avions sous les yeux pût contenir un personnage aussi important, et, en réponse à une invitation polie de nous joindre à eux, nous croisâmes nos jambes sous nous ; nous acceptâmes en échange de nos cigares des pipes contenant une dose homœopathique de tabac, et nous avalâmes du thé délicieux. Par malheur, nous étions obligés de borner nos observations au claquement de nos lèvres et à l'aspiration de notre fumée, car nous n'avions point d'interprète. Nous réussîmes pourtant, à force d'intelligence des deux parts, à apprendre à compter en japonais jusqu'à dix, et à leur enseigner de même les nombres anglais ; mais l'effort intellectuel était trop grand pour se soutenir, et nous nous séparâmes avec le sentiment du soulagement en échangeant les plus cordiales expressions de bienveillance dans notre langue maternelle. La cabine où nous avions été reçus était dépourvue de meubles, comme toutes les chambres au Japon, mais les nattes étaient rembourrées et l'appartement avait un air de propreté et de soin. Les parois semblaient être faites en bois de sapin, et le travail en était parfait.

Nous nous dirigeâmes alors vers la pointe gauche du fort de gauche, profitant de cette occasion pour faire des sondages tout en avançant lentement. Nous trouvâmes les forts construits d'énormes blocs de pierre, surmontés de canons de gros calibres et entourés d'une barrière de pieux. On avait déployé dans le choix de la situation et dans la construction une grande connaissance de l'art de la fortification. Ils forment une ligne parallèle avec la côte sur une certaine étendue. Parfois l'eau est trop basse entre eux pour permettre aux bateaux mêmes d'y passer, mais entre les deux forts de l'ouest la profondeur est plus grande. Nous nous trouvions dans le passage le plus profond, à en juger par la dimension des bâtiments indigènes qui l'avaient choisi, et à la marée à moitié montée nous trouvâmes huit pieds d'eau au sondage le plus éloigné. Il y avait là une quantité de jonques à l'ancre et plusieurs petits schooners construits sur des modèles européens. La plus grande de ces jonques pouvait être de cent cinquante tonneaux; l'arrière était élevé, les mâts pesants, l'aspect bizarre; les mâts n'étaient pas faits d'un seul morceau, mais ils étaient composés de plusieurs morceaux de bois reliés par des cercles de fer, et s'élevaient sur le pont comme un arbre gigantesque, à une hauteur de quarante à cinquante pieds ; le haut du mât était un peu courbé, et là était suspendue une vaste étendue d'une grossière étoffe de coton attachée à une vergue de la même proportion que le mât et tellement massive qu'on avait autant de peine à la hisser qu'à lever l'ancre. Le gouvernail s'étend au loin sur l'arrière, et il est mis en mouvement par une énorme barre qui arrive à la moitié du bâtiment. Une collection d'ancres est suspendue à l'avant, et il y a souvent sur le pont un hangar recouvert en chaume pour l'équipage. Tout le gréement est incommode aux yeux d'un marin; mais nous avons rencontré plusieurs jonques se tirant bien d'affaire quand le vent était frais. On dit qu'il existe une ordonnance du gouvernement qui les oblige à construire leurs navires d'après des principes qui leur rendraient dangereux de s'éloigner des côtes, et cela dans le but de les empêcher de visiter les pays étrangers.

En revenant au vaisseau nous apprîmes que les commissaires avaient fait faire des excuses de leur absence, et qu'ils avaient envoyé une copie du traité américain. Nous reconnaissions toujours de loin les messagers du gouvernement. Ils venaient en général dans une barque peinte en rouge de la dimension d'une pinasse avec deux voiles de long. Les équipages étaient toujours en uniforme, en bleu ou en noir, avec des raies blanches. Le blanc et le noir sont les couleurs impériales, l'étendard national porte une boule rouge sur un fond blanc. Les Japonais semblent avoir pour le soleil presque autant de respect que les Guèbres. Leur divinité titulaire, Ten-sio-dai-zin, est la déesse du soleil, et ils ont adopté cet astre pour leur emblème national.

Si le costume des bateliers du gouvernement était uniforme et convenable, on ne peut en dire autant des équipages des nombreuses barques qui se pressaient sans cesse autour de nous. Un mouchoir de poche avait fourni des matériaux pour un costume complet, mais on l'avait déchiré en deux : une moitié couvre les reins, et l'autre moitié est soigneusement attachée sur le nez. Ce n'est pas, comme on peut le croire, par un motif de décence qu'on cache ce trait du visage, mais on le croit sensible au froid, ce qui fait que l'effet produit par un homme qui n'a sur tout le corps que deux morceaux d'étoffe, l'un au milieu de sa personne, l'autre au milieu de son visage, est grotesque au plus haut point.

Dans l'après-midi, des promeneurs en bateau venaient souvent nous examiner; une quantité de dames, avec les joues couvertes de poudre blanche et les lèvres peintes du vermillon le plus éclatant, nous contemplaient de leurs barques avec l'amusement et l'intérêt le plus vif, faisaient à nos dépens de spirituelles remarques et puis riaient aux éclats. Quelques-uns des messieurs s'aventurèrent à bord et l'un d'eux prenant la chaise à porteur chinoise de lord Elgin pour une châsse, et étant évidemment d'une humeur tolérante et libérale au point de vue religieux, nous fit l'honneur de se prosterner devant ce qu'il prenait pour l'une de nos divinités; mais ses belles compagnes se contentaient de tourner autour de nous, et de regarder par nos sabords avec cette curiosité qui caractérise évidemment leur sexe, même au Japon. Nous n'eûmes pas beaucoup d'occasions de juger de la force de ce penchant, mais les hommes japonais étant certainement les hommes du monde les plus inquisitifs, il est difficile de se faire une idée de ce que peuvent être les femmes.

Le lendemain, cinq commissaires vinrent à bord afin de com-

Un dignitaire japonais et sa femme.

pléter les arrangements à prendre pour notre installation à terre. Les trois commissaires que nous avions déjà vus étaient accompagnés de notre ami le marin de la veille, l'amiral Nangai Gembano-Kami, et de l'un de ses collègues, de fort belle humeur, nommé Higono-Kami, qui se trouva être l'homme le plus intelligent et le plus aimable que j'aie rencontré au Japon. A la suite de ces fonctionnaires se trouvait un personnage qui joua un grand rôle dans les négociations, et dont la valeur réelle n'était pas fort au-dessous de la grande estime qu'on en faisait ; c'était l'interprète Moriyama, qui avait résidé quelque temps à Nangasaki ; il parlait et écrivait le hollandais presque aussi facilement que le japonais, et il servit d'intermédiaire pour toutes les communications entre M. Hewsken et les commissaires.

Sous des manières ridiculement affectées, Moriyama cachait une énorme dose de bon sens pratique et pénétrant. C'était, à vrai dire, un diplomate de l'école de M. de Talleyrand, toujours prévenant et souriant, cherchant à vous convaincre qu'il n'était qu'un pauvre interprète, tandis qu'on distinguait aisément à travers son humilité polie une secrète ambition de tout diriger à sa façon et une confiance absolue en lui-même. Lorsque nous l'appelions en riant un *blagueur* et que nous cherchions à lui faire comprendre le sens du mot, il le regardait évidemment comme un compliment tout en s'en défendant comme à l'ordinaire d'un air satisfait et insinuant.

Je fus assez heureux pour déjeuner à côté d'Higono-Kami, et nous passâmes notre temps à écrire un vocabulaire sur son éventail. Quoiqu'il n'eût jamais vu un étranger dans sa vie avant les derniers mois, il avait appris à écrire en caractères anglais et il apprenait et retenait extrêmement vite la prononciation correcte de toutes les voyelles que je lui disais. Il m'apprit qu'il travaillait à se mettre en état d'être envoyé en Europe comme ambassadeur, et que par conséquent il tenait à ne pas laisser échapper les occasions d'apprendre l'anglais. Je le vis presque tous les jours pendant le reste de mon séjour à Yedo, et il répétait d'ordinaire sans se tromper la leçon de la veille. Il était infiniment plus curieux d'étudier l'anglais que de suivre les progrès de la négociation, et il portait toujours dans sa chemise une provision d'éventails qui contenaient son vocabulaire. A déjeuner, cependant, il s'arrangeait généralement pour combiner le devoir avec le penchant, et après avoir soigneusement noté le nom de tous les mets, il se mettait à l'œuvre pour y prendre part.

Nos hôtes nous apprirent que deux résidences étaient à notre disposition, et qu'ils regrettaient que la maladie de l'Empereur dût l'empêcher de donner à lord Elgin l'audience que désirait celui-ci. Cependant, on convint que quelques-uns d'entre nous se rendraient à terre pour examiner notre future demeure. Après le déjeuner, l'amiral visita le vaisseau, l'inspecta à fond et profita de l'occasion pour discuter les cylindres à oscillation de façon à prouver qu'il était versé dans les arts mécaniques.

Au moment du départ de nos visiteurs, les membres inférieurs de leur suite, qui étaient rangés sur le pont, se prosternèrent sur le passage de leurs seigneurs et kamis.

Le mauvais temps retarda notre débarquement jusqu'au 17 août. Dans la matinée de ce jour-là, nous fîmes de grands préparatifs afin de revêtir l'événement de tout l'éclat possible. Il était convenu que les fonctionnaires japonais viendraient chercher Son Excellence pour l'accompagner à terre. Ils étaient évidemment convaincus que nous comptions monter sur leurs embarcations, aussi furent-ils fort étonnés de se trouver à bord de la *Lee*, en compagnie de la plus grande partie des officiers de l'escadre, tous en grand uniforme, avec treize canots à la remorque soigneusement parés, avec leurs équipages en bon ordre et leurs couleurs au vent. La *Rétribution*, le *Furieux* et le yacht étaient tous pavoisés, et au moment où la petite *Lee* passa bravement devant les forts et s'ouvrit un chemin au delà à travers les jonques, le visage de nos amis japonais s'allongea considérablement en voyant notre complète indifférence aux eaux basses et aux bancs de sable.

A la fin, les sondages donnant sept pieds nous avertirent que la *Lee* elle-même avait une quille, et nous jetâmes l'ancre pour entrer dans les canots. A ce moment, les vaisseaux firent entendre leurs saluts, la musique de la *Rétribution*, installée dans un canot, entonna « *Rule Britannia;* » le reste des canots forma une procession, la chaloupe de lord Elgin au milieu, entre quatre canots portant chacun un canon, et, dans cet ordre, nous suivîmes la côte à la rame pendant près de trois milles, donnant ainsi aux Japonais un spectacle qu'ils n'avaient jamais eu, et dont la nouveauté attirait une quantité de bateaux à mettre à la rame et à s'avancer pour nous voir de plus près, pendant que nous marchions rapidement et régulièrement. Le point de débarquement se trouvait à peu près au centre de la ville, qui est protégée du côté de la mer par des batteries verdoyantes. Les pentes gazonnées et parsemées de beaux arbres nous avaient portés à croire que nous approchions d'un parc plutôt que du quartier le plus populeux d'une ville extrêmement peuplée. Nous quittâmes la baie pour entrer dans une petite crique surmontée d'un pont. L'eau était cependant si basse que nous eûmes quelque peine à faire approcher les plus petits canots au pied de l'escalier. On nous consola de cet accident en nous apprenant que nous nous trouvions au débarcadère exclusivement réservé à l'usage des plus grands fonctionnaires de l'État.

Sur ce point, il n'y avait comparativement point de foule, les batteries étant entourées et l'accès n'en étant pas permis au vulgaire. Si les Japonais étaient aussi civilisés que nous, ils auraient admis quelques personnes d'élite avec des billets qu'on aurait eu beaucoup de peine à obtenir de notre ami, l'amiral Nangaï Gembano-Kami. Pour le moment, tous ceux qui se trouvaient là semblaient jouer quelque rôle officiel dans la cérémonie. On nous offrit du thé pendant qu'on préparait les norimons et les chevaux. Les norimons sont les palanquins du Japon; ils diffèrent cependant des palanquins ordinaires en ce qu'ils sont carrés au lieu d'être oblongs, en sorte qu'il est impossible de s'y coucher. On s'assied, les jambes croisées, dans cette boîte qui se trouve tout près de terre, la perche avec laquelle on porte le norimon passant sur le haut. Quatre hommes portent cette machine assez incommode, qui n'est point du tout faite pour les voyageurs qui veulent regarder autour d'eux; en pareille circonstance, j'évitais les norimons toutes les fois que je pouvais me procurer un cheval; ce jour-là, nous avions le choix; ils nous attendaient en dehors de la grille, où une foule immense était déjà rassemblée.

Je me trouvai bientôt perché sur un coursier fougueux, sur une selle très-dure, les pieds dans des étriers assez grands pour mettre à la mer comme des bateaux, et ressemblant un peu, comme forme, à un colimaçon ou à une pantoufle turque. Ils sont pointus à un bout afin de tenir lieu d'éperons, et si le cheval est frais, la grande affaire de l'existence c'est d'empêcher l'étrier de le toucher; mais on ne peut pas y consacrer toute son attention, parce que les courroies des étriers sont pleines de nœuds, la selle rembourrée de cailloux, et que la plupart d'entre nous étant partis de Chine martyrs de la plaie du pays, c'est-à-dire des clous, nos esprits sont absorbés par une grande variété de puissantes considérations. Je trouvai cependant le temps de remarquer que la queue de mon cheval était soigneusement enveloppée dans un grand sac qui descendait presque jusqu'à terre, que ses pieds étaient précieusement emmaillottés dans des brodequins de paille, dont je portais une abondante provision suspendue au-dessous de mes étriers. On les fixait soigneusement avec des tresses de paille, et dès qu'un brodequin était usé, ou que le cheval s'en était débarrassé, on lui en attachait un autre; de là vient l'habitude du Japon de mesurer la distance par le nombre de souliers de chevaux. Vous me demanderez combien de souliers de chevaux il me faudra pour arriver à la résidence de l'empereur spirituel, ce qui ressemble assez, à tout prendre, au vieux problème qui demandait combien il faudrait de queues de vache pour atteindre à la lune.

Heureusement chaque cheval était accompagné de deux palefreniers, attendu que les Japonais tiennent beaucoup à faire croire au public qu'ils montent des chevaux si vifs que les efforts combinés de deux hommes suffisent à peine à contenir leur ardeur. Ces hommes travaillaient sans cesse la bouche de mon pauvre coursier, en lui criant à tout moment : « Chai, chai! » ce qui veut dire : « Doucement! » et en faisant beaucoup d'embarras toutes les fois que nous rencontrions un ruisseau; mais j'étais trop enchanté d'être débarrassé de la responsabilité de le conduire pour intervenir entre eux, et je laissais pendre négligemment entre mes doigts mes brides de mousseline.

Cependant la procession était en marche, et elle était assez pittoresque. En avant marchait pompeusement un personnage officiel accompagné d'un homme portant une lance, insigne d'autorité; il était suivi de près par un groupe d'employés proprement vêtus de robes d'une gaze noire assez grossière, ressemblant à des moustiquaires un peu épaisses. Ils portaient sur le dos ou sur l'épaule le trèfle impérial ou les armes de leur maître. Les uns étaient vêtus d'une manière uniforme, les autres portaient des robes bleues et blanches; mais chacun était évidemment revêtu de l'uniforme qui convenait à son rang et à sa position. Tous ces hommes cependant étaient probablement des domestiques ou des employés d'un grade inférieur. Les uns portaient des parasols enveloppés dans des fourreaux imperméables; les autres soutenaient sur leurs épaules, au moyen d'une perche, des porte-manteaux en laque. Tout cela représentait le bagage. Des deux côtés de la procession marchaient des sergents de ville, revêtus d'une sorte de costume d'arlequin, composé d'autant de couleurs que si on les avait habillés avec un couvre-pied de marqueterie; chacun d'eux portait une verge longue de six à sept pieds, au sommet de laquelle était suspendue une quantité d'anneaux de fer. Toutes les fois qu'ils frappaient la terre de cette verge d'un air d'autorité, les anneaux s'entre-choquaient et le bruit s'en faisait entendre au loin dans la foule qui leur témoignait un grand respect. Nous arrivions derrière cette avant-garde, les uns à cheval, les autres dans des norimons, et une nouvelle troupe d'hommes vêtus de gaze noire, de porteurs de parasols et de sergents de ville bigarrés formaient l'arrière-garde.

Quant à la foule, elle était folle d'émotion; les habitants de toutes les rues et ruelles se précipitaient pour nous voir passer. L'agitation des servantes de notre pays, quand elles entendent les accords de la musique militaire, n'est rien en comparaison. Il y avait des mères, avec des petits enfants attachés sur leurs dos, qui venaient se joindre à la foule sans s'inquiéter de leur progéniture, des enfants passant entre les jambes des vieillards, les vieillards chancelant à la suite des enfants, et des baigneurs des deux sexes, oubliant qu'ils étaient couverts uniquement de savon, ou de ce qui remplace le savon au Japon, se pressant sur le seuil des maisons. Le bruit des socques était assourdissant. Toutes les femmes portent des socques en bois, très-élevés, qui sont fort incommodes pour courir, en sorte que les femmes, formant au Japon, comme en Angleterre, la plus grande partie de la foule, le tapage que faisaient leurs pieds ajoutait au tumulte. Cependant la population n'était pas désordonnée le moins du monde ; on riait, on nous regardait et on courait à côté de nous jusqu'à ce qu'on fût arrêté par une barrière ; car les Japonais manient admirablement bien les foules. Dans la principale rue, il y a des grilles en bois environ tous les deux cents pas, avec un gardien assis dans une petite maison qui ressemble à une guérite. Dès que nous avions passé, la grille était fermée, et l'ancienne foule restait derrière les barreaux à regarder d'un œil d'envie la nouvelle foule qui se formait. Toutes les rues adjacentes donnant dans la grande rue étaient barrées au moyen de cordes, et la population n'avait pas l'idée de passer dessus ou dessous.

La foule semblait être composée des boutiquiers et des classes inférieures ; les hommes étaient décemment vêtus et les femmes portaient par-dessus leur jupon une espèce de jaquette d'une forme assez négligée. La première impression que produit le beau sexe sur un étranger, dans une foule japonaise, est défavorable au plus haut degré ; l'aspect cadavéreux que donne au visage et à la poitrine l'épaisse couche de poudre qui les recouvre, l'absence de sourcils et les dents noircies font l'effet le plus pénible et le plus désagréable. Sans cette odieuse coutume, les femmes japonaises occuperaient probablement un rang distingué parmi les beautés de l'Orient, certainement fort au-dessus des Chinoises. Tous les écrivains japonais que j'ai étudiés sur ce sujet affirment qu'on regarde comme une beauté, au Japon, l'absence de sourcils et des dents noires, et que le but de ce travail est d'ajouter aux charmes de la belle. Le résultat de mes observations et de mes questions m'a amené cependant à une autre conclusion.

En premier lieu, les jeunes personnes, en règle générale, ne négligent pas les moyens d'accroître leurs agréments ; mais les jeunes Japonaises, même lorsqu'elles vont dans le monde, n'imaginent pas d'avoir recours à cette façon d'ajouter à leurs attraits ; elles peignent leurs lèvres et leurs joues et elles ornent leurs cheveux, mais ce n'est que lorsqu'elles ont fait la conquête de quelque heureux berger que, pour lui prouver leur dévouement, elles commencent à se noircir les dents et à s'arracher les sourcils. Pour lui, créature privilégiée, il n'est point appelé à donner de pareilles marques d'affection ; au contraire, sa femme légitime s'étant défigurée de manière à ne plus pouvoir séduire personne, elle semble également perdre ses charmes pour son mari, qui la met à la tête de sa maison, en y ajoutant un nombre indéfini de suivantes qui ne s'arrachent point les sourcils et ne se noircissent point les dents, en sorte qu'il ne paraît pas difficile de s'expliquer généralement le phénomène de la vertu des femmes japonaises et de la licence tout aussi notoire de leurs maris.

Il est bon d'ajouter qu'outre les dents noires et les sourcils dépouillés, les Don Juan japonais ont une autre raison de se garder des intrigues, c'est-à-dire le poignard vengeur, l'adultère étant puni au Japon par la mort des deux coupables. Mais il ne faut pas supposer que les femmes du Japon se regardent comme une race plus maltraitée que leurs semblables des autres parties du monde ; bien loin de là, il n'y a probablement pas en Orient un seul pays où les femmes possèdent autant de liberté et jouissent autant de la société. La polygamie n'est pas permise, et, d'après ce que nous avons entendu dire, la position des femmes bien élevées ressemble à celle qu'elles occupent en Occident plutôt qu'à la situation commune des femmes en Orient. On les respecte dans la société comme des femmes légitimes, et leurs enfants héritent de tous les titres et de tous les biens appartenant à la famille ; elles possèdent tous les priviléges de la légitimité dans un pays où la naissance joue un grand rôle, en sorte que les alliances matrimoniales sont une affaire importante pour les parents et qu'on tient beaucoup à faire un bon mariage. Les femmes ne sont point d'ailleurs soumises à la réclusion, elles vont au spectacle, à des déjeuners, à des pique-niques et même à des expositions de fleurs arrangées à leur manière. Elles aiment beaucoup à faire des parties sur l'eau et elles jouent agréablement de la guitare, en sorte qu'on peut faire du sentiment au Japon, en dépit des dents noires. On dit que les dames dansent également fort bien, mais que les messieurs les regardent au lieu de s'offrir pour danser avec elles. Nous n'eûmes malheureusement pas l'occasion de voir des femmes bien élevées au Japon; notre temps était trop pris, et lorsque je parvins à arracher à Moriyama la promesse de me mener chez lui, nous ne pûmes réussir à trouver une heure de loisir.

Heureusement nous ne nous éloignâmes pas autant de la principale rue de Yedo que je l'ai fait en racontant notre voyage. Pendant deux milles au moins nous passâmes entre deux rangées d'êtres humains, formant cinq ou six couches, jusqu'à ce que, tournant une petite ruelle et entrant par une lourde porte de bois qui se referma derrière nous, nous fûmes introduits dans une cour formée par un temple et par les bâtiments qui en dépendaient. Dans un coin se trouvait une véranda sur les marches de laquelle attendaient une foule de domestiques prêts à nous recevoir.

Nous mîmes pied à terre et nous prîmes joyeusement possession de notre future résidence à Yedo.

VI

Résidence de la mission anglaise. — Plan de notre maison. — Nattes rembourrées. — Espions japonais. — Toits de bardeaux. — Le quartier des Princes. — Une aristocratie rétrograde. — Arguments qu'elle emploie. — Inconvénients de la civilisation. — Contraintes imposées aux nobles. — Palais des princes. — La citadelle. — Panorama de Yedo. — Banquet impérial. — Expédition dans les boutiques. — Échelles d'incendie. — On nous prend pour des Chinois. — Maisons de bains. — Belles laques. — Un marchand de soieries. — Activité de la police. — Organisation du ministère de la police. — Chiens des rues. — Daims sauvages.

Les appartements consacrés à l'usage de la mission anglaise étaient attenants à un temple de Bouddha, dans lequel on célébrait évidemment sans cesse quelque service. Avant de venir à terre on avait demandé à lord Elgin une liste exacte du nombre d'Européens qui devaient l'accompagner, les domestiques compris, et en conséquence il avait demandé des logements pour dix-huit personnes, ce qui comprenait un certain nombre d'officiers de l'escadre. Quelques-uns d'entre eux occupaient des pièces habituellement occupées par les prêtres; à droite, en entrant dans la première cour, notre appartement formait l'un des côtés d'une cour intérieure ou plutôt d'un jardin se composant d'une pelouse, au milieu de laquelle se trouvait un étang couvert de lotus, et contenant une petite île à laquelle on arrivait par un pont rustique; des poissons d'or d'une très-grande espèce nageaient négligemment sous les larges feuilles du lotus.

Cette agréable retraite était séparée du monde extérieur par le temple qui s'élevait d'un côté, et dans toutes les autres directions par une haute banque élevée de main d'homme, et couverte d'arbustes et d'arbres verts, à travers les branches inférieures desquels on apercevait cependant souvent des yeux curieux qui suivaient les mouvements des mystérieux étrangers. Les pièces du rez-de-chaussée étaient toutes séparées les unes des autres par des paravents de papier mobiles et glissant sur des coulisses, ce qui permettait de les subdiviser suivant les circonstances. Nous pûmes ainsi nous procurer une grande salle à manger à côté du cabinet de lord Elgin, et un grand grenier qui s'étendait au-dessus fournissait des chambres à coucher pour toute la mission.

Nous avions donné si peu de temps à nos hôtes pour les préparatifs de notre réception, que nous nous étonnions du soin avec lequel ils avaient pourvu à nos besoins. M. Harris les avait mis au courant des habitudes des Européens en fait d'ameublement. Avant la visite du consul d'Amérique dans la capitale, le gouvernement avait fait faire secrètement à Simoda des copies exactes de tous ses meubles, en sorte qu'en arrivant à Yedo, il trouva, à son grand étonnement, des chaises, des tables et des lits dans une ville où tous ces objets étaient inconnus naguère. Nous fûmes donc enchantés de trouver non-seulement des lits, mais des matelas, des moustiquaires et des robes de chambre très-commodes, bien que d'une étoffe un peu trop chaude pour la saison.

Je trouvai sur ma toilette une cuvette et un pot à l'eau de laque noire d'un modèle parfaitement japonais; le pot à l'eau ressemblait à un petit seau et la cuvette à un baquet en miniature; à côté se trouvait une étagère de fumeur en laque toute garnie de pipes et de tabac; les étagères se composent de petits plateaux et contiennent deux compartiments pour le tabac, un compartiment pour le feu qui couve sous les cendres sous la forme d'une motte embrasée, et un compartiment où l'on vide les pipes, qui reposent comme des plumes dans de petites rainures. J'avais en outre une petite fenêtre qui donnait sur la résidence d'une famille japonaise sans grande fortune. De ce poste d'observation je voyais jouer les enfants pendant que la maman cousait, s'occupait des soins du ménage, ou écoutait une jeune personne qui avait un goût exagéré pour jouer du luth.

Toutes les chambres étaient garnies, comme à l'ordinaire, de nattes rembourrées d'une propreté si scrupuleuse qu'au début nous portions toujours dans la maison des pantoufles européennes ou japonaises de peur de les salir; mais il était si incommode de mettre et d'ôter sans cesse nos souliers, que nous finîmes par sacrifier la propreté à la commodité. Nous trouvâmes en outre que les sandales japonaises n'étaient point du tout une chaussure appropriée aux pieds délicats de l'Occident. Les nattes étaient toutes exactement de la même taille, en sorte qu'on n'a jamais de peine à les placer dans un appartement. Chaque natte a six pieds trois pouces de long, trois pieds deux pouces de large et est épaisse de quatre pouces; elles sont faites de paille de riz ou de blé tressée très-serré. La natte est devenue par conséquent une mesure courante au Japon, en sorte que les chambres pouvant s'agrandir ou se rapetisser à volonté en faisant glisser les paravents, et les nattes étant petites et légères, l'ameublement d'une maison n'est pas une entreprise fort compliquée.

Les salles de bains étaient peut-être ce qu'il y avait de plus complet dans l'établissement. Nous avions trois salles de bains contenant chacune deux grands baquets de bois, tout neufs, l'un constamment rempli d'eau chaude et l'autre d'eau froide. Nous étions munis de seaux de tout genre pour les douches ou la toilette.

Comme le lieutenant gouverneur de Yedo était responsable de notre bonne conduite et de tous les incidents qui pourraient naître de notre séjour dans la capitale, il était fort naturel qu'il prît les mesures de précaution nécessaires. La grande antichambre attenant à notre appartement était toujours remplie d'un grand nombre de Japonais ostensiblement chargés de nous servir, mais qui devaient également en réalité nous surveiller et rendre compte de notre conduite. Tous ces hommes avaient prêté serment entre les mains d'un interprète d'un grade inférieur à celui du célèbre Moriyama, mais qui était un personnage fort obligeant et fort poli; il suppléait d'ailleurs à ses médiocres connaissances en fait de hollandais par une bonne volonté empressée et par un caractère imperturbable dans des circonstances parfois assez désagréables. Il faut rendre à ses satellites la justice de dire qu'ils étaient également aimables, et que lorsqu'on les voyait passer leur tête au-dessus de l'escalier pour surveiller les Anglais qui se couchaient, et qu'on leur ordonnait péremptoirement de décamper, ils obéissaient avec des saluts et avec des sourires pour recommencer cependant à nous épier à la première occasion. L'excuse qui se présente naturellement à un Japonais, lorsqu'il entre dans votre appartement, c'est qu'il est venu pour nettoyer quelque chose.

Ceux de nos collègues qui habitaient les chambres situées près de la porte d'entrée furent honorés d'une curiosité plus flatteuse. Ils étaient séparés de la maison voisine par un paravent de papier; un matin, pendant qu'ils s'habillaient, leur attention fut attirée par un petit grincement contre le papier suivi de rires comprimés; en faisant des recherches sur la cause de ce bruit, ils aperçurent une paire d'yeux brillants aux deux petits trous qu'on venait de pratiquer dans ce but. Il était évident que la toilette d'un Anglais était un spectacle plein d'intérêt pour les jeunes personnes de la maison à côté de la nôtre.

La cour extérieure était le théâtre d'un bruit et d'un mouvement continuel; il y avait toujours des norimons et des chevaux prêts pour notre service, et on construisit impromptu, pendant notre séjour, une rangée d'écuries avec une merveilleuse rapidité. Je contemplai avec étonnement la façon dont on les couvrait de bardeaux. Un homme rampait sur le toit avec un panier rempli de bardeaux de trois pouces carrés environ, un peu plus épais que des pains à cacheter; il avait la bouche pleine de clous de bois, qu'il prenait un à un pour les enfoncer au moyen d'un petit maillet, avec une rapidité et une habileté extraordinaires, ce qui produisit au bout de très-peu de temps un toit imperméable, mais si léger en apparence qu'il semblait que le premier coup de vent dût l'enlever. Les Japonais sont de très-habiles maçons.

A tout prendre, nous étions satisfaits de notre demeure; mais à peine y fûmes-nous bien installés que le besoin de la nouveauté commença à se faire sentir de nouveau, et nous fûmes ravis de saisir le prétexte de faire une visite au comte Poutiatine pour nous lancer de nouveau dans les rues de Yedo.

Cette fois nous quittâmes la grande rue, et laissant derrière nous une foule compacte, nous nous plongeâmes dans le quartier aristocratique ou quartier des princes. Nous fûmes étonnés de la différence d'aspect qui existait entre ces rues et celles que nous venions de quitter; les sergents de ville bigarrés ne crurent pas nécessaire de nous suivre, tant la foule qui se rassemblait autour de nous était peu considérable. Belgrave-Square, au mois de septembre, n'est pas plus désert que ces rues à la mode, si tristes, si propres et si élégantes. De chaque côté de la rue, qui était large de vingt ou trente yards, se trouvait un ruisseau pavé, large de quatre pieds sur une profondeur égale, l'eau courante qui le traversait en abondance enlevait tous les immondices qu'on pouvait y jeter. Ces conduits ressemblaient à des fossés en miniature placés sous les murailles des habitations princières qu'ils côtoyaient. La partie inférieure des murs se composait de gros blocs de pierre brute, au-dessus desquels ils s'élevaient à une hauteur de vingt pieds environ, la maçonnerie en était soigneusement blanchie et ornée d'arêtes en relief. Au centre se trouvait une porte peinte en rouge ou quelque autre couleur éclatante avec un auvent et des ornements de laque. Hors de là, ces palais n'avaient aucune prétention d'architecture. Ils couvraient évidemment une grande étendue de terrain, puisque quatre ou cinq palais suffisaient pour composer toute une rue et que les murs d'une seule résidence s'étendaient parfois sur un espace de deux ou trois cents yards, entr'ouverts çà et là par des fenêtres à travers les barreaux desquelles on apercevait le visage des femmes.

Nous n'eûmes pas l'occasion de visiter les arrangements intérieurs de l'une de ces somptueuses demeures. Elles appartiennent à une classe qui a en général beaucoup d'objections à l'entrée des étrangers dans le Japon; à peu d'exceptions près, la vieille aristocratie du Japon craint l'élément étranger comme subversif de l'influence qu'elle exerce dans le gouvernement du pays.

Sachant que ces sentiments étaient fort répandus, et qu'ils gagnaient même du terrain en conséquence des concessions faites dans le traité qui venait d'être conclu avec M. Harris, ce fut avec une certaine émotion que nous apprîmes que le premier ministre Bitsuno-Kami, l'homme éclairé avec lequel ce traité avait été négocié, avait été destitué quelques jours avant notre arrivée et avait été remplacé par des hommes connus pour être des membres importants de ce qu'on pourrait appeler le parti tory au Japon. En fait, nous arrivions immédiatement après une crise politique qui avait roulé sur les affaires étrangères, et dans laquelle le gouvernement du moment avait été battu.

En passant à côté des palais de ces grands seigneurs rétrogrades, nous ne pouvions guère nous étonner de leurs objections à voir introduire dans leur pays un élément nouveau. S'ils avaient connu comme nous la civilisation de l'Occident, ils auraient peut-être eu des doutes sur l'avantage qu'il y aurait à l'exclure ; mais ils n'étaient pas si savants, et voilà probablement quels étaient leurs arguments : « Notre pays fournit abondamment à tous les besoins qu'éprouve la population qui l'habite. Largement traités par la Providence, nous ne dépendons de nos voisins pour aucune de nos ressources, et nous ne sommes privés d'aucune des nécessités ou des élégances de la vie. Notre population est considérable, on l'estime à trente-cinq millions d'âmes ; mais ces îles fertiles lui fournissent un espace suffisant. A l'exception de quelques ordres de moines mendiants, l'extrême pauvreté est inconnue parmi nous. Le gouvernement est dirigé d'après un système qui embrasse toutes les classes de la société, depuis le plus grand personnage du royaume jusqu'à l'individu le plus infime, et qui exige pour la protection de la société une stricte obéissance au code criminel, en châtiant sévèrement ceux qui l'ont enfreint. Par ce moyen, la grande masse de la population est heureuse et contente, et nous les nobles du pays, nous ne sommes point disposés à mettre en danger les priviléges attachés à notre situation élevée. Nous ne voyons point de changement qui puisse profiter à nous ou à ceux qui sont au-dessous de nous. Nous ne désirons rien que nous ne possédions déjà. Il ne nous est pas prouvé que les chemins de fer ou les télégraphes électriques rendent les peuples plus heureux. Nous avons essayé de la religion chrétienne, et elle a causé la perte de milliers de nos compatriotes. Nous ne pensons pas que notre civilisation eût grand profit à apprendre les derniers perfectionnements de l'art de l'armurier ou la dernière invention destinée à détruire nos semblables. Nous nous contentons du sabre, nous ne désirons ni eau-de-vie, ni rhum, ni genièvre, ni whisky, ni aucun autre des produits spiritueux des pays progressifs. Nous pouvons supporter de nous passer d'opium, luxe dont les charmes sont encore inconnus parmi nous. Il y a aussi quelques maladies qui n'existent pas chez nous, et dont l'importation n'accroîtrait pas, à ce qu'il nous semble, le bonheur général. Pour le moment, nos sujets sont paisibles et de bonnes mœurs, leur nature est simple et honnête, ils ne sont pas sujets à se quereller; mais, d'après ce que nous avons vu des Européens qui forment les équipages des vaisseaux venus dans notre pays, nous ne sommes pas portés à croire que cette simplicité et cette tranquillité puissent durer dans nos ports de mer. C'est pour cette raison que nous, l'aristocratie entêtée du Japon, nous ne souhaitons pas de voir cet empire heureux et favorisé ouvert à la civilisation [1] de l'Occident. »

Si telle est leur façon de raisonner, nous ne pouvons que

1. L'extrait suivant d'un journal de Hong-Kong confirmera les idées des Japonais à ce sujet : « Plus tôt les consuls pourront être à leurs postes au Japon, et plus tôt les traités seront ratifiés, et mieux cela vaudra. Les matelots des vaisseaux font grand tort au nom des étrangers. Lors de l'incendie qui a eu lieu à Decima, il y a quelques semaines, ils se sont conduits d'une façon honteuse, et on a su qu'ils s'étaient emparés de sommes considérables. Ils ont naturellement voulu dépenser cet argent à terre à leur façon. Ils sont donc constamment à terre à la recherche des liqueurs, et ils commettent tous les excès bien connus parmi cette classe en pareille circonstance. Quelques-uns de ces matelots s'étaient armés et s'étaient réfugiés dans les montagnes; mais on s'est emparé d'eux et on les a renvoyés sur leurs vaisseaux. Le gouvernement japonais en a été naturellement fort irrité et les colons étrangers extrêmement affligés. » (*Daily-Press*. Hong-Kong, 21 avril 1859.)

plaindre leur ignorance et leur aveuglement, et les référer à l'autre bord de l'Atlantique pour apprendre ce que veut dire « une destinée manifeste. » Il ne faut cependant pas supposer que parce que ces princes sont satisfaits de leur condition, elle pourrait satisfaire l'aristocratie d'un autre pays, à l'exception peut-être des grands seigneurs russes. C'est assurément leur turbulence et leur insubordination qui ont obligé le gouvernement à les surveiller de si près et à les traiter comme s'ils étaient les ennemis naturels de l'Etat. Le Japon était autrefois divisé en soixante-huit principautés séparées. Grâce aux difficultés qu'on éprouvait pour maintenir dans l'ordre quelques-uns de ces petits potentats, on crut bon, lorsque l'occasion s'en offrit, de subdiviser leurs territoires dans le but de diminuer leur pouvoir, en sorte qu'il y a maintenant trois cent soixante princes feudataires plus ou moins puissants qui sont tous obligés d'avoir une résidence à Yedo, de passer dans la capitale six mois de l'année, et de se retirer solitairement le reste du temps dans leurs principautés, laissant leurs femmes et leurs enfants à Yedo comme gages de leur bonne conduite.

Outre les princes, il y a encore trois cents divisions du territoire d'une moindre importance, en sorte que l'empire compte en tout plus de six cents fiefs. Je n'ai pas pu découvrir la nature exacte des obligations qu'entraînaient ces différentes concessions. Les soixante-huit princes de l'ancienne organisation ne devaient, assurément, leur allégeance qu'au mikado. D'autres relèvent du tycoon ou empereur temporel, tandis que d'autres semblent être les vassaux des grands princes, ou s'ils ne relèvent pas d'eux directement, ils reconnaissent au moins leur supériorité, et on les regarde comme leur étant tellement inférieurs en rang, qu'ils sont privés du privilége de voir leurs femmes et leurs enfants résider d'une manière permanente dans la capitale. Sans doute, quelques-uns de ces princes sont pratiquement absolus dans leurs domaines, et se moquent du conseil d'État lui-même. Kangono-Kami, qui est le premier prince de l'empire, Satsuma, qui a donné sa fille à l'empereur temporel, Achino-Kami et d'autres ne se laissent pas traiter légèrement et ne permettent pas au gouvernement de se mêler de l'administration intérieure de leurs affaires. C'est un métier dangereux que de jouer le rôle d'espion dans la capitale de l'un de ces grands seigneurs. D'autres, à la vérité, sont moins heureux, ils sont contraints de subir la surintendance de deux secrétaires du gouvernement qui administrent alternativement les affaires de leurs territoires.

Le prince de Satsuma passe pour avoir neuf palais à Yedo, et il fait tous les ans sa visite à la capitale en compagnie d'une armée très-respectable. Il est fort ordinaire de voir l'un des princes se promener dans le pays avec un corps de quelques milliers d'hommes. Lorsqu'on se rappelle que tous ces adhérents doivent être logés sous le toit de leur chef, et qu'il y a trois cent soixante grands seigneurs de cette espèce, on ne peut pas s'étonner que leurs résidences soient si vastes et couvrent une si énorme étendue de terrain. A en juger par les beaux arbres qui s'élevaient au-dessus des murailles, elles doivent renfermer des jardins spacieux. Le plus beau palais que j'aie vu à Yedo était celui du prince Achi. Il était situé sur le versant d'une colline, les portes en étaient élégamment décorées, les murs étaient surmontés de treillages, et un grand nombre de platanes et autres arbres magnifiques dont les branches pendaient jusque dans la rue donnaient envie de s'introduire subrepticement dans cette enceinte sacrée, pour l'explorer s'il était possible. Parfois, dans le cours de nos promenades dans la ville, nous rencontrions des hommes d'un haut rang, suivant à cheval l'une de ces rues désertes ; leur suite l'occupait dans toute sa longueur et se composait, comme à l'ordinaire, d'hommes portant sur de longues perches des emblèmes, insignes du rang de leur maître, des parasols dans leurs fourreaux et des porte-manteaux en laque. Lorsqu'un grand seigneur veut faire un voyage « nay boen » ou incognito, sa suite n'est pas diminuée, mais on enferme dans les susdits porte-manteaux les insignes de son rang.

Si la résidence du comte Poutiatine, à laquelle nous arrivâmes enfin, était dans un quartier plus élégant que le nôtre, elle n'était ni si commode, ni si pittoresque. Son Excellence était alors chez le premier ministre, en sorte que nous reprîmes notre course du côté de la citadelle. Traversant une espèce de canal qui forme le fossé extérieur, nous continuâmes à longer un quartier qui était encore occupé par les résidences des grands seigneurs, jusqu'au moment où nous débouchâmes tout d'un coup sur une vue si inattendue et d'un caractère si frappant, que nous ne pouvions pas croire que nous étions toujours au centre d'une grande ville et dans une ville capitale d'un empire qui passe pour être plongé dans la barbarie. Nous nous trouvions sur une large terrasse, et, à soixante-dix ou quatre-vingts pieds au-dessous de nous, se trouvait un fossé large de cinquante ou soixante yards, qui devenait un petit lac couvert de lotus, aux abords de la chaussée à pic sur laquelle on le traverse. Une pente gazonnée et rapide remontait de l'autre côté de l'eau à une élévation plus grande encore que celle du bord où nous nous trouvions. Des groupes d'arbres bordaient le fossé, leurs branches tombaient dans l'eau, pendant qu'un mur énorme composé de blocs de pierre d'une dimension presque cyclopéenne couronnait la rive. Ce mur était surmonté à son tour par une palissade en bois au-dessus de laquelle les branches étendues de cèdres gigantesques et les sommets verdoyants d'un grand nombre d'arbres témoignaient de la présence des jardins qui s'étendaient par derrière.

Nous suivîmes le bord de ce fossé gigantesque, le plus grand ouvrage artificiel de ce genre que j'aie jamais vu, et nous arrivâmes à l'étroite chaussée qui permet de sortir de ce *rus in urbe*, car à cet endroit nous fûmes obligés de nous rappeler que nous nous trouvions au sein d'une grande ville. Nous étions arrivés à une hauteur considérable et, sauf sur le point où la citadelle coupait la vue, nous jouissions d'un superbe panorama sur la plus grande partie de Yedo, s'étendant par dessus une interminable série de toits dans la direction du Midi, et confirmant pleinement l'impression qui devenait à tout moment plus vive dans notre esprit, que la capitale du Japon doit prendre rang, comme étendue et comme population, parmi les principales villes du monde. La citadelle seule a, dit-on, huit milles de circonférence et abrite quarante mille personnes, ce qui est facile à croire, en conservant encore la place de vastes palais et de retraites champêtres d'une grande beauté. Son impérial maître étant un trop grand personnage pour qu'il lui soit jamais permis de se montrer dans le monde vulgaire en dehors des murs, il a bien le droit, pauvre homme, de jouir, entre ses murailles, d'un espace aussi vaste que possible.

Nous tournâmes à regret le dos à cette enceinte interdite aux profanes, et nous reprîmes le chemin de notre demeure à travers les rues paisibles, jusqu'à l'endroit où la protection des sergents de ville nous attendait, où la foule se pressait et se poussait toujours pour nous regarder, et nous rentrâmes à notre temple, épuisés par notre première journée à Yedo, pour chercher quelque repos dans les cloîtres. Nous apprîmes cependant, en arrivant, que nous avions encore une épreuve à subir avant que de pouvoir espérer qu'on nous laissât tranquilles. L'Empereur avait envoyé à Son Excellence un dîner japonais, et nous trouvâmes le plancher de la salle à manger couvert de friandises. Il y avait un petit repas particulier pour chaque personne, exactement semblable à celui de ses voisins, et lorsqu'on avait fait une découverte gastronomique de quelque valeur, on l'annonçait à la compagnie, de sorte que, sur la recommandation de l'un, nous plongions tous la main dans les bols de laque rouge à droite, et sur l'invitation de l'autre, nous nous lancions témérairement à gauche sur un plat qui ressemblait à des limaces au vinaigre. Nous avions déjà quelque peine à nous décrire les uns aux autres les mets que nous voulions indiquer ; ce serait donc à présent une tentative désespérée. Il y avait une grande quantité d'herbes marines et nous avions chacun un poisson bouilli. Grâce à cela et à un énorme bol de riz, nous étions sûrs de ne pas mourir de faim. Mais ma curiosité l'emporta sur ma prudence, et je goûtai de tous les plats et de toutes les sauces, de toutes les friandises végétales et animales de tous les genres de couleurs, de consistance et de saveur, expérience dont je conseille à tous les voyageurs qui pourront se trouver un jour au Japon de s'abstenir.

Comme les Japonais n'ont ni cochons ni moutons, la volaille, le gibier et le poisson forment les principaux aliments. Un grand nombre de sectes religieuses interdisent l'usage de la nourriture animale. Cependant nos coupes de laque étaient constamment remplies de sakee chaud : cette liqueur, extraite du riz, est de la

Palais du taïcoun, à Yedo.

couleur du vin de Xérès; la saveur n'en est pas désagréable, mais lorsqu'on la boit très-chaude, elle porte un peu à la tête. Nous fûmes enchantés d'aller enfin nous coucher après tant d'agitations, et si notre sommeil fut un peu troublé, nous n'avions pas le droit de nous en plaindre.

Le lendemain matin, immédiatement après le déjeuner, nous partîmes pour aller faire des emplettes. Tournant à gauche en entrant dans la grande rue, nous la suivîmes pendant plus d'une demi-heure. Nos chevaux marchaient bien, en sorte que je suppose que nous fîmes ainsi quatre milles environ. Sur toute la longueur, nous passâmes entre des rangées de spectateurs qui se pressaient pour nous voir et nous franchîmes une interminable série de barrières. Je remarquai que nous étions précédés par des coureurs qui avertissaient les gardiens de notre approche. Auprès de la plupart des barrières se trouvait une échelle avec une cloche au sommet, destinée à sonner en cas d'incendie. Ces échelles font un étrange effet lorsqu'on suit la rue : elles ont l'air de faire partie des spectacles d'une foire. Les maisons, pour la plupart, sont construites en bois, mais elles sont couvertes en tuiles et ont deux étages. On a, du reste, si peu de prétention au Japon en fait d'architecture, que les rues ont beau être larges et propres et remplies de passants dans les quartiers populeux, elles n'ont point du tout un aspect imposant. Çà et là nous rencontrons un bâtiment plus élevé que les autres, construit de briques à peine cuites, avec des volets de fer : c'est un entrepôt à l'épreuve du feu, où l'on peut mettre les meubles en sûreté au premier bruit de la cloche à incendie. Quelques-unes des maisons sont munies de grands baquets qu'on tient constamment remplis d'eau, dans l'attente de cet événement redouté.

Comme les seuls étrangers dont les habitants de Yedo aient jamais entendu parler sont des Chinois, on nous fait le très-grand honneur de nous prendre pour des membres de cette nation favorisée ; aussi, comme on vous appelle en Chine « un barbare » ou « un diable de l'étranger » quand vous passez à cheval à travers les rues, au Japon les gamins courent après vous, en disant : « Regardez les Chinois ! voilà les Chinois ! » tandis qu'ils révèlent leurs instincts commerciaux en criant : « Chinois, Chinois, avez-vous quelque chose à vendre ? »

Cette petite circonstance nous fait comprendre toute la rigueur du système d'exclusion qui a si longtemps réussi à écarter

Un poste de soldats impériaux.

jalousement tout étranger. En approchant du centre de la ville, les boutiques prenaient meilleure apparence; elles sont ouvertes sur la rue, les marchandises sont presque toujours étalées sur un comptoir en face de l'entrée. Nous traversâmes trois ponts de bois établis sur pilotis sur des bras du Todagawa. La plupart des boutiques avaient leurs enseignes sur un poteau comme les auberges en Angleterre : elles étaient écrites en caractères chinois et japonais; d'autres n'avaient pour enseigne qu'un morceau d'étoffe de coton. Les maisons de bains se distinguent par une bande d'étoffe de coton noire ou bleue, qui pend comme une bannière au-dessus de la porte. Ces établissements sont toujours remplis de baigneurs. Aussi je n'ai vu personne se baigner dans la rue, comme à Nangasaki. Ils diffèrent un peu de ceux de Simoda. Dans cette ville primitive, il n'y avait qu'une salle pour les deux sexes ; mais à Yedo, il y avait quelquefois une séparation à hauteur d'homme, séparant les hommes des femmes. Au-dessus des salles de bains, il y avait en général des salles où l'on prenait du thé ; les baigneurs s'y rendaient lorsqu'ils étaient calmés et détendus par l'usage de l'eau chaude, et, sans s'inquiéter de leur apparence extérieure, ils se rafraîchissaient au moyen de leur breuvage favori.

Enfin, après une course qui nous parut interminable, nous arrivâmes à un magasin de laque en grand renom, et on nous mena immédiatement au premier étage, dans les salles de vente. Nous trouvâmes là des spécimens de ces objets d'ameublements infiniment supérieurs à tout ce que nous avions vu à Nangasaki et à Simoda, la perfection du travail consistant dans le relief du dessin sur le bois.

Le vernis même est extrait d'un arbuste qu'on appelle l'Orosino-ki, ou *Rhus vernix*. On se le procure, dit-on, au moyen d'incisions faites sur les tiges de trois ans, d'où il coule comme le lait des arbres à caoutchouc. On le colore de diverses nuances au moyen d'ingrédients colorants avec lesquels on le mélange sur une plaque de cuivre ; on l'applique ensuite par couches successives, et on y ajoute des dessins d'or et d'argent.

Les emblèmes les plus connus sont ceux de la longévité, la tortue, la cigogne et le sapin. Les Japonais ont un grand goût pour les animaux chimériques. Par exemple, ils représentent souvent la tortue avec une grosse queue touffue ; sous cette forme, elle s'appelle un Mooki. Ils représentent aussi très-souvent un monstre fabuleux avec la tête d'un dragon, le corps d'un cheval et les pieds d'un daim. En outre, le Fusi-yama, des jonques voguant à pleines voiles et les poissons battant les vagues de leur queue avec fureur, sont au nombre des sujets favoris.

Le charme de tout ce que nous voyions à Yedo consistait surtout en son caractère parfaitement japonais. Tous les objets servaient à faire comprendre les habitudes du pays. Il y avait des plateaux pour les rafraîchissements, des toilettes pour les dames, des ustensiles pour porter du feu, des nécessaires à écrire, des secrétaires pour présents de noces, en un mot une quantité de meubles et d'arrangements divers étrangers à nos yeux occidentaux, mais d'une admirable perfection et ornés d'une infinité de dessins bizarres et élégants.

Ayant étiqueté toutes nos emplettes pour les faire payer en bonne et due forme par les changeurs du gouvernement, nous nous rendîmes dans une grande boutique de soieries, à peu près sur l'échelle de *Howel and James*. L'étage inférieur tout entier était ouvert sur la rue et ressemblait à une vaste salle longue de cinquante à soixante yards sur vingt yards de largeur, traversée par des comptoirs soigneusement couverts de nattes et entourés d'étagères et de tiroirs contenant des marchandises; mais les plus grandes salles de vente étaient au premier. Suivant d'obséquieux garçons de magasin jusqu'au premier étage, nous nous trouvâmes bientôt installés sur un divan peu élevé, couvert en drap rouge; une série d'enfants, portant du thé et des pipes, firent leur entrée et nous présentèrent à genoux des rafraîchissements. Comme le sucre est un objet de luxe au Japon, où il forme l'un des rares articles d'importation, c'est une preuve d'élégance que d'offrir de l'eau sucrée en pareille occasion; mais l'espèce de breuvage la plus sentimentale, c'est de l'eau chaude versée sur des feuilles de roses. Il faut jouir d'un tour d'esprit bien esthétique pour apprécier un grog de boutons de roses.

Pendant que nous buvions notre thé, on avait jonché le sol de soieries, de châles de crêpe et de broderies de tous les dessins, de toutes les nuances et de tous les degrés. On dit que les soieries du Japon sont inférieures à celles de la Chine, bien qu'à nos yeux inexpérimentés elles parussent tout aussi belles. Les gazes et les crêpes feraient fureur en Angleterre, la gaze surtout, le tissu en est si raide qu'il tiendrait lieu tout à la fois de *cage* et de robe. Les broderies étaient infiniment supérieures à tout ce que la Chine peut produire ; elles sont ordinairement faites sur du satin et rappellent les tapisseries des Gobelins plutôt que les broderies modernes. Les dessins et les combinaisons de couleurs prouvaient souvent beaucoup de goût. Les Japonais sont remarquables par la simplicité et l'élégance de leur goût en fait de toilette ou d'ornement ; en règle générale, ils évitent tous les dessins éclatants et tous les tons criards.

Nous regrettions beaucoup que toutes ces curiosités de toilette et d'étoffe fussent étalées devant des gens si peu en état de les apprécier. Sans aucun doute, si on transportait en Angleterre le contenu d'un magasin de soieries japonais et qu'on en fît l'exhibition au public féminin de notre métropole, il attirerait une foule élégante et nombreuse. Pendant que nous étions plongés dans une indécision désespérante et que nous nous demandions en vain ce qui pourrait servir à faire des robes, je m'amusais à regarder les mouvements de la foule réunie dans la rue dans l'attente de nous voir reparaître. Une corde tendue en demi-cercle devant la porte les empêchait d'approcher. Mais on plaisantait beaucoup, et on se moquait si fort d'un des assistants, qu'il se fâcha et allait recourir à des mesures violentes, lorsque la police, toujours vigilante, s'empara de lui. On lui attacha les mains derrière le dos et on l'emmena au pas de course, au grand amusement des spectateurs.

Je remarquai aussi pour la première fois une ou deux charrettes, d'une construction très-grossière, traînées par des bœufs ;

mais on s'en sert apparemment fort peu au Japon. Les classes inférieures, dont le rang ne leur donne pas droit à monter à cheval ou à se servir de norimons, se font porter par deux hommes dans une espèce de panier fort incommode, qui les oblige à tenir leurs genoux sous leur menton, de façon à donner des crampes à ceux qui les regardent passer.

Le système du gouvernement municipal, dans les villes du Japon, paraît fort bien entendu : il y a un maire ou gouverneur (quelques-uns de ses émissaires vivaient dans notre antichambre) ; il a un certain nombre de ses lieutenants qui l'assistent ; il y a encore une classe d'employés qui semblent être les intermédiaires entre la population et les gens en autorité, et qui sont chargés de recevoir et de présenter les pétitions, de faire arriver les plaintes au gouverneur et de plaider la cause des malheureux pétitionnaires. Chaque rue a son magistrat, qui doit régler toutes les querelles, se tenir au courant des moindres détails de toutes les affaires privées ou publiques, de toutes les personnes de sa juridiction, d'après le rapport de ses espions, et de tenir un registre exact des naissances, des morts et des mariages ; il est responsable de toutes les disputes et violences, et doit veiller sur tous les points à la bonne conduite de la rue. Ce fonctionnaire est également pourvu de lieutenants ; il est élu par le suffrage universel des habitants de toute la rue. Afin de rendre la tâche plus facile, les habitants mâles sont divisés en petites compagnies de quatre ou cinq personnes, dont le chef répond au magistrat de la conduite de tous les membres de la compagnie. Cette organisation complète est munie d'un secrétaire, d'un trésorier, d'un certain nombre de messagers, etc. Outre les sergents de ville en titre, une patrouille de deux ou trois des habitants se promène toutes les nuits dans la rue. On peut juger d'après cela que « notre rue » dans une ville japonaise doit être pour la population une source abondante d'intérêt et de préoccupation.

Les rues de Yedo sont infestées de chiens ; non ces misérables roquets de Constantinople ou les parias de l'Inde, mais des animaux gras, bien nourris, audacieux, qui ne reconnaissent point de maîtres, mais qui semblent se trouver à merveille de vivre aux dépens de la population qu'ils défient. Ils trottent fièrement çà et là, les oreilles et la queue en l'air, et il n'est pas agréable de les rencontrer dans une ruelle écartée. Ces animaux excitent la même vénération et le même respect que dans l'Égypte antique ; les traditions les plus anciennes s'y rattachent, et c'est un crime capital que de tuer un chien. Ils ont des gardiens chargés de les protéger et des hôpitaux où on les porte en cas de maladie. Une longue expérience leur a enseigné à profiter des immunités dont ils jouissent. Il est juste de dire que c'est la plus belle race de chiens errants que j'aie jamais vue. Les seuls animaux un peu grands au Japon sont les chevaux, les bœufs, les vaches et les buffles, mais le lait, le beurre et le fromage sont inconnus comme objets d'alimentation. Il n'y a ni ânes ni mulets, et presque point de cochons. Les animaux sauvages de la plus grande taille sont les daims, qui sont d'ailleurs fort rares.

L'audience des principaux ministres d'État ayant été fixée pour l'après-midi, nous fûmes obligés de retourner chez nous en toute hâte, afin de nous préparer pour cette importante cérémonie.

VII

Constitution du gouvernement. — Nayboeni. — Le système d'espionnage. — Le conseil d'État. — Une crise politique. — Heureuse fin. — Ruine d'un homme politique. — Échelle sociale au Japon. — Une visite à la citadelle. — Les ministres japonais. — Les domestiques japonais. — Thé et confitures. — Emplettes à Yedo. — Passion pour les chiens. — Visite officielle des commissaires. — Costume officiel. — Du vin de Champagne et du jambon. — Première conférence. — Plaisanterie d'Higono-Kami. — Bonne humeur générale.

Avant de raconter notre audience chez les ministres d'État, il est nécessaire de donner une légère esquisse du système du gouvernement au Japon, bien que nous l'ayons puisée à des sources assez imparfaites, car si Moriyama était communicatif, il était généralement trop occupé pour entrer dans de grands détails sur les institutions japonaises, et tout en professant la plus grande franchise dans ses rapports avec nous, il partageait sans aucun doute les préjugés de son gouvernement et obéissait aux instructions qu'il avait reçues en nous donnant aussi peu de renseignements qu'il lui était possible. Ce fut surtout d'après des circonstances accidentelles, pendant le cours de nos négociations, que nous pûmes nous former quelque idée de la véritable source de l'autorité au Japon.

Bien que nominalement consulté sur les affaires temporelles, et soigneusement distingué de son rival temporel par le titre d'empereur, le mikado, ou empereur spirituel, est dans le fait un simple mannequin. Il reçoit parfois des visites de cérémonie du tycoon et donne sa sanction officielle aux affaires d'État ; mais généralement il trouve la couronne spirituelle fort ennuyeuse avant de l'avoir portée longtemps ; il abdique en faveur de son fils, descend des royaumes célestes et coule une vieillesse tranquille dans les régions sublunaires.

Le tycoon, d'autre part, est ostensiblement chargé de l'administration de l'empire, mais il a été, lui aussi, porté à un degré si élevé de dignité temporelle, que le rang suprême a perdu tous ses avantages solides et qu'il mène la vie d'un prisonnier d'État enfermé dans sa magnifique citadelle, sauf lorsqu'il va faire une visite de cérémonie à Miako. C'était se moquer cruellement de ce malheureux potentat que de lui faire présent d'un yacht ; on aurait tout aussi bien pu demander au pape la permission de lui offrir une femme. Il y a bien au Japon une coutume qui peut s'être étendue à d'autres pays, et qui consiste à faire des choses inconvenantes « nayboen, » comme on dit ici en d'autres termes, sous un incognito transparent. Je ne sais pas si l'Empereur profite de cette heureuse invention pour se glisser quelquefois par la petite porte de la citadelle, mais il est certain que les grands seigneurs de son pays profitent largement de la latitude qu'elle leur donne.

Dans un pays gouverné par l'étiquette, où chacun est esclave des règles de convention les plus sévères et les plus minutieuses, il faut bien avoir une échappatoire qui permette aux grands de la terre de descendre au niveau du commun des mortels, en d'autres termes de s'abandonner à leurs penchants naturels pour le plaisir ou pour le vice. Sous le titre commode de « nayboen » un grand seigneur peut faire tout ce qui n'est pas interdit au dernier des sujets. Si l'Empereur ne peut pas profiter du « nayboen » lorsqu'il est en vie, il peut, comme nous l'apprîmes dans la suite, mourir « nayboen. » C'est une pratique fort répandue parmi les grands, dont on tient la mort secrète jusqu'à ce que leur héritier soit solidement installé dans la possession des dignités et des honneurs de la famille.

Le temps de l'Empereur se passe en apparence à donner des audiences, à recevoir des rapports et d'autres formalités officielles ;

il est nominalement consulté et sa ratification est indispensable pour toutes les mesures décidées par son conseil d'État. On dit qu'il est surveillé aussi étroitement qu'aucun de ses sujets par des espions. En fait, plus nous étudions l'étrange système de gouvernement en vigueur au Japon, plus il nous devient évident que le grand principe sur lequel repose tout l'édifice c'est l'annihilation absolue de la liberté individuelle ; pour arriver à ce résultat, on a recours à des rouages très-compliqués, si adroitement équilibrés, que tout le monde surveillant tout le monde, personne ne peut échapper au châtiment de l'injure qu'il pourrait chercher à infliger à la société. L'un des avantages qui résultent de ce système universel d'espionnage, car il s'étend dans toutes les classes de la société, c'est la probité parfaite de tous les employés du gouvernement. D'après tout ce que nous avons pu voir ou apprendre, ils sont incorruptibles. Lorsqu'on ne peut ni chercher à séduire ni être séduit, lorsqu'il est presque impossible d'exercer, même indirectement, une influence corruptible, il n'y a pas grand danger de voir l'administration d'un État se démoraliser. Sous ce rapport, le Japon présente un heureux contraste avec la Chine, et même avec certaines contrées de l'Europe. Tant que cette pureté existera, lors même qu'elle serait attachée au prix d'un espionnage secret, il y a peu de raisons de craindre la décadence de l'empire. Bien que le gouvernement du Japon ne soit pas nominalement constitutionnel et qu'il ait revêtu la forme despotique, c'est en fait une oligarchie, mais chaque grand seigneur est surveillé par les espions et asservi par l'opinion publique de sa caste qu'il n'ose pas outrager. Il y a un conseil d'État, composé de cinq membres de l'aristocratie, choisis par le tycoon lui-même parmi les princes du plus haut rang, et un conseil inférieur formé par huit princes titulaires. Ils sont tous sous la stricte surveillance d'espions particuliers qui rapportent à leurs maîtres tout ce qu'ils apprennent, et d'après l'embarras évident qu'éprouvaient les commissaires pour concéder certains points auxquels les kamis ou princes étaient décidément hostiles, il est probable que le gouvernement redoute ce corps puissant. Ce fut sans doute à cause de la pression que les princes exercèrent sur le gouvernement de Bitsu-No-Kami, le dernier premier ministre, qu'il fut obligé de donner sa démission. C'est un fait singulier qu'au Japon où l'individu est sacrifié à la société il ait toujours l'air parfaitement heureux et content, tandis qu'en Amérique, où l'on applique le système opposé, et où on sacrifie la société à l'individu, celui-ci passe sa vie à réclamer ses droits à grands cris.

C'est donc ce conseil qui gouverne le Japon sous l'influence de l'opinion publique de l'aristocratie. C'est au conseil que tous les espions officiels font leur rapport ; il nomme tous les gouverneurs et secrétaires pour l'administration des provinces appartenant à la couronne et à un certain nombre des princes, et il passe pour exercer un frein sur ces derniers, qui sont probablement contenus par leurs rivalités et leurs jalousies plutôt que par l'influence directe du gouvernement. Il y a un autre corps qui possède une grande influence dans l'État, c'est le corps des princes du sang. Si le tycoon et son conseil viennent à différer sur une affaire d'État importante, la question est référée à l'arbitrage d'un tribunal composé de trois princes du sang. S'ils sont de l'avis du conseil, le tycoon, auquel le privilége du hara-kiri ou « heureuse fin » est refusé, n'a d'autre alternative que d'abdiquer immédiatement en faveur de son héritier présomptif. D'autre part, si les arbitres sont du même avis que leur royal parent, comme cela est probable, à moins que l'opinion publique n'exerce sur eux une pression trop forte, alors le conseil tout entier est invité, sans plus de cérémonie, à partir, selon l'heureuse pratique du Japon, pour les Champs élyséens, où ils obtiendront probablement tous l'honneur de la canonisation pour devenir les saints tutélaires des familles japonaises.

Cette méthode célèbre de suicide, qui est la seule coutume japonaise dont l'Occident ait entendu parler jusqu'à nos jours, a revêtu depuis quelques années une forme quelque peu modifiée, et ne se borne plus à cette désagréable nécessité de s'ouvrir l'abdomen, qui devait être une opération presque aussi désagréable à voir qu'à accomplir. Mon ami Higo-No-Kami me fit présent d'un couteau comme ceux qu'on employait jadis; c'est une arme d'une apparence très-pratique, longue environ de dix pouces, tranchante comme un rasoir et de l'acier le plus fin. On n'use plus maintenant de ce couteau que pour se faire une légère incision qui indique le parti pris par la victime d'en finir avec la vie. Sa femme et ses enfants sont réunis autour de lui pour voir comment un héros sait mourir; son meilleur ami, celui qui dans notre pays aurait été son garçon d'honneur à sa noce, se tient à côté de lui avec une épée nue, et lorsqu'il commence à pratiquer l'incision dont nous venons de parler, le glaive s'abat, et la tête roule aux pieds de la famille désolée.

Je n'ai pu savoir si ce mode de suicide était véritablement fréquent de notre temps; pendant notre séjour, aucun cas n'en vint à notre connaissance, et j'imagine que c'est une démarche trop grave pour la faire sans raisons très-sérieuses. Elles peuvent naître d'un échec ou d'une négligence dans les affaires publiques, ou de la perpétration de quelque injure particulière. Dans certains cas, cette pratique semble remplacer le duel et réduit cette coutume à son but logique, en se terminant par la mort des deux adversaires de la main de leurs amis; mais on y a plus habituellement recours pour sauver du déshonneur une famille tout entière dont un des membres a souillé le nom en quelque manière; c'est un certificat qui blanchit tous les survivants. Un homme qui craindrait d'envisager la mort sous cette forme, lorsque l'honneur l'exige, mettrait toute sa famille en dehors de la société. Je ne sais pas quels sont les points d'honneur japonais, mais on peut supposer que là où la conservation de l'honneur chez les individus exige un si grand sacrifice, le niveau des sentiments est proportionnellement élevé, beaucoup plus élevé très-probablement que cela ne nous conviendrait en Angleterre, où ce serait une façon très-peu populaire de trancher une difficulté constitutionnelle. Le ministre préférerait toujours la dissolution du Parlement à une dissolution personnelle de cette nature. Cependant, un simple changement de gouvernement n'entraîne pas toujours ces conséquences, à moins que le tycoon n'y soit impliqué. Bitsu-No-Kami vit encore et en est une preuve.

C'est peut-être parce qu'on a trouvé que « l'heureuse fin » était une façon incommode de trancher les difficultés politiques ou personnelles, qu'il existe une autre manière beaucoup plus efficace de se débarrasser d'un personnage dangereux. Lorsqu'un homme devient l'objet des soupçons ou de la méfiance du gouvernement à cause de sa fortune ou de sa grande influence, on lui donne en général une place à Miako ; il est obligé de l'accepter, et les dépenses sont tellement considérables qu'il est inévitablement ruiné. Même lorsque sa fortune résiste au premier choc, une visite du tycoon, lorsqu'il va présenter ses respects au mikado, suffit à achever l'œuvre.

Voilà l'esquisse incomplète du système de gouvernement et de la constitution des classes supérieures de la société. Bien que les commissaires portassent le titre de kamis, il ne s'ensuit pas naturellement qu'ils fussent de rang princier ni qu'ils appartinssent à la première classe de la noblesse. Kami semble être le titre générique accolé au nom de toutes les personnes d'un certain rang, comme en Angleterre tous les grands seigneurs, entre le rang de marquis et celui de baron, portent le titre de lord. C'est une appellation à laquelle les gens bien nés peuvent seuls avoir droit. Après les Saimios, ou seconde classe de la noblesse, viennent les prêtres, qui sont suivis à leur tour par la première et la seconde classe des fonctionnaires, qui se composent, pour la plupart, d'hommes faisant partie de l'armée, qui, par leur mérite, ont gagné leur grade et le droit de porter deux épées. La classe professionnelle vient après ; ce sont les négociants, les marchands et les paysans. Outre ces distinctions sociales, il y a encore une caste de parias, ou classe méprisée, qui se compose des tanneurs et autres métiers.

Pour en revenir cependant au conseil d'État, chacun des cinq ministres qui le composent est nommé par le tycoon et préside à un département particulier ; ils prennent rang d'après l'étiquette ; entre autres fonctions, les premiers ministres sont chargés de la direction des affaires étrangères. Nous allions faire la connaissance de ces deux personnages, Otto Bungo-No-Kami et un autre. Notre matinée avait été si occupée entre la boutique de laque et celle de soieries, que l'après-midi était fort avancée lorsque nous commençâmes le voyage de cinq milles qui devait nous amener à la résidence officielle de ces dignitaires qui se trouve derrière la première porte de la citadelle.

Nous devions suivre, comme à l'ordinaire, la grande rue. Je fis pour la première fois l'expérience d'un norimon dans cette occasion, et je pus jouir du spectacle d'une foule accroupie, car toute la population s'était assise sur ses talons sur le passage des dix norimons pour voir à son aise ceux qui les occupaient. Quelques-uns des visiteurs étant des officiers de marine en grand uniforme, les habitants témoignaient une satisfaction inusitée.

Afin de ne pas salir les nattes de notre hôte, nous fûmes tous pourvus d'une paire de pantoufles pour traverser la cour, car il est d'étiquette au Japon que le propriétaire de la maison seul dépasse le seuil de la première entrée dans son norimon. On dépose tous les visiteurs à cet endroit, et ils marchent jusqu'à la seconde entrée.

Après avoir traversé un pont qui passait sur le fossé et avoir franchi une porte d'une dimension colossale, nous nous trouvâmes dans les murs de la citadelle, du côté opposé à celui que nous avions visité dans notre course de la veille.

Malheureusement, nous n'avions pas à aller loin, en sorte que nous ne vîmes à peu près rien de l'intérieur de cette curieuse citadelle. Une grande rue, qui ressemblait à celle du quartier des princes, nous conduisit à une belle porte; nous fûmes soulagés au moins pour une raison en apprenant que c'était le terme de notre voyage, car la posture que nous occupions depuis une heure et demie était incommode pour des jambes anglaises, et sortant de ces véhicules en forme de boîte nous suivîmes de notre mieux Moriyama, qui était toujours à son poste. Après avoir monté quelques marches et avoir abandonné nos pantoufles, nous traversâmes une série d'antichambres avec des murs formés par des paravents de papier, et nous finîmes par entrer dans une pièce oblongue, à l'extrémité de laquelle, sur la gauche, se tenaient les deux ministres, debout derrière deux tables carrées basses et six bougies placées sur un pied, car il était alors sept heures. En face d'eux se trouvaient trois tables et six bougies derrière lesquelles nous nous installâmes. Nous restâmes tous debout quelque temps pour échanger les compliments d'usage. Alors tout le monde sortit, sauf lord Elgin, M. Hewsken et moi. Nous nous assîmes sur des chaises, luxe que nous ne nous attendions pas à rencontrer, et nous entrâmes en matière. Pendant tout ce temps, Moryama, prosterné à terre entre lord Elgin et les ministres, touchait respectueusement le sol de son front toutes les fois qu'il devait interpréter une phrase. Plus bas, nos amis les commissaires se tenaient debout, tandis que dans une espèce de passage formé par un paravent derrière les ministres se trouvaient une série de gens qui ne prenaient aucune part ostensible à la cérémonie, mais dont les uns étaient sans doute des espions, tandis que les autres, à ce que j'observai, soufflaient de temps à autre les ministres. Ces personnages importants semblaient fort embarrassés par la nouveauté de leur situation et donnaient l'impression qu'ils n'étaient pas très-versés dans les affaires.

Otto-Bungo-No-Kami était un homme mince et maigre, avec une figure ridée, qui exprimait la finesse et je serais porté à croire le goût de la parcimonie. Son collègue avait les traits plus lourds, et l'expression de sa physionomie n'était pas bien caractérisée. Ils entamèrent la conversation en manifestant quelque anxiété au sujet du yacht ; ils désiraient savoir à quelle époque Son Excellence comptait le livrer au gouvernement japonais. Lord Elgin répondit, en les assurant que la livraison aurait lieu immédiatement après la signature du traité. Après une discussion assez prolongée sur la question des pleins pouvoirs, toujours si difficile à faire comprendre aux Orientaux, il fut convenu qu'on les échangerait le lendemain.

Pendant tous ces préliminaires, une série de jeunes gens entrèrent, apportant des pipes et du thé ; ils étaient tous vêtus simplement et d'une manière uniforme ; ils se ressemblaient même à un tel point, qu'on devait les avoir choisis pour cette raison. Ils entraient avec un air de profond respect, la tête un peu penchée en avant et les yeux baissés, et ils marchaient d'un pas traînant, comme s'ils n'eussent pas osé lever les pieds.

Pendant le temps de notre visite, ces jeunes gens entrèrent constamment avec des rafraîchissements, et comme ils ne levaient jamais les yeux, je me demandai comment ils trouvaient leur chemin, tandis que la régularité monotone de leurs mouvements était pénible à voir. Malgré cela, il faut admettre que les manières des valets de pied au Japon sont plus agréables que celles de leurs semblables dans notre pays.

Après le thé de rigueur, on nous offrit un breuvage réservé aux classes supérieures du Japon, qui consiste en une sorte de purée faite avec les feuilles du thé. On les fait bouillir, puis on les sèche, on les moud dans un moulin à main, on mêle ensuite cette poudre dans de l'eau chaude et on la bat avec une verge de bambou jusqu'à ce qu'elle se forme en crème. On sert alors tout chaud ce mélange, qui a l'air d'une médecine. Je trouve cependant que c'est moins mauvais que le séné. On appelle ce breuvage *koïtscha* ou thé épais. A cela succédèrent une quantité de petites boîtes carrées sur des petits plateaux ; elles avaient l'air de boîtes de joujoux, et on pouvait supposer qu'elles contenaient un jeu quelconque. On nous en remit une à chacun. Lorsque nous eûmes enlevé le couvercle, nous découvrîmes un assortiment très-séduisant de sucre d'orge, de biscuits et d'autres friandises impossibles à distinguer comme goût de celles de notre pays, à moins de soumettre l'expertise à des écoliers ou à des gens très-versés dans la question. Non-seulement on supposait que nous passerions tout le temps de la visite à grignoter ces bonbons, mais on envoya chez nous les boîtes avec tout ce qu'elles contenaient, en sorte que nous pûmes pendant plusieurs jours, toutes les fois que nous en avions la fantaisie, nous retirer dans la solitude de notre chambre et nous régaler en secret de leur délicat contenu. Notre audience enfin terminée, nous prîmes congé des ministres avec de profonds saluts et des phrases polies, et nous remontâmes dans nos norimons, ainsi que nos compagnons, auxquels on avait offert du thé et des confitures dans la pièce voisine.

Je ne fus pas fâché d'avoir l'occasion de traverser les rues de Yedo dans la soirée. L'effet de notre procession était très-pittoresque : outre les sergents de ville avec leurs verges chargées d'anneaux, nous étions accompagnés par des hommes portant d'énormes lanternes attachées à des perches.

De jolies lampes peintes de couleurs éclatantes et couvertes de dessins bizarres, étaient suspendues par grappes au-dessus des boutiques, illuminaient les maisons de bains, éclairaient les échoppes dans la rue ou se balançaient aux cordes qui traversaient les rues adjacentes. La foule semblait plus compacte encore que dans le jour ; la brillante lueur éclairait tous ces visages animés et curieux, toutes ces personnes à demi vêtues, et donnait à cette scène un caractère étrange et sauvage. Il était près de dix heures lorsque nous arrivâmes chez nous, et nous n'avions jusque-là point de raisons de nous reprocher notre paresse et notre indolence.

Les représentations que nous avions faites à plusieurs reprises à notre gardien et ami Tainoske, et l'avidité que nous avions témoignée pour acheter toutes sortes de produits des manufactures japonaises, avaient inspiré à ce digne homme l'idée de réunir tous les matins à notre profit un certain nombre de marchands de laque, de porcelaines et de broderies, qui avaient coutume d'étaler leurs marchandises sous nos vérandas qui, pendant la première partie de la journée, avaient assez l'aspect d'un bazar. Les matinées s'écoulaient rapidement, grâce à cet amusement dispendieux. Chaque boîte contenait des échantillons que nous n'avions pas encore vus. La porcelaine, en particulier, était une source inépuisable d'intérêt, tant la variété des formes et des dessins était infinie. Sur quelques-unes des tasses on voyait des reliefs en laque représentant des barques de plaisir avec des petites fenêtres qu'on ouvrait pour voir à l'intérieur des messieurs et des dames qui buvaient du thé, le tout sur l'échelle la plus mignonne.

Au fond de certaines tasses, on apercevait une tortue de porcelaine admirablement exécutée qui reposait tranquillement ; mais, lorsqu'on y versait du thé, elle montait à la surface avec la plus grande animation.

Mais le goût des porcelaines et la passion de la laque n'étaient rien à côté de la fureur pour les chiens. Le chien du Japon, qui est, dit-on, l'ancêtre des épagneuls King's Charles, ressemble en effet beaucoup à cette race : les oreilles ne sont pas si longues ni si soyeuses, et le nez est plus écrasé ; mais la taille, la forme et la couleur du corps sont presque identiques. La tête n'est pas séduisante : les yeux sont d'ordinaire extrêmement proéminents et semblent prêts à sortir de leur orbite ; le front est avancé et le nez si petit qu'il forme un creux plutôt qu'une éminence sur le museau ; la mâchoire supérieure est assez proéminente, ce qui ne permet pas toujours à la bouche de se fermer, en sorte que la langue sort d'un air de mauvais sujet qui ne s'accorde pas avec les yeux tout ouverts, puisque ceux-ci devraient au contraire, pour être conséquents, rester légèrement fermés, avec une certaine tendance au clignement.

Lorsque la mission en masse se fut pourvue de trois ou quatre de ces intéressants animaux par personne, et qu'on les eut enfermés, dans notre grenier, dans un chenil formé de paravents de papier, les conséquences en furent cruelles pour les malheureuses victimes qui avaient résisté comme moi à leurs séductions. Ils commençaient par détruire les murs de papier de leurs niches avec leurs dents, puis ils se battaient et commençaient à hurler d'une manière lamentable au milieu de la nuit, lorsqu'ils n'avaient pas de spasmes nerveux. Ils étaient saisis de temps en temps de faiblesses et de crampes violentes dans les reins et dans les pattes de derrière, et leurs maîtres se levaient alors au point du jour pour les baigner dans de l'eau chaude et les envelopper de flanelle. En dépit de tous leurs efforts, plusieurs de ces délicates petites créatures vinrent à mourir, au profond chagrin de ceux qui avaient joui si souvent de leurs gémissements nocturnes. Même à Yedo, deux beaux chiens de cette race valent de cin-

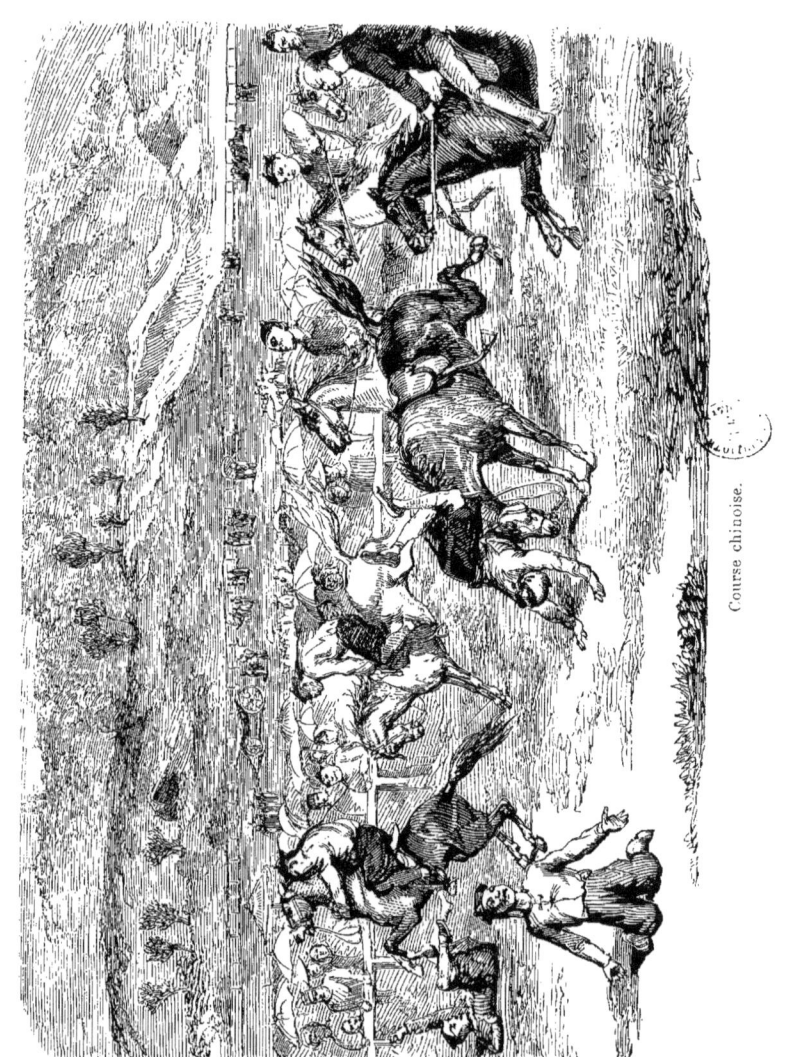

Course chinoise.

quante à soixante dollars, en sorte qu'il vaut la peine de se relever la nuit pour soulager leurs souffrances.

D'après les arrangements pris la veille, les six commissaires arrivèrent, dans l'après-midi, pour présenter leurs pleins pouvoirs et pour négocier les préliminaires du traité. Ils portaient le costume officiel usité dans les occasions de cérémonie et qui est remarquable par sa simplicité. La forme et la couleur des vêtements sont prescrites par un code sévère d'étiquette officielle. Le paille clair est une nuance de grand costume et peut se combiner avec le bleu clair, le bleu foncé ou le noir, comme couleurs orthodoxes pour les affaires d'État. Dans les jours de gala, leur costume est un peu plus voyant et admet un peu plus la fantaisie. Nous eûmes, avant notre départ, l'occasion de les voir ainsi vêtus; dans leurs visites officielles ordinaires, ils portaient une sorte de déshabillé ou costume de cheval. Ce vêtement diffère des habits de cérémonie par la coupe des culottes qui permet d'écarter les jambes, ce qui est impossible avec les habits de cérémonie. A cheval, ils se dispensent également de l'espèce de corps de fichu de gaze qu'on jette par-dessus le reste du costume et qui forme des ailes sur les épaules pour venir retomber par-devant en longues bandes. Dans les saluts de cérémonie, il est d'usage de se baisser jusqu'à ce que le bout de ces bandes vienne toucher la terre.

Les Japonais portent rarement quelque chose sur la tête, sauf pour monter à cheval. La tête est rasée sur le sommet, et les cheveux des côtés et du derrière de la tête sont ramenés en avant sur le haut du front pour former un rouleau de l'épaisseur d'une petite saucisse ; là il est solidement fixé avec une espèce de bandoline que les Japonais sont habiles à fabriquer. Les perruques abondent dans les boutiques, mais on ne les porte que dans les mascarades. Ils ne conservent jamais un seul poil de leur barbe. Leur costume d'hiver se compose de robes qui ressemblent à des robes de chambre partout ouatées avec de l'ouate de soie ; ces incommodes objets de toilette sont quelquefois en réquisition dans les occasions importantes et font invariablement partie des présents de l'Empereur à une mission étrangère.

Mais la partie la plus étrange de leur costume, ce sont les pantalons qu'ils portent quand ils se présentent à leurs audiences chez le tycoon : ils semblent taillés d'après un principe exactement opposé à celui qui règle notre costume de cour. Nous croyons avoir atteint le comble de l'élégance lorsque nous arrêtons nos culottes aux genoux. Le grand but du Japonais est de faire naître dans l'esprit du spectateur des idées complétement fausses au sujet de la situation de cette importante jointure, il veut faire croire qu'il se traîne à genoux en la présence de son souverain ; mais comme cette manœuvre est accompagnée de beaucoup d'inconvénients, il est arrivé à un compromis, en faisant faire son pantalon de dix-huit pouces plus long que ne sont ses jambes; par ce moyen ses pieds jouent le rôle de ses genoux, et il marche commodément en traînant derrière lui ses fausses jambes.

Les commissaires nous apportaient la nouvelle que le tycoon, n'ayant pas d'enfants, venait d'adopter un fils : ce jeune homme devait lui succéder, et dans le cas où il aurait un fils par la suite, il serait contraint de le donner à quelqu'un plutôt que de déposséder le fils adoptif. Le choix du tycoon est limité aux fils de six des princes du sang ; nous n'eûmes pas alors l'occasion de nous assurer de la véracité de ces renseignements.

Avant de nous mettre à l'œuvre, nos hôtes acceptèrent avec grand empressement le repas qui leur fut offert, et livrèrent de formidables assauts au jambon, qui est leur plat favori. Ils ne négligèrent pas non plus le vin de Champagne, et ils avaient si bien le sentiment du danger de ces libations au moment d'entrer en affaires, que Higo exprima gaiement l'espoir que le traité ne sentirait pas le jambon et le vin de Champagne.

Après le repas nous nous rendîmes dans le cabinet de lord Elgin, où Son Excellence et les commissaires s'assirent autour de la table et se montrèrent réciproquement leurs pleins pouvoirs. Pendant qu'on procédait à certaines formalités inséparables de cette cérémonie, M. Bedwel profita de l'occasion pour dessiner la scène qu'il avait sous les yeux, ce que Higo n'eut pas plutôt remarqué qu'il saisit du papier et un crayon et se mit à faire la caricature de l'artiste pour interrompre ensuite triomphalement les négociations en produisant une ressemblance très-tolérable.

Une fois que tout le monde fut à l'ouvrage, chacun alluma sa pipe ou son cigare, et bien qu'au point de vue officiel l'aspect général de la scène pût être dépourvu de gravité, on abattit une assez grande quantité de besogne. Il fallut cependant commencer par régler une difficulté naissant du besoin de surveillance qu'éprouvaient les commissaires. C'était pour eux quelque chose de monstrueux que de faire des affaires sans la présence des espions officiels et particuliers, et ils demandèrent formellement qu'on permît à un certain nombre de ces fonctionnaires d'assister aux conférences. Lord Elgin fit naturellement des objections à cette proposition, et Son Excellence observa qu'il y avait déjà six commissaires japonais pour un seul ministre anglais, et que toute accession de force de leur côté serait évidemment injuste. A quoi les commissaires répondirent assez galamment « qu'il fallait bien six têtes japonaises pour lutter contre la tête anglaise qu'ils avaient devant eux, et qu'en fait, ils trouvaient la tâche au-dessous de leurs forces. » On arriva à un compromis en leur permettant d'adjoindre un secrétaire à l'indispensable Moriyama.

Nous pûmes enfin en venir au corps du traité, et nous nous aperçûmes bientôt que les commissaires faisaient preuve de la plus grande pénétration dans la discussion de tous les points de détails, et qu'ils n'étaient jamais satisfaits à moins de comprendre à fond la raison de toutes les questions qu'on soulevait. Une difficulté si grave s'éleva un moment que pour faire une diversion, quelqu'un proposa de demander du *cha* (du thé), sur quoi lord Elgin suggéra l'idée de demander du champagne, amendement qui causa des rires inextinguibles et qui fut voté par acclamation. Les Japonais apprécient extrêmement les plaisanteries, et plus d'une question compliquée fut résolue par un bon mot ; à en juger par leurs éclats de rire continuels, ils doivent faire sans cesse des plaisanteries. Higo était le plaisant de la compagnie, et en conséquence il ne faisait pas toujours attention lui-même, et était en outre sujet à troubler l'attention des autres ; on voyait pétiller ses yeux lorsqu'il méditait un calembour. Suivent les noms des six commissaires comme il les a écrits en caractères anglais sur un éventail qu'il m'a donné; l'orthographe est de lui :

1° Midjmats-Ho-goni-Kami, ancien gouverneur de Nangasaki.
2° Nagai-Gembono-Kami, l'amiral ;
3° Inogge Sinanono-Kami (gouverneur de Simoda).
4° Iwase Higo-No-Kami ;
5° Holi-Olibeno-Kami ;
6° Tsuda-Handzoboro.

L'amiral était le plus intelligent et le plus actif des six commissaires, et lorsqu'il s'entendait avec l'ancien gouverneur de Nangasaki, il était rare que les autres ne suivissent pas leur avis.

A tout prendre, nous avions tout lieu d'être satisfaits du résultat de notre premier jour de conférence, qui inaugura une série de réunions invariablement caractérisées par une bonne humeur et une harmonie inaltérables, et qui doivent rappeler à la mémoire de tous ceux qui y ont pris part beaucoup de charmants souvenirs et de réminiscences agréables.

VIII

Une course à cheval. — Beauté des faubourgs. — Une jolie maison à thé. — Jardins à thé de Hojee. — Un pique-nique pittoresque. — Arrangement intérieur d'une maison à thé. — Une salle de bain. — Paysages de l'intérieur du Japon. — Les jardins botaniques. — Une visite aux premiers ministres. — Les commissaires à déjeuner. — Le Coquin. — Écoles de Yedo. — Talents linguistiques des Japonais. — Système d'éducation. — Littérature japonaise. — Système postal. — Langue japonaise. — Sa construction. — Usage universel du papier. — Intelligence des Japonais.

Il avait été convenu avec les commissaires que lord Elgin ferait une course à la campagne le lendemain du jour où l'on avait échangé les pleins pouvoirs. Nous devions faire une promenade favorite des habitants de Yedo pendant l'été, qui nous menait à un endroit éloigné de dix milles environ, appelé Hojee, et dont le joli paysage, les jardins botaniques et les maisons à thé bien organisées faisaient le principal attrait. En conséquence, immédiatement après le déjeuner, nos chevaux apparurent à la porte, et nous partîmes au nombre de huit ou dix, dans l'agréable disposition que produit l'attente du plaisir. Pendant quatre ou cinq milles notre route nous conduisit à travers la ville le long du fossé de la citadelle, au delà du pont sur lequel nous nous arrêtâmes pour contempler de nouveau le panorama de la ville, à travers des rues sinueuses que nous n'avions pas encore explorées, et qui nous parurent interminables. Nous sortîmes enfin des rues les plus peuplées, et nous suivîmes de jolies avenues dans les faubourgs qui nous conduisirent à côté du vaste palais du prince le plus puissant de l'empire, Kagano-Kami. Les murs d'enceinte de cet établissement renferment une immense étendue de terrain et contiennent des bâtiments qui suffisent, dit-on, à loger dix mille hommes. Les bouquets de grands arbres qui s'élevaient au-dessus des murailles témoignaient de la beauté des jardins qui s'étendaient derrière. La plupart des rues et des chemins que nous traversions étaient bordées de pêchers et de pruniers ; à l'époque de l'année où ces arbres sont en pleine fleur, ils doivent former une avenue embaumée et charmante.

Nous fûmes remplis d'étonnement et d'admiration en remarquant le goût exquis déployé dans les jardins et les petites maisons sur le bord de la route.

Il n'y a point de terre en Angleterre, quelque soignée qu'elle soit, qui puisse exhiber des chaumières ornées comparables à celles qui ornent les faubourgs de Yedo. Nous négligeons toujours les détails, nous oublions toutes les minuties que les Chinois poussent jusqu'au ridicule. Les Japonais ont su trouver le juste milieu. Ils unissent à une délicatesse infinie dans les détails l'art de la généralisation dans le plan, en sorte que les rapports des parties avec l'ensemble sont partout conservés, et que l'effet général n'est pas sacrifié à des beautés d'un ordre inférieur. Ces charmantes petites maisons, élevant leurs toits de chaume au-dessus des arbres fruitiers et des plantes grimpantes qui menaçaient de les étouffer dans leurs embrassements, étaient entourées de plates-bandes dessinées avec art, resplendissantes de fleurs aux brillantes couleurs, on y arrivait par des allées bordées de haies soigneusement tondues. Des ifs, taillés selon les formes les plus fantastiques et des arbres nains qui étendent leurs bras difformes comme pour demander du secours et de l'appui, sont un objet d'ornement favori pour les jardins. Çà et là, au bout d'une longue avenue, nous pouvions distinguer un temple entouré d'arbres, et de vieux prêtres revêtus de robes transparentes avec de larges baudriers, des ceintures brodées et d'énormes chapeaux de laque, qui se précipitaient vers l'entrée pour voir passer les étrangers. La beauté des cimetières était d'accord avec le goût qu'on remarquait partout ailleurs, les allées y serpentaient au milieu des cyprès pleureurs et des arbustes fleuris.

Nous pouvions toujours juger de la situation sociale des quartiers que nous traversions par l'empressement et la nature de la foule qui nous accompagnait. Dans certaines parties du faubourg, nous fûmes suivis par une populace bruyante qui se pressait autour de nous, en criant et en riant, mais sans donner aucun signe de malveillance. Quelques personnes de la mission, se promenant la veille dans l'un des quartiers de mauvais renom dans la ville, sans être accompagnées par un assez grand nombre de sergents de ville pour inspirer du respect, avaient été injuriées, et on leur avait même jeté des pierres pendant que la foule criait : « Chinois, Chinois ! avez-vous quelque chose à vendre ? » circonstance que les commissaires ne pouvaient se lasser de déplorer, tout en profitant de cette occasion pour nous démontrer la nécessité (que nous étions toujours disposés à oublier) de ne jamais faire un pas sans être accompagnés par un détachement suffisant d'agents de police. Ce soir-là, nous étions précédés par vingt fonctionnaires revêtus d'un uniforme de gaze noire. Comme nous tenions à ne point perdre de temps, et que nos chevaux avaient de l'ardeur, les plus âgés des sergents de ville étaient épuisés avant que nous fussions arrivés à la maison à thé située à moitié chemin où nous devions changer d'escorte.

En nous éloignant de la ville, les maisons devenaient plus rares, mais le pays ne perdait pas son air de civilisation. Des bosquets de grands arbres ombrageaient la route, ils semblaient border un parc d'agrément, car ils étaient entourés d'une palissade qui ressemblait exactement à celles de nos parcs.

La maison à thé où nous nous arrêtâmes pour nous reposer était située dans un jardin où l'eau la plus claire jaillissait dans des grottes couvertes de mousse, pendant que des nattes rembourrées invitaient au repos. Là de belles demoiselles nous apportèrent des pipes et du thé ; elles nous pressaient également d'accepter des poires qui n'étaient pas mûres. Au delà de cette maison à thé, nous nous trouvâmes en pleine campagne. Nous avions échangé les faubourgs de Londres pour les petits chemins du Devonshire.

Bien que le pays fût accidenté, la route n'était ni trop rapide ni trop étroite pour des véhicules munis de roues. Elle passait quelquefois entre des banques fort élevées couronnées de haies et d'arbustes, au nombre desquels je reconnus le houx. A l'exception des bouquets d'arbres, laissés sans doute à dessein, et qui servaient à diversifier le paysage, chaque pied de terre semblait cultivé. Cela tient probablement à la loi qui oblige tout homme à cultiver sa terre tous les ans, sous peine de confiscation. Des champs d'ignames et de bien-jall, de maïs, de millet et d'oignons alternaient et se succédaient rapidement. A chaque bouquet d'arbres qui se trouvait sur le bord de la route, on voyait un lieu de repos pour toutes les classes de voyageurs : de simples bancs sous les branches tordues de quelque vieux chêne ou de quelque énorme platane, pour les pauvres piétons, avec de petites tables chargées de fruits et de thé, dressées sous les frais ombrages ; ou des pavillons composés d'une seule hutte, offrant au voyageur fatigué le même breuvage national bien chaud et prêt à lui rendre des forces ; ou un établissement de plus grandes prétentions, où les gens riches pouvaient s'arrêter et se reposer.

A la fin nous descendîmes tout à coup dans un vallon où un charmant village reposait au sein d'un bois. Il se composait seulement de quelques chaumières et d'une grande maison à thé. Nous mîmes pied à terre à la porte de cet établissement, fort à l'édification de la population du village, qui s'était rassemblée tout entière pour nous regarder avec étonnement. Nous trouvâmes la maison à thé située au bord d'un torrent fougueux ; les balcons du premier étage s'avançaient au-dessus de l'eau. Un bois et des jardins décorés avec goût au moyen de rochers artificiels garnis d'ifs taillés de formes bizarres, descendaient au bord de la rivière, jusqu'à l'endroit où elle entrait dans le parc pour y former une jolie cascade. Nous prîmes possession d'un joli pavillon perché sur une pointe de rocher, et qui dominait une vue charmante des objets environnants ; nous signifiâmes à un groupe de jeunes personnes qui étaient venues nous regarder, sous prétexte d'attendre nos ordres, que nous avions besoin de quelques rafraîchissements.

Nous n'attendîmes pas longtemps notre repas, qui se composait d'une excellente soupe aux légumes, de poisson et de riz. En guise de dessert, on apporta des melons d'eau, des abricots et des poires, en sorte qu'il nous fut aisé de satisfaire notre appétit. Nous apprîmes que ces jardins étaient un rendez-vous favori de parties de plaisir pour les gens du plus haut rang à Yedo. Toutes les fois qu'un grand seigneur veut se donner en famille un divertissement de ce genre, il fait prévenir le maître de l'auberge de son intention, de façon à s'assurer pour sa femme et ses enfants une majestueuse solitude. Là, à l'abri des regards du vulgaire, ils s'abandonnent aux plaisirs que permet ce genre de divertissement. Les femmes chantent, font de la musique ou dansent pour les amuser. En fait, d'après ce que j'ai pu comprendre, ils font à peu près la même chose que nous lorsque, à la fin de la saison, nous allons faire des pique-niques à Hampton-Court ou à Richmond. Je ne pus cependant venir à bout de découvrir à quelles conditions les gens non mariés étaient admis à prendre part à ces amusements.

S'il y avait à Hogee un pique-nique aristocratique pendant notre visite, nous ne fûmes pas assez heureux pour l'apercevoir. Nous explorâmes cependant les arrangements intérieurs de l'établissement. Malheureusement, comme ce n'est pas la coutume pour les visiteurs d'aller à la cuisine, je fus ignominieusement chassé de cet appartement au moment où je commençais mes investigations sur les arrangements nécessaires pour fournir constamment à une si grande quantité de pratiques des friandises japonaises de toute espèce, accompagnées de flots de thé. J'avais eu le temps de me trouver au milieu d'une troupe de jeunes filles activement occupées et d'apercevoir d'énormes chaudrons sur le feu, lorsqu'une femme rébarbative me montra la porte avec son écumoire. Le teint de la plupart de ces jeune filles était aussi beau que celui de nos compatriotes. Dans le service leurs manières sont gracieuses et respectueuses. Elles servent presque tous les mets dans des plats de laque qu'elles présentent dans une attitude révérencieuse. Les hôtes sont assis çà et là sur des nattes jusqu'à la fin du dîner ; après quoi, ils s'étendent pour fumer, boire du thé et digérer. D'après Golownin, le vernis qui compose la laque est un poison. Non-seulement elle ne présente pas le moindre danger, mais on peut servir du thé bouillant dans des tasses de laque sans qu'il soit possible de distinguer la moindre saveur de vernis.

Je n'ai pas eu l'occasion de juger si le thé du Japon est véritablement supérieur à celui de la Chine, ou s'il est seulement préparé d'une autre manière, mais le goût m'en parut beaucoup plus délicat. D'après Siebold, la plante est fumée avec des anchois séchés et arrosée par une liqueur tirée de la graine de moutarde.

On prépare quelquefois le thé en le faisant bouillir constamment. On met dans la bouilloire une quantité de feuilles de thé suffisant à la consommation de la journée, et on laisse cette décoction sur le feu. Ce système n'est d'ailleurs employé que dans les auberges au bord des routes.

Nous ne remarquâmes pas de champs de thé ; on dit que les plantations sont en général situées loin des habitations des hommes, de peur que la fumée ou d'autres émanations délétères ne viennent leur faire du tort.

Dans cette maison à thé se trouvait une salle de bain, qui contenait un creux ovale dans le plancher, où les baigneurs se plaçaient pendant leurs ablutions. On apporte constamment de l'eau chaude, et l'eau froide coule en cascade d'une grotte de verdure enchâssée dans la muraille.

Nous quittâmes Hogee pour monter jusqu'au sommet de la colline qui s'élève derrière le village. Pour arriver là, il nous fallut quitter la grande route et galoper à travers une pelouse parsemée de beaux arbres. Les gens de notre suite, qui n'étaient pas préparés à une pareille escapade, coururent tout hors d'haleine après nous en nous adressant de vives remontrances, et en passant la main sur leur cou pour nous montrer qu'ils subiraient un châtiment sommaire à l'occasion de nos transgressions ; mais nous étions trop curieux de profiter de notre situation élevée et de voir le pays pour écouter là-dessus nos scrupules, et nous fûmes bien récompensés de notre défaut d'humanité. Le spectacle qui vint enchanter nos regards ressemblait à la vue de la terrasse de Richmond plus que tout autre paysage que j'aie jamais rencontré. A nos pieds serpentait un ravin qui tantôt se cachait dans un bois épais, tantôt brillait au grand jour au milieu des champs verdoyants. Au delà, partout où le regard pouvait atteindre, le pays était soigneusement cultivé, l'aspect en était varié, et de temps en temps la fumée d'une ville ou d'un hameau venait animer ce spectacle. Cette vue nous infligeait le supplice de Tantale, nous aurions voulu visiter les régions inconnues qui gisent inexplorées dans le cœur de ce magnifique pays.

C'est une consolation que de savoir que l'intérieur du Japon sera probablement bientôt ouvert. Le dernier traité réserve au consul général et à son état-major, et à eux seuls, le droit de voyager partout dans l'empire. Nous savons, d'après les récits des jésuites et des ambassades hollandaises, tout ce qu'il y a de curieux à voir à Miako, et dans d'autres villes sur la grande route de Nangasaki ; mais notre curiosité a surtout été excitée par les dessins des paysages les plus frappants du pays contenus dans les livres d'images japonais. Les Japonais sont une des rares nations parmi celles qui passent pour n'être pas civilisées, qui semblent avoir naturellement l'instinct du pittoresque. Les Chinois eux-mêmes, qui s'évertuent parfois à retracer des paysages, choisissent quelque point sans intérêt et en font invariablement le cadre de quelque scène de mœurs ou de quelque groupe militaire qu'ils placent sur le premier plan, en faisant preuve d'ailleurs d'une complète ignorance de la perspective ; mais les Japonais retracent les traits les plus frappants des paysages de leur pays, évidemment pour leur propre compte. Ils représentent constamment des chutes d'eau et des précipices, des villages pittoresquement perchés sur des falaises à pic ou sur une lisière de rochers s'avançant dans la mer, et cela avec une idée de l'art infiniment plus correcte que celle qui prévaut dans l'empire voisin. D'après les vues que contiennent la plupart de ces livres, il doit y avoir au Japon des paysages qui vaudraient la peine de faire un pèlerinage dans cette île lointaine, uniquement pour les contempler. Les gens de notre suite eux-mêmes semblaient trouver tout naturel notre désir de rester encore sur le penchant verdoyant de la colline pour jeter un dernier coup d'œil sur le spectacle qui s'étalait sous nos yeux, mais ils furent évidemment soulagés lorsqu'ils nous virent tourner la tête de nos chevaux du côté de l'étroit sentier qui devait nous conduire aux jardins botaniques.

Un bosquet touffu d'arbres aux branches pendantes offrait un ombrage agréable sous les rayons du soleil d'août, tandis que de petites barrières d'osier ouvraient dans des jardins qui formaient un cadre de fleurs aux chaumières s'élevant au milieu. Les jardins botaniques proprement dits ne répondaient pas précisément à nos idées sur ce sujet. Il n'y avait pas une grande variété de vieux arbres, ni une collection curieuse et considérable de plantes de tout genre. La rage des horticulteurs de ce pays-ci paraît être les herbes, les mousses et les fougères de tout genre auxquelles il faut ajouter un immense assortiment d'arbres nains. Au lieu de serres en verre, il y avait de longs hangars de nattes pour les espèces les plus délicates, tandis qu'on avait rangé sur des étagères, comme en Angleterre, une quantité de vases de porcelaine de différentes formes et de différentes couleurs, bien que le bleu fût la nuance dominante ; au milieu des vases s'élevait un petit rocher autour duquel croissait une touffe d'herbe ou de mousse. Mais les jardiniers japonais sont fiers surtout de leur talent pour produire des arbres nains. On voit dans des pots à fleurs les arbres forestiers les plus vénérables ; leurs vieux troncs, tordus et contournés comme s'ils étaient à la torture, ne s'élèvent pas à plus de deux pieds, tandis que leurs branches déformées s'étendent des deux côtés comme les doigts d'une main estropiée. On nous raconta, à Décima, l'histoire d'une boîte longue de trois pouces sur une largeur de deux pouces, qui contenait un sapin, un bambou et un prunier en pleine fleur, qui s'était vendue douze cents dollars. Il y avait derrière les jardins un bois de pins contenant de charmantes retraites et des coteaux artificiels surmontés de pavillons. Ces jardins sont également très-fréquentés par les amateurs de pique-niques de Yedo.

Remontant sur nos selles incommodes, nous reprîmes le chemin de Yedo, où nous arrivâmes au bout de trois heures, fort las, mais abondamment payés de notre fatigue par la nouveauté et l'intérêt des expériences que nous avions faites dans la journée.

Le lendemain matin, nous fîmes une seconde visite aux deux premiers ministres, lord Elgin désirant prendre quelques arrangements relatifs à la livraison du yacht et présenter les capitaines Baker et Osborne et le commandant Ward, qui l'avaient amené d'Angleterre. La cérémonie ne différa en rien de celle qui avait eu lieu à la première occasion, si ce n'est qu'elle se passait dans le jour. Les ministres tenaient à savoir la différence entre un vaisseau de guerre et un yacht; il y eut ensuite quelque discussion à propos du salut que les Japonais devaient tirer, attendu qu'ils n'avaient jamais salué de pavillon étranger. Les ministres profitèrent de cette occasion pour exprimer de la part du tycoon tous ses regrets de ce qu'il ne pouvait voir lord Elgin, mais ils suggérèrent que Son Excellence pourrait obtenir une audience de son fils, qui venait d'avoir treize ans. Lord Elgin ne jugea pas à propos d'accepter cette proposition.

Nous arrivâmes chez nous à temps pour recevoir les commissaires, qui arrivaient pour le second déjeuner. Ils nous témoignèrent tout l'embarras qu'ils éprouvaient en se présentant toujours à l'heure de notre second déjeuner; « ils ne pouvaient rien accepter aujourd'hui, cela aurait véritablement l'air de venir pour le jambon et le vin de Champagne. » Lord Elgin leur répondit qu'une semblable idée ne lui serait jamais venue à l'esprit, et qu'il serait impossible de continuer la négociation à moins qu'on n'eût consommé la quantité voulue de jambon et de vin de Champagne. Cet argument parut les décider sur-le-champ, et ils étaient évidemment venus à jeun dans le but de déguster de meilleur appétit le repas qu'ils faisaient semblant de refuser. Après le déjeuner, on s'entendit sans peine sur quinze articles, Moriyama en fut la seule victime, attendu qu'il était occupé à un duplicata du traité en japonais et en hollandais. Un jour, lord Elgin lui demanda s'il aurait bientôt fini de copier le traité; mais Moriyama était trop bon interprète pour répondre directement à une question en présence de ses supérieurs; aussi se tournant vers les commissaires, il leur dit : « Moriyama aura-t-il bientôt fini de copier le traité ? » A quoi ils répondirent gravement, après l'avoir consulté : « Non, Moriyama n'a pas encore fini de copier le traité, mais il se dépêche le plus qu'il peut. » Au Japon, lorsqu'un inférieur cause avec son supérieur, il doit appuyer ses mains sur ses genoux et rester dans une posture légèrement inclinée, manœuvre qui se transforme pratiquement en un mouvement de la main le long de la cuisse jusqu'au genou, geste que Moriyama exécutait constamment, en l'accompagnant d'une aspiration bruyante, comme s'il venait de boire au travers d'une paille.

Nous fîmes à Yedo une connaissance encore plus curieuse que celle de Moriyama : c'était un homme connu sous le nom du *Coquin ;* mais son véritable nom était Tanjeram. Cet homme apparut un soir dans notre jardin et nous étonna tous en parlant anglais sans aucun accent, en se servant de très-grands mots, et nous apprenant qu'il avait l'habitude de faire des observations lunaires. Il nous affirma en outre qu'il n'avait jamais quitté le Japon et qu'il avait appris l'anglais dans une école à Yedo. Il nous dit que cette école était suivie par des Japonais qui désiraient apprendre les langues étrangères, que leur enseignaient des professeurs qui en avaient fait le but spécial de leurs études. Avec tout notre respect pour l'intelligence et la civilisation des Japonais, nous ne pouvions admettre cette assertion, et nous ne pûmes nous procurer aucun témoignage qui vînt la corroborer, en sorte que je ne doute pas que ce ne fût une pure invention de la part de Tanjeram, qui avait évidemment, par un accident quelconque, passé une partie de sa vie aux États-Unis. Il niait positivement ce fait, et parlait un peu du nez, en faisant usage d'expressions qu'il devait avoir apprises d'une personne qui avait appris « l'américain » et non l'anglais. L'expression de sa physionomie était complétement différente de celle de tous les autres Japonais que j'aie jamais vus. Il y avait dans ses manières un mélange de ruse et d'insolence étranger à la nature de ses compatriotes, et qui prouvait incontestablement qu'il avait vécu à l'étranger assez longtemps pour substituer les habitudes de la civilisation européenne à celles de la barbarie japonaise.

Mais, tout en nous permettant de douter qu'il existât à Yedo des professeurs de langues étrangères, nous ne pouvions mettre en question l'état avancé de l'éducation et sa vaste diffusion dans l'empire. On enseigne positivement le hollandais à Yedo comme à Nangasaki, et les élèves qui ont étudié dans ce dernier port les inventions récentes de la mécanique et des sciences se rendent dans la capitale pour y professer. C'est ainsi qu'ils se trouvent en état de diriger leurs machines à vapeur et de conduire leurs vaisseaux, déterminant leur route par leurs observations. Ils sont extrêmement susceptibles lorsqu'on les croit incapables d'acquérir une connaissance quelconque que d'autres possèdent, et ils ont une très-haute idée de leurs facultés en ce genre. Nous en eûmes un curieux exemple dans une discussion qui s'éleva au sujet de la langue qui devait servir à l'avenir d'intermédiaire pour la correspondance officielle. « Oh ! » dit l'un des commissaires, « il vaut mieux décider que l'anglais sera la langue officielle. On ne peut pas savoir combien de temps il vous faudrait pour en venir à écrire une correspondance en japonais ; mais donnez-nous cinq ans, et nous serons en état de correspondre avec vous en anglais. » C'était un contraste frappant avec la difficulté que nous avions éprouvée à Tientsin à persuader aux Chinois d'accepter l'anglais pour langue officielle, même dans l'avenir ; je n'espère guère, d'ailleurs, que cette convention puisse jamais s'exécuter ; car, lors même qu'on pourrait persuader à un Chinois d'étudier une langue étrangère, il est naturellement si complétement dépourvu de la faculté d'apprendre toute autre langue que la sienne, qu'il y consacrerait vainement sa vie entière. Pendant tout le temps de mon séjour en Chine, je n'ai pas rencontré un seul indigène qui pût parler, lire et écrire l'anglais correctement.

Au Japon, au contraire, ils ont la rage d'acquérir des connaissances de tout genre. Un Chinois tient pour dégradante toute autre étude que celle des livres de Confucius, et il traite toutes les inventions modernes avec un air de tranquille mépris. Il vous soutiendra probablement que cet art était connu depuis longtemps en Chine, en sorte que si vous lui montriez un chemin de fer, il examine tout ce qui est à sa portée et fait des questions à propos de tout, en prenant soigneusement note des réponses.

Le père Charlevoix dit que, du temps de saint François-Xavier, il y avait dans le voisinage de Miako quatre académies qui suffisaient chacune à l'éducation de trois ou quatre mille élèves ; il ajoute que, tout considérable que fût ce chiffre, il était insignifiant en comparaison de la foule d'enfants instruits auprès de la ville de Bandore, et que ces institutions étaient généralement répandues dans l'empire. M. Macfarlane, citant M. Meylan, autorité moins ancienne, établit qu'on envoie tous les enfants des deux sexes de tout rang dans des écoles primaires où ils apprennent à lire, à écrire, et étudient les éléments de l'histoire de leur pays. On croit nécessaire que le plus pauvre paysan reçoive au moins ce degré d'instruction.

D'après ces renseignements, qui sont corroborés par tout ce que j'ai pu recueillir sur ce sujet, il paraîtrait que le système d'éducation publique est plus complet au Japon que dans notre pays, et que, sous ce rapport au moins, ils sont plus avancés que nous. En passant dans les rues, j'entendais souvent le petit babil des enfants apprenant leurs leçons.

Ce sujet tient de près à celui de la littérature du pays ; mais il était difficile d'obtenir des renseignements sur ce point, plus encore de se procurer des livres. Bien que les boutiques de libraires fussent nombreuses, et que leur contenu fût étalé sur la rue d'une manière séduisante, dès que nous approchions, tout le monde se précipitait pour enlever les livres. Il était évident que le gouvernement avait donné l'ordre de ne point vendre de livres aux étrangers, et bien que les gens de notre suite prétendissent nous aider à nous procurer le fruit défendu, nous nous apercevions habituellement qu'ils aidaient secrètement les boutiquiers. Je fis un jour une bonne capture, une carte d'une province de l'empire ;

Artistes japonais.

mais une vieille dame qui avait la crainte du gouvernement très-fortement devant les yeux me l'arracha, en sorte que je n'en emportai qu'un petit fragment. Cependant, à force de belles paroles et de persévérance, nous vînmes à bout de nous procurer un nombre assez considérable de livres d'images. L'un d'eux, contenant des dessins qui représentaient les divers métiers au Japon, était une étude très-intéressante. La plupart des livres que je me procurai étaient écrits en japonais, en sorte qu'ils ne servaient pas à grand'chose, puisque personne ne pouvait les lire ; mais j'achetai deux ou trois gros volumes en caractères chinois. D'après les auteurs hollandais, la littérature japonaise comprend des ouvrages de science, des histoires, des biographies, des travaux de géographie, des voyages, des essais sur la philosophie morale, sur l'histoire naturelle, des poésies, des pièces de théâtre et des encyclopédies, catalogue imposant s'il est exact.

Outre les livres qui ne contiennent que des gravures, il y a des romans illustrés avec des gravures sur bois, tracées sur la même planche qui porte les caractères. On dit qu'on vient d'introduire au Japon l'art de graver sur cuivre.

Les Japonais ne connaissent pas la peinture à l'huile, mais ils sont habiles dans le maniement des couleurs à l'eau, et leurs estampes coloriées sont parfois vivantes et caractéristiques. Elles forment d'ordinaire une suite à travers laquelle on peut suivre le fil du récit. Je me suis procuré un livre contenant une série d'esquisses au crayon représentant des groupes de chevaux, faites avec beaucoup d'animation et de talent.

On peut présumer que les Japonais ont le goût de la lecture, et d'après tout ce que j'ai pu apprendre, le beau sexe ne reste pas en arrière lorsqu'il s'agit de culture intellectuelle. Golownin rend témoignage de ce fait : « Les Japonais, » dit-il, « aiment beaucoup la lecture ; les simples soldats eux-mêmes lisaient constamment en montant la garde. Cette passion de littérature nous était d'ailleurs fort incommode, attendu qu'ils lisent toujours tout haut, du même ton que s'ils chantaient. » Ils ont également la passion d'écrire autant de billets que s'ils jouissaient du privilège de la petite poste. Quoiqu'ils n'aient pas encore fait cette importante découverte, l'organisation du transport des lettres d'un bout de l'empire à l'autre est admirablement entendue ; chaque porteur est toujours accompagné d'un compagnon pour pourvoir aux chances de maladie ou d'accidents qui pourraient arrêter le facteur ordinaire ; ces hommes se relayent constamment, en sorte qu'ils parcourent l'espace qui leur est assigné en courant de toutes leurs forces. J'en rencontrai un qui portait son paquet et qui volait avec une telle rapidité, que je demandai ce qu'il allait faire ; il était seul : peut-être ne croit-on pas nécessaire que les facteurs des villes soient toujours accompagnés.

Les Japonais écrivent comme les Chinois, en colonnes, du haut du papier jusqu'en bas, en commençant à main droite. Les caractères sont moins bizarres et plus coulants que les caractères chinois. Il n'y a du reste aucun rapport entre les deux langues, l'une étant monosyllabique et l'autre polysyllabique. Les mots japonais sont souvent d'une longueur insupportable, mais le son en est doux et facile à imiter ; tandis que les mots chinois, bien que d'une seule syllabe, se composent en général d'un grognement ou d'une aspiration impossible à exécuter pour ceux dont les oreilles n'ont pas été complétement démoralisées par un long séjour dans le pays. Nous apprîmes plus de mots japonais en huit jours que nous n'avions appris de mots chinois en un an, et en me faisant un petit vocabulaire grossier je trouvai moyen de disposer les lettres de l'alphabet anglais de façon à fixer dans ma mémoire une imitation assez exacte du son que je désirais retenir. En chinois cela est impossible. Klaproth dit, dans son *Asia Polyglotta*, que la langue japonaise diffère tellement de toutes les langues connues comme structure et comme grammaire, que la nation qui la parle doit être une race particulière. Il est impossible de les voir sans arriver à la même conclusion par d'autres raisons que la construction de leur langue. On admet généralement qu'ils descendent primitivement de la souche mogole, dont les descendants forment maintenant une partie considérable de la population de la Chine ; mais le Japon a dû être peuplé très-probablement avant la première invasion mogole. Leurs traits diffèrent essentiellement du type chinois : les nez sont moins larges et moins plats, les yeux plus proéminents et moins obliques ; à tout prendre, leur physionomie est infiniment plus agréable. Ceux d'entre nous qui avaient visité les îles de la mer du Sud trouvaient aux Japonais une grande ressemblance avec les indigènes de cet archipel. Il serait curieux de savoir s'il existe également quelques rapports entre leurs langues.

En étudiant le japonais on jouit d'un grand avantage sur les victimes condamnées à acquérir la langue du Céleste-Empire, attendu qu'on entre dans la lice armé d'un alphabet ou plutôt d'un syllabaire, accessoire méprisé par les Chinois. On voit cependant constamment les caractères chinois sur les enseignes et sur les murs des maisons. Les Japonais bien élevés le lisent, mais avec un accent que les Chinois auraient de la peine à comprendre : les caractères ne présentent d'ailleurs pas toujours à l'esprit des Japonais l'idée qu'ils feraient naître chez les indigènes du Céleste-Empire. On peut expliquer la différence de prononciation par ce fait que les Japonais cherchent comme nous à rendre les sons chinois au moyen de leur alphabet national. Il paraît, d'ailleurs, qu'il y a deux langues bien distinctes en vogue au Japon, appelées le Yomi et le Kaye, la première est la langue nationale et populaire, la seconde est le chinois prononcé à la japonaise. Nous n'avons pu du reste recueillir sur ce sujet que des renseignements fort incomplets, mais avec l'institution qui fonde l'étude du japonais dans les nouveaux ports, nous verrons bientôt jeter une abondante lumière sur ce curieux champ de recherche. Les étudiants feront bien de suivre l'exemple des Japonais sur un point, et de porter partout avec eux un calepin. Tous les Japonais portent une petite écritoire portative suspendue par un cordon autour de leur taille ; généralement elle est en laque, et contient une plume ou plutôt un pinceau et un petit compartiment imperméable pour l'encre ; dans son sein se trouve une quantité de feuilles de papier tantôt volantes, tantôt rattachées ensemble sous forme de cahier. Nos petits portefeuilles métalliques excitaient toujours l'envie et la curiosité, et les avantages des bandes de caoutchouc étaient dûment appréciés.

Nous trouvâmes d'autre part beaucoup d'intérêt à étudier les usages auxquels ils appliquent l'un des divers objets les plus plus indispensables chez eux, le papier. Les murs de nos chambres et les éventails dont tout le monde se servait étaient en papier; on enveloppait toutes les emplettes dans du papier qui tenait lieu de ficelle pour les attacher. Des carrés de papier servent de mouchoirs de poche; en réunissant plusieurs feuilles qu'on couvre de laque, on fait des chapeaux; il y en a de toutes les espèces, les unes épaisses, grossières et pleines de défauts, les autres plus fines et plus transparentes que le plus beau papier de soie, mais toutes merveilleusement solides. Il ne faut pas s'en étonner, le papier étant fabriqué avec l'écorce du mûrier. Les branches les plus jeunes fournissent le papier le plus blanc. Le procédé consiste à bouillir l'écorce et à la passer dans un tamis, après quoi on y mélange du riz et on en extrait graduellement l'eau. Cette pâte est alors soigneusement étendue pour former des feuilles qu'on passe entre des planches et qu'on met au soleil pour sécher et pour durcir. Il est impossible de déchirer ce papier à contresens; en le prenant dans le fil on en enlève d'étroites bandes qu'on roule et qui font une ficelle souple et solide.

Plus nous voyions cette population singulière et attrayante, plus nous sentions que, tout en leur montrant bien des choses qui les étonnaient et les enchantaient, nous gagnions encore au change, car l'étude de leurs inventions et de leurs procédés à la fois si originaux et si ingénieux était pour nous une source inépuisable d'amusement et d'intérêt.

IX

Un enterrement japonais. — Façon d'arranger les cheveux des dames. — Qualité de l'acier japonais. — Sculptures en ivoire. — Instruments de musique. — Éventails de guerre japonais. — Excursion dans la campagne. — Cérémonie religieuse. — Tatouages compliqués. — La rivière Logos. — Le temple de Daï-Cheenara. — L'intérieur du temple. — Singulier post-scriptum. — Lois somptuaires. — Sinagawa. — Impôts au Japon. — Caractère de la législation. — Manière des Japonais de traiter les enfants. — Résultat de nos expériences. — Goût des Japonais pour le plaisir. — Effet du contact avec les Européens.

Pendant les deux ou trois jours qui suivirent notre excursion à Hojee, tout notre temps fut pris par les commissaires. Quelques-uns de nos hôtes cependant purent s'occuper utilement et agréablement à faire des courses à cheval dans la ville. Non loin de notre résidence se trouvait un temple d'un aspect très-séduisant ; on y entrait par une porte massive donnant sur une avenue qui descendait jusqu'au pied d'une colline boisée au sommet de laquelle on apercevait les toits des bâtiments au milieu du feuillage. Quelques explorateurs aventureux firent une tentative pour visiter cet endroit attrayant; mais on leur en refusa l'entrée d'une manière un peu trop brusque et trop péremptoire pour être d'accord avec la politesse ordinaire de la population. Nous en parlâmes aux commissaires qui prodiguèrent les excuses comme à l'ordinaire, mais qui nous prièrent de ne pas insister, attendu que le temple en question était consacré aux mânes des tycoons défunts. Le fait accrut notre curiosité, mais nous renonçâmes à insister sur une requête qui leur était évidemment désagréable. Dans une autre occasion, quelques membres de la mission furent assez heureux pour voir un enterrement japonais. Le corps était placé dans la bière assis ; la forme du cercueil rappelle une chaise à porteurs plutôt qu'une chaise oblongue. Les serviteurs et les gens de la maison ouvrent la marche, qui est fermée par les prêtres et les pleureurs vêtus de blanc, accompagnés de norimons pour les femmes, et de sergents de ville chargés, comme de coutume, de tenir la foule à distance. D'après Siebold on descend le corps dans la fosse au son d'une musique funèbre qu'on produit en frappant des vases de cuivre.

Nous fûmes assez heureux pour découvrir, non loin de notre demeure, une petite ruelle qui était une ressource inépuisable toutes les fois que nous n'avions pas le temps de faire une expédition dans le cœur de la ville : nous y trouvions une quantité d'échoppes de livres, quelques boutiques contenant des porcelaines très-curieuses et une grande variété de marchandises particulières au pays. Les Japonais sont un peuple simple dans ses goûts, et qui, en règle générale, se dispense de tout ornement. Ceux que les femmes recherchent cependant sont faits en verre, et les fabricants sont particulièrement habiles à leur donner les formes les plus bizarres. Ils aiment surtout à remplir des tubes de verre, de différentes formes et de différents dessins, d'une liqueur colorée ; on s'en sert souvent comme épingles à cheveux ; parfois il y a un globe au bout, et au milieu des tresses d'un belle Japonaise, on reconnaît le liquide à la bulle d'air qu'il contient. La plupart des femmes portent leurs cheveux à peu près comme c'était la mode parmi nous il y a quarante ans ; les cheveux ramenés par derrière forment une masse qu'on orne dans tous les sens avec des bijoux de verre. Les femmes de la maison des princes ont seules le droit de porter leurs cheveux à l'Impératrice. Il est singulier que les Japonais, qui ont amené la fabrication du verre à une si grande perfection sous certains rapports, qui font par exemple des bouteilles des formes les plus charmantes, si légères et si fragiles qu'elles ressemblent à des bulles d'eau de toutes les nuances imaginables, émaillées de dessins ravissants, ignorent complétement l'art de faire des glaces. Leurs miroirs sont des plaques circulaires en acier si bien polies qu'on s'y voit parfaitement, et presque toujours chargées de sculptures par derrière.

Les hommes ne portent d'autres ornements que ceux de la poignée de leurs épées. Elles sont en général d'or ou d'un métal composé appelé le Syakfdo, et qui est un mélange d'or, de cuivre et d'autres métaux dont l'effet est très-beau. La poignée de l'épée représente presque toujours un oiseau ou un animal exécuté avec l'art le plus parfait; les poignées sont en général recouvertes de chagrin, et l'ornement y est attaché au moyen d'une cordelette de soie. Les fourreaux sont en cuir ou en bois, recouverts d'une laque très-fine, et les lames sont d'acier de la plus admirable trempe. J'en achetai deux pour trente dollars; elles avaient le tranchant d'un rasoir; mais je les avais payées trop bon marché; une bonne épée coupant en deux une épée européenne sans s'émousser, comme le raconte Fischer, coûte un prix fabuleux. J'appris plus tard que le baron Gros avait acheté les meilleures épées qu'on pût se procurer à Yedo et qu'il les avait payées en conséquence.

Ils ont indubitablement atteint la plus haute perfection dans l'art de tremper l'acier. Le vieux Struys dit en parlant des fabriques d'acier du Japon : « Ils sont devenus fameux dans tout l'Orient comme habiles armuriers, et ils savent tremper l'acier mieux que les Chinois, qui l'emportent de beaucoup sur les Européens. » Leurs épées sont si bien trempées que j'ai coupé en deux une épingle de fer grosse d'un demi-pouce, sans que le tranchant en eût souffert le moins du monde. Nous eûmes, au début, beaucoup de peine à persuader aux gens de notre suite de nous procurer des épées à acheter; ils témoignaient même quelque répugnance à tirer celles qu'ils portaient lorsqu'ils savaient que nous voulions les examiner. Il y a quelque superstition qui se rattache à la vente des armes aux étrangers, l'exportation en ayant été jusqu'à présent rigoureusement interdite; nous réussîmes cependant complétement à surmonter ces scrupules.

La vente de l'or est également interdite, et il ne nous fut pas aussi aisé de triompher de cette défense. Les bijoux en or pur étaient extrêmement rares; mais nous nous consolâmes en achetant de charmants petits groupes en bois et en ivoire, que les

Dames japonaises.

jeunes gens élégants du Japon portent souvent au bout de leur pipe, comme dans notre pays on attache une quantité d'amulettes ou de petits bijoux à la chaîne de sa montre. Ces sculptures unissent parfois à la plus grande délicatesse d'exécution un sentiment très-vif du grotesque, et représentent souvent des objets qui caractérisent la population et ses mœurs. Je préférais ces groupes d'ivoire à tout ce que j'avais vu en Chine du même genre; c'étaient des bagatelles, les plus dispendieuses que nous eussions rencontrées à Yedo. Les pipes, auxquelles on les suspend avec un cordon de soie, se portent en dehors de la robe, accrochées à un bouton près de la taille. Le tuyau se compose en général d'un roseau avec un bout de bronze ou de métal composé, délicatement travaillé; le foyer est composé de la même matière, mais ridiculement petit pour nos idées d'Occident. Une pipe ne contient qu'une bouffée de fumée; on roule une pincée de tabac pour lui donner la taille d'un pois, et une seule et longue aspiration achève l'œuvre; comme c'est l'habitude en Orient, on conserve quelque temps la fumée dans les poumons. Les ingrédients étant toujours sous la main, un Japonais peut fumer cinquante pipes de ce genre dans une matinée. Le tabac est d'une nuance foncée pâle et ressemble assez au tabac turc; seulement il est coupé plus fin, et la saveur en est plus délicate. Le meilleur tabac est celui de la province de Satsuma et des environs de Nangasaki. La plante elle-même a été apportée, dans l'origine, par les premiers négociants portugais.

Quelques-unes des boutiques étaient consacrées à la vente des instruments de musique, mais c'étaient des curiosités un peu incommodes à rapporter. L'instrument le plus populaire est le samsie ou luth. On en joue avec une petite planche mince, et c'est un talent aussi indispensable pour le beau sexe que le piano chez nous. Nous vîmes aussi à l'étalage des flûtes en roseau, des tambours et des flageolets. Dans la maison voisine, il y avait un vieillard qui passait sa vie à faire des arcs et des flèches qu'on emploie encore à la guerre comme armes offensives. Les arcs étaient parfois ornés de jolis dessins en laque.

L'arme la plus singulière parmi celles qui sont en usage au Japon, c'est peut-être l'éventail de guerre. C'est un éventail de papier d'une grande dimension, dont les montants sont en fer, en sorte que si le guerrier, fatigué par un combat corps à corps, s'assied un moment, il peut, s'il est attaqué tout d'un coup, frapper à l'instant son ennemi à la tête avec son éventail. Je cherchai à m'en procurer un, mais on les fait sur commande, et ils n'étaient pas faits lorsque nous quittâmes Yedo. Le dessin de cet éventail représente l'emblème national, un soleil rouge sur un fond noir; mais il doit être peu rafraîchissant de s'éventer avec un éventail de fer. Pour contraster avec ces éventails, on en fait d'autres d'une matière si fine et si transparente qu'elle ressemble à de la baudruche: rien n'est plus léger ni plus agréable. L'éventail est une partie indispensable de la toilette du Japonais. Il s'en sert pour se préserver du soleil, pour prendre des notes, et pour jouer quand il ne fait pas chaud. Sans son éventail, il est aussi embarrassé de ses mains qu'un Anglais dans une soirée lorsqu'il n'a pas son chapeau. Il y a une si grande variété d'éventails qu'il serait amusant de prendre la question au sérieux et d'en faire une collection.

Le 24 août, nous partîmes pour faire une nouvelle expédition à cheval au célèbre temple de Dai-Cheenara, à dix milles environ de Yedo, du côté de Kanagawa. Notre route suivait par conséquent une direction tout opposée à celle que nous avions prise la première fois, et nous fit traverser le grand faubourg occidental qui cotoie la baie pendant cinq ou six milles; nous passâmes d'abord par le quartier de Sinawa, lieu de mauvais renom que nous devions voir sous un meilleur jour en revenant ; nous fîmes une demi-lieue à travers les rues d'Omogawa, et nous passâmes à côté de l'endroit où se font les exécutions publiques. C'était à l'entrée de la ville, au milieu d'un Haceldama où l'herbe était longue et touffue; là s'élevait un monolithe haut de huit ou dix pieds, auprès duquel se trouvait un banc de pierre, dernier siége de la victime. Les criminels qui ont commis quelque délit digne de mort devancent en général l'exécution et échappent à l'ignominie par le poison. Le mode ordinaire d'exécution est la décapitation. Titsingh, cependant, dit que, dans certains cas, on prolonge la torture autant que possible, et qu'on juge de l'habileté de l'exécuteur par le nombre des blessures qu'il peut infliger sans causer la mort.

Un peu au delà de cet endroit lugubre, nous trouvâmes de beaux champs de riz et de vastes étendues en culture, coupés par des rangées d'arbres formant parfois des bouquets. Le pays est parfaitement plat, les routes bonnes, larges et bordées d'arbres ; les passants abondent, généralement à pied, mais quelquefois dans les chaises à porteurs d'osier qui sont particulières aux classes moyennes. Lorsqu'on se trouve hors de la ville, les maisons continuent d'être nombreuses le long de la route. Notre course, ce jour-là, était doublement intéressante, parce que c'était le jour d'une fête religieuse. Les Japonais en célèbrent deux par mois, chaque fois pour rendre hommage à quelque divinité ou à quelque saint particulier ; l'une des fêtes est même en l'honneur du diable, et doit son origine à la querelle qui agita quelque temps le monde religieux au Japon sur la couleur de Sa Majesté infernale. Une secte soutenait qu'il était noir, une autre qu'il était bleu, une autre qu'il était rouge, une enfin qu'il était vert. Le mikado, dépourvu du concours d'une cour ecclésiastique, décida la question d'une manière digne de ses prétentions à l'infaillibilité : il déclara que le diable pouvait prendre ces quatre couleurs à volonté, décision qui porta la conviction dans l'esprit de tout le monde. C'est l'histoire que raconte Meylan. Comme je l'ai déjà dit, Siebold nie que les Japonais croient au diable, et Kaempfer prétend qu'ils se le représentent seulement sous la forme d'un animal. Je n'ai pas eu l'idée de m'enquérir de cette question.

Une autre fête célèbre est la fête des lanternes. Lorsqu'elle a lieu, des processions de bateaux brillamment éclairés sillonnent le port et produisent un effet très-frappant. J'ai oublié le nom du saint en l'honneur duquel tout le monde se chauffait au soleil sans rien faire, lorsque nous allâmes à Dai-Cheenera, mais les rues n'avaient jamais été aussi peuplées ; les drapeaux flottaient sur les balcons, et des bandes de coton de toutes les couleurs, couvertes de caractères, voltigeaient suspendues à des perches ; les femmes portaient des fleurs dans leurs cheveux, et les hommes étaient un peu plus vêtus qu'à l'ordinaire. Quelques-unes cependant se refusaient les avantages de l'habillement, apparemment dans le but de montrer les beaux dessins de leur tatouage. Il y avait un homme qui avait un énorme crabe sur le dos et une jolie petite maison sur la poitrine. Il est assez élégant d'avoir des poissons rouges qui s'ébattent négligemment entre les épaules. Les tatouages rouges présentent un aspect repoussant : il semble qu'on ait soigneusement arraché la peau pour tracer le dessin. Lorsqu'un homme est véritablement bien tatoué, il n'y a pas un seul pouce de son corps qui ne présente quelque partie d'une image. Si l'effet général n'est pas agréable, il est au moins parfaitement décent, car la peau cesse d'avoir l'air nu, et même ne ressemble plus à de la peau ; on croit voir un costume d'arlequin. Il doit être odieux de sentir qu'on ne peut pas se déshabiller ; et cependant, quelles tortures la victime n'a-t-elle pas endurées pour revêtir à jamais cet habit de couleur rouge et de poudre à canon !

Comme on le présume, nous n'avions guère fait plus de la moitié de notre course lorsque nous nous arrêtâmes dans une maison à thé. Le soleil était brûlant. Une course à cheval sur une selle de laque, sans parasol, au milieu d'août, vous dispose à apprécier les charmes d'une maison à thé. Nous cherchons le coin le plus frais, nous nous étendons tout de notre long sur les nattes rembourrées, nous buvons du thé, nous mangeons des fruits, nous fumons des pipes imperceptibles et nous nous laissons éventer par de belles demoiselles, ce qui produit un assoupissement que vient troubler l'inexorable Tainoske en nous disant qu'il est temps de partir, et que, si nous voulons voir le temple, il faut braver de nouveau les rayons du soleil japonais. Nous nous remettons donc en route et nous trottons jusqu'à la rivière Logos, cours d'eau fort profond et large de cinquante yards environ, digne d'être remarqué parce qu'il est désigné par le traité comme la limite future des courses des Européens dans cette direction. Autour de tous les nouveaux ports se trouve une ligne de démarcation au delà de laquelle il ne sera pas permis aux Européens de pénétrer. En règle générale, ceci comprend un rayon de vingt milles.

Nous passons en bac la rivière Logos, et nous arrivons dans le village de Kawasaki ; après l'avoir traversé, nous nous trouvons en plein champ ; mais notre route n'est plus qu'un sentier qui passe entre des haies soigneusement taillées, le long des ruisseaux écumants ; nous passons à côté d'une quantité de chaumières avec des toits de chaume en pointe ; parfois le toit est double ; une espèce de capuchon s'élève au-dessus du toit proprement dit qui forme autour de la maison un porche soutenu par des piliers. Ici, comme sur la route d'Hojee, la population aime à s'enterrer sous les plantes grimpantes et les arbustes en fleurs ; mais ils ne négligent pas les choses essentielles ; chaque maison a son jardin potager rempli de légumes et d'arbres fruitiers, et un verger où les poiriers sont étalés sur des treilles comme les vignes. Nous arrivons enfin à une masse considérable de bâtiments entourés d'un fossé et d'un gros mur surmonté d'une palissade que dépassent les branches de quelques grands arbres.

L'unique rue du village était pavoisée de drapeaux et remplie de monde ; elle nous menait tout droit à la principale entrée du temple ; la foule se pressait sur nos pas, en sorte que nous fûmes bien aises de franchir la porte qui se referma à l'instant derrière nous. Mais notre situation n'en fut pas fort améliorée. La vaste cour était remplie d'une foule compacte qui couvrait le large perron qui montait jusqu'au temple.

Dans cette cour se trouvait une grosse cloche qui se balançait sous un auvent de bois sculpté placé sur un piédestal massif. Au Japon, les cloches n'ont point de battant ; on les frappe avec un morceau de bois suspendu à côté. Près du principal escalier on voyait un énorme gong, et sous la vérandah extérieure se balançaient des lanternes de papier, les unes de forme ovale de dix à douze pieds de longueur sur six pieds de largeur, les autres ressemblant à des colonnes tronquées.

Le bâtiment proprement dit avait la forme d'un hangar ; les vérandahs étaient très-larges, les toits pointus avec des pignons tordus et des murs épais. Les colonnes qui portaient la vérandah taient en bois, garnies de cuivre à la base, pendant que le chapiteau était orné de bas-reliefs représentant des lions.

Dans l'intérieur du bâtiment on voyait des colonnes du même genre. Les panneaux de bois qui formaient le plafond étaient délicatement sculptés et couverts d'une laque de couleur ornée de jolis paysages. Dans l'espace entouré d'une barrière, à l'extrémité duquel se trouvait la petite idole, on voyait de magnifiques candélabres de bronze d'une forme élégante qui représentaient la plante sacrée du lotus. Le petit dieu était presque caché sous une profusion d'ornements de cuivre et de clinquant ; il était assis sur sa table dans le lointain, devant un paravent qui portait les armes impériales. Au milieu de la pièce, un prêtre revêtu d'une robe verte célébrait le service, un autre prêtre en jaune l'assistait, quelques prêtres en rouge étaient là comme spectateurs.

Le grand-prêtre saisit bientôt une occasion pour s'approcher de lord Elgin, dans l'intention polie de lui faire les honneurs de l'établissement; mais nous avions trop peu de moyens d'entrer en communication avec lui pour qu'il nous fût possible d'obtenir beaucoup de renseignements. Il avait l'air doux et aimable, sans que sa physionomie indiquât un ordre d'intelligence fort relevé.

Cependant la nouvelle de l'arrivée dans le temple d'êtres étrangers s'était répandue, et lorsque nous sortîmes, la foule s'était tellement accrue que nous eûmes quelque peine à nous mettre en selle. Lorsque nous arrivâmes à Kawasaki, les fatigues de la journée commençaient à se faire sentir, et nous avions besoin d'un repas pour relever notre énergie défaillante; nous prîmes donc possession du premier étage d'une maison à thé: du balcon nous dominions le jardin avec ses étangs, ses grottes de rochers et ses îles artificielles, et là nous attendîmes le repas que la cuisinière pourrait trouver bon de nous envoyer. Nous comptions sur le riz et sur le poisson de rigueur, et notre espérance ne fut pas déçue. Pour couronner le tout, un messager arriva hors d'haleine, portant un énorme plat de poires de la part du prêtre du temple que nous venions de quitter ; il l'envoyait à lord Elgin et le lui disait dans un billet qui contenait un morceau de poisson salé. Ce singulier appendice fait couramment partie de la correspondance japonaise. C'est le *post-scriptum* de la lettre, et cela veut dire : « Heureux ceux qui n'oublient pas la sagesse de leurs ancêtres. » En d'autres termes, « nous étions originairement une nation de pêcheurs ; ne devenons pas efféminés et amis du luxe ; mais reconnaissons sous le morceau de poisson ci-joint l'emblème de nos anciennes occupations, et rappelons-nous la nécessité de l'abstinence et de la frugalité. » Cette morale n'est pas une simple tirade de sentiments stériles, c'est la personnification d'un principe vivant au Japon, qui explique cette simplicité lacédémonienne et cette absence d'étalage qui caractérise les indigènes. On dit que les grands seigneurs pratiquent la plus rigide économie dans leurs arrangements intérieurs, et qu'ils évitent autant que possible toute ostentation et toute extravagance personnelle, lorsqu'ils le peuvent, sans déroger aux exigences officielles ou aux droits d'une étiquette de convention. Thunberg dit, en faisant allusion à ce trait remarquable du caractère national : « C'est au Japon surtout que j'ai trouvé cette utile et sage économie qu'il ne faut pas confondre avec l'avarice, et à laquelle je n'hésite pas à donner le nom de vertu, parce que le défaut opposé est au nombre des vices les plus choquants. L'empereur dans son palais et le pauvre dans sa cabane pratiquent également cette vertu. Le dernier sait se contenter du peu qu'il possède ; le riche ne dissipe pas son bien par des profusions nuisibles aux pauvres et fatales pour le bien-être général de la société. De là cette heureuse ignorance de deux fléaux si communs chez nos sages nations européennes, la disette et les prix élevés, mots auxquels on aurait de la peine à trouver un synonyme dans la langue japonaise. »

Le code sévère des lois somptuaires qui règne au Japon, et qui défend certains objets de luxe, en définissant minutieusement le genre de costume que doit porter chaque classe de l'échelle sociale, est un exemple frappant de la puissante influence que ce trait distinctif du caractère national exerce sur la société tout entière.

Il était tard dans l'après-midi lorsque nous rentrâmes dans le

Type des Chinois rebelles.

faubourg de Sinagawa : les rues semblaient plus peuplées que jamais; mais le caractère le plus singulier de ce quartier, ce sont les maisons qui le composent et le but auquel elles sont destinées. Pendant un mille au moins nous cheminâmes entre des établissements organisés sur la plus grande échelle. De larges vérandahs, auxquelles on arrivait par un perron, étaient littéralement encombrées par les malheureuses victimes d'un système de corruption qui est l'un des traits caractéristiques les plus étranges de ce pays. Bien qu'il soit impossible d'atténuer ou de justifier la tolérance de la société et le concours du gouvernement au sujet d'un mal qui doit exercer une si déplorable influence sur toutes les classes de l'échelle sociale, il est juste cependant d'estimer cette influence à sa juste valeur. Il est impossible de comparer le bien-être social du Japon avec celui de tout autre pays, sans admettre qu'en dépit de la présence de ce développement anormal de l'immoralité, le contraste lui est favorable.

De toutes parts on rend témoignage à la douceur et à l'indulgence des hommes, à l'obéissance et à la vertu des femmes dans leurs relations domestiques. J'ose affirmer qu'on n'a jamais vu au Japon un mari jeter sa femme à terre et la fouler aux pieds après lui avoir cassé toutes les dents avec une verge de fer; peut-être parce que sa femme ne lui en a jamais donné le prétexte par ses habitudes d'intempérance, sa conduite désordonnée ou son grossier langage; de même dans toutes les autres branches de crimes, nous avons des raisons de croire que le nombre des délits graves commis contre la société est moins considérable en proportion de la population que dans d'autres pays.

Il est vrai que le code criminel est sévère; mais les autorités les plus croyables sur ce sujet établissent que les peines sont infligées avec une parfaite impartialité. Leur système légal est basé sur le principe de l'égalité devant la loi, et le châtiment qui frappe le riche comme le pauvre, avec une égale force, c'est la mort. C'est donc la peine qu'on applique le plus fréquemment; mais on a également recours à l'emprisonnement et aux châtiments corporels.

152   LE JAPON.

Il paraît, d'après les notes de Rundall[1], que les Japonais non-seulement jouissent de l'avantage d'une justice impartialement et équitablement rendue, mais qu'ils ont en outre le grand privilége d'être libres de tout impôt dans le sens précis du mot. Le territoire de l'empire tout entier appartient à la couronne. Les revenus proviennent uniquement des fermages de la terre, qui varient suivant les récoltes. On nomme tous les ans des experts chargés de faire les évaluations nécessaires, et de régler les droits respectifs du propriétaire et du locataire. Les cultivateurs tiennent leurs terres directement de la couronne, ou bien des princes et des nobles qui ont été investis par la couronne des droits territoriaux, et qui en retour payent une redevance accompagnée de l'accomplissement de certains devoirs féodaux. Les tenanciers qui relèvent directement de la couronne payent aux intendants de l'Empereur quatre dixièmes du produit du sol, soit en riz, en blé ou autres denrées, et se réservent six dixièmes pour leur usage. Ceux qui relèvent d'un prince payent six dixièmes de leurs produits.

Dans les villes on perçoit un impôt sur les maisons, mais celles qui ont moins de quatre-vingt-dix pieds de longueur ne sont pas soumises à cette taxe. La même autorité déclare encore que les lois sanguinaires en principe sont fort adoucies dans la pratique. Tous les écrivains hollandais s'accordent à vanter l'équité des juges indigènes et leur capacité pour décider des causes criminelles, et pour donner satisfaction dans les affaires civiles. Kaempfer dit : « Je ne voudrais pas faire supposer au lecteur que les Japonais vivent complétement sans lois ; loin de là, leurs lois et leur constitution sont excellentes et rigidement exécutées. » Nos renseignements sur ce sujet ne sont pas cependant assez complets pour nous permettre de juger de l'étendue de l'influence que peut avoir l'administration de la justice pour prévenir le crime. Macfarlane, citant les autorités hollandaises, dit en décrivant la sûreté des routes : « Ce résultat n'est point du tout l'effet de la

---

1. Royaume de Japonica de Rundall.

législation, de la rigueur des lois, ou des règlements municipaux, ou des ordonnances de police : les Japonais sont un peuple fier qui méprise et déteste les escroqueries, les vols, les fourberies et les larcins. »

Sans doute plusieurs causes tendent à amener ce résultat; mais il aurait fallu étudier la constitution de la société et le caractère de la population de plus près que nous n'avons pu le faire, pour spécifier ces causes. Nous ne pouvions juger que du résultat. Il n'y avait chez nous ni clefs, ni serrures, nos chambres restaient donc ouvertes aux incursions des nombreux domestiques qui fourmillaient dans la maison, et bien qu'il nous arrivât de laisser sous les yeux les curiosités anglaises les plus séduisantes, nous n'eûmes jamais à nous plaindre de la perte d'un seul objet, fût-ce de la valeur la plus insignifiante.

Je trouvai singulier, pendant notre séjour à Yedo, de n'avoir jamais vu une querelle dans les rues, bien qu'elles fussent toujours encombrées toutes les fois que j'y passais. Il y avait beaucoup d'enfants, et je n'ai jamais vu frapper ou maltraiter un enfant. Thunberg, qui avait passé de longues années au Japon, remarque le même fait, et dans une description de l'empire au xvie siècle, tirée du « Premier livre des relations des États modernes, n° 6249, Harleian Ms., » on trouve le passage suivant : « Ils châtient leurs enfants uniquement par des paroles, et ils reprennent leurs enfants, à cinq ans, comme s'ils étaient déjà des vieillards. » A notre connaissance, ce système d'éducation est en vigueur depuis plus de trois siècles, et d'après le témoignage universel, le résultat en est extrêmement satisfaisant. Kæmpfer, Charlevoix et Titsingh s'accordent à dire que l'affection, l'obéissance et le respect des enfants pour leurs parents sont sans bornes, tandis que les parents témoignent une confiance illimitée à leurs enfants. Les parents choisissent leurs enfants pour leur servir d'arbitres dans leurs querelles avec les étrangers, et se soumettent implicitement à leurs décisions. On voit également très-souvent les parents abandonner leurs biens et leurs propriétés à leur fils lorsqu'il est arrivé à un âge convenable, et se fier à lui pour leur subsistance pendant tout le reste de leur vie, et on dit qu'on n'a jamais vu un fils abuser de cette confiance.

A l'exception d'un ou deux moines mendiants, je n'ai point remarqué de mendiants dans cette grande et populeuse cité. Kæmpfer dit pourtant en avoir rencontré parfois sur les routes. On voyait rarement des infirmes ; pas un ivrogne ne se trouva sur notre chemin, quoique, d'après des lettres récentes, des troupes joyeuses parcourent quelquefois les rues pendant la nuit. D'après la quantité de gens marqués de la petite vérole, cette maladie doit régner avec violence au Japon, mais les spectacles hideux si communs en Chine y sont inconnus.

Dans nos rapports journaliers avec les commissaires et avec les gens de notre suite, nous ne vîmes pas une seule fois un Japonais se mettre en colère, bien qu'il soit impossible de supposer qu'ils n'en aient jamais eu l'occasion, appartenant comme ils le font à une race naturellement fière et hautaine. Je donne ici le résultat de notre expérience, il ne s'ensuit naturellement pas que ceux qui vivront plus longtemps dans le pays ne puissent avoir occasion de se former un autre avis. Nous avons quitté le Japon parfaitement d'accord avec le vieux Kæmpfer qui, après y avoir résidé de longues années, résume ainsi son opinion sur le caractère de la population : « Ils sont unis et paisibles, ils ont appris à rendre aux dieux le culte qui leur est dû, aux lois l'obéissance qui leur est due, à leurs supérieurs la soumission qui leur est due, à leur prochain l'affection et les égards qui leur sont dus; ils sont polis, obligeants, industrieux ; en fait d'art et d'industrie, ils surpassent toutes les autres nations. Ils habitent un pays excellent, enrichi par le commerce intérieur ; ils sont courageux, abondamment pourvus de toutes les nécessités de la vie, et en outre ils jouissent des fruits de la paix et de la tranquillité. » Saint François Xavier donne ceci comme résultat de sa longue expérience de la vie d'un missionnaire : « Autant que j'en puis juger, les Japonais surpassent en vertu et en probité toutes les nations découvertes jusqu'ici. Ils sont d'un caractère doux, opposé à la chicane, fort avides d'honneurs qu'ils préfèrent à tout le reste.

La pauvreté est fréquente chez eux, sans être en aucune façon déshonorante, bien qu'ils la supportent avec peine. »

Sans doute leurs bonnes qualités sont obscurcies par de nombreuses faiblesses, mais sans cela ils ne seraient plus des hommes. Il est notoire qu'ils sont vindicatifs, superstitieux, hautains, extrêmement entichés de leur honneur, et souvent cruels et impitoyables dans leur façon de le protéger ou de le venger.

D'après ce que nous avons vu des habitudes de la population, nous serions assez disposés à croire ceux qui leur reprochent d'être une race un peu frivole et fort adonnée au plaisir; mais cela ne les rend point efféminés. « Les Japonais, dit Struys, sont en général un peuple très-robuste ; ils peuvent endurer les extrémités de la chaleur et du froid, de la faim et de la soif, d'une façon merveilleuse. Il paraît qu'ils s'endurcissent ainsi dans leur jeunesse, car on a l'habitude de baigner les petits enfants dans l'eau froide des rivières, et on les plonge quelquefois jusqu'aux oreilles dans la neige. »

Bien que robustes physiquement, leurs esprits semblent être d'un ordre délicat et cultivé. Ils n'aiment pas l'oisiveté, mais ils ont le goût des occupations élégantes. Ils regardent le commerce comme un métier dégradant, mais ils font grand cas de la littérature, des beaux-arts et des études scientifiques. On peut se demander si l'activité d'esprit et l'énergie de caractère qui s'expriment par les parties de plaisir et les jours de fête, ne sont pas préférables à l'apathique indifférence du mandarin chinois, qui trouve que la gaieté déroge à sa dignité, qui regarde tout exercice physique comme une pénitence, et qui ne demande qu'à rester seul avec ses pipes et ses femmes, plongé dans la contemplation du Taoli et de la ficelle rouge particulière au Conseil des rites. L'un des résultats de la différence qui existe entre les habitudes et les manières de vivre des deux pays, c'est indubitablement que les Chinois marchent constamment en arrière, ce qu'ils feront très-probablement jusqu'à ce que l'empire tombe en ruines, tandis que les Japonais, s'ils ne sont pas précisément en progrès, sont en état de profiter des flots de lumière qui vont les atteindre, et de s'approprier ces améliorations et ces inventions que les Chinois regardent avec un souverain mépris, mais que les Japonais sauront et voudront très-probablement adopter lorsqu'ils auront appris à nous mieux connaître.

Le Japon sera bien heureux si cette lumière n'est pas suivie par d'épaisses ténèbres ; cependant, l'expérience de la nature humaine doit nous apprendre à ne pas espérer que le début de nos relations avec une nation imbue des habitudes et des traditions de tant de siècles, se trouvant pour la première fois en contact avec une civilisation si différente de la sienne, puisse être exempt de toutes difficultés.

X

Population de Yedo. — Le Nipon Bas. — Le temple du Quanon. — Une foire. — Une volière. — Un singulier tableau. — Représentations théâtrales. — Boutiques de jouets. — Système d'astronomie. — Pèlerins des montagnes. — Lutteurs japonais. — Représentation d'un escamoteur. — Le tour du papillon. — Les commissaires à dîner. — Enthousiasme après le dîner. — Présents faits à la mission. — Énormes robes de chambre. — Dernière nuit à Yedo.

Nous avions encore à visiter toute une partie de la ville. Le quartier oriental tout entier, aussi éloigné de notre demeure que Blackwall et Chelsea, était encore pour nous une *terra incognita*. Il y avait là un temple célèbre à visiter, et nous devions traverser le fameux Nipon Bas pour nous y rendre. Cette course, jointe à la connaissance que nous avions acquise de l'étendue de la ville dans une autre direction, nous donna quelque idée de l'immensité de cette ville gigantesque. Il est difficile de se faire une idée de la population qu'elle contient, attendu que dans certains quartiers les habitants sont plus pressés que dans les villes d'Occident, tandis que dans l'espace occupé par le quartier des princes, la population est comparativement éparse. Ce jour-là, nous trottâmes pendant deux heures entre deux masses compactes d'êtres humains. Nous en avions fait autant la veille, en suivant la même rue dans une autre direction. Kæmpfer, qui avait visité Yedo au commencement du siècle dernier, confirme notre impression sur ce sujet. « Yedo, » dit-il, « est, à proprement parler, la capitale de l'empire tout entier, c'est la résidence du monarque temporel, et c'est une si grande ville que j'ose dire qu'on n'en connaît point de plus grande. Tout ce que je puis affirmer de science certaine, c'est que j'ai suivi pendant un jour entier à cheval, à un pas ordinaire, la grande rue qui part de Sinagawa, où commence le faubourg, et qui arrive à l'autre bout de la ville, qu'elle traverse à la vérité un peu irrégulièrement. »

Golownin estime légèrement la population à 8,000,000 d'âmes. C'est une assurance digne du père Huc. Don Rodrigo de Vivero y Velasco, d'autre part, la porte à 700,000 âmes ; mais deux cent cinquante ans se sont écoulés depuis la visite de l'Espagnol. La population actuelle dépasse probablement, à l'heure qu'il est, deux millions. Yedo est bâti sur les rives du Togadawa, à l'endroit où cette rivière débouche au fond de la baie de Yedo. La plus grande partie de la ville s'élève sur la rive droite. La rivière, qui s'élargit en approchant de la mer, est traversée à un endroit où elle a atteint une largeur considérable par le Nipon Bas, pont d'une longueur extraordinaire, soutenu par des piliers. C'est le Coin de Hyde-Park du Japon, c'est de là que partent les numéros de toutes les pierres miliaires de l'empire. Après l'avoir traversé, on sort peu à peu des rues les plus peuplées, et nous nous trouvâmes enfin dans une allée qui ressemblait parfaitement à une foire. Des deux côtés, les échoppes offraient un étalage de jouets, de bijoux, de gravures et d'ornements de tout genre. Une foule de promeneurs oisifs encombraient le passage. Au bout de l'avenue nous distinguions les proportions massives du temple, qui s'élevait au milieu des arbres, dominant leur dôme de verdure, et les toits pointus d'une pagode à cinq étages. Le temple était consacré à Quanon, divinité populaire au Japon, bien qu'elle soit d'extraction bouddhiste et qu'elle ait été importée de la Chine. Le temple le plus célèbre qu'ait cette divinité se trouve à Miako.

Laissant derrière nous les boutiques, nous passâmes sous une voûte qui servait d'entrée à une avenue de beaux arbres se terminant par un espace vide où se pressait la foule qui encombrait également le large perron qui conduisait à la vérandah. Nous entendîmes des cris et des huées, mais comme on n'y joignait ni coups de pierres ni aucun autre témoignage de malveillance, nous en conclûmes que c'était l'effet de l'animation et de la joie exubérante des enfants et des vauriens qui se trouvaient mêlés à la foule. Ils eurent toujours l'égard de laisser autour de nous un petit espace vide. Lorsque nous fûmes arrivés en haut du perron, et que nous jetâmes un coup d'œil sur cet océan de visages tournés vers nous, je me demandai si le spectacle que nous leur donnions était aussi curieux pour eux que l'était pour nous celui de cette foule.

L'intérieur du temple ne différait guère de ceux que nous avions déjà visités. C'était le plus vieux, le plus poudreux et, par conséquent, au point de vue ecclésiastique, le plus vénérable de tous. Les lanternes de papier étaient monstrueuses; certaines d'entre elles avaient au moins vingt pieds de haut, sur une circonférence de quarante pieds; elles étaient couvertes de caractères. Le temple était décoré d'une foule de tableaux, entre autres d'un certain nombre qui représentaient des scènes d'un caractère fort peu religieux, dont on pouvait trouver les originaux dans un quartier voisin dont j'ai déjà dit le mauvais renom. Nous ne pûmes découvrir aucun rapport entre ces tableaux et les rites sacrés auxquels le temple était consacré.

Dans les jardins qui entouraient les bâtiments, nous eûmes un exemple plus frappant encore de ce mélange du sacré et du profane. Dans toutes les formes grossières de superstition il paraîtrait que l'existence de la religion elle-même dépendît d'un grand mélange de l'élément matériel et charnel. Ainsi, tandis qu'à l'intérieur le prêtre cherchait à se rendre propice la divinité aux cent bras, qui n'était à ses yeux que l'image d'un être divin, au dehors la congrégation faisait ses dévotions devant des théâtres et des spectacles de tout genre, élevés à son profit dans le jardin du temple.

Nous nous mîmes alors à arpenter la foire. En approchant des théâtres, le bruit des tamtams et des flûtes annonçait la gaieté et le divertissement. Cette scène ressemblait assez à une foire anglaise. Il faut remarquer cependant que le gouvernement ne permet pas les jeux de hasard ni même les jeux de cartes. On voyait des gens qui lançaient des bâtons contre un but, qui tiraient des flèches à tant le coup, qui regardaient dans les théâtres à travers les fentes de la toile, ou qui se promenaient entre les boutiques de fleurs. L'exposition des fleurs était plus jolie, et les plantes étaient d'espèces plus rares que celles que nous avions vues à Hojee, les jardins plus vastes et mieux dessinés ; certaines parties étant réservées aux grands personnages, et le vulgaire en était exclu au moyen de cordes tendues à l'entrée.

Nous nous retirâmes dans un coin réservé pour nous reposer et prendre du thé, et de là nous allâmes visiter une volière qui contenait une nombreuse collection d'oiseaux fort intéressante pour un ornithologue. Malheureusement mes connaissances en cette matière ne me permettent pas d'essayer de les décrire. Il y avait des faisans, des pigeons verts et de petites créatures qui voltigeaient dans la cage et qui ressemblaient un peu aux Avadavats, mais ils appartenaient pour la plupart à des espèces qui m'étaient inconnues.

Je cherchai en vain à acheter un jeune oiseau, qui semblait en train de muer, et qui était le plus horrible échantillon de la race ailée que j'aie jamais vu. Son cri était d'accord avec sa laideur personnelle, il faisait un bruit sifflant comme s'il allait suffoquer ou comme s'il était sujet à de violentes attaques d'asthme. On m'assura qu'il deviendrait énorme, et on ne voulut pas consentir à le vendre moins de trente dollars. C'était payer un peu cher le plaisir d'avoir avec soi, pendant le reste du voyage, un compagnon asthmatique. Lord Elgin cependant acheta une paire de beaux pigeons verts qui sont arrivés tous les deux en bonne santé dans ce pays-ci. Nous voulûmes alors examiner les spectacles de la foire. On a recours, au Japon comme en Angleterre, au son discordant des instruments de musique pour engager les passants à pénétrer dans ces enceintes. Nous ne pûmes résister à tant de séductions. Tainoske, comme de coutume, régla avec son empressement ordinaire toutes nos affaires d'argent.

A l'entrée nous vîmes une jonque splendidement pavoisée, presque de grandeur naturelle, et montée par des Japonais en partie de plaisir, qui naviguait sur une mer si violemment agitée que, dans la vie réelle, on ne pouvait s'attendre qu'à un seul résultat. Mais la jonque n'était qu'une espèce de rideau destiné à cacher l'exposition qui se trouvait derrière, et qui se composait d'une série de groupes de figures de grandeur naturelle, sculptées en bois et peintes avec autant d'art que les figures de cire de madame Tussaud. Le numéro 1er représentait un groupe de vieillards dont la décrépitude et la physionomie sénile étaient admirablement retracées. Le numéro 2 était un groupe de jeunes Hébés japonaises à leur toilette : un rustre de la campagne restait devant elles pétrifié par la vue de leurs charmes. La plaisanterie résidait dans l'air d'ignorance des dames. Le numéro 3 était une princesse magnifiquement vêtue, assise sous un dais, et regardant ses filles d'honneur qui se livraient à divers exercices gymnastiques ; l'une d'elles se trouvait dans une position plus incommode que gracieuse, attendu qu'elle était étendue sur le dos, et lançait une balle en l'air avec la plante de ses pieds. Les attitudes, qu'il était extrêmement difficile de représenter en bois sculpté, avaient été saisies avec une animation et une vérité merveilleuses. Le numéro 4 était un groupe d'hommes se querellant après leurs libations de sakee ; les fragments de tasses lancés çà et là, dans leur colère, étaient épars autour d'eux ; sur la physionomie de deux d'entre eux la rage la plus ingouvernable était bien peinte. L'autre se penchait en arrière et riait de toutes ses forces. Il y avait encore un groupe de princesses se baignant dans la mer ; l'une d'elles venait d'être enveloppée dans les replis d'une sèche, ses compagnes alarmées s'enfuyaient en l'abandonnant à son sort. Le poisson était représenté sur une grande échelle, ses yeux, ses paupières et sa bouche remuaient simultanément sous l'impulsion d'un homme caché dans sa tête.

J'ai donné quelques détails sur cette exhibition parce qu'elle dénotait un talent artistique assez remarquable. Les sujets étaient caractéristiques, et c'est un exemple assez frappant de la perfection qu'ont atteinte les Japonais jusque dans les rangs inférieurs de l'art.

Nous avions pris des arrangements pour nous rendre un soir « nay boen » dans l'un des théâtres, mais nous fûmes malheureusement obligés de renoncer à ce projet comme à beaucoup d'autres, faute de temps. D'après ce que nous entendions dire, du reste, la perte n'était pas grande. Les théâtres diffèrent de ceux de la Chine en ce qu'ils sont plus commodément arrangés, tous les spectateurs étant assis, et parce qu'on a quelque idée des décorations. Les rôles de femmes sont joués par les jeunes garçons, et, d'après Thumberg, il y a rarement plus de deux acteurs à la fois sur la scène. Il dit que leurs pièces représentent presque toujours des actions héroïques, et les amours des dieux et des héros, racontées en vers. Il y a un dénoûment comme chez nous.

En partant, nous étudiâmes les boutiques de jouets et nous rapportâmes des monstres merveilleux dans des boîtes, des animaux délicatement exécutés en paille, des modèles de norimons et de maisons japonaises aussi soigneusement finis que les chalets suisses, des figures en bois parfois plus plaisantes que convenables, des petites poupées de porcelaine qui hochaient la tête et tiraient la langue au moment où l'on s'y attendait le moins, des tortues dont la tête, les jambes et la queue étaient constamment en mouvement, des livres d'images très-drôles, des masques grotesques et des coiffures de mascarades pour les deux sexes. Il y avait là assez d'inventions pour faire une révolution parmi les enfants anglais. En rentrant dans la ville, nous nous arrêtâmes chez un horloger pour acheter des bijoux, c'est-à-dire des ornements d'épée comme ceux que nous avons déjà décrits, et des pendules de diverses espèces, les unes construites d'après les modèles européens, les autres combinées d'après des principes particuliers au Japon, et qu'ils croient plus propres à régler leur singulière division du temps.

Les vingt-quatre heures sont divisées, au Japon, en douze périodes, dont six appartiennent aux ténèbres et six à la lumière. Le jour étant calculé du lever du soleil au coucher du soleil, il y a nécessairement des variations dans la longueur des six heures de nuit et des six heures de jour, puisque les premières sont plus longues en été. On arrange régulièrement les pendules, selon les saisons de l'année. Comme je n'ai jamais pu arriver à comprendre le système d'après lequel on compte les heures, je ne m'aventurerai pas à l'expliquer. Quelques-uns des vieux Hollandais y ont pourtant réussi, et les lecteurs curieux de la division du temps au Japon peuvent consulter Kæmpfer ou Siebold. Leur système chronologique tout entier est compliqué au plus haut degré; l'un des cycles est fixé par le mikado d'une manière arbitraire, un autre dépend de la longueur de son règne, et le troisième, qu'on appelle le cycle des astronomes, est une combinaison incompréhensible des « dix éléments » avec les douze signes du zodiaque.

Nous retournâmes chez nous par une autre route, qui traversait un quartier consacré aux boutiques de porcelaine, où nous aurions bien voulu nous arrêter. Les magasins étaient construits sur une plus grande échelle, et mieux montés que tous ceux que nous avions vus. Malheureusement, les commissaires nous attendaient, en sorte que nous poussâmes en avant, en traversant la première cour de la citadelle sous une voûte dont les arcs-boutants se composaient d'énormes blocs de pierre.

Nous rentrâmes chez nous enchantés de notre visite au temple de Quanon; à vrai dire, nous eussions été Japonais qu'il nous eût été difficile d'être plus assidus dans nos pèlerinages aux saints lieux. Parmi eux, ces voyages passent pour des actions extrêmement méritoires. Il y a un pèlerinage que tout Japonais doit faire une fois dans sa vie, et que les dévots font tous les ans; je regrettais de laisser cette entreprise à quelque voyageur futur. C'est le pèlerinage au temple de la déesse du soleil Ten-sio-dai-Sin, la divinité titulaire du Japon, qui est située à Isys, qu'on suppose être son pays natal. Un autre acte de dévotion fort en vogue et qui sera sans doute bientôt bientôt accompli par quelque Anglais entreprenant, c'est l'ascension du célèbre Fusi-Yama, la « Montagne sans pareille, » le mont Merou du Japon. On dit que l'ascension dure trois jours. Les flancs rugueux de la montagne sont toujours habités par une secte de prêtres qu'on appelle les Jemmabos. Leurs filles, qui sont de belles personnes, à ce que dit Kæmpfer, sont au nombre des rares mendiants qu'on rencontre dans le pays. Elles ne se bornent malheureusement pas à mendier, et leurs parents vivent des contributions des gens licencieux tout autant que des aumônes des gens pieux.

Une autre secte de mendiants sont des Fékis, ou ordre des aveugles, ainsi nommés d'après leur fondateur, qui était un prince rebelle. Mais le Fusi-Yama n'inspire pas seulement aux Japonais une religieuse vénération : ses beautés pittoresques, ses formes élancées, sa grande hauteur et sa formation volcanique, ont fait une profonde impression sur l'esprit des artistes au Japon. La Montagne sans pareille sert de fond à tous les tableaux ; elle est représentée partout sur les laques ou sur la porcelaine, tantôt couverte de neige, tantôt en pleine éruption, son aspect au moment de cette terrible convulsion de la nature étant soigneusement décrit par les traditions.

D'après un compte rendu tiré du *Magasin chinois*, il paraîtrait que la dernière éruption a eu lieu en 1707, pendant la nuit du vingt-troisième jour de la onzième lune ; alors « on sentit deux violentes secousses de tremblement de terre. Le mont Fusi s'ouvrit, vomit des flammes et lança des charbons à une distance de dix lieues. Le lendemain, l'éruption cessa, mais elle reprit avec plus de violence le 25 et le 26. D'énormes masses de rochers, du sable rougi par le feu et une immense quantité de cendres couvrirent tout le plateau voisin. Les cendres furent lancées à une grande distance ; il y en avait à Yedo une couche de plusieurs pouces d'épaisseur. »

Comme lord Elgin désirait voir quelques-uns des jeux et amusements nationaux, il avait été convenu avec les commissaires qu'ils viendraient dîner chez nous, et qu'avant le repas, des lutteurs, des jongleurs et autres faiseurs de tours nous donneraient une représentation particulière, à laquelle devaient assister un certain nombre d'officiers venus à terre tout exprès. Malheureusement, par quelque méprise, les lutteurs et les faiseurs de tours ne parurent pas. M. Hewsken, qui avait vu leurs exploits, nous dit que ces combats étaient assez désagréables. D'après la description détaillée contenue dans le récit de l'expédition américaine au Japon, ce spectacle doit ressembler à un combat de taureaux humains. « Les lutteurs jouissent d'un embonpoint si énorme, qu'ils semblent avoir perdu leurs traits distinctifs, et ne sont plus qu'une masse de graisse. On n'apercevait plus leurs yeux qui disparaissaient dans leurs orbites, leur nez perdait sa proéminence entre leurs joues boursouflées, et leurs têtes semblaient reposer directement sur leurs épaules, le cou et le menton n'étant indiqués que par des replis de graisse. Leur énorme taille, cependant, tenait plus au développement des muscles qu'à un simple amas de graisse, car, bien qu'ils fussent évidemment bien nourris, ils étaient également très-souples et capables d'accomplir des exploits de vigueur. »

En face de tous ces détails, nous ne regrettâmes pas infiniment d'être privés de la compagnie de ces artistes. M. Hewsken nous raconta que les faiseurs de tours étaient extrêmement habiles à manier une toupie, et qu'un de leurs grands triomphes était de la faire tourner sur une ficelle comme si elle dansait sur la corde raide.

Le jongleur ne nous désappointa cependant pas ; il arriva un peu tard, dans l'après-midi, avec les gens de sa suite qui portaient les instruments de son métier, et il se mit en devoir de faire du cabinet de lord Elgin un théâtre pour ses opérations. Les spectateurs étaient rangés sur des bancs dans le jardin. L'escamoteur était un vieillard à l'air vénérable, à l'œil perçant, avec une physionomie intelligente, de beaux traits et une longue barbe grise, la seule que j'aie vue dans le pays. Son costume ressemblait fort à celui que portent d'ordinaire les magiciens en Égypte, et était bien fait pour ajouter à son aspect imposant. Les larges plis et les manches flottantes de sa robe lui donnaient d'ailleurs bien des facilités pour l'exercice de ses tours de passe-passe. Ses tours, qui n'étaient qu'une affaire de prestidigitation, n'étaient assurément pas supérieurs aux tours ordinaires des escamoteurs de tous les pays. Il faisait sortir une quantité d'objets de boîtes très-plates, qui se remplissaient et se vidaient sans raison apparente ; il convertit magiquement une petite quantité de coton, auquel il avait donné la forme d'un œuf avec son éventail, en un certain nombre de parasols ; mais ce n'était là que les tours ordinaires du métier, que les gens du métier pouvaient apprécier mieux que nous. Ce qui n'était pas un tour, mais ce qui nous frappa comme la preuve d'une adresse extraordinaire, c'est le fameux exercice des papillons artificiels. Ils étaient faits de la manière la plus simple, une feuille de papier déchiré par bandes formait tous les matériaux. En les déchirant de nouveau en petits morceaux carrés et en les tordant par le milieu, ils représentaient grossièrement le corps et les deux ailes. Il envoyait alors en l'air deux de ces papillons impromptus, et il les maintenait en mouvement au moyen de son éventail. Ceci nécessitait une main très-habile et très-prudente, afin non-seulement d'éviter qu'ils se séparassent, mais encore de les guider dans une direction voulue. Tantôt ils voltigeaient dans les airs et semblaient se poursuivre en jouant, puis ils se collaient l'un contre l'autre pour s'éloigner ensuite à une telle distance qu'on ne comprenait pas comment le même éventail pouvait les mettre tous les deux en mouvement. Alors ils se posaient ensemble sur les branches d'un arbuste voisin, ou, ce qui était plus curieux encore, ils descendaient doucement sur le bord de l'éventail. L'attention que cet exercice demandait de la part de l'opérateur prouvait que, toute facile que parût la chose aux spectateurs, elle mettait toutes les facultés en œuvre et exigeait sans doute une longue pratique avant d'y devenir habile.

Pendant toute sa représentation, le magicien, suivant l'habitude de ses confrères, ne cessait pas de parler, et à en juger par la gaieté qu'il excitait chez les commissaires et par l'hilarité à laquelle se livrait Higo, ses remarques devaient être extrêmement bouffonnes, bien qu'il conservât tout le temps la gravité la plus imperturbable.

Quand la représentation fut finie, nous allâmes dîner. Comme

Mode de transport des blessés.

c'était un repas plus formidable que les déjeuners auxquels les commissaires avaient eu coutume d'assister, ils s'y adonnèrent avec toute la solennité possible, acceptant gravement tout ce qui leur était offert et mélangeant les différents mets d'une manière un peu pénible à voir, mais souvent impossible à empêcher. A tout prendre, ils mangeaient en chrétiens mieux que tous les autres païens de ma connaissance, et nous regardaient sans cesse du coin de l'œil pour voir ce que nous mangions et comment nous nous y prenions. Enfin le dernier acte fut achevé, et lord Elgin apprit aux commissaires que les Anglais fidèles à leur souverain avaient coutume de boire à sa santé et qu'il allait proposer un toast. Cette habitude était évidemment toute nouvelle pour eux, et à peine avaient-ils eu le temps de comprendre ce que cela signifiait lorsque leurs oreilles furent saluées par les bruyants hourrahs qui suivirent le toast. Ils se remirent pourtant bientôt, et nos hôtes se joignirent à nous de toute la force de leurs poumons. On but ensuite à la santé de Sa Majesté le tycoon, qui fut saluée avec tout autant d'entrain ; les commissaires étaient arrivés à un degré d'enthousiasme produit par le vin de Champagne qui les mettait en humeur de prendre part à tous les plaisirs de la soirée. « Lorsque vous voulez honorer quelqu'un tout particulièrement, vous autres en Occident, vous hurlez et vous criez après vos repas. C'est une habitude curieuse, mais nous la comprenons maintenant. » Et afin de prouver ce fait, un grave vieillard, Sina-Nono-Kami, se leva tout d'un coup pendant un moment de silence, et poussa un violent hourrah, à la suite duquel il se rassit solennellement, aux éclats de rire irrésistibles de toute la compagnie.

Mais en dépit de la petite méprise de Sina-Nono à cette occasion, il était curieux de remarquer combien nos hôtes semblaient comprendre aisément nos habitudes et avec quelle promptitude ils les adoptaient. Ils eurent bientôt l'idée qu'ils devaient nous adresser des remercîments, et ils demandèrent la permission de nous les exprimer, après quoi on but à la santé de lord Elgin, puis à la leur, et lorsque le dîner fut achevé, ils en étaient évidemment arrivés à conclure que les dîners et les habitudes des Anglais n'étaient pas dépourvus de mérite.

Comme le moment de notre départ de Yedo approchait, l'Empereur avait envoyé un certain nombre de présents à lord Elgin et aux divers membres de la mission. Ils étaient tous étalés dans une salle sur le derrière du temple, et nous nous y rendîmes après dîner pour les examiner. L'objet le plus précieux était un groupe de cigognes, délicatement sculpté en argent, haut de dix-huit pouces environ, et remarquablement bien composé; c'était le présent offert à son Excellence. Nous reçûmes chacun un certain nombre de rouleaux de soie. Ils étaient tous étalés sur des plateaux ; les dessins seuls étaient différents. Les bandes n'avaient guère que trois yards de longueur sur un yard de largeur, en sorte qu'elles ne pouvaient servir à rien d'utile.

Les circonstances de la fabrication de ces soieries étaient leur principal mérite. Au Japon, on n'envoie pas dans une maison de correction les coupables de marque pour y faire des paillassons, mais on les bannit dans une île où ils vivent tout seuls, pour y fabriquer des soieries. Pour prétendre à ce privilége, il faut pourtant être noble et exilé pour délit politique, attendu que, d'après le code criminel, la justice est la même pour le prince et pour le paysan.

Quoi qu'il en soit, ces étoffes avaient été tissées par les gentilshommes exilés dans l'île de Fatsizio ; en conséquence, il n'est permis qu'aux gens d'un certain rang d'en porter ou même d'en avoir dans leurs maisons, en sorte qu'elles ne se vendent pas dans les boutiques. Quelques-uns des dessins étaient d'une élégance et d'un goût remarquables, d'autres étaient un peu voyants. Le tissu en lui-même était très-épais et fort solide, à en juger sur l'apparence.

Le commandant Ward, qui avait amené le yacht, reçut un très-beau bol de porcelaine, doublé de laque, et une armoire de laque d'un fini très-précieux. Mais l'article le plus bizarre de la liste des présents, c'étaient les robes de chambre ou robes de cérémonie, car on paraissait les employer indifféremment aux deux usages. Lord Elgin était accablé sous le poids de trente robes, occupant chacune autant de place qu'un énorme édredon allemand, et donnant à peu près la même dose de chaleur. Nous trouvâmes le pont du *Furieux* encombré de ces incommodes objets de toilette, lorsque nous nous rendîmes à bord, avec le thermomètre à 80 degrés ; l'effet n'en était pas rafraîchissant, et, grâce à leurs énormes dimensions, ils occupaient la moitié du gaillard d'arrière, et menaçaient de produire des résultats funestes sur l'esprit du premier lieutenant. Ces robes étaient rembourrées avec de l'ouate de soie, ce dont nous nous aperçûmes en les décousant pour ôter l'ouate, ce qui était la seule façon d'emballer quelque part une addition aussi considérable à notre garde-robe. L'ouate nous rendit les plus grands services pour l'emballage de la porcelaine coquille d'œuf.

Lord Elgin n'étant pas pourvu de présents convenables pour répondre à cette preuve de la bienveillance de Sa Majesté, fut obligé de faire, dans le magasin du *Furieux*, un choix d'objets qu'il pria les commissaires d'accepter. Ils eurent l'air parfaitement satisfaits de la flanelle, du drap bleu, du savon et du chocolat, qu'on leur offrait en abondance, et ils apprécièrent surtout l'addition de quelques fusils et de quelques carabines.

Ce fut avec beaucoup de répugnance que nous nous séparâmes fort avant dans la soirée. C'était la dernière nuit que nous devions passer à Yedo. Nous envisagions avec horreur notre retour dans cet empire qui n'est rien moins que céleste, auquel se rattachaient tant de souvenirs désagréables, et nous contemplions avec regret les quelques jours que nous avions passés avec tant de plaisir dans la capitale du Japon. La vie d'un voyageur est remplie de ce genre d'expériences, il a renoncé depuis longtemps à s'en désoler, car elles font ressortir la morale de son métier, et lui enseignent une philosophie qui peut lui être utile dans tous les temps et dans tous les pays, même dans la retraite, à laquelle il est probablement destiné lors de son retour dans son pays natal.

XI

Nous réglons nos comptes. — Monnaie japonaise, monnaie d'or et d'argent. Difficultés du change. — Emballage japonais. — Signature du traité. — Mort du tycoon nayboen. — Cause probable de sa mort. — Profond secret. — Nous quittons notre maison. — Livraison du yacht. — Séparation.

Le 26 août était le jour fixé pour la signature du traité. Deux mois auparavant, à la même date, le traité de Tientsin avait été signé sous des auspices bien différents.

Depuis l'aube du jour notre maison était le théâtre du bruit et du tumulte. Le programme de la journée était si étendu que l'exécution en semblait impossible. Le tapage qui se faisait dans l'appartement assigné à notre suite japonaise était si constant que j'allai en demander la raison. Là se trouvaient réunis des marchands qui venaient faire régler leurs « petites notes, » sous les auspices du gouvernement, des visiteurs qui venaient contempler une dernière fois les étrangers anglais, un grand nombre de figures qui nous étaient familières pour nous avoir accompagnés dans nos nombreuses excursions, nos domestiques, nos espions, et, présidant sur toute cette compagnie, un fonctionnaire nommé par le lieutenant gouverneur pour surveiller les arrangements, régler les disputes, s'il s'en élevait quelqu'une, et faire son rapport sur tout ce qui concernait les étrangers.

On buvait assez de thé et on fumait assez de tabac dans cette chambre pour suffire aux fumigations d'un vaisseau de soixante-quatorze et pour le faire flotter ensuite. On voyait dans un coin des costumes japonais commandés par l'un des membres de la mission. En face étaient attachés deux petits chiens japonais, achetés par un autre. Contre le mur, on avait appuyé un certain nombre d'épées, à côté desquelles était entassée une quantité de livres, objets qu'on ne pouvait pas se procurer le premier jour, mais qui se trouvaient facilement maintenant.

Malheureusement, nous avions encore tout à payer. Le règlement de ces comptes formidables apparaissait dans la perspective et la solennité du procédé ajoutait à ses terreurs. Deux vieux Japonais, au front ridé, avec des physionomies indiquant une sagacité illimitée, entrèrent gravement avec des assesseurs portant des balances, des poids, des plumes, de l'encre et du papier, et s'assirent au milieu de la salle à manger. Alors, le marchand et la victime qui devait le payer s'approchèrent en tremblant. L'acheteur avait un terrible pressentiment; il craignait que tous les dollars qu'il avait en sa possession, voire même que tout le revenu annuel dont il jouissait en considération des importants services qu'il rendait à sa patrie dans ces régions lointaines, ne pût suffire à solder les épouvantables dépenses qu'il avait été entraîné à faire dans cette cité séductrice. Il vida avec inquiétude son sac de dollars dans l'un des plateaux de la balance. Les itzibus d'argent de l'autre côté s'élèvent lentement. Moment de soulalagement : il reste possesseur de deux dollars, après avoir, il faut l'avouer, emprunté à ses voisins tout ce qu'ils pouvaient lui prêter. Nous réglâmes nos comptes sans grandes discussions. Les employés arrivèrent munis d'une liste exacte que leur avaient fournie les marchands; ils savaient ce que chacun de nous devait dès que nous disions notre nom. L'addition était faite. Les comptes s'accordaient à merveille, le nombre requis d'itzibus se trouvait dans la balance; nous n'avions plus qu'à peser nos dollars. Alors, on remit les itzibus aux marchands, et le gouvernement garda les dollars.

La monnaie courante dans le pays se compose d'une quantité de pièces d'or, d'argent et de cuivre. Thunberg les décrit tout au long, mais nos observations ne s'accordaient pas toujours avec ses renseignements. La plus grosse monnaie d'or connue est l'obang, moyen d'échange fort incommode à mettre en circulation, puisque chaque pièce est longue de six pouces environ et large de trois pouces et demi. Je n'ai jamais vu d'échantillon de cette monnaie massive. On en estime la valeur à 20 livres sterling, mais on s'en sert fort rarement. La monnaie d'or en circulation est le cobang. La pièce a deux pouces et demi de longueur sur un pouce un quart de largeur. Comme elle est extrêmement mince, sa valeur intrinsèque est d'une livre dix shillings. J'ai vu cette monnaie, mais j'ai eu le malheur de ne pouvoir m'en procurer un spécimen. Nous eûmes beaucoup de peine à obtenir des échantillons de la monnaie courante du pays, et je finis par n'emporter qu'un seul itzibu. Cette monnaie se fait en or et en argent ; l'itzibu d'or est une petite pièce d'or ovale d'une valeur intrinsèque de sept shillings six pence. La valeur intrinsèque du demi-itzibu d'or, qui est à peu près de la taille d'un bouton de chemise, est environ d'un shilling dix pence.

J'ai parlé de la valeur intrinsèque de ces monnaies parce que, d'après le traité, notre or doit être reçu au Japon pour l'équivalent de son poids en or japonais ; mais comme notre or n'est pas, à beaucoup près, aussi pur que celui du Japon, il y aura toujours une différence entre la valeur convenue et la valeur intrinsèque. La valeur de l'argent au Japon est à peu près la même que chez nous. Les itzibus d'argent contre lesquels on pesait nos dollars valaient un peu plus d'un shilling la pièce. On les divise en demi-itzibus et en quart d'itzibus, pour en venir enfin au dernier mode d'échange, la monnaie de cuivre et de fer. La plupart de ces pièces conservent l'empreinte du coin de la monnaie, qui porte des caractères japonais, et l'image d'une fleur, fleurs de lis ou autres.

Les dollars que nous avions versés en échange de cet argent, comme tout l'argent étranger qui est entré dans le trésor du gouvernement depuis la signature du traité, ont été fondus et frappés pour faire une nouvelle monnaie, dont le gouvernement cherche malheureusement, à ce que j'apprends par les nouvelles récentes du Japon, à borner la circulation aux opérations commerciales faites avec les étrangers, ce qui est opposé à l'esprit du traité. C'était dans le but d'éviter les inconvénients de l'ancien système qu'on avait introduit dans le traité une clause traitant de la monnaie courante et stipulant que toutes les monnaies étrangères circuleraient au Japon et seraient reçues pour le poids équivalent à celui de la monnaie japonaise de la même valeur.

« Les sujets anglais et les sujets japonais pourront faire librement usage de l'argent étranger ou de l'argent japonais dans leurs payements. » Par le terme « argent japonais, » on entendait la monnaie alors courante dans l'empire. Au lieu d'accepter cette signification, le gouvernement japonais a frappé une nouvelle monnaie qu'on appelle un nichon dont la valeur intrinsèque comme la valeur de convention est environ d'un demi-dollar ; mais on n'en permet pas la circulation parmi la population, en sorte que les marchands japonais sont obligés de les porter au trésor, où ils reçoivent un vieil itzibu valant environ un shilling et deux pence, en échange de deux nichons, qui valent quatre shillings et deux pence. Il est évident que cet arrangement met au commerce un obstacle insurmontable. J'examinerai tout à l'heure les motifs qui ont décidé le gouvernement à l'adopter. Pour le moment, nous nous tenons pour fort heureux d'avoir réglé nos comptes, et il ne nous reste plus qu'à emballer nos emplettes.

Nous avions commandé, quelques jours auparavant, d'immenses caisses de sapin, et les charpentiers japonais avaient déployé toute leur habileté dans le travail solide et bien fini de nos caisses ; mais c'est une grave question que de savoir comment ces montagnes de laque et ces pyramides de porcelaine pourront se loger dans leurs profondeurs. Nous avons d'épouvantables visions du moment où nous déballerons tout cela : si nous trouvions toutes ces charmantes coquilles d'œufs, toutes ces ingénieuses inventions destinées à faire le bonheur et l'admiration de nos amis en Angleterre, réduites en poudre ! Heureusement chaque tasse a une petite boîte séparée, dont le couvercle ferme à merveille, et le marchand en a si bien enveloppé le contenu dans du coton, que nous ne nous aventurons pas à les ouvrir. On a pris le même soin de chaque objet de laque, et nous nous en fions aux emballeurs japonais, tout en casant nos fragiles emplettes au milieu des coups de marteaux, des disputes, des règlements de comptes et des emballages qui vont leur train autour de nous, jusqu'au moment où les commissaires arrivent fort à propos pour nous annoncer l'heure du second déjeuner, et pour s'amuser de la confusion apparente qui règne partout chez nous.

La signature du traité était une entreprise solennelle et sérieuse, d'autant plus que les copies hollandaises, japonaises et anglaises avaient toutes été faites en duplicata et attendaient la signature de lord Elgin et des six commissaires; en y comprenant les diverses clauses additionnelles qu'il fallait signer séparément, il s'agissait d'apposer quatre-vingt-quatre signatures. Quelques-uns des commissaires prenaient en outre beaucoup de soin de leurs belles signatures et traçaient les hiéroglyphes qui représentaient leurs noms avec une attention et une préoccupation évidentes. D'autres, au contraire, notre ami Higo par exemple, lançaient leur pinceau à droite et à gauche, sans s'inquiéter le moins du monde de l'opinion qu'on pourrait se faire en Angleterre de leur écriture. L'opération d'apposer le sceau, qui leur était inconnue, excita chez eux beaucoup d'intérêt et de curiosité, et lorsque lord Elgin, qui s'était servi à dessein de six plumes différentes, finit par proposer un échange, l'amiral remarqua fort à propos qu'il profitait volontiers de cette occasion d'inaugurer l'échange des produits des deux pays, qui serait toujours, il l'espérait du moins, caractérisé par cette bienveillance mutuelle qui avait accompagné jusque-là nos relations.

Alors vint le tour de Moriyama, qui reçut les compliments que méritaient bien ses talents et sa capacité. Il avait fait une copie du traité en hollandais dont la calligraphie aurait fait honneur à un maître d'écriture hollandais, et il souriait et minaudait comme une jeune personne timide en entendant louer son travail. La cérémonie était enfin terminée et nous venions de ratifier le traité dans une coupe d'amitié (*loving cup*) en anticipation du jour où nos souverains respectifs l'auraient officiellement reconnu. Nous apprîmes que l'Empereur nous avait envoyé un grand banquet, il faisait faire à lord Elgin une multitude de phrases polies

Le nouveau taïcoun.

exprimant avec chaleur ses regrets de n'avoir pu le voir, et lui souhaitait une brillante carrière et toutes sortes de succès et de prospérités.

Par bonheur, on nous épargna dans ce moment la secousse qu'éprouveront les nerfs du lecteur sensible lorsqu'il apprendra que Sa Majesté le tycoon avait quitté le monde et tous ses soucis politiques et domestiques, « naybon, » à peu près au moment de notre arrivée à Yedo, et qu'il se trouvait alors dans le royaume des Kamis, et s'occupait probablement fort peu des affaires de son empire, absorbé qu'il était dans la contemplation de « Xim, » qui est le principe de toutes choses.

Nous n'apprîmes ce triste événement qu'au retour de la mission française de Yedo à Shanghai, deux mois après notre départ. Le fait était public et toute la ville était en deuil. Toute notre consolation fut que tout le monde y avait été trompé comme nous. La supercherie dont on avait usé ne tenait pas à la présence des étrangers. C'est la coutume du pays de tenir la mort d'un tycoon secrète pendant six semaines, jusqu'à ce que son successeur soit solidement établi sur le trône vacant et que toute chance de discussion à propos de la succession soit écartée. Je n'ai pas su quels étaient les heureux élus chargés de tromper tout le monde, sans doute les princes héréditaires et probablement le conseil d'État, en sorte qu'il se peut que nos amis les commissaires ignorassent eux-mêmes le fait. S'ils le savaient, ils étaient arrivés à un haut degré de perfection dans l'art de mentir, car la conversation roulait souvent sur la santé de l'Empereur, et ils nous annonçaient quelquefois qu'elle s'améliorait tellement qu'après tout il serait possible que nous eussions une audience.

Ce qui était une supercherie plus gratuite encore, c'était de nous raconter l'histoire de l'adoption d'un fils ; on ne voit pas bien clairement quel pouvait être le but de ce mensonge.

Nous ne pûmes apprendre exactement la date de sa mort. Les Hollandais, qui sont peut-être un peu jaloux de la rapidité de nos succès, déclarent qu'il s'est tué pendant notre séjour à Yedo, à la suite des difficultés que lui créait la politique de son gouvernement à l'égard des étrangers. D'autre part, les Français affirment qu'il mourut peu de temps après la signature du traité de M. Harris, accablé peut-être par cet événement, tandis que M. Harris lui-même, qui avait eu une audience de Sa Majesté, nous dit qu'il avait l'air extrêmement délicat et qu'il souffrait beaucoup d'attaques d'épilepsie. Il est par conséquent fort probable qu'il mourut de mort naturelle, à peu près au moment de notre arrivée. Nous adoptons là-dessus le calcul des Français, et nous supposons un intervalle de six semaines entre l'événement et le moment où il devint public.

Quelles que soient les circonstances, la mort du tycoon est un frappant exemple de la perfection de cette organisation qui embrasse toutes les classes de la société et du système introduit par la loi dans tous les événements et incidents imaginables. Une quantité de domestiques et de gens de service dans le palais devaient naturellement savoir ce qui s'était passé. Il y avait eu probablement un enterrement d'une nature quelconque. Même en supposant qu'il n'en fût rien, il est difficile de concevoir comment on avait pu garder un secret si profond et si absolu, et de croire possible que les femmes du palais, qui devaient pour la plupart être informées d'un événement aussi important, aient su garder un silence aussi prudent.

Il est certain que le monde en général était aussi complétement dans l'ignorance que nous, lorsque nous faisions honneur au dîner de notre hôte défunt, en buvant à sa santé du sakee bouillant.

La cérémonie la plus importante de la journée restait encore à accomplir. Le yacht portait encore le pavillon anglais, et nous devions le livrer dans l'après-midi à ses nouveaux maîtres. Les commissaires étaient déjà partis pour aller revêtir les robes de cérémonie appropriées à la circonstance. C'était le jour de l'anniversaire du prince Albert. On avait déjà tiré les saluts d'usage, et les vaisseaux restèrent pavoisés tout le jour. Une grande agitation régnait dans l'un des forts japonais. Pour la première fois, dans les annales du Japon, on allait tirer un salut en l'honneur d'un pavillon étranger: c'était une concession qu'on n'avait encore jamais faite à aucune nation, et nous étions curieux de voir comment ils s'en tireraient. Cependant notre demeure sacrée commençait à prendre un air de mélancolie et d'abandon, les domestiques et les malles circulaient dans la cour, de robustes porteurs japonais pénétraient dans nos chambres à coucher. Nous jetâmes un dernier regard sur notre bizarre habitation, qui était si commode, et pourtant qui ressemblait si peu à aucune maison que qui ce fût eût jamais habitée, et avec un soupir de regret nous montâmes pour la dernière fois sur nos coursiers. Nous éprouvions une sensation qui ressemblait un peu à celle qu'on éprouve lorsqu'on a très-chaud et grand soif, et qu'on vous arrête au milieu d'un verre de bière, lorsqu'on n'a eu que le temps d'en avaler deux gorgées. Cependant il fallait en rester là, et nous descendîmes la grande rue au milieu d'une foule aussi compacte que celle qui avait salué notre arrivée, et nous asseyant dans la pinasse, nous quittâmes le rivage de cette ville où nous avions passé neuf journées si intéressantes et si animées.

Les commissaires nous avaient précédés, et nous les trouvâmes sur le pont du yacht, se promenant majestueusement dans toute la splendeur de leurs costumes éclatants. Je n'avais aucune idée qu'il pût entrer dans les habitudes des Japonais de revêtir des habits de ce genre. Ils ne les portent que les jours de fête.

Higo était littéralement couvert de crabes, quelques-uns assez gros pour faire honneur à un port de mer anglais. Sa robe était en soie brodée, et les crabes d'argent étaient en relief. Un autre commissaire se pavanait avec une robe ornée de l'agréable emblème d'un crâne. Chacun portait ses insignes sur le dos et sur la poitrine. Les détails étaient un peu voyants et bizarres, mais l'effet général était imposant et frappant.

Lord Elgin s'adressa alors officiellement aux commissaires et leur remit, au nom de Sa Majesté, le yacht qu'elle avait envoyé au tycoon en gage de son amitié et de sa bienveillance. On descendit alors le pavillon anglais, et on hissa la boule rouge sur le fond blanc qui devait donner aux forts le signal du salut, et la fumée qui s'éleva au-dessus des eaux bleues de la baie, suivie bientôt par un roulement sourd, prouva que le gardien japonais avait bien monté sa garde.

Les canonnières indigènes tirèrent avec une parfaite précision leurs vingt et un coups de canon à des intervalles de dix secondes. Le temps était charmant, la baie était couverte de bateaux de plaisir ; les Japonais, émerveillés, écoutaient leurs forts se conduisant d'une manière si inaccoutumée. Alors vint la bruyante réponse des canons de 68 de *la Rétribution* et du *Furieux*, et le yacht leva lentement l'ancre, sous le commandement d'un capitaine japonais, dirigé par des matelots japonais. En dépit des cylindres horizontaux et de toutes les autres inventions nouvelles dont le yacht était muni, les hommes savaient bien leur leçon et avaient confiance en eux-mêmes. Nous passâmes bravement entre les flottes, à l'admiration de tous les assistants anglais ou japonais. Un beau coucher de soleil prêtait son éclat à cette scène animée et attrayante. Les rives de la baie étaient bordées de monde, les pentes vertes et couvertes d'arbres descendaient dans certains endroits jusque dans l'eau, et la fumée des saluts planait encore sur les forts des îles. Des pavillons de toutes les couleurs flottaient au vent, des centaines de barques sillonnaient çà et là les eaux tranquilles de la baie, tandis que le vieux Fusi-Yama, élevant au loin sa cime neigeuse sur le ciel bleu, formait un admirable dernier plan à ce tableau qu'il n'avait jamais contemplé pendant la longue série de siècles qui ont vu ce pic majestueux présider aux destinées de la capitale du Daï Nipon. Le capitaine Barker avait préparé un festin pour les commissaires à bord de *la Rétribution*, et ils examinèrent avec beaucoup d'intérêt les aménagements de ce beau vaisseau. Enfin, le moment de la séparation arriva, et les commissaires nous dirent adieu au milieu des témoignages d'affection que nous échangions avec eux.

La nuit était venue, le soleil avait été remplacé par la lune, qui rivalisait presque avec l'astre qu'elle avait remplacé et auquel elle empruntait son éclat. Des fusées s'élancèrent dans les airs, des feux de Bengale parurent sur les vagues, et la rangée de forts fut subitement illuminée en réponse. Cette longue journée était enfin finie, et avec elle nos aventures au Japon. Elles avaient été accompagnées d'un intérêt et d'une nouveauté incomparables, et le succès qui les avait couronnées au point de vue politique était presque inespéré. Tous ceux qui ont pris part aux cérémonies curieuses et intéressantes du 26 août 1858 se rappelleront longtemps cette date, qui fera époque dans l'histoire de l'empire japonais, et dans les siècles à venir les indigènes et les étrangers célébreront avec un égal intérêt l'anniversaire d'un événement qui présageait de si importants résultats pour le commerce et pour la civilisation.

XII

Perspectives d'avenir. — Civilisation du Japon. — Effets du traité. — Servilité des Hollandais. — Entrevues des Hollandais avec le tycoon. — Politique à suivre. — Nécessité de la probité commerciale. — Ressources du Japon. — Rapports de commerce avec la Chine. — Intervention du gouvernement. — Cargaisons de Chow-Chow. — Concurrence avec les fabricants indigènes. — Écoulement probable pour les étoffes de laine, etc. — Produits végétaux. — Cire du Japon. — Ressources minérales. — Avenir du commerce. — Nous quittons le Japon. — Port de Hiogo. — Ohosaka. — Kioto. — Nous sommes pris par le typhon. — Arrivée à Shanghaï.

Avant de dire un dernier adieu au Japon, il serait peut-être intéressant de jeter un rapide coup d'œil sur l'état actuel et sur les perspectives d'avenir de nos relations politiques et commerciales avec cet empire. En racontant nos rapports avec les fonctionnaires et avec la population en général, j'ai cherché à rendre fidèlement l'impression produite sur notre esprit pendant notre court séjour au milieu d'eux. Ces impressions se trouvaient parfaitement d'accord avec les renseignements que nous donnèrent les Américains et les Hollandais qui connaissent le pays depuis plus longtemps que nous; mais il est plus que probable qu'à mesure que nos relations avec les Japonais deviendront plus étendues, la réputation qu'ils acquerront chez nous deviendra moins favorable. Deux causes pourront amener cet effet. En premier lieu, ils seront très-probablement irrités et blessés par les manières insolentes et hautaines malheureusement fort répandues chez une certaine classe de nos concitoyens lorsqu'ils se trouvent en rapport avec des races à demi civilisées, et en second lieu, ceux même qui parmi nous sont au dessus de semblables imputations, font rarement la part des appréciations morales différentes, des habitudes et des manières de voir qui ne ressemblent en rien à celles auxquelles ils sont accoutumées. Ils oublient, par exemple, que la *vérité* est une vertu familière à une très-petite fraction de la famille humaine, qu'en règle générale, le respect de la vérité ne se trouve que dans les pays habités par des races chez lesquelles existait naguère l'institution de la chevalerie. A l'orient de l'Europe j'ai toujours remarqué qu'on regardait la véracité comme une faiblesse plutôt que comme une vertu, ce qui n'empêche pas que les Asiatiques ne soient supérieurs aux Européens sous certains rapports.

Il est cependant possible qu'en allant au Japon, et en y trouvant un code d'honneur qui ne répond pas au nôtre, bien des gens se plaignent qu'on ait exagéré les qualités morales de la population.

La civilisation du Japon diffère entièrement de celle de tout autre pays, et si nous nous attendons à les voir venir au-devant de nous dans l'esprit de progrès et de développement ordinaire en Occident, nous serons cruellement désappointés. Il est très-vrai qu'il y a dans l'aristocratie du Japon des hommes qui désirent sincèrement, dit-on, voir admettre les étrangers dans l'empire, et qui voudraient assurer à leurs compatriotes tous les avantages qu'on peut retirer d'une politique libérale et progressive. Quelques-uns des grands seigneurs de ce parti étaient au pouvoir au moment de notre arrivée, et on disait que de vives discussions s'étaient élevées au sujet de la politique à suivre, car la majorité de l'aristocratie ne pouvait renoncer d'un seul coup à des préjugés de deux siècles au moins.

Chez eux, ce système exclusif qui avait dû son origine à la découverte qu'ils avaient faite des vues ambitieuses et des machinations perfides des premiers Européens avec lesquels ils se fussent trouvés en contact, fut enfin abandonné sous l'influence de la terreur. La cordiale réception que nous reçûmes à Yedo ne fut, de la part de bien des gens, autre chose qu'un masque qu'une politique peu profonde les amena à revêtir, dans le but de détourner un danger qu'ils croyaient imminent et qu'ils n'osaient pas affronter. Ils se croyaient menacés du sort de l'Inde, et ils se figuraient qu'il ne leur restait d'autre alternative que de nous accorder les concessions que nous venions d'arracher à la Chine. Il faut nous rendre justice : ils étaient complétement dans l'erreur. Le traité avec l'Amérique était déjà conclu, le nôtre suivait naturellement, mais on ne peut s'étonner que cette crainte ayant disparu, les libéraux se soient trouvés en défaveur, et que leurs adversaires aient cherché à se dégager, même aux dépens de la bonne foi, des engagements qu'ils n'eussent jamais contractés de leur plein gré, surtout depuis qu'ils sont encouragés par la certitude des tentatives que le gouvernement chinois a déjà entamées avec succès dans le même but.

Ignorant la sainteté des traités, et redoutant instinctivement les tendances agressives des peuples de l'Occident, le vieux parti japonais semble maintenant disposé à mettre de côté les articles formellement ratifiés par le gouvernement. Si nous voulons entretenir avec le Japon des relations satisfaisantes, la seule politique à tenir, c'est de faire comprendre au gouvernement que nous exigerons jusqu'à un iota les droits que nous garantissent les traités. La servilité des Hollandais, depuis plus de deux cents ans, nous rendra sans doute plus difficile de maintenir nos relations sur le pied d'égalité nécessaire pour éviter les inconvénients d'une situation fausse, que cela n'eût été le cas s'il n'eût existé jusqu'à présent aucun rapport entre le Japon et l'Europe.

Afin de se rendre compte du degré auquel les Hollandais ont poussé la complaisance pour l'humiliant code d'étiquette que leur imposait le gouvernement japonais, il est curieux de jeter un coup d'œil sur le récit que nous a transmis le véridique Kæmpfer des cérémonies de l'audience accordée à Yedo par l'Empereur temporel au résident hollandais. « Dès que le résident entrait dans la salle d'audience, » dit le vieux médecin allemand, « on criait :

Hollanda capitaine, ce qui était pour lui le signal de s'approcher et de présenter ses respects. En conséquence, il rampait sur les genoux et sur les mains jusqu'à un endroit qu'on lui indiquait, entre les présents rangés d'un côté, et la place où l'Empereur était assis de l'autre; alors, toujours à genoux, il se courbait jusqu'à ce que son front vînt toucher la terre, puis il s'en allait à reculons, en rampant, comme une écrevisse, sans dire un seul mot. Voilà ce que c'est que l'audience que nous accorde ce puissant monarque. »

Telle était la forme de l'audience officielle; mais voyons ce qui se passait lors de la seconde entrevue, quand Sa Majesté japonaise consentait à se dérider. Lorsque les membres de la mission hollandaise furent tous entrés « en rampant, » pour employer les expressions du même auteur, dans la salle d'audience, « l'Empereur s'assit à notre droite, derrière le treillage, aussi près qu'il put : alors il nous ordonna de quitter notre cappa ou manteau de cérémonie, puis de nous tenir debout, afin de nous voir tout à son aise, de marcher, de nous arrêter, de nous faire des compliments entre nous, de danser, de sauter, de contrefaire des ivrognes, de parler notre mauvais japonais, de lire du hollandais, de peindre, de chanter, de mettre et d'ôter nos manteaux. Nous obéîmes de notre mieux aux ordres de l'Empereur. J'accompagnai ma danse d'une chanson d'amour allemande. C'est de cette manière et par une quantité d'autres grimaces et d'autres singeries qu'il nous faut contribuer au divertissement de l'Empereur et de la cour. »

Dans l'état actuel de nos relations politiques, non-seulement avec le Japon, mais avec la Chine, il est fort important de rappeler l'histoire des premiers rapports des Européens avec ces nations qui tendaient à encourager dans ces cours à demi civilisées des prétentions à la supériorité auxquelles il faut toujours résister un jour ou l'autre, et qui sont l'origine de toutes les complications politiques qui se sont élevées et qui pourront s'élever dans nos relations avec ces empires.

Nous souffrons dans ce moment-ci en Chine de la fausse position que nous avons acceptée pendant que notre commerce était confiné dans la ville de Canton, et soumis au monopole des négociants de Hong-Kong, lorsque nous admettons des restrictions et des insultes qui, sans être aussi dégradantes que celles qu'on faisait subir au Hollandais dans le Japon, suffisaient cependant à établir dans les esprits du Céleste Empire l'idée de notre infériorité, sans que nous ayons pu jusqu'à présent la détruire.

Au Japon, fort heureusement, nous ne nous étions pas encore personnellement compromis, mais nous souffrons indubitablement jusqu'à un certain point de la position d'infériorité morale que les Hollandais ont acceptée au début et qui réagit plus ou moins sur tous les étrangers. Assurément, si nos agents politiques au Japon inaugurent nos rapports avec cette cour en se traînant sur les mains et sur les genoux, en contrefaisant les ivrognes et en chantant des chansons d'amour, nous aurons bientôt sur les bras une guerre avec le Japon. Par bonheur notre consul général de Yedo est un homme sage et expérimenté, qui ne cédera pas sur les questions de dignité nationale ; mais si nous ne conduisons pas nos relations diplomatiques de façon à nous faire respecter comme nation dès le début, il nous sera impossible par la suite de conserver avec le gouvernement japonais des rapports satisfaisants. Il est vrai, sans doute, que l'influence des gouvernements de la Chine et du Japon et leur existence même dépendent en grande partie du prestige dont ils sont revêtus aux yeux des populations, mais s'il faut conserver ce prestige au prix de l'humiliation de la Grande-Bretagne comme nation, il vaut mieux abandonner à des pays plus avides d'argent le privilége de faire le commerce avec ces contrées. Quant au Japon, il n'y a point de raison de supposer qu'on puisse être obligé de recourir à la force pour lui inculquer les grands principes des obligations internationales. Chez un peuple si intelligent et si perspicace, l'influence morale peut avoir plus d'effet que la force matérielle, et les résultats en sont bien meilleurs.

Mais s'il est essentiel, pour le maintien des bons rapports avec le Japon, que nos diplomates usent dans ce pays d'une politique à la fois ferme et conciliante, il n'est pas moins important, pour le succès des entreprises commerciales dans ce champ nouveau et comparativement inexploité, que nos négociants donnent à ce peuple, qui n'a aucune expérience des transactions de cette nature, l'exemple d'une fidélité scrupuleuse aux engagements des traités. Si on cherche à les éviter, si on profite de l'ignorance ou de la stupidité des employés indigènes pour violer le moins du monde la lettre stérile de la loi, les conséquences de cette conduite retomberont bien certainement sur les négociants en général.

Tôt ou tard le gouvernement s'apercevra de l'abus et se vengera du tort qu'on lui aura fait en tirant de là un sujet de difficultés internationales, ou bien, dans l'impossibilité de remédier au mal, il admettra le principe et introduira ainsi un élément de malhonnêteté qui ne peut manquer d'exercer dans la suite une influence entièremeut démoralisante sur tous ceux qui s'adonnent au commerce.

Il y a tant d'occasions séduisantes de faire prêter les articles d'un traité qui restent nécessairement un peu vagues lorsqu'il s'agit d'un pays comme le Japon, que c'est par l'esprit plutôt que par la lettre que les étrangers doivent se guider. Plus nous observerons ce principe, plus nous développerons rapidement et sérieusement les ressources que recèle le Japon.

Il serait quelque peu téméraire à un voyageur qui n'a d'autre expérience du pays que celle d'une résidence de quinze jours dans la capitale, de chercher à détailler avec quelque certitude ce que peuvent être ces ressources. Nous savons qu'elles sont très-variées, puisqu'elles suffisent à tous les besoins d'un peuple civilisé et cultivé. Elles sont certainement très-étendues puisque trente ou quarante millions d'âmes en dépendent exclusivement. Nous apprendrons de ceux qui ont l'occasion d'en juger jusqu'à quel point elles sont susceptibles d'extension.

Nous pouvons cependant nous aventurer à prédire qu'au premier abord le commerce du Japon se tournera surtout du côté de la Chine. Les rapports entre ces deux pays se bornaient naguère au voyage annuel de dix jonques chinoises. Chapoo, près de Shanghai, était le seul port de Chine d'où pussent partir ces jonques. On ne permettait pas aux jonques japonaises de prendre part à ce commerce : à vrai dire, leur construction ne leur permet que le cabotage, et ce système ne vient pas de l'absence de meilleurs modèles, mais des règlements qui leur interdisent absolument de construire leurs navires sur des principes qui leur permettraient de tenter de longs voyages. Les cargaisons des jonques chinoises se composaient principalement de sucre ; elles portaient également des épices, des teintures et des drogues de diverses espèces. On permettait en retour à chaque jonque d'emporter un certain nombre de lingots de cuivre ; le reste de la cargaison consistait en meubles de laque, en poisson séché, en huile de baleine, etc.

D'après Thunberg, on faisait toujours descendre l'équipage à terre, et on lui enlevait tout droit sur le vaisseau jusqu'à ce que tout fût prêt pour le départ ; en conséquence, les Japonais déchargeaient toutes les marchandises, et tiraient ensuite le vaisseau sur le rivage, de façon à ce qu'il se trouvât à sec à marée basse. L'année suivante, on le remplissait d'autres denrées. Les Chinois étaient par le fait plus mal traités que les Hollandais eux-mêmes ; on exigeait un droit plus considérable sur leurs marchandises, et leurs profits étaient encore moindres.

Le gouvernement a toujours exercé un contrôle si absolu sur toutes les transactions commerciales de ses sujets que nous aurons sans doute beaucoup de peine à émanciper le commerce de son excessive influence. J'ai déjà remarqué que dans le dernier traité négocié avec les Hollandais en 1855, on avait conservé la vieille organisation du Geldkammer, qui assurait au gouvernement le contrôle de la vente de toutes les cargaisons arrivant à Nangasaki. Avec un gouvernement encore plongé dans les traditions d'une politique commerciale qui a pour principe essentiel l'investigation la plus minutieuse de tous les actes du commerçant et la surveillance immédiate de toutes ses transactions, nous devons nous attendre à rencontrer à tout moment des difficultés dans nos relations commerciales. Un Japonais n'a pas plus d'idée de la liberté individuelle qu'un enfant de trois ans, et il est presque aussi entendu en fait de commerce. Il a toujours été en lisières et il se contente de cette façon d'aller.

Son gouvernement paternel ou plutôt maternel lui indique le prix auquel il doit acheter ses marchandises, la monnaie qu'il doit employer pour les payer et ce qu'il doit vendre en retour. Lorsqu'un Anglais, avec ses idées de liberté individuelle et ses habitudes de liberté commerciale, se trouve en rapport d'affaires avec un esclave au lieu d'un homme libre, et se voit entravé par des règlements qui lient son acheteur de façon à réagir sur lui d'une manière fort désavantageuse, il n'est pas nécessaire d'être prophète pour prédire les résultats. Il s'ensuivra une irritation fort vive et très-naturelle, et des plaintes amères contre le gouvernement japonais, auquel il faut apprendre à se conformer sur ce point aux habitudes du monde civilisé, et qui doit savoir qu'un pays n'a pas le droit de faire la loi au monde entier sur des questions qui intéressent l'humanité tout entière.

L'envoi d'une ambassade japonaise dans ce pays-ci serait le moyen le plus efficace pour faire entrer cette salutaire et utile vérité dans l'esprit du conseil de Yedo.

Le commerce entre la Chine et le Japon, auquel j'ai déjà fait allusion, et dont les navires étrangers conserveraient le monopole, consiste principalement en un échange des denrées de consommation particulières à ces contrées. Par exemple, l'un des objets de luxe les plus dispendieux à la Chine, c'est la racine de ginseng ; on l'emploie dans la médecine, et les riches s'en servent en guise de tonique ; mais le prix que cette denrée atteint dans les bazars chinois est quelque chose de fabuleux. On a déjà exporté de grandes quantités de ginseng du Japon, où cette plante croît très-aisément. Les Japonais envoient aussi à la Chine du poisson séché, des nageoires de requin et des limaces de mer, tandis que les Chinois fournissent en retour à leurs voisins des œufs conservés, des nids d'hirondelles et une quantité de drogues et d'épices employées en médecine, et qu'il serait trop long d'énumérer. Le nom générique d'une cargaison composée d'objets divers de cette nature est *chow-chow*.

Comme la canne à sucre ne pousse pas au Japon, lorsque le goût du sucre s'y sera répandu, on en demandera probablement des masses considérables. L'île de Formose en fournira facilement; mais le goût du sucre ne sera que l'un des besoins qu'il s'agit de créer pour ouvrir au Japon un riche marché. Jusqu'ici ils ont vécu dans une bienheureuse ignorance de l'utilité des mouchoirs de poche, et ils se sont contentés de morceaux carrés de papier gris. Ils ne connaissent pas encore les mystères des mesures, et ils ne pouvaient pas distinguer entre le drap le plus fin et le velours de coton. Ils ont remplacé jusqu'à présent les cotons imprimés, les coutils et toutes les étoffes d'un usage ordinaire au moyen des produits de leurs manufactures. C'est aux fabricants de notre pays à leur apprendre à y substituer des marchandises qui répondront au même but en coûtant moins cher.

En Chine nous n'avons pas réussi jusqu'à présent à amener dans les étoffes dont se compose le costume du peuple cette grande révolution qu'on annonçait à la conclusion du traité Pottinger. Les cotonnades chinoises, manufacturées à la main, luttent encore avec succès contre les produits des machines de notre pays, bien qu'il soit juste de signaler un progrès constant à ce sujet; d'ailleurs, les nouveaux règlements sur la question des droits de transit faciliteront considérablement l'importation des denrées étrangères dans le pays. Il n'existe au Japon, que je sache, aucun obstacle de ce genre au libre commerce dans l'intérieur du pays.

Lorsqu'une fois les marchandises sont vendues, la circulation n'en souffre aucune difficulté : naturellement, l'étendue de cette circulation dépend dans une grande mesure des facilités qu'offre l'empire pour les communications intérieures. Le sol volcanique et montagneux du Japon rend le transport des marchandises par terre fort dispendieux, bien que les routes soient souvent assez larges pour admettre des voitures; mais on emploie fort peu de véhicules à roues, et leur usage est presque exclusivement réservé à l'agriculture. D'autre part, le Japon offre une si grande étendue de côtes, et il est si facile d'avoir ainsi accès auprès d'une grande partie de la population, qu'il sera comparativement fort aisé de pourvoir à leurs besoins.

Il y a entre autres une matière qui devrait avoir un grand écoulement au Japon lorsqu'on aura appris à en goûter les avantages. Le vieux William Adams, qui était parti pour l'Amérique du Sud il y a trois cents ans, avec une cargaison d'étoffes de laine, raconte comme il suit le résultat d'une conférence tenue à bord du vaisseau hollandais *l'Erasme*, lorsqu'ils eurent échoué dans leurs efforts pour disposer de la cargaison. « On finit enfin par décider d'aller au Japon, car un certain Derrick Heritson, qui y avait été avec les Portugais, disait que les étoffes de laine étaient fort estimées dans cette île, et nous nous dîmes que les Moluques et la plus grande partie des Indes Orientales étaient des pays chauds où les étoffes de laine ne seraient pas très-bien reçues; c'est pourquoi nous convînmes d'aller au Japon. »

Pour le moment les Japonais portent en hiver des vêtements chaudement ouatés avec du coton ou de la soie. Les habits chauds de cette dernière espèce sont assez chers, et on ne peut douter que nos étoffes de laine ne répondissent mieux à leur but, en coûtant infiniment moins cher. En Chine, la classe inférieure se sert de peaux de mouton et de fourrures grossières, mais je n'ai pas vu de magasin de fourrures à Yedo. D'après le traité, les étoffes de laine et de coton entrent au Japon avec un droit de cinq pour cent. Les autres objets portés sur la liste du droit de cinq pour cent sont tous les articles accessoires pour construire, gréer, réparer ou équiper les vaisseaux, les ustensiles de tout genre servant à la pêche de la baleine; les provisions salées de tout genre, le pain et les biscuits, les animaux vivants de tout genre, le charbon, les bois de charpente, le riz, les machines à vapeur, le zinc, le plomb, l'étain et la soie brute. Tous les spiritueux sont frappés d'un droit de trente-cinq pour cent. L'or et l'argent en monnaie ou en lingots peuvent entrer francs de droit. Tous les autres objets payent un droit de vingt pour cent.

L'exportation du riz et du froment, de la monnaie d'or et d'argent et des lingots de cuivre est interdite. Cependant le gouvernement japonais s'engage à vendre de temps à autre, en vente publique, les quantités de cuivre qui pourraient se trouver dépasser la consommation. En ce cas, le cuivre payerait un droit de cinq pour cent comme tous les autres produits japonais exportés par cargaisons. L'une des clauses les plus importantes du règlement est le droit stipulé de réviser ce tarif au bout de cinq ans.

La soie, le camphre, l'huile végétale et la cire végétale sont au nombre des principaux produits qui pourront être exportés sur l'Angleterre; le thé et le tabac sont d'une qualité très-supérieure, et parmi les objets manufacturés, la laque et la porcelaine en petites quantités trouveront toujours du débit dans l'Occident. Jusqu'ici, la cargaison venue du Japon qui ait eu le plus de succès dans ce pays-ci est une cargaison de cire. M. Simmonds rend ainsi compte de la cire du Japon dans le *Télégraphe Chinois* :

« Le *rhus succedanea*, la plante qui fournit la cire du Japon, se trouve depuis longtemps dans nos serres tempérées, elle est venue de Chine il y a cent ans environ.

» On pourrait, je suppose, la cultiver dans les colonies du Cap et d'Australie, à l'île Maurice et dans l'Inde; ce serait une plante oléagineuse fort supérieure à l'espèce de myrte qui produit des baies dont on tire la cire. Elle vient dans tous les terrains, et on la multiplie aisément par boutures. Nous apprendrons probablement bientôt quel est le mode de culture usité dans les plantations au Japon, et si on y fait quelque attention à la taille de l'arbuste, aux engrais qu'on emploie, etc. La cire est de qualité moyenne, elle tient le milieu entre la cire d'abeille et les suifs végétaux comme le beurre de Bassia, le suif végétal de Bornéo, le beurre de Cocum, etc. Bien qu'il y ait quelque différence, plusieurs variétés de cires végétales possèdent les qualités essentielles de la cire produite par les abeilles; on a même cru naguère que les abeilles se bornaient à récolter la cire déjà formée dans les plantes; mais les expériences d'Huber ont prouvé que l'insecte avait la faculté de changer le sucre en cire, et que cette dernière matière est le produit d'une sécrétion. La cire du Japon est plus molle, plus cassante et plus grasse que la cire d'abeille, elle est plus facile à pétrir et se fond entre 40° et 42° degrés. Elle contient deux fois plus d'oxygène que la cire d'abeille, et elle est composée d'une manière différente; l'acide palmitique s'y mêle à l'oxyde glycéryle. Les petites quantités de cette cire qui sont arrivées jusqu'à présent dans notre pays ont été employées dans les grands ateliers de Price en guise de cire et de graisse, et après avoir été réduites à l'état acide, on s'en est servi pour faire des bougies et des veilleuses. Si le prix de la denrée en gros peut diminuer, cette cire trouvera un grand débit sur le continent pour divers usages. »

La graine d'un autre arbre qu'on appelle le *rhus vernicefera* produit également une huile grasse qu'on emploie dans la fabrication des chandelles.

Mais autant que notre connaissance fort restreinte des ressources du Japon nous permet d'en juger, ses productions minérales pourront offrir au commerce une source de bénéfices plus considérables que ses productions végétales. Pour le moment, il est extrêmement probable que le gouvernement mettra obstacle à toutes les entreprises européennes qui se porteront dans cette direction. Il s'est réservé le monopole du métal le plus abondant au Japon, le cuivre; on l'y emploie pour divers ouvrages de mécanique presque comme nous employons le fer. Le fer est cependant fort abondant dans certaines parties du Japon, et les mines paraissent exploitées sur une grande échelle. A en juger par les objets qu'ils fabriquent eux-mêmes, le minerai doit être d'excellente qualité. On a examiné avec des résultats fort satisfaisants des échantillons de fer forgé, d'acier fondu et empoulé. Ils font en général de leur fer forgé des petites barres plates variant de douze à vingt livres. Il faut sans doute attribuer cette habitude à l'absence de machines pour fabriquer des barres plus pesantes; peut-être cela convient-il mieux d'ailleurs à l'usage qu'ils en font.

Le charbon, comme le cuivre, est sujet au monopole du gouvernement. Jusqu'à présent le charbon offert pour la vente, depuis l'ouverture du commerce, n'est que du charbon de surface, par conséquent d'une qualité inférieure; les blocs sont petits. Il brûle comme de l'ardoise, laisse beaucoup de cendre et est fort léger. Au début, il coûtait 3 dollars et demi du Mexique par tonne, mais le prix s'en est probablement élevé depuis lors. On ne peut guère douter qu'il n'y ait du bon charbon à se procurer dans les îles lorsqu'on aura exploité les mines, mais c'est une question fort douteuse que celle de savoir si le gouvernement permettra aux ingénieurs anglais d'entrer dans le pays pour aider à ce développement.

Tout en regrettant infiniment les obstacles qui s'opposent à l'exploitation commerciale d'un pays aussi fertile et aussi productif que l'est le Japon, le résultat de notre expérience nous amène à croire que de longues années s'écouleront avant que nous puissions y fonder un commerce véritablement étendu et profitable. Cependant il ne faut pas désespérer de voir enfin arriver une ère de prospérité. Nous avons déjà réussi à abattre ce rempart extérieur qui avait résisté victorieusement aux assauts des nations de l'Occident depuis plus de deux siècles. Il faut maintenant travailler résolûment à miner les barrières intérieures qui se sont élevées dans cet intervalle sous l'influence de préjugés enracinés et des amers souvenirs du passé. Nous arriverons à cet important résultat par l'exercice d'une patience et d'une probité constantes de la part de nos négociants, et par le maintien d'une politique digne mais conciliante de la part de notre gouvernement.

Ce sera pour notre pays le sujet d'une satisfaction et d'un orgueil légitime lorsque dans l'avenir les Japonais, en étudiant l'histoire de leur empire, pourront s'arrêter aux pages qui raconteront nos premiers rapports avec leur pays comme à celles qui ont marqué l'arrivée d'une civilisation plus brillante et plus pure.

. . . .

Lorsque le jour parut le lendemain matin, les bons habitants de Yedo ne pouvaient plus nous voir. L'après-midi était peu avancée lorsque nous nous trouvâmes à la hauteur de Simoda, pour dire adieu à notre incomparable interprète et ami M. Hewsken ; nous le laissâmes dans son ermitage solitaire avec moins de regrets, en pensant que son emprisonnement solitaire allait finir et que ses rapports avec la Chine seraient désormais fréquents.

Nous avions espéré, en retournant à Sanghai, explorer la mer Suwonada et les passages curieux qui se trouvent entre les îles de Kiou-Siou, de Sikoff et de Niphon, qui n'ont encore jamais été sillonnés par un navire étranger, et qui doivent offrir un vaste champ aux observations scientifiques comme aux recherches d'une nature plus générale. La mer de Suwonada est couverte d'une quantité d'îles, et les Japonais nous assurèrent que les vaisseaux d'un fort tonnage pouvaient y naviguer. La grande île de Sikoff se trouve entre cette mer et l'océan Pacifique avec lequel elle communique par le détroit de Bungo à l'ouest et par le petit canal de Kino à l'est. Sikoff, comme son nom l'indique, est divisée en quatre provinces, mais nous ne fûmes pas à portée de voir même ses côtes, en sorte que nous n'eûmes pas l'occasion de recueillir des renseignements sur cette île, qui a environ 150 milles de long sur une largeur moyenne de 70 milles ; on calcule que sa superficie est environ de 20,000 milles carrés.

La mer de Suwonada nous intéresse de plus près, attendu que le port de Hiogo, qui vient d'être ouvert par le traité au commerce de l'Occident, se trouve sur ses côtes.

Ce port est situé dans la baie d'Ohosaka, en face de la célèbre ville de ce nom, qui se trouve à dix ou douze milles de distance. Le gouvernement japonais a dépensé des sommes considérables pour améliorer cet ouvrage naguère dangereux. Un brise-lames, élevé avec des frais énormes et aux dépens de la vie d'un grand nombre d'ouvriers, a pu atteindre le but qu'on se proposait. On raconte que cette jetée était l'objet d'une superstition, et qu'on disait qu'elle ne serait jamais finie, si on ne trouvait pas un homme assez patriote pour consentir à s'y laisser murer. Le Curtius japonais ne se fit pas attendre, et tous les vaisseaux anglais qui se trouveront sûrement à l'ancre derrière ce brise-lames, lui devront dans l'avenir une dette de reconnaissance.

Hiogo est devenu le port d'Ohosaka et de Miako, et finira pro-

Le port de Hiogo.

bablement par être le principal port du commerce européen dans l'empire. La ville est, dit-on, aussi grande que Nangasaki. Lorsque Kæmpfer s'y rendit, il trouva trois cents jonques à l'ancre dans la baie.

Les Hollandais prétendent qu'Ohosaka est un lieu plus agréable encore que Yedo. Si on peut regarder cette ville comme le Londres du Japon, Ohosaka en est le Paris. C'est là que sont les théâtres les plus célèbres, les maisons à thé les plus somptueuses, les jardins d'agrément les plus vastes. C'est le rendez-vous du luxe et de la richesse, la demeure favorite des Japonais élégants qui viennent y chercher des amusements et des distractions. Ohosaka est l'une des cinq villes impériales, et contient une population considérable. Elle est située sur la rive gauche du Jédogawa, fleuve qui prend sa source dans le lac d'Oity situé à une journée et demie de marche dans l'intérieur. On peut le remonter jusqu'à Miako sur les bâtiments d'un fort tonnage ; plusieurs beaux ponts le traversent.

Le port d'Hiogo et la ville d'Ohosaka ne seront ouverts aux Européens qu'au mois de janvier 1863. Les résidents étrangers auront alors le droit d'explorer le pays dans tous les sens dans un rayon de vingt-cinq milles dans la direction de Miako, ou, comme on l'appelle habituellement, Kioto. Ils ne pourront approcher de cette ville célèbre à moins de vingt-cinq milles.

Comme les Hollandais ont eu l'habitude de traverser constamment Kioto, il est probable que cette interdiction sera bientôt levée, et que les Européens obtiendront la permission de visiter le point assurément le plus curieux de l'empire. Si Yedo est le Londres, et qu'Ohosaka soit le Paris du Japon, Kioto en est assurément la Rome. C'est là que réside l'empereur spirituel, toujours entouré d'une cour ecclésiastique innombrable, qu'on appelle le Dairi. C'est là que se trouve le célèbre tombeau du plus fameux des empereurs temporels du Japon, le grand Taïko-Sama, et c'est là qu'on peut admirer les temples les plus magnifiques et les plus imposants de l'empire. On dit que la population de Kioto s'élève à 500,000 âmes, et elle passe pour la principale ville manufacturière de l'empire. Si nous avions su alors combien notre présence était inutile à Shanghai, le *Furieux* eût été le premier vaisseau étranger à visiter le nouveau port d'Hiogo. Malheureusement, l'époque fixée par les commissaires pour le moment de leur arrivée de Pékin était déjà passée, et lord Elgin se crut obligé de se hâter d'aller les rejoindre au rendez-vous indiqué. Nous apprîmes par la suite que toute inquiétude à ce sujet était mal fondée, attendu qu'avec une indifférence bien chinoise, ils avaient retardé leur voyage de plusieurs semaines. Cependant nous sillonnions en toute hâte les mers agitées du Japon, pendant que le vent qui nous poussait par derrière nous ramenait, plus vite que

Établissement européen à Hiogo.

nous ne l'aurions voulu, vers ces rivages de la Chine que nous aimions si peu. Le cap Tchichachoff, notre ancien ennemi, auquel nous avions dû pourtant un favorable abri, semblait plus farouche que jamais lorsque nous passâmes à ses pieds. De gros orages, de nombreux rochers, qui ne sont probablement pas tous découverts, et des courants très-violents, s'unissent pour rendre la navigation des côtes du Japon fort dangereuse. Heureusement nous avions passé le détroit devant Decima, lorsque la queue d'un typhon vint nous assaillir tout d'un coup, enlevant toutes les voiles qui étaient au vent et rendant indispensable de recourir immédiatement à la théorie des orages. L'application de cette théorie nous évita sans doute le mauvais temps, car, au lieu de poursuivre notre course, nous tournâmes brusquement le dos pour fuir du cercle de son influence.

Le comte Poutiatine, et la grande frégate sur laquelle il avait arboré son pavillon furent moins heureux que nous. Le bâtiment souffrit tellement de cette tempête qu'il fut obligé de relâcher à Nangasaki pour subir des réparations. Nous nous contentions parfaitement de notre part, et toutes nos inquiétudes se concentraient sur le sort de nos laques. Le capitaine Osborne avait eu la bonté de nous permettre de les caser sur le premier pont, attendu que nos cabines ne pouvaient contenir le quart de nos emplettes, mais comme l'eau arrivait parfois à la cheville sur le pont, le sort de nos curiosités japonaises nous causait de graves préoccupations.

Nous étions d'ailleurs en proie à cette lutte constante entre le besoin d'air et de lumière, et la crainte de voir entrer une lame, que connaissent tous ceux qui ont voyagé dans des pays chauds. Je ne cédai qu'une fois à la tentation d'ouvrir mon sabord, mais à peine eus-je exécuté le mouvement que je payai cher mon imprudence. Cinq mille cigares, un petit chien du Japon qui me faisait visite, toutes mes bottes et une partie considérable de ma garde-robe nageaient de concert dans une inextricable confusion, et le temps resta si mauvais que ce ne fut qu'au bout de deux ou trois jours que je pus les sécher. Depuis ce temps-là le chien est sujet à un rhumatisme dans les reins.

En dépit de toutes ces mésaventures, nous fîmes le voyage de Yedo à Shanghai en huit jours, et nous eûmes la satisfaction d'annoncer aux amis que nous y avions laissés un mois auparavant, que ce court intervalle avait suffi à lord Elgin pour obtenir l'ouverture d'un nouveau marché aux négociants anglais, avantage dont les membres de la colonie de Shanghai devaient profiter les premiers.

Une procession à Yédo.

XIII

Effets du climat de la Chine. — Avantages de Shangai. — Arrivée des commissaires impériaux. — Correspondance au sujet de Canton. — Proclamation de la paix. — Nomination de la sous-commission. — Nos collègues chinois. — Conférences journalières. — Taux du nouveau tarif. — Droits de transit. — Perception des droits de douane sur les étrangers. — Le commerce de l'opium. — Réponse de lord Elgin. — Règlement de la question. — Visite des commissaires. — Le joyeux Ho. — Dîner avec les commissaires. — Le ministre résident à Pékin. — Expédition projetée sur le Yang-tse-Kiang. — Signature des conventions commerciales. — Départ de Shangai.

La première nouvelle que nous apprîmes, en arrivant à Shanghai, n'était pas de nature à nous consoler de notre départ précipité du Japon. On nous dit que les commissaires impériaux devaient quitter Pékin dans quelques semaines seulement, et nous aurions pu employer utilement et agréablement cet intervalle à faire des excursions dans les environs de Yedo, ou à explorer la mer de Suwonada. Au défaut de pareils amusements, nous nous trouvions réduits à nos propres ressources à Shanghai, au moment de l'année où le climat est peut-être le plus dangereux pour la constitution des Européens, bien que la température ne fût pas aussi élevée que six semaines auparavant.

Nous battions depuis dix-huit mois les côtes de Chine, et les effets commençaient à en être évidents. M. Loche retourna en Angleterre pour cause de santé, emportant le traité avec le

Japon. Ceux qui restaient avaient tous souffert des effets du climat, et les journées chaudes, les soirées fraîches et les exhalaisons empoisonnées de Shanghai n'étaient pas faites pour dissiper les dispositions fiévreuses là où elles existaient. Notre expérience nous mit en mesure de croire sans peine le fait établi par les statistiques officielles, c'est que la station de la Chine est la plus malsaine de toutes celles qu'occupent nos vaisseaux, la maladie et la mortalité y étant plus grandes même que sur la côte occidentale d'Afrique.

Cependant la perspective du retour en Angleterre semblait plus éloignée que jamais. Nous nous rappelions une fable japonaise qui semblait s'appliquer assez bien à notre situation. On dit qu'il existe au Japon une libellule si belle que tous les papillons de nuit en deviennent amoureux. Pour se débarrasser de leurs importunités, elle les envoie chercher du feu, et ses imprudents admirateurs périssent dans les flammes en cherchant à lui obéir au détriment de leur personne et de leurs espérances. Morale : Prenez garde de ne pas devenir papillon de nuit au service de votre pays.

Comme Shanghai est situé dans un pays plat et soigneusement cultivé, coupé par des canaux et par des fossés, et traversé par d'étroits sentiers, il est impossible de s'y promener en voiture, et l'exercice du cheval y est difficile sinon dangereux, le plaisir de marcher à la file et au pas n'étant interrompu que par l'embarras de passer sur le tronc d'arbre qui sert de pont. L'aventureuse colonie de Shanghai, pour compenser ces petits ennuis, a fait établir un champ de course autour duquel les écuyers tournaient tous les jours comme s'ils faisaient le manége. Ceux qui préfèrent la conversation à l'exercice fréquentent le Bund, large quai qui s'étend sur toute la longueur de la ville et qui est encombré le matin de porteurs chinois et le soir de promeneurs européens des deux sexes.

Les chasseurs qui ne craignent pas les mauvaises odeurs peuvent se promener tout le jour dans des champs de coton, et ils reviennent chez eux bien contents lorsqu'ils rapportent un couple de faisans. On a connu des piétons qui sacrifiaient leur odorat à leur estomac et qui faisaient de longues promenades dans cet ennuyeux pays pour le bénéfice de leur santé. Le jeu de paume, les boules américaines forment les distractions d'une grande partie de la société, et, de temps à autre, un bal où on voit dix hommes pour chaque femme, ou une comédie de société viennent jeter quelque animation dans le monde.

Comme l'harmonie et l'esprit hospitalier régnaient sans mélange dans la colonie de Shanghai pendant notre séjour, nous trouvâmes que c'était la plus agréable résidence que nous eussions rencontrée en Chine, et le mois qui s'écoula en attendant l'arrivée des commissaires nous parut fort court. Nous occupions la belle demeure du consul d'Angleterre, et nous avions quelque plaisir à nous trouver dans ces vastes appartements, après avoir été si longtemps confinés à bord d'un vaisseau.

Le 3 octobre, les quatre commissaires Kweiliang et Hwashana, Ning et Twan arrivèrent à Shanghai. Comme lord Elgin avait échoué dans son désir de voir châtier d'une façon sommaire les braves de Canton, il se vit obligé d'amener par une pression morale ce qu'il aurait mieux aimé voir exécuter par la force ; en conséquence, avant d'accorder une entrevue aux commissaires, Son Excellence leur adressa certaines questions à propos de la conduite de Hwang, successeur de Yeh, comme gouverneur général de la province de Kwantung, et de la nomination d'une commission de la guerre, qui avait travaillé à lever des Braves dans le but d'inquiéter notre garnison de Canton. Tant qu'on n'aurait répondu à ces questions d'une manière satisfaisante, Son Excellence refusait d'entrer en affaires avec les commissaires impériaux.

La commission pour l'organisation de la milice ou des Braves était surtout entre les mains de ces aventuriers politiques bien connus par leur caractère turbulent, qui cherchaient à obtenir de l'avancement en se mettant à la tête du parti patriotique qui avait juré de se vouer à l'extermination des barbares. Ces personnages se nommaient Lung, Lo et Su.

Nous avions de bonnes raisons de supposer et nous fûmes confirmés depuis dans cette croyance, que ces hommes agissaient d'après des instructions secrètes de Pékin, en opposition formelle avec les protestations d'amitié que les commissaires nous faisaient alors au nom de l'Empereur.

Les commissaires impériaux répondirent quant aux sujets traités dans la dépêche de lord Elgin, « que la nouvelle du traité n'était pas encore arrivée à Canton, que le traité n'avait pas été officiellement promulgué, par conséquent que Hwang n'avait pas encore changé de politique, et que pour ce qui regardait les grands dignitaires Lung, Lo et Su, c'étaient des lettrés et des gens bien élevés qui avaient eu l'honneur de recevoir de l'Empereur charge de surveiller l'organisation de la milice. Il en est de même dans toutes les provinces, ce n'est pas le fait de Kwantung seulement. Toutes les fois que le pays est agité, les propriétaires qui surveillent l'organisation de la milice doivent en être les premiers informés. »

Ils proposaient cependant de donner à Kwang l'ordre de publier la proclamation suivante, en la répandant eux-mêmes avec profusion.

PROJET DE PROCLAMATION.

« Les commissaires font ici savoir qu'ils ont conclu à Tientsin un traité de paix éternelle entre la Chine d'une part et l'Angleterre, la France et l'Amérique de l'autre, et comme ils craignent que les propriétaires, les négociants et la population des différents ports puissent l'ignorer, ils croient bon de publier une proclamation à cet effet.

» En conséquence ils font savoir à tous les négociants et autres habitants des différents ports, que la bonne intelligence doit subsister et augmenter entre les Chinois et les étrangers de toutes les nations, et qu'ils doivent profiter tous ensemble des agréments et des avantages de la paix. Tel est l'ardent espoir des commissaires; que personne ne désobéisse :

» Attention !

» Attention !
» Proclamation spéciale. »

Bien loin d'admettre cette proclamation comme satisfaisant à ses exigences, lord Elgin annonça aux commissaires qu'après tout ce qui était arrivé, il ne pouvait accepter aucune mesure moins décisive que la destitution du gouverneur général, avec l'abolition des pouvoirs spéciaux confiés aux propriétaires, comme preuve de la sincérité du gouvernement impérial dans le désir qu'il témoignait de voir établir et fonder des relations pacifiques entre les deux pays.

En réponse, les commissaires promirent d'obtenir le changement de Hwang et l'abolition des pouvoirs confiés à la commission de la guerre.

Cette affaire réglée pour le moment d'une manière satisfaisante, les commissaires disent qu'ils sont tout prêts à commencer la révision du tarif et la discussion des ordonnances de commerce, puisque tel était le but ostensible de leur voyage de Pékin. Cependant, le gouverneur général des deux Kiangs, Ho-Kwei-Tsick, se joint aux commissaires impériaux ; on dit qu'il apporte dans leurs conseils l'esprit le plus fin et le plus libéral. La population qu'il administre en dernier ressort est aussi considérable que celle de la Grande-Bretagne et de l'Irlande.

Afin de discuter tous les détails du tarif et des ordonnances de commerce, on nomme une commission se composant, de la part du gouvernement chinois, de Wang, trésorier de la province, et de Sieh, le juge de la province, et, de la part des Anglais, de M. Wade et moi. Il fut convenu que M. Lay assisterait aux séances sans faire partie de la commission. Dans sa dépêche aux commissaires à ce sujet, lord Elgin dit que « la situation particulière de M. Lay vis-à-vis des autorités chinoises a seule empêché le soussigné de le nommer membre de la commission ci-dessus désignée ; mais comme il est cependant important, dans une affaire qui touche des deux parts à des intérêts si graves, que ni l'une ni l'autre des parties contractantes ne soit privée de l'expérience et des lumières que M. Lay peut apporter sur la question, il désire que ce fonctionnaire puisse assister aux séances de la commission. »

Ces séances avaient lieu dans un bâtiment appelé le Ye-Shi-Yuen, situé à l'extrémité de la ville, à quatre milles environ du consulat. Le voyage journalier en chaise à porteurs, à travers les rues étroites et empestées de Shanghai, était certainement la partie la plus désagréable de nos devoirs, si ce n'était pas la plus difficile. Nos collègues chinois étaient tous deux aimables et intelligents. Le trésorier Wang, bien que d'un rang supérieur à celui du juge, prenait peu de part à la discussion. Il n'avait pas grande expérience des barbares, et son principal mérite résidait dans ses manières douces et conciliantes et dans l'absence de toute antipathie marquée vis-à-vis des étrangers. C'était Sieh qui avait toute la confiance des commissaires impériaux. Il avait été longtemps Taoutai ou intendant de Shanghai, et il n'y a certainement dans l'empire aucun mandarin chinois qui ait eu autant de rapports avec les étrangers et qui possède sur la politique étrangère des idées aussi libérales. On ne peut guère douter que si l'avis de Sieh eût été écouté, le gouvernement chinois n'eût évité l'acte récent qui exige maintenant une complète expiation.

Dans ce moment-là son opinion était d'un grand poids dans les conseils des commissaires impériaux, tandis qu'il subissait dans une grande mesure l'influence de son collègue au service du gouvernement chinois, M. Lay. Comme notre arrivée était toujours annoncée par un coureur, nous trouvions régulièrement ces grands fonctionnaires debout à la porte, nous attendant pour nous recevoir avec une profusion de *ctsin ctsins*. De là, nous montions dans une chambre fraîche au premier étage, d'où nous jouissions de la perspective d'une vaste étendue de toits relevés, et là, avec toute la solennité requise, nous traitions les affaires du jour avec une consommation de tabac qui eût ouvert l'intelligence à un Wouter Van Twiler, en nous rafraîchissant constamment au moyen de thé d'amande et de thé ordinaire. Lorsque tout était fini, on nous invitait régulièrement à participer au repas qui nous attendait au rez-de-chaussée. Nous trouvions généralement un prétexte pour échapper à cette partie de la cérémonie. Mais nous eussions manqué à la politesse si nous eussions toujours refusé le festin qui couronnait nos travaux, bien qu'il entraînât la consommation d'une quantité de graisse et de mets inconnus et qu'il se terminât d'ordinaire par des libations de samshu, en compagnie du juge qui était d'humeur gaie et grand ennemi du fond des verres.

Il est presque inutile de faire plus que de donner ici en quelques mots le résultat de nos travaux et d'indiquer les arrangements que nous prîmes pour les ordonnances de commerce et les tarifs, les détails en étant donnés avec quelque développement dans le *Blue-Book*; il faut cependant prêter un moment d'attention à certains points.

Le principe général sur lequel le tarif était basé, d'après le traité, était un droit spécifique d'importation et d'exportation calculé sur un taux *ad valorem* de cinq pour cent. Lorsqu'il s'agissait des importations le principe fut maintenu très-sévèrement; il fallut user de quelque réserve en l'appliquant aux exportations, par exemple lorsqu'il s'agissait de la soie qui intéressait particulièrement les Français, et sur laquelle le droit perçu naguère n'était pas de cinq pour cent. En considération de cet avantage, nous fîmes certaines concessions raisonnables sur d'autres articles.

Nos discussions cependant ne portaient pas uniquement sur le commerce d'importation ou d'exportation de la Chine, le cabotage réclamait sa part de notre attention, et nous fîmes lever diverses interdictions qui avaient mis jusqu'alors beaucoup d'obstacles au commerce entre les différents ports de l'empire. Cependant, comme le trafic des jonques indigènes pouvait sérieusement souffrir des nouveaux règlements sur ce point, il ne semblait pas juste de refuser toute concession en sa faveur, et sur les pressantes représentations du juge Sieh, l'exportation des légumes et des tourteaux de fèves des nouveaux ports de Teng-Chow et New-Chwang sous pavillon anglais fut interdite. La ville de Shanghai est particulièrement intéressée à ce commerce, qui occupe plusieurs milliers de matelots du port. Les commissaires chinois craignaient qu'un acte privant ces hommes des moyens de gagner leur vie ne pût exciter des émeutes graves et des embarras locaux.

Les détails de l'article du traité qui pourvoyait à l'abaissement des droits de transit dont j'ai déjà indiqué le but et l'importance, étaient plus difficiles à régler. Il fut enfin convenu que la commutation serait limitée à une somme qui n'excéderait pas la moitié des droits du tarif, sauf dans le cas des marchandises libres de tout droit qui seraient sujettes à un droit de deux et demi pour cent *ad valorem*. On comprendra l'importance de cet arrangement au sujet de certaines denrées, le thé particulièrement, lorsqu'on saura qu'on percevait parfois sur cet article un droit de cent pour cent. « Si je suis bien informé [1], » dit M. Reed dans une lettre à lord Elgin sur cette question, « les droits de transit sur le thé seul s'élèvent quelquefois à une valeur égale à celle de la marchandise ; il est donc raisonnable d'espérer que le nouveau traité les réduira considérablement. » Le droit d'exportation sur le thé, en Chine, se trouve maintenant à peu près le dixième du droit perçu dans notre pays sur l'importation, et le droit de transit est réduit de moitié.

Le règlement des conditions exigées pour les certificats d'exportation et d'importation était également compris dans la clause qui traitait du droit de transit. Les détails étaient souvent compliqués et embarrassants, d'autant plus que nous n'avions ni expérience ni précédent pour nous guider dans nos arrangements.

Mais l'article le plus important peut-être des ordonnances de commerce est celui qui pourvoit à la perception des droits dans tous les ports d'après le même système, et qui stipule que le grand fonctionnaire chargé par le gouvernement chinois de la surintendance du commerce étranger pourra, si cela lui convient, indépendamment des suggestions ou de la nomination des autori-

1. *Blue-Book*, p. 298.

tés anglaises, choisir un sujet anglais quelconque pour l'aider dans l'administration du revenu de la douane. D'après le plan adopté sur ce point par le gouvernement chinois, on a fait demander par M. Lay des Anglais capables de l'aider dans le département important auquel il préside, et douze jeunes gens ont déjà quitté ce pays-ci pour se rendre en Chine, afin d'y tenir la place des employés chinois dans la perception des droits de douane. Bien que la récente rupture ait mis obstacle à l'application de ce système, il finira sans doute par être adopté.

On comprendra sans peine que le gouvernement impérial n'aurait pas consenti à substituer ainsi des étrangers à ses propres sujets, si une cruelle expérience ne lui avait appris qu'il lui serait impossible par un autre système de mettre un frein aux malversations qui faisaient un si grand tort à l'État. Malheureusement, la corruption ne régnait pas exclusivement chez les employés chinois. Les négociants étrangers étaient trop souvent disposés à profiter de l'absence de scrupules chez les employés des douanes, et le système en vigueur aurait exercé, s'il eût duré, une influence démoralisante extrêmement générale. Sans doute le commerce illégal de l'opium, pratiqué sur une si grande échelle en contrebande, contribuait fort à amener le même résultat, et lord Elgin était si pénétré de la gravité des maux produits par le commerce de l'opium, comme on le pratiquait, qu'il résolut d'y appliquer le seul remède qui lui parût possible. Les intentions qui l'animaient en traitant cette question sont exposées dans sa correspondance avec M. Reed, le ministre d'Amérique, qui était venu en Chine avec un parti pris contre le commerce de l'opium, et muni d'instructions de son gouvernement rédigées dans le même esprit, mais qui finit par devenir partisan de la légalisation de ce commerce, en voyant les abus que faisait naître la contrebande.

Dans cette correspondance, M. Reed, faisant allusion à la répugnance que lord Elgin avait témoignée, à Tientsin, à presser les Chinois sur cette question, dit : « J'ai plus d'une fois cru comprendre que Votre Excellence disait avoir une grande répugnance, sinon une répugnance invincible, à présenter la question de l'opium à la considération des autorités chinoises, après les embarras que les hostilités de Canton avaient déjà causés à la Grande-Bretagne et les menaces auxquelles elle avait été obligée de recourir dans le Nord. Cependant, je suis convaincu, qu'à moins que Votre Excellence n'en prenne l'initiative, les choses resteront comme elles sont, et aussi honteuses que pour le moment, et je fais appel au sentiment que Votre Excellence a de ses devoirs, sentiment qu'elle a si fréquemment et si énergiquement exprimé à cette nation impuissante mais entêtée, pour savoir si nous, les représentants des nations occidentales et chrétiennes, nous pouvons considérer notre œuvre comme accomplie sans avoir tenté un effort pour obtenir ou pour exiger quelque solution de cette difficulté. Je m'unirai à vous de tout mon cœur dans cette tentative. » Après avoir fait allusion à la possibilité d'une interdiction de la culture de l'opium dans l'Inde, M. Reed continue : « Je n'espère pas une prohibition efficace, surtout à cause de la passion invétérée des Chinois, et j'appelle donc avec plus d'espoir, mais non avec plus de chaleur, l'attention de Votre Excellence sur la seule ligne de conduite qui nous soit ouverte : il faut chercher à persuader aux Chinois de mettre sur cette drogue un droit si fort qu'il puisse diminuer la vente et régler l'importation sans craindre quelque autre forme de contrebande, avec ou sans la connivence des Chinois. Les arguments économiques en faveur de cette conduite sont pleinement détaillés dans le document ci-joint, et je n'ai pas besoin de m'y étendre davantage. »

En réponse à cette communication, lord Elgin écrivait : « Je suis si complétement de l'avis de Votre Excellence au sujet du commerce de l'opium, que je ne crois pas nécessaire d'appuyer sur cette partie de votre lettre. Je me permettrai seulement de vous faire remarquer sur ce point, que, lorsque j'ai résolu de ne pas presser les commissaires chinois, à Tientsin, de porter leur attention sur cette question, j'agissais ainsi, non que je misse en doute les avantages qui résulteraient de la légalisation de ce commerce, mais parce que je ne pouvais trouver juste de presser le gouvernement impérial de renoncer sur ce point à sa politique traditionnelle sous l'influence de la pression que nous exercions dans ce moment à Tientsin.

» Les circonstances au milieu desquelles cette question se présentera dans les conférences, à propos du tarif, qui se tiennent pour le moment dans cette ville, sont heureusement fort différentes, et je ne manquerai pas de donner pour instructions à mes mandataires d'appeler l'attention des fonctionnaires chinois avec lesquels ils traitent, sur les considérations si habilement résumées dans votre lettre. Je ne doute guère que la légalisation ne se trouve être le seul remède applicable aux maux qui ont attiré l'attention de Votre Excellence, parce que je suis convaincu que lors même qu'on pourrait obvier à la seconde difficulté dont vous parlez, il serait pratiquement impossible de supprimer le commerce d'une denrée d'une culture et d'un transport si facile, lorsqu'elle est tellement recherchée dans ce pays-ci, que toutes les fois que les arrivages, pour une raison quelconque, se sont trouvés peu considérables, le prix de la caisse s'est élevé parfois, dans les années qui viennent de s'écouler, à 1,000 dollars, somme cinq fois plus considérable que le prix de production. »

D'après ces vues, nous représentâmes aux commissaires qu'on obvierait à une quantité d'abus résultant du commerce de l'opium, si on mettait cette denrée sur le pied des autres articles d'importation, puisqu'elle recevait déjà une légalisation pratique par le droit que les employés du gouvernement percevaient frauduleusement. Les commissaires furent du même avis, et l'opium prit place dans le tarif comme passible d'un droit de trente taëls par caisse. On établit cependant une distinction marquée entre cette denrée et les autres objets d'importation. J'ai déjà expliqué que, d'après le nouveau règlement, les étrangers avaient le droit de faire entrer leurs marchandises dans l'intérieur du pays, et que les marchandises qu'on transportait ainsi ne pouvaient être frappées d'un droit de plus de deux et demi pour cent *ad valorem*. Le commerce de l'opium fut expressément exclu de ces avantages. Les commissaires chinois observèrent que des abus et des collisions avec les autorités pourraient s'élever, si on permettait aux étrangers de porter cette denrée dans le pays et de l'imposer aux marchés de l'intérieur. Lord Elgin fut du même avis, et en outre, trouvant qu'il était fort naturel de frapper d'un impôt une marchandise de ce genre, il convint que la stipulation au sujet des droits de transit, dont j'ai déjà parlé, ne s'appliquerait pas à l'opium. Aucun des nouveaux priviléges conquis par le traité de lord Elgin ne fut donc concédé à l'opium. Cette denrée restait sur le pied qu'occupaient tous les articles d'importation d'après le traité de Nankin. Les étrangers pouvaient le faire entrer dans les ports francs en payant un droit de trente taëls par caisse, mais de là il devait passer entre les mains des Chinois; et devenait sujet à toutes les charges dont le gouvernement chinois pouvait trouver bon de le frapper.

Comme les affaires étaient maintenant en bon train, il fut convenu que les commissaires impériaux feraient à lord Elgin une visite en grande cérémonie : en conséquence, le 16 octobre, la colonie de Shanghai se trouvait en grande partie sur le Bund pour contempler une longue procession qui s'étendait presque d'un bout à l'autre du quai, et qui se composait d'une foule extrêmement mélangée de hallebardiers, de porte-bannières, de gens à cheval et de valets de pied, décorés d'un grand bonnet rouge, la plupart fort dégueuillés, attendu qu'on avait évidemment attaché plus d'importance à la quantité qu'à la qualité en formant l'escorte. Une musique discordante, accompagnée de grands cris, annonçait l'arrivée de ce cortége en haillons. Au centre se trouvaient les cinq commissaires dans leurs chaises de cérémonie; ils étaient précédés et suivis par des fonctionnaires moins importants, dans des chaises à porteurs fort modestes.

Il y avait près de quatre mois que nous avions dit adieu, à Tientsin, aux deux premiers commissaires, Kweiliang et Hwashana, en sorte que les premiers compliments qu'ils échangèrent avec lord Elgin, qui les reçut à la grande porte, furent ceux de vieux amis.

Bien qu'ils n'eussent jamais vu une maison européenne, ils témoignèrent l'indifférence habituelle aux Chinois à la vue de l'installation nouvelle pour eux qui frappait leurs regards, et, une fois assis selon l'ordre de leur rang, toute la société commença à prodiguer les compliments appropriés à la circonstance.

Nous remarquâmes que nos hôtes étaient infiniment plus à l'aise et plus affables qu'à Tientsin; ils étaient évidemment animés du plus vif désir de pacifier, autant qu'il leur serait possible, notre indomptable férocité; ils avaient l'air de prendre grand intérêt à la description que leur donnait lord Elgin du télégraphe transatlantique, dont nous venions d'apprendre le succès. Le personnage le plus animé de la compagnie était le gouverneur général Ho; le verre de curaçao qu'il but à déjeuner l'excita tellement qu'il devint tout rouge et commença à nous raconter vivement ses fonctions à Pékin comme secrétaire de l'Empereur, entrant à la fin dans des détails circonstanciés sur cet illustre personnage et sur l'étiquette de sa cour qui alarmèrent ses collègues, sur quoi mon ami le juge, qui avait la tête plus forte, s'empara sans cérémonie du verre que le brave Ho allait boire, et l'avala avec une excuse en se tapant le front, pour faire entendre que Ho n'était pas bien fort sur ce point, remarque confirmée par Ho lui-même, qui nous apprit naïvement qu'il avait la figure rouge parce que le vin lui était monté à la tête.

Le juge m'apprit ensuite que Ho avait la tête forte sous tout autre rapport que le vin : à l'âge de vingt-quatre ans, il avait obtenu les honneurs les plus rares dans l'empire, à la suite des examens. Ses travaux littéraires étaient aussi étendus que son imagination était brillante. Il passait pour l'un des poëtes chinois les plus distingués, et il était si habile à transcrire ses pensées, qu'il pouvait écrire tout un poëme sur une graine de melon avant que l'affaiblissement de sa vue ne fût venu interrompre ses travaux. Dans ce moment, il était partagé entre le désir de nous concilier et celui de châtier les rebelles. Il croyait évidemment faire un coup de maître en politique en se grisant dans un repas de barbares. Au bout de quelques jours il devait se rendre dans le camp des forces impériales, pour attaquer les rebelles, qui commettaient certaines déprédations dans le voisinage de Canton. Lorsque lord Elgin apprit à la société qu'il désirait emporter, des hommes pour lesquels il avait tant de considération, un souvenir plus durable que celui que sa mémoire pouvait lui conserver, et qu'il leur expliqua que M. Jocelyn était tout prêt à faire leur photographie, ils exprimèrent une grande satisfaction, et prirent la position qu'on leur indiquait en revêtant la rigidité requise de physionomie, opération facile pour un Chinois qui regarde en tout temps comme un défaut de dignité de laisser paraître sur sa physionomie une expression quelconque.

Le 18, lord Elgin rendit aux commissaires impériaux leur visite, avec une procession de chaises à porteurs accompagnées d'une garde de cent soldats de marine et précédées par la musique de *la Rétribution*.

Un repas très-soigné nous attendait, et les délicatesses culinaires de la Chine y abondaient plus que de coutume. Ho était d'humeur communicative, et il accabla lord Elgin de questions sur le gouvernement et la constitution de l'Angleterre, en montrant plus d'intelligence et d'intérêt que je n'en avais jamais vu chez un Chinois. Hwashana lui-même, avec toute sa raideur, daignait parfois rire d'une plaisanterie, tandis que Kweiliang, toujours préoccupé du besoin de plaire, construisait des pyramides de friandises sur l'assiette de ses voisins. A tout prendre, nos amis semblaient arriver à une disposition d'esprit meilleure, et exprimaient leur satisfaction de l'entente cordiale qui régnait dans nos relations diplomatiques, en insistant sur leur désir de la voir durer. Il y avait cependant encore un point en réserve, auquel les commissaires n'avaient pas encore fait allusion, mais dont l'importance était si grande aux yeux du gouvernement impérial que c'était le but de leur mission spéciale à Shanghai. Comme le post-scriptum d'une lettre de femme, ils l'avaient réservé pour la fin ; mais le moment était venu d'entamer ce sujet redoutable, et de savoir quel effet leur bonne grâce avait produit sur le plénipotentiaire anglais.

Comme ce point n'était autre que la question traitée dans le troisième article du traité de Tientsin, qui assurait à la Grande-

Bretagne le droit d'avoir un ministre résident à Tientsin, et comme la correspondance qui s'ensuivit est particulièrement intéressante dans ce moment-ci, je l'ai donnée avec le traité dans l'appendice du vol. I, afin que le lecteur pût se rendre compte des objections des Chinois aux droits que nous donnait le traité, et la façon dont lord Elgin envisageait la question.

Le résultat de cette correspondance fut donc que, sans renoncer au droit assuré par le traité, lord Elgin promit de dire comme son avis : « que si l'ambassadeur de Sa Majesté était convenablement reçu à Pékin, lors de l'échange des ratifications l'année suivante, et si on donnait tout leur effet aux autres articles du traité négocié à Tientsin, il pourrait être bon que le représentant de Sa Majesté en Chine choisît une autre résidence que Pékin, et qu'il fît à la capitale des visites périodiques ou aussi fréquentes que pourraient l'exiger les besoins du service public. »

Les commissaires se déclarèrent satisfaits de cette concession, et lord Elgin résolut de profiter de la disposition dans laquelle ils se trouvaient et de leur désir évident de satisfaire à toutes les exigences secondaires afin d'obtenir leur demande la plus importante, pour annoncer qu'il était décidé à remonter le Yang-tse-Kiang, afin de pouvoir juger par lui-même quels étaient, sur ses rives, les ports les plus avantageux à ouvrir, d'après le traité de Tientsin.

Son Excellence avait résolu depuis longtemps de faire cette expédition avant de quitter la Chine, non-seulement dans le but qu'il avait déclaré aux commissaires, mais aussi parce qu'il voulait faire sur l'esprit des populations le long du fleuve une impression morale salutaire qui pût se faire sentir partout dans l'empire. Il n'espérait cependant pas une occasion aussi favorable que celle qui se présentait cette fois. Bien loin de faire des objections à une proposition qui eût, quelques mois auparavant, fait dresser la queue des commissaires, ils répondirent tranquillement : « Il est de notre devoir de vous accuser réception de votre lettre, et en même temps de préparer des lettres pour prévenir les autorités le long du fleuve de votre arrivée. Nous enverrons également des officiers pour vous accompagner, avec des lettres, afin que l'intelligence des deux parts soit satisfaisante. »

Cependant le baron Gros revenait du Japon, où il avait eu autant de succès que nous. Il nous apprit ce que nous eûmes bien de la peine à croire, c'est, comme je l'ai déjà dit, que l'Empereur était mort six semaines auparavant. Le fait était devenu public quelques jours avant son arrivée, et toute la ville de Yedo était en deuil du tycoon défunt pendant tout le temps de son séjour.

Le 30 octobre, les commissaires rendirent à lord Elgin sa visite en grande cérémonie, et on discuta le projet de l'expédition sur le Yang-tse-Kiang. Il ne restait plus qu'à obtenir le consentement du baron Gros et de M. Reed aux ordonnances de commerce et au tarif convenu entre les gouvernements anglais et chinois, avant de signer officiellement ces documents.

La bonne intelligence qui avait toujours régné entre lord Elgin et ses collègues ne devait pas être interrompue. Ils donnèrent leur plein assentiment aux stipulations contenues dans l'important appendice du traité de Tientsin, et, le 8 novembre, les commissaires anglais et chinois se réunirent dans un temple situé sur les confins de la ville, et apposèrent leurs signatures à ce document.

Pendant que nous étions ainsi occupés, nous apercevions *le Furieux* dans la rivière, ronflant et piétinant comme un cheval de course impatient, lançant de petites bouffées de fumée et battant l'eau de ses roues. Lord Elgin n'avait pas coutume de le faire longtemps attendre. Nous nous rendîmes tout droit du temple à notre maison flottante. Quelques minutes après, nous voguions au milieu d'un dédale de vaisseaux avec la rapidité habituelle à notre bon vaisseau et à son brave capitaine, et nous avions déjà parcouru plusieurs milles sur le vaste sein du Yang-tse-Kiang, lorsque les ombres de la nuit nous obligèrent à jeter l'ancre sur ses ondes presque inconnues.

Quartier général de la brigade anglaise à Canton.

XIV

Tous les vaisseaux ensablés. — Le delta du Yang-tse. — Nous sommes à la recherche d'un passage. — Les falaises de Kiang-Yin. — Aspect des rives du fleuve. — Fixés dans un rocher. — L'île d'Argent. — Yang-Chow. — Spectacle de désolation. — Chin-Kiang. — Effets de l'occupation des rebelles. — L'île d'Or. — Vue magnifique. — Nous quittons le rocher. — Tan-Too. — Traduction des noms chinois. — Orthographe chinoise. — Entrée du grand canal. — Absence des jonques de commerce. — Arrivée à Nankin. — Engagement avec les rebelles. — Résultats.

Les vaisseaux qui composaient l'escadre de lord Elgin dans son voyage sur le Yang-tse-Kiang étaient *la Rétribution*, capitaine Barker, commandant l'escadre par rang d'ancienneté ; *le Furieux*, capitaine Sherard Osborn ; *le Croiseur*, capitaine Bythesea ; *le Dove*, canonnière destinée à lever des cartes, commandant Ward, et *la Lee*, canonnière, lieutenant (depuis commandant) Jones.

Afin de rendre compte avec détail et clarté de cette expédition intéressante et couronnée de succès, j'extrais de mon journal le récit journalier des événements.

9 novembre. Toute notre escadre est en vue ce matin, mais nous sommes parsemés sur les eaux jaunes du Yang-tse d'une façon un peu irrégulière. *Le Croiseur*, qui nous avait précédés hier, a découvert avant le coucher du soleil un banc de sable sur lequel il a passé plusieurs heures, la marée en se retirant l'ayant laissé à sec, tellement qu'on fut obligé de l'ancrer et que ses officiers purent prendre de l'exercice dans la journée en se promenant

autour de leur vaisseau sans craindre de se mouiller les pieds. Ils repartirent cependant à marée haute, et ils ont jeté l'ancre à quelques milles en avant. *Le Dove* et *la Lee* cherchent un passage, nous avançons lentement sur leurs signaux; *la Rétribution*, qui tire plus d'eau que nous, suit prudemment, ce qui ne l'empêche pas de toucher le fond; *le Dove* va à son secours et nous restons tout seuls à chercher notre chemin que nous ne trouvons pas, et nous échouons malencontreusement à marée haute sur un banc de sable. Avant la nuit, *la Rétribution* se retrouve à flot et vient à notre secours lentement et en tâtonnant, comme un homme qui marche sur la glace mince pour aller sauver un de ses amis qui s'est enfoncé.

Il devient bientôt évident que nous n'avons d'autre alternative que d'alléger le vaisseau, et toute la nuit l'équipage travaille à transporter sur *la Lee* le charbon et les gros canons et à pomper l'eau des chaudières.

Le 10. Nous avons déjà appris à nous défier de toutes les cartes du Yang-tse publiées par l'amirauté. Quelque exactes que puissent avoir été les études dans l'origine, les changements qui sont survenus depuis lors dans le lit de la rivière sont si grands qu'il ne nous reste autre chose que notre instinct pour reconnaître la profondeur de l'eau. Sur le point où nous sommes échoués, la carte marque neuf brasses. Cependant, après vingt-quatre heures d'efforts constants des hommes et des officiers, le vaisseau se trouve suffisamment allégé pour que la puissante machine de *la Rétribution* puisse le remettre à flot par force.

Le Dove et *la Lee* ont enfin trouvé le passage et avant la chute du jour nous sommes tous à l'ancre dans le Fair-Way, au-dessous d'Harvey-Point. La largeur de la rivière est encore telle que nous n'apercevons pas la rive opposée qui est fort plate.

Le 11. — La fortune semble disposée à nous suivre aujourd'hui. Nous avançons rapidement, l'eau est profonde et le vent bon. En passant près de l'endroit marqué sur la carte comme le bout de l'île de Tsungming, nous remarquons que le rivage se prolonge d'une manière inattendue et semble relier cette île avec l'île de Mason, fermant ainsi complétement le détroit indiqué dans les cartes entre ces deux îles. Il est possible que ce grand changement physique survenu dans le Delta du Yang-tse-Kiang ait changé la direction du courant en le portant surtout vers le passage septentrional qui se trouve maintenant le plus navigable.

Au delà le fleuve se rétrécit rapidement; à Fooshan, la colline de la Paix, il n'a guère que six milles de large. Le village et le fort occupent une situation pittoresque sur les petites montagnes qui s'élèvent sur la rive droite. Sur le rivage opposé on aperçoit une grande montagne en forme de cône, couronnée par une pagode connue sous le nom de Langshan, ou la montagne du Loup. Nous nous félicitions de nos rapides progrès, lorsque les canonnières de l'avant-garde arborent un signal odieux : « point de passage ! » et, se séparant elles s'avancent prudemment à droite et à gauche en recherche d'un canal assez profond.

Ces bons petits bâtiments sont jolis à voir servant de pionniers aux trois grands vaisseaux qui suivent prudemment leurs traces à quelque distance, toujours prêts à répondre aux signaux d'avertissement, avec la confiance que le chasseur accorde à ses chiens. Les voilà qui battent la rivière à droite et à gauche, les voilà en arrêt; nous nous avançons doucement, ils s'avancent tout aussi doucement : la piste paraît bonne; non, les voilà en défaut ; ils relèvent le nez et courent à droite et à gauche en nous indiquant par leurs signaux les résultats de chaque sondage. Nous avançons lentement, nous lisons les signaux à mesure qu'ils paraissent sur leurs mâts : deux brasses, deux brasses et demie, trois brasses, deux brasses; c'est inutile, nous jetons l'ancre, les hommes soupent et nous allons nous coucher.

Le 12. — La journée a été fort occupée, mais sans résultat, les canots comme les canonnières ont passé leur temps à chercher le passage. Il doit y avoir un canal quelque part en face de nous; la carte marque six brasses. Nous ramons jusqu'au point désigné et nous touchons le fond avec un crochet; le passage n'est évidemment pas là. *Le Dove* est retourné en arrière, nous l'avons perdu de vue; peut-être nous rapportera-t-il de bonnes nouvelles demain. En attendant, nous restons où nous sommes.

Le 13. — Rien ne peut être plus agréable que la température qu'il fait dans cette saison sur le Yang-tse-Kiang; mais ce beau temps ne sert qu'à nous irriter tant que nous sommes cloués. Vers le soir, *le Dove* revient avec la bonne nouvelle de la découverte d'un passage.

Le 14. — Nous levons l'ancre à la pointe du jour, nous sommes obligés de revenir sur nos pas pendant six milles; alors nous traversons vers la côte nord, et nous trouvons un passage large et profond que nous suivons librement pendant tout le reste du jour. La rivière est encore très-large et les bords plats, jusqu'à ce que nous arrivions aux falaises de Kiang-Yin, derrière laquelle est située la ville du même nom. *Le Croiseur*, dont la machine n'est pas forte, n'a pas pu nous tenir tête, en sorte que nous jetons l'ancre un peu avant le coucher du soleil.

Le 15. — Près des falaises de Kiang-Yin la rivière se rétrécit considérablement et présente un aspect assez pittoresque. Deux batteries commandent ce passage, mais il serait aisé de le prendre en flanc. Après avoir tourné autour des montagnes dont l'une est couronnée d'un temple, nous venons en vue de la grande pagode de Kiang-Yin; une quantité de jonques encombrent la crique qui conduit à la ville. Dans le fond s'élève une chaîne de petites montagnes, au pied desquelles s'étend une langue de terre joliment boisée qui descend jusqu'au bord de la rivière. Au delà le fleuve s'élargit de nouveau, les rives reprenant leur niveau uniforme, et on n'aperçoit d'autre signe de vie que les gens qui coupent les énormes roseaux qui bordent la rivière.

Nous remarquons des volées d'oies sauvages et de canards qui se dirigent vers le Midi. Le vent est en proue et le courant est fort, en sorte que nous prenons *le Croiseur* à la remorque. *La Rétribution* rend le même service au *Dove* et à *la Lee* dont les conduits ont besoin d'être nettoyés. Naturellement nous marchons lentement, mais la navigation ne présente heureusement pas de difficultés.

Le 16. — Ce matin, à sept heures, le thermomètre marquait

37 degrés. Peu après avoir levé l'ancre, nous passions à côté de la pagode de Keunshan, perchée sur un pic suspendu au-dessus de la rivière. A cet endroit les rives deviennent très-pittoresques, de grandes falaises de rochers s'élèvent à pic au-dessus de l'eau ; derrière elles, une chaîne de montagnes pointues, d'une forme irrégulière, présente un amphithéâtre complet. Sur la rive gauche la campagne est boisée et fort peuplée ; dans certains endroits bien cultivés, des groupes de paysans se pressent au bord de l'eau pour regarder les cinq vaisseaux qui avancent régulièrement en ligne, en dépit du vent et du courant. Nous remarquâmes de nouveau sur ce point des changements extraordinaires dans le cours de la rivière. A un certain endroit elle se sépare, un canal large au moins d'un demi-mille entoure une île populeuse qui faisait partie de la terre ferme lors de la levée des cartes.

L'air est vif et frais, nous avançons régulièrement, les bords du fleuve deviennent plus attrayants, tout contribue à nous mettre en train. Nous passons bientôt à côté d'une grande falaise, et l'Ile d'Argent s'offre à nos regards; ses temples bizarres sont ombragés d'arbres aux nuances d'automne, leurs murailles blanches étincellent aux rayons du soleil qui réchauffent ses prêtres malpropres. Au delà un repli de la rivière nous amène au-dessous des montagnes qui s'élèvent sur les bords, leurs sommets sont couronnés par les murs irréguliers de Chin-Chiang, leurs versants sont couverts des ruines de cette ville naguère si populeuse, tandis que dans le lointain un rocher à pic, qu'on appelle l'Ile d'Or, semble s'élever au milieu du fleuve, surmonté d'une grande pagode qui s'élance vers les cieux.

Le spectacle est si beau et si séduisant que nos yeux ne peuvent s'en détacher. Nous regrettons de ne pouvoir nous arrêter un moment pour en apprécier tous les mérites, lorsque... crac, et nos désirs sont satisfaits ; le vieux vaisseau fait un mouvement en avant, un mouvement en arrière, il est trop tard pour l'arrêter, et nous retombons sur le rocher ; nous y voilà irrévocablement fixés ; *le Croiseur* a tout au plus le temps de nous éviter et passe adroitement à côté de nous en s'écartant. *La Rétribution*, frappée de terreur, a jeté l'ancre. Avec ses canonnières se balançant derrière elle au milieu du fleuve, elle a l'air d'un cerf-volant avec sa queue. Le courant tourbillonne auprès de nous avec une grande impétuosité et réussit peu à peu à nous accoler au rocher, ce qui nous convertit en une sorte de brise-lames, en sorte que nous avons d'un côté une véritable petite mer et de l'autre un calme plat.

Nous ne jouissons plus de la vue pour le moment, le plaisir est transféré à nos amis les prêtres, qui s'intéressent évidemment beaucoup au spectacle que nous leur donnons. Ils étaient parfaitement à portée de nous héler ; ils nous apprirent dans la suite qu'ils savaient parfaitement le danger qui nous menaçait, mais ils ne nous en avertirent pas. La flotte anglaise tout entière, composée de plusieurs vaisseaux de ligne et d'autres petits bâtiments, avait passé par ce canal quinze ans auparavant sans découvrir ce fatal rocher ; la carte indiquait seize brasses sur ce point. Nous n'étions point du tout fiers de notre découverte, mais les prêtres seuls étaient à blâmer, et nous étions trop bonnes gens pour nous quereller avec eux ; aussi nous descendîmes à terre pour leur faire une visite. Les rebelles étaient venus dans l'île peu de temps auparavant. Une grande partie du temple avait été détruite, et les idoles jetées dans l'eau. On y gardait un vase célèbre qui avait, dit-on, plus de deux mille ans ; mais, au bruit de l'arrivée des iconoclastes, ceux qui étaient chargés de la garde de cette précieuse relique l'avaient enterrée à temps pour la préserver, et on ne l'avait pas encore exhumée. Les rebelles avaient brûlé un temple qui occupait naguère le point le plus élevé de l'île, plutôt dans le but d'effrayer le voisinage que par esprit de fanatisme, à ce que disaient les bonzes.

L'île elle-même n'était guère qu'une éminence qui s'élevait à une hauteur de deux cents pieds environ au milieu du Yang-tse ; elle était couverte de la plus riche verdure et présentait, dans cette saison, les teintes les plus éclatantes. Au sommet de la colline s'élevait un petit édifice en forme de pagode, qui n'offrait d'autre intérêt que les inscriptions des marins anglais, qui ne brillent pas en général par l'imagination ; la plupart portaient la date du mois d'août 1842. De cet endroit élevé on jouissait du panorama de la vaste plaine richement cultivée qui s'étend vers le Nord, et qui était alors en proie aux déprédations des rebelles. Nous apercevions, à travers les vapeurs du lointain, la pagode de Yang-Chow, que les rebelles venaient, disait-on, de prendre, et qu'ils occupaient encore. C'était dans le but de les chasser de cette ville que le brave Ho nous avait quittés si brusquement à Shanghaï, en sorte que cet homme d'État et ce poëte guerrier se trouvait alors dans notre voisinage. Yang-Chow est située sur le grand canal ; elle avait naguère la réputation d'être une ville riche et magnifique, les insurgés s'en sont emparés trois fois. M. Wylie dit que l'Empereur possédait là une bibliothèque fameuse, égale à celle de Pékin et de Hang-Chow. Cette précieuse collection de livres, si elle n'est pas détruite, est au moins divisée et dispersée. Nous apercevions du haut de l'Ile d'Argent les maisons de Kwa-Chow, bien connu comme le point où le grand canal entre dans le Yang-tse, et dans toutes les directions un grand nombre de villes et de villages, parsemés dans une plaine fertile, témoignaient de l'abondance de la population.

Comme, dans la nature, les fleurs les plus ravissantes sont habituellement habitées par des chenilles, de même, en Chine, les retraites les plus séduisantes sont toujours hantées par des ecclésiastiques repoussants. Nous sommes cependant obligés de convenir que nous leur devons des constructions pittoresques qui s'accordent admirablement avec les paysages au milieu desquels ils sont placés, tandis que les prêtres eux-mêmes, avec leurs longues robes grises, font un effet assez agréable tant qu'ils restent sur le second plan. Ces doctes personnages nous apprirent que la marée exerçait son influence au delà de ce point, mais que ses opérations n'étaient pas régulières. Ils nous firent cependant espérer une crue de deux ou trois pieds ; nous espérions que cela suffirait pour nous mettre à flot. Cependant, afin d'être en mesure de profiter du premier changement favorable qui pourrait se présenter, nous nous mîmes pour la seconde fois à alléger le vaisseau, en le débarrassant des munitions, des canons, des agrès, du charbon, travail qui nous occupa toute la nuit.

Le 17. — Nous débarquâmes sur la rive droite, et nous nous rendîmes à pied à Chin-Kiang, à travers une plaine encore coupée par les restes de grossiers ouvrages en terre. Cette langue de terrain plat, qui se trouve entre une chaîne de montagnes et la rivière, était naguère la demeure d'une population industrieuse et prospère. Il n'y a pas plus d'un an qu'elle était le théâtre de la violence et de l'effusion du sang, par suite d'un engagement entre les rebelles et les troupes impériales ; la dévastation est maintenant complète. Quelques paysans se sont glissés de nouveau près du lieu désolé qu'ils reconnaissaient comme le site de leurs anciennes demeures, et, choisissant au milieu des tas de débris ce qui leur appartenait, ils ont commencé à construire de misérables huttes, couvrant de chaume les bouts de toit qui ont échappé à la destruction générale, ou remplaçant par des lambeaux de nattes les pierres qui composaient naguère les murailles. De pauvres petits jardins commençaient à paraître entre ces murs croulants et couverts de mauvaises herbes, mais l'air de pauvreté de cette population épuisée, augmentait plutôt qu'il ne diminuait l'effet produit par cette abomination de la désolation.

Nous entrâmes dans la ville par la porte du Nord, et nous eussions pu nous croire à Pompéi. Nous traversions des rues désertes, entre des maisons sans toit et des murs disparaissant sous les touffes épaisses des plantes parasites ; des monceaux de décombres bloquaient les routes, mais ils ne gênaient personne. Le silence universel nous oppressait, et nous nous sentîmes presque soulagés en reconnaissant à la mauvaise odeur qui assaillit nos narines, que nous approchions d'une rue habitée.

Le coin le plus animé de la ville se trouvait dans un endroit où quelques boutiques de chow-chow subsistaient encore. Deux rues en partie habitées se croisaient sur ce point. Nous excitâmes quelque intérêt dans une troupe de petits garçons affamés et déguenillés, mais en général la population avait l'air trop abattue pour regarder fixement un barbare, et nous pûmes errer sans obstacle partout où nous eûmes la fantaisie d'aller.

En nous dirigeant vers un fort qui couronnait une falaise suspendue au-dessus de la rivière, nous passâmes sous des arceaux de pierre qui s'élevaient encore majestueusement au milieu des ruines qui les entouraient. De ce poste élevé nous dominions toute l'enceinte que renfermaient les murs de la ville et qui était parsemée de décombres dans toutes les directions.

Les insurgés prirent Ching-Kiang presque sans résistance, le 1er avril 1853, et la conservèrent, en dépit des efforts de l'armée impériale, jusqu'au commencement de 1857; ils évacuèrent alors la place faute de vivres; la ville est restée depuis lors aux mains des impériaux. A en juger cependant par la répugnance que témoignent ses anciens habitants à s'y établir de nouveau, la confiance est imparfaitement rétablie. Les marchands et les trafiquants les plus pauvres se sont seuls aventurés dans ses rues en ruines, et malgré les efforts que tente le gouvernement pour donner quelque élan au mouvement de la population en relevant les bâtiments publics, comme les bureaux du gouvernement, le temple de Confucius, la tour du Tambour, les résultats ne sont pas encourageants. Pendant leur occupation, les rebelles ont fait étendre l'enceinte de la ville; ils ont construit un mur du côté de l'Orient, qui arrive jusqu'aux hauteurs. Il suit ensuite le bord de la rivière, ce qui ajoute un assez grand espace aux anciennes murailles dans les deux directions. La population de Chin-Kiang s'élevait autrefois, dit-on, à 500,000 âmes; il n'y a pas maintenant plus de 500 personnes dans la ville.

Le 18. — Nous avons peint sur les rochers un niveau d'eau, afin de pouvoir plus suivre aisément les variations de la marée. Comme nous n'avions pas de crue à attendre aujourd'hui et que le vaisseau restait immobile, nous avons frété un petit bateau indigène pour faire une exploration à l'Ile d'Or, à cinq milles de notre rocher. En approchant, nous découvrîmes, à notre grand étonnement, que nous n'avions plus affaire à une île. Des champs de choux, dans le meilleur état, occupent maintenant l'espace marqué sur la carte comme un canal contenant quatre brasses d'eau.

Nous abordâmes sur cette péninsule de formation nouvelle, et nous la traversâmes pour arriver au rocher. Montant des marches taillées dans le roc vif, nous arrivâmes au pied de la pagode, dépouillée maintenant de tous les ornements extérieurs qui l'avaient rendue célèbre, mais encore debout, monument dégradé d'une gloire passée et des beautés qui l'environnaient.

Des monceaux de décombres indiquent la place où s'élevaient naguère des groupes pittoresques de temples et de pagodes. Les Chinois eux-mêmes appréciaient toute la romantique beauté du lieu. Sir John Davis décrit ainsi l'impression que l'Ile d'Or lui avait produite de loin, il y a bien des années : « La célèbre Kinskan ou Ile d'Or, avec toutes ses pagodes, les toits sculptés de ses temples et de ses autres bâtiments, semblait s'élever comme une création féerique au sein des ondes du Kiang. Cet endroit pittoresque est célèbre dans toute la Chine, » ajoute-t-il.

Maintenant, à l'exception de la pagode, elle-même dépouillée, il ne reste pas pierre sur pierre des autres bâtiments. Bien que la destruction en soit si récente, le même parfum d'antiquité semble envelopper ce lieu sacré. Les marches taillées dans le roc sont usées et sur le point de s'écrouler ; les ruines ont l'air d'avoir subi depuis des siècles les injures des barbares. Une ligne de murailles, portant dans ses embrasures quelques misérables canons, quelques misérables soldats couchés dans des tentes de nattes, et une quantité de drapeaux aux couleurs éclatantes, indiquent que c'est un poste militaire. On aperçoit des bannières et des embrasures sur le sommet de plusieurs montagnes qui entourent la ville de Chin-Kiang. S'il fallait juger par là des préparatifs de défense, ils pourraient être considérables ; mais on peut se permettre d'affirmer qu'il y a plus de drapeaux que d'embrasures, plus d'embrasures que de canons et plus de canons que de soldats.

Nous nous assîmes au faîte du rocher pour manger un sandwich, boire un verre de sherry et pour contempler la vue. C'était un spectacle d'une mélancolique beauté : à droite, les squelettes des maisons de la ville groupés sur les flancs des montagnes et remplissant tout l'amphithéâtre de leurs ruines, le mur suivant les replis des montagnes, hérissé de drapeaux aux vives couleurs au milieu de cette scène de désolation, et défendant ironiquement, à ce qu'il nous semblait, tout ce lugubre amas de décombres; au delà, la silhouette irrégulière des montagnes éloignées, le vaste fleuve qui se déroulait fièrement au nord et à l'est dans des plaines fertiles; en face de nous l'Ile d'Argent, son brillant coloris adouci par la distance et ses contours onduleux contrastant avec les falaises à pic qui s'élevaient à côté, tout cela formait un tableau agréable à contempler par un beau jour d'automne.

Nous apercevions les vaisseaux à l'ancre au milieu du fleuve; nous nous serions volontiers privés du coup d'œil que présentait celui qui nous offrait le flanc et qui était fort penché d'un côté. La situation de Chin-Kiang, les ruines et la nature du pays environnant me rappelaient Kertch après l'évacuation des Russes. Nous traversâmes la ville en retournant au vaisseau; en y arrivant nous trouvâmes l'équipage fort animé par l'espérance de sortir d'embarras. Les roues tournaient violemment; on voyait des câbles dans tous les sens, ceux qui ne halaient pas sautaient sur le pont pour remettre le vaisseau en mouvement. A la fin, un effort général fut couronné de succès, et *le Furieux* sembla littéralement descendre de son perchoir dans les hautes eaux. Trois joyeux hourras saluèrent ce triomphe; mais à peine s'étaient-ils éteints, qu'à notre grand étonnement nous les entendîmes répétés sur la rive. Nous nous demandions si les Chinois se moquaient de nous, lorsque les hourras recommencèrent, et nous distinguâmes lord Elgin et quelques promeneurs qui témoignaient ainsi leur satisfaction. Le calme de la soirée était si grand que les sons portaient à une distance extraordinaire. Nous avions enlevé du vaisseau le poids de deux cent soixante tonneaux avant de l'avoir allégé suffisamment pour qu'il pût quitter le rocher.

Le 19. — Apprenant qu'on passerait toute la journée à remonter à bord tous les objets pesants, nous débarquâmes sur la rive droite pour faire un tour avec nos fusils dans le but d'explorer le pays. Nous tuâmes six faisans dans l'espace moitié champ, moitié lande qui s'étendait à côté de la rivière, et l'un de nous tira sur un daim. Nous approchâmes de la petite ville de Tan-too, mais sans y entrer. Les rebelles s'en étaient emparés plusieurs fois, et c'était le point extrême de leurs succès du côté de la mer. Tan-Too était dans une situation plus florissante que Chin-Kiang, mais sa prospérité n'était qu'une question de contraste. Bien que les Impériaux l'eussent reprise bien avant Chin-Kiang, une grande partie de la ville était en ruines. On n'avait pas cherché à reconstruire les temples, et la plupart des habitants pauvres vivaient dans des tentes de paille. M. Wylie, attaché de la mission américaine à Shanghai, qui avait accompagné l'escadre pendant une partie de notre voyage sur la rivière, nous dit que Tan-Too était naguère une petite place commerciale fort active et que le trafic y était parfois considérable, grâce aux nombreux bateaux qui traversaient la crique au fond de laquelle elle s'élève, et qui sert de communication avec le grand canal dans les saisons où la route par Chin-Kiang est impraticable.

Le 20. — Le matin, peu après le point du jour, nous avons dit adieu à l'Ile d'Argent ou comme les Chinois l'appellent, Tseaou-Shen, la montagne de Chagrin, nom parfaitement approprié à notre expérience. En dépit des amusantes critiques de M. Meadows sur le système de traduction que le père Huc applique aux noms chinois, en donnant parfois libre carrière à son imagination poétique, je me permettrai une petite faiblesse du même genre, en partie parce que tous les sinologues n'admettent pas la force des objections de M. Meadows, et que je ne puis pas admettre l'exactitude de l'analogie, seul point qui soit de ma compétence.

M. Meadows remarque très-justement qu'il serait absurde pour un Français qui parlerait de « Reading, » de traduire ce nom par le mot de « Lecture, » mais il n'est pas exact d'ajouter qu'il serait tout aussi absurde de parler de « Bath » sous le nom de « Bain. » On peut se demander si « Reading » est le véritable mot anglais pour dire « Lecture ; » mais il est au moins fort probable que s'il n'y avait pas eu de bains à Bath, cette ville eût été dotée d'une appellation moins significative.

Le nom de la grande rivière sur laquelle nous naviguons a généralement reçu une interprétation qui n'est pas exacte, à ce que m'ont assuré MM. Wade et Lay. « Le fils de l'Océan » est assurément une traduction plus poétique du mot Yang-tse-Kiang, que « le Fils qui s'étend ; » mais on dit que cette dernière signification est la vraie, ce qui paraît probable, puisque la rivière ne porte ce nom qu'à partir de l'Ile d'Argent, là où le Delta commence, lorsque ses ondes se répandent sur de vastes plaines d'alluvion qui descendent jusqu'à la mer.

Au-dessus de l'Ile d'Argent, les indigènes ne connaissaient la rivière que sous le nom du Ta-Kiang ou Grande Rivière, mot qui s'écrirait Ta-Cheang, si on suivait la prononciation.

J'ai conservé cependant dans cette circonstance l'ancienne orthographe, afin d'éviter toute confusion. En général, en donnant les noms des villes sur le bord de la rivière, j'ai eu pour principe de chercher le plus possible à rendre en caractères anglais le son du mot chinois. Je sais qu'en agissant ainsi je m'attire le mépris et l'indignation des sinologues chinois les plus indulgents. Ils ont cherché, en employant les alphabets des autres langues européennes et en ajoutant leurs différents modes d'accentuation et de prononciation en addition aux nôtres, à faire arriver à nos oreilles anglaises quelque idée des sons qui sortent des bouches et des nez des Chinois.

Je soutiens qu'il n'y a pas de lettres connues aux mortels civilisés qui puissent leur faire imaginer des sons qu'ils ignorent complétement. A vrai dire, la difficulté de la tâche est assez prouvée par la variété des moyens employés par les sinologues. Prenez par exemple le nom d'une ville sur la rivière, que feu M. Morison écrivait Ke-Chow : Williams l'écrit Ki-Chau, Wade l'épelle Chi-Chou et les cartes des Jésuites portent Khi-Tcheou. Pour moi, qui ignore complétement le chinois, je suppose que mon lecteur est aussi peu versé que moi dans cette harmonieuse langue, et je lui conseillerais d'éternuer, ce qui me paraîtrait la façon la plus simple d'imiter le son que produit un Chinois en parlant de la ville susdite. Les autorités auxquelles je viens de faire allusion écrivaient de quatre manières différentes le nom de la ville près de laquelle nous laissâmes plus tard *la Rétribution*, Kew-Kien, Kiu-Kien, Chiu-hsien, Kieou-Sien.

Prenons donc la résolution de prononcer les noms chinois avec un honnête accent saxon, et laissons les grognements et les reniflements qui leur appartiennent en propre aux gens qui ont étudié l'art de produire de pareils sons. A Canton, nous avons anglicisé le mot propre de façon à ce qu'il puisse être prononcé par des langues anglaises; nous ne parlons pas de Ning-Poh; ne nous laissons pas persuader d'appeler Pékin, Pei-Ching, comme l'indique le dernier vocabulaire, car, même dans ce cas, nous ne pourrions jamais nous faire comprendre d'un Chinois.

A l'avenir, nous passerons donc pour des voyageurs qui explorent les grandes eaux du Ta-Kiang, qui mérite bien ce titre ronflant. Nous venions de dépasser l'Ile d'Or lorsque nous nous trouvâmes à côté de la ville murée de Kwa-Chow ou l'île des Citrouilles. C'est là que le grand canal venant du Nord entre dans le Ta-Kiang, et jadis une foule compacte de jonques de commerce se pressait toujours sur ce point. Les rebelles se sont emparés de cette ville le lendemain de la prise de Chin-Kiang, et elle n'est rentrée au pouvoir de l'Empereur qu'en 1857. C'est maintenant un poste militaire. Nous apercevons un gros corps de cavalerie campé au milieu des ruines; mais on ne voyait pas une seule jonque de commerce en ce lieu, qui était autrefois la grande route du commerce intérieur de l'empire.

Lord Elgin fait allusion en ces termes à la situation du grand canal, par rapport à sa récente politique dans le Nord : « Peu après avoir quitté l'Ile d'Argent, nous arrivâmes à l'embouchure du grand canal, que nous trouvâmes entièrement déserte; quelques vaisseaux de guerre impériaux y naviguaient seuls. Le capitaine Osborne m'a raconté qu'en 1842, lorsqu'il était venu au même endroit, les jonques chargées de grain étaient si nombreuses qu'il était difficile de s'ouvrir un passage au milieu d'elles. Votre Seigneurie se souviendra peut-être que, lorsque je résolus au mois d'avril dernier d'aller exercer une pression sur l'Empereur en remontant le Peïho jusqu'à Tientsin, on dit de plusieurs côtés que j'aurais mieux fait de suivre les précédents de la dernière guerre et d'établir un blocus dans le Yang-tse. Je crus alors que cette suggestion était un anachronisme, et ce que je viens de voir dans cette course me confirme dans cette opinion.

« Nous ne pouvions faire plus que les rebelles n'ont fait pour infliger des souffrances à la population et pour rendre ces districts improductifs pour le gouvernement, et cependant cette conduite n'a eu aucun effet sur la cour de Pékin. »

En avançant au delà de Kwa-Chow, nous traversâmes les districts d'Eching et de Luh-Ho, qui ont été fréquemment le théâtre des excursions des Taï-Ping. Ils ont été récemment infestés d'émeutiers d'une autre nature, connus dans le pays sous le nom de Nee-Féi. Leurs déprédations sont plus locales, mais ils sont tout aussi redoutés que les autres.

Le pays devient plus montueux, et, à quatre heures de l'après-midi, nous passons sous la pagode de Ping-Shan, située au sommet d'une montagne derrière laquelle se détache une chaîne de pics irréguliers, des vallées aux ombres noirâtres et des crêtes dorées par les rayons du soleil du soir. Mais nous approchons Nankin de trop près pour songer à des effets autres que ceux que va produire l'apparition de *la Lee* en face des batteries. Cette canonnière, portant M. Wade, a été expédiée en avant pour sonder le errain et pour entrer en communication avec les rebelles s'ils y étaient enclins[1]. Nous suivons, à un mille de distance, *le Dove*

---

1. Je donne ici le mémorandum remis par lord Elgin au capitaine Barker à cette occasion, ainsi que les instructions données par cet officier au lieutenant Jones qui commandait *la Lee* :

Mémorandum pour servir de renseignements au capitaine Barker.

« Il faut éviter toute collision avec les rebelles, s'il est possible. Si les autorités de Nankin montrent donc quelque désir d'entrer en communication avec nous, il faut se tenir prêt à leur donner toutes les assurances raisonnables de nos intentions pacifiques. Cependant, il sera bon de leur faire savoir que nous remontons la rivière en conséquence des droits à nous conduisant *la Rétribution*, et *le Furieux* remorquant *le Croiseur*.

On peut imaginer avec quelle anxiété nous suivions le petit bâtiment, qui passait de batterie en batterie sans que les sentinelles pussent l'apercevoir. Nous traversions dans ce moment la flotte des jonques impériales qui formaient l'avant-garde des forces qui investissaient Nankin. L'équipage de tous ces vaisseaux suivait nos manœuvres avec l'intérêt le plus vif. Enfin, au moment où *la Lee* semblait hors de la portée de la dernière batterie, le drapeau rouge parut sur tous les forts, et le plus éloigné tira un coup de canon; les boulets sifflèrent au-dessus de *la Lee*, qui arbora vivement le pavillon de trêve. Bien loin de produire l'effet désiré, à peine ce pavillon flottait-il depuis trois minutes que sept coups de canon se succédant rapidement vinrent l'assaillir, tandis que le lieutenant Jones, fidèle à ses instructions, attendait pour rendre le feu de voir le signal d'engagement hissé sur le grand mât de *la Rétribution*. Cependant *le Dove* se trouvait à portée et ouvrit vivement le bal, au moment où *la Lee* se vengeait de sa patience par une vigoureuse canonnade. *La Rétribution, le Furieux* et *le Croiseur* serrèrent les batteries de près, et lancèrent une pluie assez chaude de boulets et de bombes, en avançant très-lentement. La rivière sur ce point n'a guère plus d'un mille de yards de large, et les deux rives sont occupées par des batteries qui répondaient vivement à notre feu et donnaient pleine occupation aux canons de tribord comme à ceux de bâbord.

acquis par le traité, et que nous résisterons à toute tentative pour arrêter notre marche, d'où qu'elle vienne.

« Elgin et Kincardine. »

Instructions adressées au lieutenant Jones.

« Je vous donne l'ordre de vous rendre le plus promptement possible à Nankin, en emmenant M. F. Wade, secrétaire chinois. Si on ne fait pas attention à *la Lee*, passez au delà de Nankin, et attendez-moi. Si vous voyez un bateau chargé de fonctionnaires s'avancer évidemment vers *la Lee*, vous vous arrêterez pour entrer en communication; si on tirait sur vous ou près de vous, vous arborerez un pavillon de trêve et vous vous approcherez du fort pour entrer en communication. Si on tire sur le pavillon de trêve, vous rejoindrez immédiatement l'escadre, et, dans aucune circonstance, vous ne tirerez sans un signal de moi.

« *Signé*: C. Barker, officier commandant. »

Lord Elgin s'était établi sur la planche entre les roues, mais un boulet vint couper une corde à deux pieds au-dessus de sa tête, et le capitaine Osborne usa de son autorité de commandant pour nous renvoyer tous sur le pont. Heureusement, bien que le vaisseau fût atteint sept ou huit fois, que deux boulets fussent entrés dans la cabine de lord Elgin, et qu'un autre eût endommagé sa pinasse, nous n'eûmes pas à déplorer d'accident plus grave qu'une écorchure produite par un éclat de bois.

Cependant la *Rétribution*, qui se trouvait devant nous, n'avait pas eu autant de bonheur : elle eut un homme tué et deux autres grièvement blessés ; l'un d'eux, M. Birch, aspirant chargé des signaux, perdit le bras, et l'autre perdit la jambe. Il était tout près de cinq heures et demie, l'action n'avait duré que trente-cinq minutes, et nous avions dépassé tous les forts. Le jour tombait, on résolut de jeter l'ancre pour la nuit à deux milles environ au-dessus de la ville. Le capitaine Barker, après avoir tenu conseil avec le capitaine Osborne, décida qu'on ne pouvait laisser impunie l'impertinence dont les rebelles avaient fait preuve en s'opposant à notre marche et en tirant sur un pavillon de trêve. Lord Elgin fut complétement du même avis, et il fut convenu que le lendemain, au point du jour, nous nous établirions en face des batteries pour les réduire en ruines et enseigner la soumission à leur garnison.

XV

Nouvel engagement. — Bombardement fort vif. — On démonte les batteries. — Engagement entre les rebelles et les impériaux. — Nous reprenons notre voyage. — Les rebelles reçoivent une leçon. — Nous abordons pour recueillir des renseignements. — Pauvreté des paysans. — Prière de venir en aide aux rebelles. — Notification en réponse. — Nous entrons dans la province de Ngan-Hwui. — Procession militaire. — Les grilles des piliers de l'Orient et de l'Occident. — Arrivée à Woohoo. — Lettre du chef des rebelles. — Nous lui faisons une visite. — Foule indisciplinée. — Costumes variés. — Un espion de l'Empereur. — Ancienne position de Woohoo. — État actuel. — Un manifeste Tai-Ping.

Le 21 octobre. — Le jour n'avait pas encore commencé à poindre que nous étions tous éveillés et en mouvement à bord du *Furieux*. Le feu soutenu si vigoureusement la veille au soir et l'empressement que les rebelles avaient témoigné pour en venir à un engagement nous faisaient présager une action assez vive dans la matinée, et nous étions réchauffés par l'excitation salutaire de l'attente. Peu à peu les deux montagnes au pied desquelles se trouve Nankin commencèrent à apparaître au travers du brouillard du matin, et on distingua bientôt les longues lignes des batteries de la rive droite.

En face, le fort unique de Poo-Kow était réservé exclusivement au *Croiseur*, et, en examinant les belles proportions de cet élégant bâtiment, nous ne mettions pas en doute le bon compte que ses dix-huit canons rendraient des batteries. Par degrés, les détails de la perspective devinrent parfaitement distincts; tout d'un coup les batteries parurent plus grandes, et je m'aperçus enfin que nous n'étions plus à l'ancre, mais que nous étions silencieusement portés par la marée aux postes respectifs désignés aux différents vaisseaux.

La batterie du Poo-Kow étant la plus rapprochée, *le Croiseur* engagea le premier l'action, et le brave commandant Bythesea semblait résolu à ne pas laisser d'excuse à la garnison si elle le manquait. Il plaça tranquillement son vaisseau à cinquante yards des canons, comme s'il défiait l'ennemi au combat, et puis il ouvrit le feu avec des résultats immédiats. On lui répondit par quelques faibles décharges; mais le feu du *Croiseur* était si sûr et si efficace qu'il était évident que le fort de Poo-Kow n'était pas destiné à servir longtemps d'abri à sa brave garnison.

La détonation de notre canon à pivot vint nous enlever à la contemplation des hauts faits du *Croiseur*, et les trois autres vaisseaux commencèrent alors de concert avec nous à lancer une telle pluie de boulets, de bombes, d'obus et de fusées dans les batteries, que notre feu de la veille semblait un jeu d'enfant en comparaison du bombardement que nous faisions aujourd'hui. L'effet sur les batteries des rebelles était manifeste; ils répondirent faiblement et avec des intervalles. Des vergues du grand mât je plongeais dans les forts, et je voyais les hommes avec leurs habits de couleurs éclatantes qui se pressaient autour des canons, ou qui se groupaient dans des coins abrités pour s'enfuir ensuite comme des lapins lorsqu'une bombe venait éclater près d'eux et lancer des éclats en jetant l'effroi à droite et à gauche.

On pourra juger du degré auquel l'action se passait tout entière d'un seul côté, en apprenant qu'en une heure et demie le vaisseau ne reçut qu'un boulet et qu'aucun accident ne survint à bord des navires. Il était évident que notre bombardement de la veille, ou la rapidité avec laquelle nous avions ouvert le feu le matin, avait complétement découragé nos adversaires. Leur feu finit par cesser entièrement, et, comme le disait tristement un brave petit aspirant, « ils avaient l'air décidés à ne pas nous donner de plaisir. » On renonça donc à l'intention d'aborder et d'enclouer les canons, et nous nous retirâmes d'autant plus volontiers que nous aperçûmes la flotte impériale, que nous avions traversée la veille au soir, qui prenait courage, et, sous la conduite d'un bateau à vapeur au service du gouvernement chinois, qui engageait vivement l'action à trois milles de distance.

Quand les rebelles surent que nous n'avions aucun rapport avec cette vaillante escadre et que nous ne lui venions pas en aide, ils ouvrirent bravement le feu des batteries qui avaient le moins souffert du bombardement, et, en remontant la rivière, nous entendîmes de loin le combat qui continuait avec fureur, probablement sans grands résultats de part ni d'autre.

Les commissaires chinois de Shanghai ont nommé un petit mandarin pour nous accompagner ; sa présence était destinée à nous servir de garantie vis-à-vis des autorités avec lesquelles nous pouvions nous trouver en contact, pour répondre du droit qu'on nous avait reconnu à naviguer sur les eaux du Ta-Kiang. Il devait également nous venir en aide pour les approvisionnements et autres arrangements. Ce personnage vivait dans une barque traînée à la remorque que nous avions laissée à l'ancre dans le fleuve, le matin de l'engagement, pendant que ses habitants allaient chercher un refuge à bord du *Croiseur*, où ils restèrent jusqu'à ce que tout fût fini, en proie à une vive alarme.

Nous remarquâmes sur les hauteurs, derrière Nankin, les tentes et les bannières des forces impériales qui avaient investi la ville ; leur camp semblait occuper une étendue de plusieurs milles.

Peu après nous distinguâmes, en avant sur le fleuve, une flottille de jonques que nous crûmes appartenir aux rebelles, d'autant mieux que nous crûmes les voir tirer sur *le Dove*, qui était à ce moment-là notre canonnière d'avant-garde. Là-dessus on envoya M. Wade sur *la Lee*, pour faire des observations, et il s'assura que ces vaisseaux appartenaient à l'escadre impériale et qu'ils tiraient sur les batteries avancées des rebelles dans cette direction.

L'action était si languissante des deux parts que nous pûmes passer entre les adversaires sans daigner nous apercevoir de leur feu croisé.

Une île, longue de huit milles environ, s'étend de Nankin jusqu'à ce point, et une crique étroite séparait seule les batteries des rebelles de la position occupée par les impériaux à Hea-San-Shan. C'est le seul poste au pouvoir des impériaux sur la rive sud, entre Nankin, et une position au-dessus de Woo-Hoo, soixante milles environ plus haut sur la rivière.

Nous distinguâmes alors des chaînes de montagnes, s'élevant des deux côtés de la rivière à une hauteur de mille à deux mille pieds. Celles du Nord étaient fort éloignées et ne nous apparaissaient que par intervalles. Celles du Midi, au contraire, approchaient parfois de la rivière, elles étaient alors petites et formaient une ligne de falaises suspendues au-dessus des eaux. La plaine qui s'étendait au pied des montagnes du nord, semblait peu peuplée, et, autant que nous pûmes juger, elle était couverte de roseaux et de bruyères. Nous passâmes auprès d'un seul poste insurgé sur la rive nord, celui de Too-tse-Ke, et nous pûmes distinguer dans l'éloignement, la pagode de Ho-Chow, chef-lieu d'un département de ce nom, maintenant aux mains des rebelles. Sir John Davis raconte que quelques personnes de la suite de lord Amherst visitèrent cette ville en remontant la rivière en 1816. En se reportant au compte qu'ils rendaient du trafic qui se faisait alors sur ses ondes, il est triste de penser au changement que les dernières années ont apporté dans le commerce intérieur de la Chine centrale. Pendant tout le trajet de la journée, nous n'avions pas aperçu une seule jonque sur cette magnifique grande route de commerce.

Nous n'étions pas destinés à voir se terminer tranquillement cette journée qui avait commencé si bruyamment. En tournant une grande falaise qui projetait dans la rivière, nous arrivâmes tout à coup auprès d'une petite ville bâtie dans un repli des montagnes, et protégée par deux ou trois redoutes circulaires en pierre, armées chacune de trois ou quatre canons. Nous les examinions avec nos lunettes d'approche, et à peu près comme un chien de Terre-Neuve contemplerait un roquet, lorsque à notre grand étonnement une troupe impudente de rebelles se précipitèrent jusqu'au bord de l'eau, vêtus comme à l'ordinaire de vêtements de toutes couleurs, en brandissant des drapeaux jaunes et cramoisis, sous la conduite d'un homme à cheval revêtu d'un habit cramoisi et de pantalons blancs, qui faisait un effet très-pittoresque en caracolant et en paradant à la tête de son régiment bigarré. Il brandissait un mousquet qu'il déchargea d'un air de défi sur nous lorsque nous nous trouvions environ à cinq cents yards de lui, sur quoi ses acolytes firent feu sur nous de la manière la plus absurde et la plus futile. Ils répétèrent trois fois leur décharge, et nous ralentîmes notre course pour les regarder, mais lorsqu'ils se précipitèrent tous dans l'une des redoutes circulaires et qu'ils pointèrent sur nous l'un de leurs gros canons, nous trouvâmes que la plaisanterie avait été poussée assez loin et nous leur envoyâmes un boulet qui passa en sifflant au-dessus de leurs têtes. Mais les bannières flottaient d'un air plus arrogant que jamais, sur quoi la *Rétribution* envoya une bombe habilement dirigée au milieu du fort, ce qui fit sauter tout le bâtiment et envoya les membres de la garnison qui avaient survécu, sur le flanc de la montagne; leur chef, frappé de terreur, courait à pied et roulait à tout moment dans sa fuite précipitée, tandis que les vêtements éclatants de ses soldats flottaient au vent dans leur course à sa suite. Ce spectacle amusa tellement les matelots qu'ils eurent de la peine à rester debout auprès de leurs canons, tant ils riaient.

La ville proprement dite était entourée d'un mur et perchée sur une petite montagne éloignée de quinze cents yards environ. Une foule considérable, principalement composée de soldats rebelles, s'était formée en dehors des portes pour contempler l'engagement. Nous leur envoyâmes une petite bombe pour leur donner une idée de nos armements. L'impression produite par ce petit épisode fut extrêmement salutaire, comme nous pûmes nous en assurer le soir même en jetant l'ancre à quelques milles de là, tout près de la préfecture de Tai-Ping. L'endroit où se passa cette petite aventure, s'appelait Tsae-Shih-Ke.

La rivière se divisait en trois passages au-dessous de Tai-Ping, ce qui nous embarrassa un peu au moment du coucher du soleil, en sorte que nous nous arrêtâmes pour passer la nuit pendant que j'allais à terre avec M. Wade dans le but de recueillir quelques renseignements auprès des paysans que nous pourrions rencontrer au sujet des mérites relatifs des trois passages. Après l'expérience que nous venions de faire de leurs dispositions à notre égard, nous étions tenus de procéder avec précaution. Comme on ne croyait pas prudent de s'éloigner hors de la vue ni de la portée des vaisseaux, nous abordâmes auprès d'une chaumière qui se trouvait à quelques yards du bord de la rivière et nous nous avançâmes seuls pour faire une reconnaissance. On n'apercevait pas une âme; un chien à la voix rauque, qui aboyait sans cesse après nous, donnait seul signe de vie, jusqu'au moment où nous réussîmes à déterrer une vieille femme fort décrépite qui refusait de comprendre l'excellent chinois de M. Wade, jusqu'à ce qu'un vieillard, qui lui entendait réitérer l'assurance de ne leur faire aucun mal, sortît de sa cachette; mais il ne se trouva pas beaucoup plus intelligent que sa femme. Ses longs cheveux embrouillés cachaient en partie la queue roulée par-dessous; sa pâleur cadavéreuse et ses vêtements en lambeaux prouvaient que la rébellion ne lui avait pas profité. Lorsque nous lui demandâmes s'il faisait partie des rebelles, il repartit en haussant les épaules : « Comment pourrait-il en être autrement? » Il nous dit qu'il était horriblement pauvre, et nous fit entendre que lui et tous ses voisins avaient été complétement ruinés par ces « odieuses pestes, » comme les loyalistes les appellent d'ordinaire. L'aspect du pays environnant confirmait complétement les renseignements que nous donnait le vieillard sur la misère des habitants; car, outre la population agricole qui appartenait habituellement au sol, les champs étaient parsemés de petites huttes de paille, demeures temporaires des habitants de la ville, qui avaient été chassés de leur domicile par les rebelles, ces vagabonds ayant l'habitude de s'approprier les maisons des malheureux citadins.

Toute la population des districts occupés par les rebelles se laisse pousser les cheveux, attendu que les cheveux longs sont le signe distinctif de la faction de Taï-Ping. C'est de là que leur est venu le nom « d'hommes aux longs cheveux. » Cependant, par prudence, ils conservent généralement leur queue sous leurs cheveux flottants, afin de pouvoir reprendre, au moyen de quelques coups de ciseaux, l'air d'un adhérent à la cause impériale, s'il leur arrivait de tomber dans les griffes des impériaux.

Peu après notre retour sur le vaisseau, lord Elgin reçut une communication d'un chef rebelle de Tai-Ping, contenue dans une enveloppe jaune dont l'un des côtés portait : « Votre frère cadet, Tsien-Tien cadet de la marine, Hiung-Kwang-Ming, salue respectueusement Vos Excellences les étrangers. » De l'autre côté la date : « Treizième jour de la dixième lune de la huitième année, c'est-à-dire le Wu-Wu du royaume Céleste de Tai-Ping, » était recouverte du sceau officiel du même Hiung, portant tous les titres énumérés ci-dessus.

La lettre contenait d'abord les salutations reproduites sur l'enveloppe et continuait comme il suit : « Votre frère cadet se trouvant chargé du commandement en chef des vaisseaux armés (*litt.* canons) du Royaume Céleste, et luttant depuis plusieurs années avec les barques des démons, sans pouvoir venir à bout de les détruire, il conjure Vos Excellences étrangères de l'assister de tout votre cœur et de toute votre force pour annihiler les bâtiments rebelles. Votre frère cadet présentera un mémoire au Roi Céleste pour l'engager à conférer des titres et des récompenses à Vos Excellences étrangères. »

Les séductions qu'ils nous offraient n'étaient pas, malheureusement pour les rebelles, suffisamment tentantes pour engager lord Elgin à leur venir en aide dans leur louable projet d'extermination des démons ou sorciers, comme les rebelles appellent d'ordinaire les impériaux.

Lord Elgin leur répondit par la notification suivante :

« Le comte d'Elgin, ambassadeur de S. M. la reine d'Angleterre, publie une notification : Un certain nombre des vaisseaux de Sa Majesté se rendant à Hankow, l'ambassadeur désirait très-particulièrement que le parti en possession de Nankin comprît bien que les vaisseaux n'arrivaient pas avec la moindre intention hostile à son égard. Dans ce but, il détacha en avant un petit bâtiment. On tira un coup de canon auquel, d'après ses instructions, il ne répondit pas et se contenta d'arborer un pavillon de trêve. Cependant la garnison de Nankin continua de tirer sur ce bâtiment. En conséquence, les forts qui fermaient le passage ont été pris et démolis, comme avertissement à tous ceux qui pourraient avoir envie par la suite de troubler la marche des vaisseaux de Sa Majesté. »

Nous apprîmes plus tard que les nouvelles du châtiment que nous avions infligé le matin à Nankin étaient arrivées à Tai-Ping par terre aussi vite que nous par eau, et qu'elles avaient produit l'impression que lord Elgin désirait faire sur les commandants rebelles des forts situés plus avant dans la rivière. Le traitement un peu rude que nous avions fait subir aux insurgés de Nankin lui semblait justifié par la nécessité où nous nous trouvions de nous mettre à l'abri de nouvelles molestations.

Nous eûmes dans la soirée une nouvelle preuve de leur désir de nous concilier. Nous étions rentrés chez nous, lorsqu'on nous réveilla pour recevoir un présent de volailles et de drap rouge destiné à lord Elgin.

Le 22. — Les canonnières ont levé l'ancre de bonne heure ce matin pour étudier les mérites respectifs des passages. Nous tombons enfin sur le bon, et, en le suivant, nous voyons fort à notre aise la ville de Tai-Ping-Foo. C'est une préfecture de la province de Ngang-Hwui, et elle sert depuis plusieurs années de place forte aux insurgés. Ils l'ont prise le 7 mars 1853. On dit que sept ou huit mille hommes de troupes y sont casernés.

Nous voilà dans la province de Ngang-Hwui. Nous y sommes entrés hier, quelques milles au-dessus de Tai-Ping. Ngang-Hwui veut dire « Paix et Excellence, » c'est-à-dire la province paisible et excellente. Elle formait autrefois une seule province avec Kiang-Su, sous le nom de Kiang-Nan. Son territoire est plus considérable que celui de Kiang-Su; il compte environ de quarante à cinquante milles carrés. L'étendue de ces deux provinces est à peu près celle des deux États de New-York et de Pensylvanie, et la population de Ngang-Hwui était estimée dans le dernier recensement à trente-quatre millions.

Nous venions de sortir des défilés étroits qui passent à côté de Tai-Ping, lorsque *la Rétribution* vint à toucher encore en vue des trois pagodes de la ville. On passa toute la journée à la tirer de là. Cependant le temps n'était pas perdu pour les observations; les canonnières travaillaient activement à étudier la rivière pour en dresser la carte. Un corps de rebelles entra en communication avec le commandant Wande pendant qu'il était ainsi occupé; ils lui assurèrent qu'on avait tiré sur nous à Nankin par méprise, qu'on avait donné des ordres pour que ce fait ne se reproduisît pas, et qu'on accepterait avec reconnaissance toute espèce d'armes et de munitions, surtout des capsules. Pendant que nous étions à l'ancre sur ce point, nous aperçûmes un détachement qu'on pouvait estimer à cinq mille hommes, qui sortait de Tai-Ping, apparemment dans la direction de Woo-Hoo. Le flot de soldats dura environ trois quarts d'heure; ils présentaient un aspect pittoresque : les officiers à cheval en bleu, en rouge, en jaune, et les hommes avec des uniformes de toutes les nuances, tandis que des centaines de parasols éclatants et de bannières flottantes ajoutaient à la splendeur de la procession. Avant le coucher du soleil, à notre grande joie, on parvint à retirer *la Rétribution* de son banc de sable et à la remettre à l'eau; mais il était trop tard ce soir-là, et nous avions encore une quantité d'ancres à relever, ce qui occasionna quelque retard.

Le 23. — Nous levons l'ancre à onze heures, à quatorze milles au delà de Tai-Ping. Nous arrivons au paysage le plus pittoresque que nous ayons encore vu. La rivière s'ouvre un chemin à travers une énorme barrière de rochers, dont les côtés s'élèvent à pic au-dessus des eaux; leurs flancs rugueux sont sillonnés de sentiers et d'escaliers en zigzag taillés dans le roc vif, et les plateaux avançant forment des batteries.

Ces belles masses de rochers s'appellent les Se-Leang-Shan et les Tung-Leang-Shan, ou les Piliers de montagnes d'Occident et d'Orient, ou plus poétiquement les Teen-Mun, ou Porte Céleste.

Les Se-Leang-Shan ressemblent comme forme, sur une petite échelle, au rocher de Gibraltar. Davis en estime la hauteur à cinq cents pieds; je ne l'aurais pas crue de plus de trois cents pieds. A moitié chemin se trouvait un temple taillé dans le roc qu'il visita, et qui est probablement transformé maintenant en un corps de garde. Une foule de soldats aux vêtements éclatants encombraient les batteries; leurs drapeaux flottaient sur des pointes de rochers en apparence inaccessibles, et leurs canons étaient perchés dans des creux où il semblait fort dangereux d'aller les servir. Nous nous félicitâmes en traversant cette gorge étroite, car la rivière n'avait pas plus d'un demi-mille de large, de ce que la garnison avait reçu l'ordre de se contenter de nous regarder, ce qu'elle faisait avec la plus grande curiosité.

Ce défilé sert de clef à toute la partie supérieure de la rivière, et serait imprenable entre les mains d'une armée civilisée. Pour le moment, il n'y a pas une jonque impériale qui puisse se montrer entre Woo-Hoo et Nankin, et comme toutes les jonques des rebelles ont été détruites, la rivière est complétement déserte. Au pied du Se-Leang-Shan se trouve une petite ville, protégée par une batterie, et où on pourrait placer quelques canons sur une langue de sable qui s'étend jusqu'à la rivière. En sortant de ce défilé, nous arrivons à une bifurcation de la rivière. Nous suivons le bras méridional, qui est profond et comparativement étroit, et qui serpente sous des falaises qui forment la rive méridionale, pendant que cinq forts, dans un admirable état et solidement construits, s'élèvent en face sur une île parfaitement plate. Les murs semblaient composés de boue solidifiée. Il y avait des meurtrières pour les mousquets et de petites embrasures pour les couleuvrines. Les canons paraissaient rares; on n'en voyait qu'aux angles, qui étaient construits en pierres de taille.

Ces batteries étaient éloignées les unes des autres d'un demi-mille, tout au bord de la rivière, et elles étaient bien gardées. Dans l'ensemble, si nos observations au sujet des rebelles n'avaient porté que sur l'apparence de leurs fortifications et de leurs garnisons dans cette partie de la rivière, nous aurions été conduits à nous former de leur puissance et de leurs ressources, une idée beaucoup plus favorable que ne justifièrent, par la suite, les renseignements que nous pûmes recueillir. La Porte Céleste était indubitablement le point où ils étaient le plus formidables, et il est probable que ce sera la dernière place forte qui restera entre leurs mains. On dit qu'ils y conservent une grande partie de leur trésor.

Vers trois heures de l'après-midi, nous vîmes en vue des deux pagodes qui indiquent la ville de Woo-Hoo, qui est un chef-lieu de district, et peu après nous jetâmes l'ancre devant ses longues murailles blanches. Woo-Hoo est le point le plus reculé de la rivière qui ait été atteint jusqu'ici par un vaisseau étranger ; la frégate à vapeur américaine *la Susquehanna* y est venue il y a quelques années. La mission de lord Amherst, qui a remonté la rivière jusqu'au lac de Poyang, était montée sur des bateaux indigènes. Une foule nombreuse et variée se pressait au bord de l'eau lorsque nous jetâmes tranquillement l'ancre devant la porte principale ; M. Wade fut immédiatement envoyé à terre pour entrer en communication avec la population. Le but de sa mission était surtout d'obtenir des provisions. Notre fonctionnaire chinois était naturellement invisible en pareille occurrence, en sa qualité de serviteur de l'Empereur au cœur du pays révolté. La seule idée qu'on pût soupçonner sa présence le remplissait d'effroi.

M. Wade, qui ne débarqua pas, revint bientôt nous apprendre qu'il avait été informé par un homme de Hoo-Peh, qui se donnait pour un officier de la garnison, du désir des autorités de faire tout ce qui serait en leur pouvoir pour nous témoigner leur empressement. On lui remit également, de la part de How, commandant de Woo-Hoo, un paquet pour lord Elgin. Il contenait le manifeste original de Tai-Ping-Wang, apporté de Nankin en 1853, et la lettre suivante : « How, le Tsiang-tien-yen, le loyal et le patriotique, par l'ordre céleste du royaume céleste de Tai-Ping, aux frères cadets de Jésus. Attendu que par la bonté du Père céleste et du céleste frère aîné de Jésus, la dynastie céleste vient d'être fondée, et que notre saint maître, le Roi céleste, a reçu l'ordre de descendre sur la terre et de régner sur l'empire (ou sur le monde), il a établi son trône dans la capitale céleste, et, depuis plusieurs années, les peuples des quatre mers ont tourné leurs cœurs vers lui et des milliers d'endroits ont éprouvé son influence civilisatrice. Cinq vaisseaux étrangers vous appartenant à vous, les frères de Jésus, arrivent aujourd'hui dans le royaume central de la dynastie céleste et se trouvent dans le département Ning (Kiang-Ning ou Nankin). Ignorant les propositions que vous pouvez avoir à faire, je vous ai envoyé un messager spécial, Yu-Hing-lung, pour visiter vos vaisseaux et pour s'en enquérir. Si vous avez quelque chose à régler, veuillez m'en informer par lettre. Le quinzième jour de la dixième lune du Wu-Wu, ou huitième année du royaume céleste de Taï-Ping. »

Comme les affaires que nous avions à régler se rapportaient uniquement à du bœuf et à des légumes, Fitzroy et moi nous retournâmes à terre avec M. Wade, en compagnie de M. Mainprize, le payeur du *Furieux*. Cependant M. Lay partit sur une canonnière pour entrer en communication avec les jonques impériales dont on apercevait les pavillons trois milles plus haut dans la rivière.

Une foule bruyante et vêtue de toutes les nuances de l'arc-en-ciel, se poussant jusque dans l'eau pour nous voir de plus près, nous accueillit comme nous mettions pied à terre. Nous fûmes entourés d'une troupe de ces misérables à longues robes et à longs cheveux, pendant que nous entrions dans le fort par une porte en ruines qui constitue sa principale entrée, et suivant une rue étroite et à moitié en décombres, nous entrâmes dans un yamun en fort mauvais état qu'on était en train de réparer. Les accords d'une musique peu harmonieuse annoncèrent notre arrivée au grand dignitaire qui l'habitait et que nous trouvâmes assis en grande cérémonie derrière une espèce de table haute ou d'autel sur lequel étaient placés deux vases sculptés à jour comme des urnes à rafraîchir le vin, en argent ou en imitation d'argent, qui contenaient de longues allumettes en bois couvertes de caractères chinois. La chambre était petite, carrée, tendue de morceaux de soie jaune portant des inscriptions et des devises en chinois qui semblaient appartenir à la doctrine de Confucius autant qu'au christianisme. Le génie qui présidait à cet autel était un homme assez gros, à l'air sensuel, au regard pénétrant, à la physionomie intelligente et corrompue. Il était revêtu d'une robe de soie jaune qui lui descendait du cou jusqu'aux pieds, sans aucun ornement ; il portait autour de la tête un mouchoir orange au milieu duquel il s'était attaché sur le front une épingle de jaspe avec une monture d'or. Ses longs cheveux étaient contenus dans un filet qui lui pendait sur la nuque, comme s'il eût voulu imiter la mode favorite des jeunes filles anglaises de nos jours.

How, car c'était le nom de ce grand homme, nous salua légèrement à notre entrée et nous fit signe de nous asseoir pendant que la foule qui nous avait accompagnés se pressait sans cérémonie dans cette petite pièce. Cette canaille indisciplinée ne témoignait pas le moindre respect pour son chef, qui cherchait en vain à les empêcher de se grouper autour de nous, fort au détriment de cette dignité dans les manières qu'il cherchait évidemment à conserver en notre présence, dans l'espoir de nous inspirer une juste idée de son rang et de son importance. L'odeur d'ail qui régnait parmi ces partisans insoumis, leurs manières brusques et bruyantes et leur malpropreté choquante, contribuaient à rendre notre audience moins agréable qu'elle n'eût pu l'être. Une égalité parfaite ou plutôt une confusion absolue de tous les rangs et de toutes les personnes semblait régner parmi eux ; les gens bien vêtus et les gens en haillons, les jeunes et les vieux se pressaient indistinctement dans cette petite chambre. Je remarquai cependant que les jeunes gens étaient en majorité ; beaucoup d'entre eux avaient passé toute leur vie dans la rébellion et n'avaient point de queue ; la plupart, cependant, portaient une longue queue roulée autour de leurs cheveux en désordre.

How nous apprit qu'il unissait les fonctions de grand prêtre à celles de juge et de commandant. Les allumettes contenues dans les vases portaient chacune une sentence, et, pour l'annoncer au criminel, il suffisait de lui jeter le morceau de bois qui indiquait le châtiment auquel il était condamné. Le bâtiment, comme celui qui l'occupait, était moitié ecclésiastique, moitié séculier ; mais nous ne parvînmes pas à obtenir de How des renseignements bien précis sur le genre de culte auquel il présidait. A vrai dire, nous ne fûmes pas tentés de prolonger notre visite au delà des limites indispensables, et nous lui remîmes une liste des objets dont nous avions besoin, qui fut bientôt transcrite par son secrétaire qui se tenait à ses côtés, et qui cachait sous une grosse paire de lunettes les yeux d'un visage doué d'une vilaine expression. Il était vêtu d'une robe de soie rouge à fleurs qui lui tombait jusqu'aux talons. Près de lui se trouvait un autre scribe, portant une tunique de soie vert-clair et des pantalons rouges flottants. Alors parut un second fonctionnaire, apparemment du même rang que How, car il s'assit auprès de lui et commença à nous examiner minutieusement d'un air assez insolent. Il portait sur la tête un mouchoir orange comme son collègue, mais sa robe était pourpre et recouverte d'une tunique de soie lilas à fleurs. Ces couleurs éclatantes faisaient un joli effet lorsqu'elles étaient fraîches, mais les vêtements de la foule étaient en général fanés, les étoffes étaient minces et déchirées, ce qui leur donnait l'air d'oripeaux peu respectables, auquel venaient s'ajouter les traces de la débauche qui se lisaient sur les traits hagards de tous les assistants.

Les chefs étaient d'anciens habitants de Canton de la pire espèce. L'ivrognerie et la passion de l'opium étaient des vices dominants parmi eux, comme nous l'avoua sans rougir l'un d'eux, qui parlait l'anglais comme on le parle à Canton, et qui était évidemment un coquin de premier calibre. Dans le code original promulgué par Tai-Ping, ceux qui fumaient de l'opium pouvaient être punis de mort. L'une des premières questions que nous fit How fut : « Qu'avez-vous à vendre ? » Ils restèrent évidemment peu édifiés sur notre véracité lorsque nous dîmes que nous n'étions pas des marchands, et How revint à la charge avant notre départ. Il avait eu naguère un petit commerce à Canton.

Nous nous mîmes alors en devoir d'explorer les rues environnantes, et nous vîmes que nous n'étions pas dans la ville, mais dans un poste militaire se composant de trois forts séparés placés sur des éminences, entourés d'un certain nombre de pauvres maisons, et protégés par une muraille qui renfermait le tout dans son enceinte et s'étendait quelque temps au bord de la rivière.

Nous apercevions la ville de Woo-Hoo à un mille et demi environ de l'intérieur des terres. La pagode était en dehors des murs, et pour la visiter nous passâmes sous une voûte où nous vîmes un homme enchaîné par le cou. On nous dit qu'on le soupçonnait d'être un espion au service de l'Empereur. La pagode se composait de cinq étages en fort mauvais état, et les canons qui garnissaient les murs des forts étaient très-mauvais et de très-petit calibre.

Nous fûmes accompagnés dans notre promenade par une foule de gens. M. Wade entama la conversation avec les plus intelligents sur les questions religieuses, mais leur théologie était extrêmement vague et ne les empêchait pas d'employer entre eux le langage le plus grossier.

Nous vîmes fort peu de femmes et elles venaient évidemment toutes du Nord, d'où on les avait probablement amenées lors des expéditions dans cette direction. On disait qu'au commencement du mouvement on avait promulgué un ordre qui interdisait les femmes, et qu'en conséquence on les avait toutes enlevées à leurs maris pour les distribuer différemment dans la suite.

Nous n'eûmes pas le temps de visiter la ville de Woo-Hoo, que Davis donne pour la plus grande ville de cette classe qu'il y ait en Chine. « Nous trouvâmes, » dit-il, « que les rues étaient supérieures à celles de bien des villes du premier rang, et quelques-unes étaient aussi larges et aussi bien garnies de belles boutiques que les rues de Canton. Il faut attribuer au grand commerce intérieur qui passe par cette voie une prospérité et une richesse si extraordinaires. » Il est curieux de comparer cette description de Woo-Hoo avec celle qu'en donne M. Wylie, qui resta en arrière avec *la Rétribution*, pendant que nous remontions la rivière, et qui visita Woo-Hoo dont il parle comme il suit :

« La ville de Woo-Hoo, chef-lieu d'un district, se trouve sur

La garde de nuit à Yedo.

la rive méridionale et appartient à Tai-Ping-Foo, étant éloignée de cette cité de cinquante milles par terre ; les insurgés circulent librement entre ces deux places qu'ils possèdent depuis le 4 mars 1853. La ville est située à un mille et demi de la rivière sur le bord d'un canal, mais il n'en reste guère maintenant que le mur et une partie des deux rues principales, qui ont environ un demi-mille d'étendue jusqu'aux portes du Nord et de l'Est, et se prolongent à peu près à la même distance à l'intérieur. Là se trouvent les boutiques peu nombreuses de quelques marchands qui paraissent mal à l'aise pour exercer leur métier.

Les maisons sont partagées entre les différents corps de soldats qui ont établi leurs quartiers à Woo-Hoo ; la plupart portent un écriteau indiquant le nom de l'officier auquel elles appartiennent. Un grand nombre de maisons possèdent derrière les boutiques de vastes dépendances où les hommes et les chevaux trouvent un abri sans s'inquiéter le moins du monde de l'ordre et de la propreté.

La ville contient deux ou trois résidences officielles, entre autres celles du médecin de l'armée, nommé par commission impériale. En dehors de la grille occidentale, près de la rivière, se trouve un vaste champ couvert de débris de briques et de tuiles, où les fondations des maisons subsistent seules pour indiquer l'existence passée d'un très-grand faubourg. Les Taï-Pings ont élevé au bord de la rivière un camp entouré de murs, avec une série de six forts sur des éminences naturelles, dont les abords sont défendus par des palissades, tandis que le sol est parsemé de trous. Outre le commandant How, l'officier en chef, dont le yamun se trouve dans le camp, s'appelle Hwang Yuh-Ching, 23, (main gauche ou) premier ministre d'État.

Chaque fort a son général et des troupes sous ses ordres. Ils ont changé le nom du pays environnant en celui de Ning-Keang. A huit ou dix milles vers le Sud, à Hwang-Che, ils ont un camp ; on y a soutenu dernièrement plusieurs escarmouches assez vives. De l'autre côté de la rivière, à Urh-Pa, se trouvent plusieurs forts pris aux impériaux. »

En redescendant la rivière nous reçûmes à Woo-Hoo une communication qu'on prétendait venir du céleste Empereur rebelle en personne, écrite sur un long rouleau de soie jaune en caractères rouges. C'était, à vrai dire, un manifeste adressé à tous les étrangers en général ; mais dans cette occasion l'adresse portait ce qui suit : « Pour le regard de joyau de Son Excellence le comte Lai, commissaire impérial de la Grande-Bretagne. » Je joins ici une copie de ce singulier document qui donnera de la nature de la théologie des rebelles et de leur connaissance des Saintes Écritures une idée plus exacte que toutes celles que j'ai pu recueillir dans la conversation. Il n'était pas aussi difficile de se faire une idée de la manière dont ils en pratiquent les préceptes.

Traduction d'un manifeste du décret adressé par le chef des insurgés Tai-Pings aux étrangers.

La pièce suivante fut apportée à Wu-Hu par Lin, chef rebelle d'un haut rang qu'on avait apparemment envoyé dans ce but de Nankin ; *la Rétribution* la trouva à Wu-Hu, lorsqu'elle revint à Kiu-Hien. Elle est écrite sur de la soie jaune, en caractères rouges, c'est-à-dire avec le pinceau vermillon de la Majesté, et elle était contenue dans une enveloppe de papier jaune qui portait ceci :

« Dans (cette enveloppe) est présenté un document — (le mot *présenté* est celui qu'on emploie pour exprimer la remise d'un papier ou d'un renseignement à un supérieur), puis la date, à savoir le jour de la onzième lune du Wu-Wu, la huitième année du royaume céleste de Tai-Ping (paix universelle).

» Sur cette date se trouvent deux cachets : l'un porte quelques signes mystiques qui ne sont pas bien nets, avec le caractère *pu*, universel ; à la marge, au-dessous, un cachet oblong, comme le titre d'une page en chinois, porte ce qui suit : « Chu-Huing-Pang, le loyal et patriotique Pu-Tsin Yen du Céleste Empire du Tai-Ping, chargé du conseil des entreprises, officier de l'hiver. »

C'est sans aucun doute cette personne qui, d'après son surnom de Chu, descend probablement de la race des empereurs Ming, qui emploie le caractère *pin* sur l'enveloppe, la lettre ou le manifeste employant au contraire le ton d'un supérieur à un inférieur.

De l'autre côté de l'enveloppe se trouve l'adresse qu'on suppose écrite à Wu-Hu : « Pour le regard de joyau de Son Excellence le comte Lai, commissaire impérial de la Grande-Bretagne. »

La pièce est écrite en vers de sept pieds, sans grande prétention littéraire et d'une assez mauvaise écriture, singulièrement mauvaise lorsqu'on se rappelle que les Chinois bien élevés ont presque tous une bonne écriture ou au moins une écriture convenable. Un grand nombre d'expressions font croire aux lettrés de Canton qu'elle est écrite par un homme originaire de cette province.

L'auteur emploie tout le temps le pronom impérial « chên » ou « shên » que nous traduisons ordinairement par « nous. »

La colonne est brisée, suivant la coutume chinoise, devant les noms qu'on veut honorer : ceux qui semblent se rapporter à la première personne de la Trinité gagnent deux places; ceux qui indiquent la seconde personne ne gagnent qu'une place. Le caractère destiné à représenter le Saint-Esprit gagne également deux places. On ne le trouve qu'une seule fois. Le mot *T'ien*, ciel, est parfois élevé de deux places; dans ce cas, nous avons mis dans la traduction une lettre majuscule :

1. Nous proclamons pour l'instruction des étrangers, nos frères cadets de l'Océan occidental,

2. Que les choses du ciel diffèrent extrêmement des choses de la terre.

3. Le Père céleste, Shang-Ti, le Shang-Ti Impérial,

4. Est le Père saint de tout ce que le ciel recouvre.

5. Notre frère aîné utérin est Jésus.

6. Notre frère cadet utérin est Siu-Tsing.

7. Dans la troisième lune de l'année *mo shin* (1848), Shang-Ti est descendu,

8. Et il a chargé le roi de l'Orient de devenir un mortel (*lit.* un homme du monde).

9. Dans la cinquième lune de cette année, le Rédempteur est descendu,

10. Et il a chargé le roi de l'Ouest de déployer un pouvoir divin.

11. Le Père et le Frère aîné nous ont conduit à siéger sur (le trône du) royaume céleste,

12. A siéger avec un grand déploiement de forces et de puissance dans la salle du ciel,

13. A faire de la cité céleste notre capitale, à fonder le royaume céleste :

14. (Afin que) les ministres et les peuples de toutes (*lit.* les myriades de) les nations puissent rendre hommage à leur Empereur et Père.

15. La chapelle (ou temple) du vrai Esprit est dans la cour céleste.

16. La chapelle de Ki-Tu (Christ) est également glorieuse à jamais.

17. Dans l'année *ting-yu* (1837) nous sommes montés au ciel.

18. Le Père, avec des paroles de vérité, nous a donné un volume de vers,

19. Avec ordre de le lire et de le tenir pour une preuve;

20. De connaître (ou de reconnaître) par les versets le Père et de tenir ferme.

21. Le Père a commandé en outre au Frère aîné de nous apprendre à le lire.

22. Le Père et le Frère aîné nous ont personnellement instruits et nous ont répété plusieurs fois leurs injonctions.

23. La mesure de la capacité du Père céleste, Shang-Ti, est comme la profondeur de la mer.

24. Les démons se sont ouvert un chemin jusqu'au trente-septième ciel.

25. Le Père et le Frère aîné nous prenant avec eux les ont chassés plusieurs fois.

26. Soutenus à droite et à gauche par les officiers et les soldats du ciel.

27. Ils en ont frappé en cette occasion les deux tiers,

28. Les démons et les esprits furent repoussés d'une porte du ciel après l'autre.

29. Jusqu'à ce qu'ils fussent tous jetés en terre (ou sous la terre).

30. Il n'en resta plus que quelques-uns. (Ainsi) fut manifesté le Père auguste (ou la majesté du Père).

31. Ensuite (ou alors) le Père nous ordonna de retourner dans le monde,

32. Nous promettant d'être en tout notre appui.

33. Il nous enjoignit de mettre notre cœur en repos et de ne pas nous troubler.

34. Lin, le Père, devait marcher pour nous; il répéta deux fois ses injonctions.

35. Dans l'année *Wushin* (1848), quand le roi du Midi fut assiégé dans Kwei-Ping,

36. Nous conjurâmes le Père de descendre et de manifester ses terreurs.

37. Nous étions revenus de Kwang-Si à Kwang-Tung.

38. Le Père céleste descendit dans le monde et délivra (le roi) du Midi.

39. Le roi de l'Orient guérit les maladies. C'est un Esprit Saint.

40. Le Père l'a envoyé avec la mission d'exterminer les démons.

41. Il a détruit des esprits diaboliques innombrables.

42. Et aussi il put arriver sans retard à la capitale (Nankin).

43. Lorsque le Père descendit dans le monde, il fit connaître sa volonté sainte.

44. Nous avons lu tout cela, et nous l'avons bien appris par cœur.

45. Nous connaissions l'infaillibilité du Père (ou que son pouvoir ne pouvait échouer).

46. Et nous avons été chargés par le Père et par le Frère aîné de fonder la (dynastie de) Tai-Ping.

47. Le Père ayant envoyé le roi d'Orient pour guérir les maladies.

48. (En faveur des) les aveugles, les sourds et les muets.

49. Il souffrit des tortures infinies.

50. En combattant les démons, il fut blessé au cou, et tomba la tête la première.

51. Le Père a déclaré par son saint décret :

52. Que lorsque nos guerriers marcheraient, ils endureraient des afflictions inouïes.

53. Que lorsqu'ils viendraient à la cour (à Nankin?), ils souffriraient cruellement.

54. (Les mots du) Le décret saint du Père fut accompli.

55. Le Frère aîné a donné sa vie en rançon pour les pécheurs.

56. Il a été le substitut de myriades et de myriades de milliers d'êtres dans le monde.

57. Le roi d'Orient, en délivrant les malades, a souffert autant que le Frère aîné.

58. Et lorsqu'il est tombé sous la peste, il est retourné dans le séjour (des esprits) pour remercier le Père de ses bontés.

59. On ne peut savoir ce qui est la vérité dans les écrits du Père et du Frère aîné.

60. Celui qui veut choisir la vérité doit monter au ciel haut et élevé.

61. Les saints décrets du Père sont innombrables.

62. Nous publions le sens général d'un ou deux.

63. Il y a quelques années que le Père céleste est descendu dans le monde.

64. Il était accompagné du Frère céleste qui souffrait autant que par le passé.

65. Jésus est notre Seigneur et notre Rédempteur.

66. Et il continue de toute sa force à vous instruire et à vous exhorter.

67. Le Père céleste vous a donné Tsiuren pour vous gouverner.

68. Pourquoi n'obéissez-vous pas complétement ? Pourquoi

poursuivez-vous à plaisir (ou à tort) votre ancienne manière de vivre ?

69. Vous avez souvent (été coupables de) sérieuses désobéissances aux commandements.

70. Si nous ne publions pas nos décrets, votre hardiesse serait aussi étendue que le ciel.

71. Pourquoi le Père céleste est-il descendu sur la terre ?

72. Pourquoi Jésus a-t-il donné sa vie ?

73. Le ciel vous a envoyé un roi pour votre véritable Seigneur.

74. Pourquoi êtes-vous troublés ? Pourquoi vos cœurs sont-ils si agités ?

75. Que vos fils quittent leurs maisons en tout lieu.

76. Qu'ils quittent leurs maisons en tout lieu, qu'ils résolvent d'être de fidèles ministres.

77. Qu'ils s'avancent pour secourir leur roi, farouches comme des tigres et des léopards.

78. Sachant que maintenant qu'ils ont un chef ils peuvent être des hommes.

79. Si vous ne croyez pas que ce qu'il y a de meilleur au monde apparaît en nous,

80. Croyez au moins que le Père Esprit ne se trompe pas dans le choix d'un chef.

81. Acceptez comme une preuve de l'autorité indépendante du ciel,

82. Que bien que des milliers (nous) entourent pleins de courage et d'audace, ils sont dissipés comme de la poussière.

83. Des myriades de pays, des myriades de nations se pressent par myriades dans (notre) cour.

84. (A nous sont?) les myriades de montagnes, les myriades de fleuves à une distance infinie.

85. A des myriades de *li* des myriades d'yeux se pressent.

86. Toute (*lit.* myriade) la sagesse, le bonheur, le mérite (sont à nous ou au Ciel?)

87. Si quelqu'un cache quelque chose au Ciel, qu'il ne dise pas que le Ciel l'ignore.

88. Le Ciel est aussi grand que la mer est profonde, oui, plus grand encore.

89. Contemplez-vous maintenant sans courage et sans résolution.

90. Jusqu'à quand serez-vous des serviteurs infidèles?

91. Rappelez-vous que si dans la troisième veille (de la nuit) vous vous échappez sur la route sombre,

92. Le démon vengeur vous aveuglera avant le jour.

93. Marchez tous dans le droit chemin pour notre roi.

94. Croyez au Père céleste et ne doutez point.

95. Le ciel a produit le chef légitime pour gouverner l'empire (*lit.* les montagnes et les ruisseaux).

Les vers s'arrêtent ici pour le moment, l'auteur continue en prose :

Lorsque Shang-Ti envoya ce decret sacré (*lit.* cette seule sentence d'un décret sacré), il nous ordonna d'y ajouter trois sentences. Nous avons ajouté (celles-ci) :

96. Le Père Céleste et le Céleste Frère aîné ont beaucoup de soucis (ont trop à penser).

97. Tout le pouvoir et toute l'autorité appartiennent au Chef suprême (Shang-Chu).

98. Comment peut-on rendre heureux tout l'empire de Tai-Ping?

Sangh-Ti a envoyé un autre décret sacré disant :

99. Dans le neuvième ciel qu'il y ait un roi d'Orient.

100. Pour aider à l'empire comme un conseiller durable.

Lorsque Shang-Ti eut annoncé son bon plaisir dans ces deux lignes, il nous ordonna d'en ajouter deux autres. Pour obéir au bon plaisir du Père, nous ajoutons ces deux-ci :

101. Ho-Nai, le docteur, qui est en même temps le seigneur libérateur des malades,

102. Est le grand soutien de tous les hommes du monde.

Plus tard Shang-Ti fit un changement :

103. Qu'on choisisse une paire de phénix, l'un pour l'Orient, l'autre pour l'Occident.

104. Que l'Orient, l'Occident, le Nord et le Midi leur rendent hommage (se tournent vers eux comme vers le soleil).

Shang-Ti fit un autre changement disant :

105. Qu'on choisisse une paire de phénix, l'un pour l'Orient, l'autre pour l'Occident.

106. Et qu'ils rendent hommage ensemble en reconnaissance des bontés du ciel qui sont descendues sur eux.

107. Le bon plaisir du Père saint en termes généraux.

108. Nous le déclarons véridiquement pour votre instruction, étrangers, nos frères cadets.

109. Que le Père Céleste et le Céleste Frère aîné sont véritablement descendus sur la terre.

110. Cela est prouvé par les versets du Père.

111. Les paroles ne peuvent pas exprimer leur (sa) divine autorité et intelligence.

112. Venez bientôt au temple céleste et vous l'apprendrez.

113. Le Frère aîné Jésus est le même (ou de la même) essence que le Père.

114. Pas une demi-sentence de (leurs) saints décrets ne sera changée.

115. Shang-Ti, le Père céleste, est le véritable Shang-Ti (ou est Shangti, le chef suprême en vérité).

116. Jésus, le céleste Frère aîné, est vraiment le céleste Frère aîné.

117. Le Père et le Frère aîné nous ont chargé de gouverner le royaume céleste,

118. De détruire et d'exterminer les mauvais esprits, nous faisant ainsi grand honneur.

119. Étrangers de l'Océan occidental, nos frères cadets, écoutez nos paroles.

120. Joignez-vous à nous pour servir le Père et le Frère aîné, et pour détruire tous les reptiles puants.

121. En toutes choses, le Père, le Frère aîné et nous, nous sommes maîtres (ou nous agissons d'une manière indépendante).

122. Venez, frères, avec enthousiasme, et méritez tout honneur.

123. Lorsque nous voyagions dans la province de Kwan-Tung, il y a quelque temps,

124. Dans la salle du culte, nous avons parlé à Lo-Hiau-Tsuien.

125. Nous lui avons dit que nous avions été au ciel ;

126. Et que le Père céleste et le céleste Frère aîné nous avaient confié une grande autorité.

127. Lo-Hiau-Tsuien est-il venu ici, oui ou non ?

128. S'il est venu, qu'il se présente à la cour, et qu'il nous parle.

129. Nous sommes le second fils de Shang-Ti.

130. Le Frère aîné et le roi d'Orient sont nos frères utérins.

131. Tous comme une seule famille adorant le Père céleste.

132. Il y aura la paix universelle (T'ai-P'ing) sur la terre connue. Il a été dit il y a longtemps :

(Cela peut vouloir dire) nous formons une seule famille (là-haut), sous le Père céleste (sur terre) nous sommes (la dynastie T'ai-P'ing), comme nous l'avons dit il y a longtemps.

133. Le royaume céleste est (ou était) proche, maintenant il est venu.

134. Frères de l'Océan occidental, ayez bon courage.

135. Naguère, lorsque nous sommes montés au ciel, nous avons vu ce que le Père avait résolu :

136. A savoir que les myriades des nations nous aideraient à escalader la tour céleste.

137. Ce que le Père a résolu d'accomplir maintenant.

138. Déployez toute votre force pour le ciel, c'est un devoir ; oui, c'est un devoir.

139. Pour le Père et pour le Frère aîné, tuez les esprits diaboliques.

140. Par reconnaissance envers le Père, pour votre naissance et votre croissance, et quand vous aurez vaincu dans la bataille, revenez (*ou* et vous serez victorieux dans la bataille).

141. Nous, le chef, nous avons donné le jeune chef (notre fils) à Jésus pour l'adopter ;

LE JAPON.   257

142. Pour siéger dans la capitale céleste comme le fils d'adoption du Frère aîné et de nous-même.

143. Le jeune chef étant à moitié le fils de Jésus,

144. Et à moitié notre fils, est l'objet de la protection du ciel.

145. Ainsi, de génération en génération, le jeune chef, comme le fils de Shang-Ti,

146. Hérite du Frère aîné et de nous l'empire tout entier.

147. Frères de l'Océan occidental, adorez (ou vous adorerez) l'Être Suprême (Shang-Chu).

148. Nous désirons que le Père et le Frère aîné le fassent.

149. Autrefois, le Frère aîné ayant été cloué sur un gibet de la forme du caractère *shih*, dix *i. e.* la croix,

150. L'a laissée pour signe. Là il n'y a point de méprise.

151. Le *Shih-ts'-iuen ta-kih*, le dix fois (c'est-à-dire tout) parfait et tout heureux, c'est nous-même.

152. En tout point (notre conduite) est ce que le Père a voulu.

153. Que le Frère aîné soit ressuscité au bout de trois jours.

154. Et qu'il ait relevé le temple en trois jours, ce n'est pas une vanterie.

155. Nous avons été créés par le Père en trois jours.

156. Nous avons construit le temple du Père et du Frère aîné et nous avons détruit les serpents diaboliques.

157. Dans notre troisième année (1853), nous avons décapité les serpents diaboliques.

158. Dans l'année *yig-yung* (1855), nous avons exterminé les bêtes brutes, avec l'aide du Père et du Frère aîné.

159. Les serpents et les bêtes brutes sont humiliés et exterminés pour toujours.

160. Le monde entier chante le chant de paix (ou le chant de Tai-Ping).

161. Étrangers, frères de l'Océan occidental, vous adorez Shang-Ti (et c'est),

162. Le Père et le Frère aîné qui nous ont amené pour siéger sur le trône de l'empire (les montagnes et les fleuves).

163. Nous vous avons annoncé la vérité.

164. Venez en vous réjouissant à la cour et rendez grâces au Père et au Frère aîné.

165. Par les mémoires de nos ministres.

166. Nous avons été instruits de l'arrivée de nos frères dans la céleste capitale.

167. Nous avons ordonné à nos ministres de vous traiter avec égard.

168. Comme des frères dans une société bien ordonnée, ne soyez ni soupçonneux ni méfiants.

169. Ne craignez pas que les frères ignorent (vos sentiments).

170. Nous avons publié ce manifeste afin de vous montrer notre sympathie.

171. Frères étrangers de l'Océan occidental, adorez Shang-Ti.

172. Les bénédictions de l'homme (l'abondance et la paix) sont ici.

Respectez ceci.

En consultant les notes suivantes, le lecteur doit se guider par le numéro du verset.

1. *Proclame,* signifie s'adresser avec autorité comme un souverain.

2. *Shang-Ti,* le premier des esprits chinois, et adopté souvent par nos missionnaires protestants pour nommer Dieu.

6. *Sin-Tsing,* c'est Yang-Siu-T'sing, le roi d'Orient, qui s'arrogeait entre autres titres celui du Saint-Esprit.

10. Ou traces de la divinité.

11. *Ye,* le Père, et *Ko,* le Frère aîné, à ce que les caractères veulent dire, d'après le traducteur chinois que nous avons consulté, peuvent signifier, dans l'opinion d'un missionnaire, Jehovah;

12. Peut-être le grand-prêtre.

13. *Nanking,* la capitale méridionale, est maintenant pour les insurgés la Tien-King, la capitale céleste.

15. La salle du Véritable Esprit, Chin-shing-Tang, c'est le titre donné naguère à une chapelle protestante de Hong-Kong, mais qu'on a abandonné depuis quelque temps.

16. Ki-Tu sont les caractères employés dans la traduction du Nouveau Testament pour rendre le nom de Christ.

18. *Ou*, il fit en vérité. L'expression est usitée à Canton.

20. Tenez ferme, ne renversez pas, non la dynastie, mais la conduite de l'homme. Expression de Canton.

24. Le trente-troisième ciel appartient aux contes de fées.

31. Pour redescendre parmi les mortels.

35. Kwei-Ping est un district de Kwang-Si.

43. La sainte volonté, mots souvent rendus par les décrets de la majesté sacrée, l'ordre du saint.

58. La *peste*. Ce mot est souvent employé pour la rébellion. Il peut avoir ici le sens figuré, et Yang peut avoir succombé dans une bataille. Tai-Ping-Wang lui a, dit-on, fait couper la tête.

58. *Ou*, il est revenu à sa nature d'esprit.

59. Le mot rendu par *écrits* est *ts'au*, plantes ou herbes, des ruisseaux de documents d'une main courante, *ts'au*, *tss*, le caractère d'herbe. Nous ne savons si cette traduction est exacte, mais nous n'avons pu découvrir un sens plus probable.

67. Ts'iuhn est Hung-Siu-Ts'iun-Tai-Ping-Wang, le chef de l'insurrection actuelle.

68. A plaisir, avec extravagance; réparer ou renouveler le passé.

78. Des hommes, non des démons.

79. *Lit.* les productions les plus précieuses des montagnes et des ruisseaux.

80. *L'Esprit* est un caractère nouveau qui ne se trouve pas dans le dictionnaire.

81. Le texte est obscur. Il peut signifier : comptant sur la puissance du ciel pour devenir le chef.

83. Il y a apparemment là une allusion à la toute-puissance et à l'infinité, mais on ne sait s'il s'agit de Tai-Ping lui-même ou du Grand Esprit.

92. Proverbe qui veut dire à peu près la même chose que notre *raro antecedentem scelestum*, etc.

102. La parole. Caractère qui n'est pas autorisé pour dire *tous ensemble*.

103. Le *Fung* est l'oiseau fabuleux de la Chine.

104. Le changement, comme on le voit, porte sur la plus grande partie du verset 104.

113. Le titre de Frère aîné, précédant le nom de Jésus, devient cependant moins honorable d'un degré par la place qu'il occupe dans la colonne.

119. Comme auparavant, nos paroles comme souverain.

122. *Lit.* établissez un mérite de myriades.

124. *Lo,* qu'on suppose être le révérend Issachar Roberts, qui a donné, dit-on, à Hung-Siu-Ts'iuen ses premières idées du christianisme.

151. On joue là sur le mot *Shih,* dix, caractère en forme de croix, qui veut dire *complet,* et Ts'iuen *parfait,* qui fait également partie du nom de Hung. L'expression vient de Canton et elle est vulgaire; elle signifie : une bonne fortune complète.

156. Bien que la construction grammaticale ne l'autorise guère, l'intention de l'auteur est évidemment de dire que le relèvement du temple et la destruction des démons durèrent également trois jours.

157. Les deux dernières dates conservent l'un des caractères de l'ancien cycle chinois, l'autre est changé.

XVI

Une bataille entre les rebelles et les impériaux. — Sortie de la population. — Arrivée à Kew-Hsien. — Position des rebelles. — Tactique des rebelles, état d'abandon du pays. — Tee-Kiang. — Beau paysage. — Fortifications nouvelles des rebelles. — Une chasse au sanglier. — Description du pays. — Notre pilote. — Culture. — Visiteurs mandarins. — Caractère des bords de la rivière. — Une flotte impériale. — Une visite au commodore. — Légende de la barrière de la poule. — Approche de Ngang-King. — La pagode à huit étages. — Tactique des impériaux. — Traitement qu'ils font subir à la population. — Toong-Lew.

24 novembre. — Nous levons l'ancre ce matin au point du jour, et, à trois milles environ au-dessus de Woo-Hoo, nous passons à côté de vingt-cinq jonques impériales, près d'un village appelé Loo-Kiang. Elles sont commandées par un homme de Canton qui s'appelle Woo, avec lequel M. Lay avait fait connaissance la veille, et qui nous avait poliment fourni un pilote sur lequel nous pouvions compter. A huit ou dix milles au-dessus, nous passons près d'une crique, à l'entrée de laquelle se trouvent deux jonques impériales. Les insurgés ont un camp à trois ou quatre milles de là dans cette crique, près de la ville de Hwang-San-Keaou, où ils comptent près de mille soldats. Au moment de notre arrivée, toute cette armée, qui avait évidemment reçu de grands renforts, se battait vivement avec les troupes impériales.

Il est impossible d'imaginer quelque chose de plus pittoresque ou d'un effet plus frappant que la scène qui se déroulait devant nous. Les montagnes étaient couronnées des étendards éclatants des rebelles; les teintes brillantes de l'automne sur les feuilles des arbres resplendissaient du même éclat que les vêtements des soldats groupés sous leurs branches; des corps de troupes s'avançaient bravement sur les pentes de gazon pour attaquer l'ennemi dans la plaine. Les impériaux s'étaient postés sur le terrain plat au bord de la rivière. Là, ils avaient élevé des paravents de paille et des ouvrages temporaires en terre, derrière lesquels ils avaient placé quelques petits canons, qui soutenaient un feu en apparence inoffensif contre l'ennemi. De temps en temps, un groupe d'hommes portant des mousquets sortaient des rangs ennemis, s'approchaient à deux ou trois cents yards de leurs adversaires, tiraient leur coup et se retiraient au milieu d'un grand déploiement de bannières. Nous n'attendîmes pas l'issue du combat, qui pouvait durer jusqu'à la fin des siècles, s'ils continuaient à se battre d'après le même système.

En avançant, nous fûmes encore plus ravis du paysage. Des masses confuses de montagnes boisées s'élevaient environ à une hauteur de deux mille pieds au-dessus d'une plaine animée par des bouquets d'arbres et de champs soigneusement cultivés. Il était lamentable de voir toute la population abandonnant ce lieu charmant. Les hordes sauvages qui descendaient en ce moment les flancs des montagnes s'y étaient établies peu de temps auparavant, et les paysans, craignant de les voir triompher dans la lutte qu'ils soutenaient précisément alors contre les impériaux, s'en allaient en toute hâte pour échapper aux scènes de rapine et de violence qui marquent toujours leur marche dévastatrice. On apercevait des familles entières qui marchaient dans les sentiers étroits; les hommes pliaient sous le poids de leurs meubles et de leurs provisions; les femmes, chancelant sur leurs petits pieds, portaient leurs enfants. Le bétail et les volailles marchaient en avant, conduits ou portés par les petits garçons et les petites filles. C'était un nouvel Exode. Quelques guirlandes de fumée bleue s'élevaient faiblement pour la dernière fois peut-être au-dessus des chaumières et des hameaux parsemés dans cette plaine riante, qui devait parta-

Lutteurs japonais.

ger sous peu le sort qui avait déjà atteint les environs tout parsemés de monceaux de décombres à demi consumés, et d'amas de briques, seuls indices rappelant la population nombreuse qui y vivait naguère.

La principale base des opérations des rebelles et le quartier général de leur armée était une ville appelée Fan-Chang, située derrière les montagnes qui bordaient la rive sud de la rivière, à douze ou treize milles dans l'intérieur des terres. Les impériaux doivent probablement leur position à ces montagnes, qui n'appartiennent ni aux uns ni aux autres, et qui les séparent des rebelles, la rivière leur assurant un moyen sûr de communication. Leur poste principal sur les rives est Kew-Hsien, ville dont nous approchâmes à onze heures du matin. Elle occupait une situation pittoresque au-dessous des montagnes. La foule qui se pressait pour nous examiner se composait surtout de paysans réfugiés. Comme nous ne devions pas rencontrer une autre ville impérialiste pendant quelque temps, et que le tirant d'eau de la *Rétribution* rendait fort difficile de la piloter dans des eaux inconnues, il fut décidé qu'elle resterait à Kew-Hsien jusqu'à notre retour de Han-Kow.

Cet arrangement fournit aux officiers une bonne occasion d'explorer le pays environnant à la recherche du gibier, pendant que M. Wylie recueillait quelques renseignements curieux sur l'état des rebelles. Nous apprîmes, à notre retour, qu'un chevreuil et plus de soixante faisans avaient succombé sous les coups des chasseurs, et M. Wylie rendit compte à lord Elgin du résultat de ses observations : « La ville de Fan-Chang s'élevait naguère à la place de Kew-Heen (ou *Hsien*, comme je l'ai épelé pour indiquer un sifflement dans la prononciation.) Elle est rebâtie maintenant à quatorze milles dans l'intérieur des terres, dans une plaine entourée de grandes montagnes. Cette cité appartient à la préfecture de Tai-Ping. Elle est depuis cinq ans au pouvoir des rebelles. Le gouverneur rebelle actuel s'appelle Wei.

« Kew-Heen a conservé quelques traces de son ancienne importance, mais la ville est à moitié en ruines par suite des fréquentes visites des insurgés. On y fait un petit commerce de détail assez actif, grâce au camp des troupes impériales, qui s'élèvent environ à deux ou trois mille hommes sous le commandement d'un général nommé Le. Cet homme commandait les troupes assiégeantes à Kiu-Kiang, au mois de mai 1853, lorsque trois vaisseaux européens et vingt-cinq lorchas faisaient partie des forces. Il a maintenant sous lui des compagnies de braves de Canton, de Che-Kiang et de Shan-Tung. Une douzaine de jonques se trouvent là d'ordinaire et une dizaine de canonnières. Ce point est le rendez-vous des paysans du pays environnant lorsqu'ils sont chassés de chez eux par les incursions des rebelles. De nombreuses familles, avec toutes leurs possessions, émigrent constamment, emportant leurs lits et leurs ustensiles partout où elles vont. Ce ne sont pas des mendiants, mais des réfugiés, qui achètent volontiers leur sûreté personnelle en abandonnant pour un temps leurs maisons patrimoniales. Une grande étendue de pays touchant au territoire insurgé s'est ainsi dépeuplé, et les rencontres entre les paysans qui sont restés dans la campagne et les soldats insurgés sont assez fréquentes. Ces derniers font leurs attaques au point du jour, lorsqu'ils ne trouvent pas les paysans disposés à entrer à leur service. Il s'en suit fréquemment des collisions qui se terminent par la mort ou la mutilation des paysans. En pareil cas, les maisons sont réduites en ruines, en sorte qu'on ne voit autre chose, à dix milles à la ronde, que des murs de boue tout nus. Les indigènes qui entrent ainsi de force dans le service ne jouissent pas de la même liberté que les anciens adhérents venus du Midi, et lorsqu'il y a quelque affaire avec les impériaux, on les met, dit-on, au premier rang, en les attachant ensemble par leurs queues. Les communications des impériaux par terre entre Kew-Heen et Loo-Keang ont été coupées par les rebelles, mais ils ont une voie toujours ouverte pour leurs vaisseaux sur la rivière. Le courant du Yang-Tse est divisé sur ce point par trois grandes îles de deux ou trois milles de largeur qui se trouvent au centre.

« Les insurgés occupent toute la rive nord, ils tiennent aussi la ville départementale de Woo-Wei, dont le magistrat impérialiste Yeh occupe pour le moment un emploi temporaire à Kew-Heen. Il y a également un camp rebelle sur la rive nord de l'autre côté de Hih-Cha-Chow, l'île en face de Kew-Heen. »

M. Wylie me dit qu'il était allé à pied jusqu'à Fan-Chang à travers un pays montueux et boisé, mais qu'il n'était pas entré dans la ville. Toutes les maisons et les hameaux, pendant les derniers six milles avant d'y arriver, étaient en ruine. D'après le compte qu'il rendit de leur manière d'agir envers les paysans, nous ne pouvons nous étonner du peû de sympathie qu'ils éprouvent pour les rebelles. Non-seulement ils tourmentent et dépouillent les pauvres gens, mais encore ils obligent les hommes d'entrer à leur service en se réservant les plus jolies d'entre les femmes.

Kew-Hsien, comme l'indique son nom, était autrefois le chef-lieu du district, et sa pagode et son temple en ruines lui donnent en effet un air antique et vénérable, sinon respectable. Je ne puis pas dire respectable, parce que pour le moment le caractère moral de Kew-Hsien est pour ainsi dire sous un nuage. En punition d'un crime horrible qui a été commis dans cette ville, sous la dynastie Ming, son nom a été effacé sur les cartes du gouvernement et Fan-Chang est devenue le chef-lieu du district, cette localité méprisable ne conservant d'autre titre que celui de Kew-Hsien ou « la ville qui était. »

Nous changeâmes ici de pilote pour prendre un individu d'une apparence plus séduisante, et après avoir poussé trois hourras en l'honneur de *la Rétribution*, nous poursuivîmes notre course sur les eaux inconnues du Takiang.

Un peu au-dessus de Kew-Hsien, un bras de la rivière communique avec le lac Chaou-Hoo, nappe d'eau d'une grande étendue. Vers le Midi, nous fûmes frappés de l'aspect pittoresque du rocher de Pan-tze-Chee, qui s'élève en un seul bloc au dessus du fleuve tournoyant, et qui est surmonté des ruines grisâtres d'un temple et d'une pagode entourées d'arbres de toutes les nuances.

Les montagnes s'élèvent au bord de l'eau en pentes de gazon, en partie boisées, jusqu'à une hauteur de deux ou trois mille pieds ; de charmantes vallées, pleines de grands arbres, les traversent dans la direction du Midi. Cette chaîne s'appelle Ta-Hwa-Shan. Elle se dirige du côté du Sud et vers le village de Te-Kiang, qui me rappelait une ville italienne plutôt qu'une ville chinoise, avec son pont à trois arches de grosse maçonnerie, ses maisons blanches à demi ruinées, groupées sur le flanc de la montagne ou à demi cachées au milieu des arbres vers sa base. Comme ce village n'est éloigné de Kew-Hsien que de cinq milles environ, M. Wylie alla le visiter ; il le décrit ainsi : « Te-kiang, qui contenait autrefois 10,000 habitants, n'est plus qu'un monceau de ruines. Les quelques habitants qui restent dans la seule rue encore debout vivent dans une inquiétude constante, tant ils ont peur de recevoir une visite des Taï-Pings. Un corps de cent à deux cents hommes s'était présenté le jour de ma visite, mais il fut chassé avant d'arriver à la ville, par les impériaux, qui ont là une station de quelques jonques, sous les ordres du lieutenant-général Tang-Kwo-Leen. A Hwang-Hoo, petite ville à dix milles dans la baie, il y a, dit-on, un parti d'insurgés de mille hommes au moins ; ils occupent également Shungan, ville qui se trouve à quelques milles d'ici. Le pays tout entier semble leur être ouvert de Fan-Chang à Tung-Ling, chef-lieu du district adjacent du côté de l'Ouest, qui est également en leur possession. »

Ici, la rivière quitte brusquement la chaîne de montagnes qui se dirige vers le Sud-Est, et, formant de larges replis, tourne et serpente comme un énorme reptile, enveloppant dans ses embrassements de grandes îles plates, tout en conservant une étendue et un aspect très-imposants.

Il nous arrivait souvent de ne pouvoir trouver le fond avec une sonde de dix brasses, et nous faisions en conséquence de rapides progrès.

Nous passâmes à côté d'un poste d'impérialistes situé sur la rive gauche, à Pih-Ma-Tsing, qui semblait pourtant entouré de rebelles dans un voisinage immédiat, et nous jetâmes l'ancre un peu avant le coucher du soleil entre de riches plaines d'alluvion qui s'étendaient en droite ligne dans l'éloignement jusqu'au pied des montagnes.

Le pays que nous avons traversé aujourd'hui est sans comparaison ce que nous avons vu de plus beau depuis que nous sommes entrés dans le fleuve.

Le 25. — Nous avons levé l'ancre au point du jour. Nous avons reconnu que notre ancrage d'hier au soir nous avait jetés dans le voisinage d'un poste de rebelles situé sur la rive nord. Un certain nombre d'îles plates et couvertes de roseaux partagent ici le fleuve, dont le bras méridional que suivit l'ambassade de lord Amherst passe sous les murs de Tung-Ling, le chef-lieu du district, place forte des rebelles.

J'avais pris l'habitude, pendant notre voyage sur la rivière, de passer une bonne partie de la journée sur les traverses du grand mât, d'où je pouvais contempler les environs tout à mon aise. J'avais cette fois sous les yeux, du côté du Nord, une plaine vaste et bien cultivée, qui s'étendait environ à une dizaine de milles jusqu'au pied d'une chaîne de montagnes qui pouvaient avoir trois mille pieds de haut. Les habitants des îles ramassaient les roseaux et en faisaient des tas, sans doute pour s'en servir comme combustible.

La ville rebelle de Too-Cheaou, sur la rive nord, présentait un aspect très-peu chinois de propreté et de badigeon. Elle était située à un mille environ de la rivière, entourée d'une muraille blanche, qui venait évidemment d'être construite; les fortifications avaient toutes l'air récent. A en juger par la masse de décombres et de débris qui s'étendaient du bord de l'eau jusqu'au pied du mur, la ville devait naguère arriver jusqu'à la rivière.

Le premier point curieux que nous trouvions ensuite sur notre route, c'est le rocher de Nang-Shan-Ke, falaise à pic suspendue au-dessus du fleuve, sur la rive droite; on y a taillé un sentier rocailleux, ainsi que des marches, pour faciliter le halage des bâtiments.

Le sommet était richement boisé, les murs d'un temple en

ruines s'élevaient au-dessus des feuilles nuancées. Le fleuve forme ici une seule nappe d'eau, mais au-delà deux grandes îles très-boisées le séparent en trois branches; la plus grande de ces îles s'appelle Ho-Yeh-Chow, à cause d'une plante dans le genre de l'arrow-root qu'elle produit en abondance. Nous reprenons le bras septentrional et nous commençons à distinguer à l'horizon la fameuse montagne de Kew-Kwa-Shan, célèbre surtout pour les énormes bambous qui y croissent; elle arrive à une hauteur de quatre à cinq mille pieds. La chaîne de montagnes dont elle fait partie arrive brusquement au bord de la rivière et l'un de ses pics est la falaise dont je viens de parler. Cette chaîne de montagnes, comme celle qui s'élève derrière Kew-Hsien, arrête les incursions des rebelles; ils occupent le pays sur les derrières, mais les bords de la rivière appartiennent ici aux impériaux. Les sommets les plus rapprochés n'avaient guère plus de deux mille pieds de haut, les pentes sont garnies de beaux arbres et arrosées de nombreux ruisseaux dont le cours est indiqué par des vallées fertiles.

Tout en contemplant cet agréable paysage avec nos lunettes d'approche, notre attention fut attirée tout d'un coup par les évolutions étranges auxquelles se livrait *le Dove*. Il avait commencé à pirouetter au milieu du fleuve d'une manière tout à fait inexplicable, jusqu'au moment où nous reconnûmes dans les signaux le mot de « sanglier. » Nous découvrîmes alors qu'ils étaient à la chasse d'un sanglier. Ils réussirent à descendre un canot et à s'emparer du monstre velu avant qu'il pût aborder sur l'autre rive; ils tirèrent leur conquête à bord avec des cris de triomphe. Ses longues soies raides, ses défenses blanches et sa crinière hérissée eussent prouvé sa férocité d'une manière incontestable, lors même que ses efforts pour se venger sur ses aggresseurs n'eussent pas mis hors de doute son humeur sauvage. Sa hure devint plus tard une pièce de résistance qui fut la bien venue dans notre garde-manger. A peine le sanglier fut-il tué que nous aperçûmes une quantité de marsouins qui jouaient dans l'onde jaunâtre. Nous n'eûmes néanmoins pas le temps de chercher à nous emparer de l'un de ces « cochons de mer » comme les appellent les Chinois.

En regardant par-dessus l'île, dans la direction du Sud, nous aperçûmes les maisons de Tatoong, poste impérialiste ; il était serré de près par les rebelles, dont nous apercevions les bannières sur les montagnes qui se trouvaient par derrière.

La mission de lord Amherst fut retenue pendant quatre jours sur ce point par des vents contraires, et ils eurent par conséquent l'occasion d'explorer le pays environnant. Comme nous n'eûmes pas le même bonheur, je citerai quelques lignes de la description que donne M. Ellis du voisinage. « J'ai fait une promenade délicieuse dans ce pays pittoresque, » dit-il ; « toutes les vallées sont soigneusement cultivées, couvertes de riz, de froment, de coton et de fèves ; les maisons sont bonnes, ombragées par des arbres très-grands quelquefois et ressemblant de forme au chêne. La feuille est fourchue, et je crois que l'arbre appartient à l'espèce des érables. La plupart des montagnes que nous avons traversées aujourd'hui se composaient de poudingue et de grès. Elles sont en train de se désagréger. J'ai remarqué une grande variété de chênes. Nous avons appelé ces grandes montagnes découpées les Tuyaux d'Orgue, à cause de leur ressemblance avec celles de Rio-Janeiro. Le sol des montagnes est maigre, plein de gravier, et n'est propre qu'à la culture du bois. Nous avons remarqué de grandes plantations d'arbres verts et de nombreuses variétés de fougères. On tient les taillis de chêne très-bas ; les petites branches servent de combustible. J'ai vu au marché des paquets d'écorce de chêne, dont on se sert, je crois, pour tanner, comme chez nous. Les classes inférieures brûlent les larges feuilles sèches du nelumbrium ; je vis beaucoup de gens qui rentraient chez eux chargés de ces feuilles. »

Je remarquai du pont certains jolis effets de couleur parmi les feuillages ; la verdure sombre d'une espèce de pin d'Ecosse faisait un charmant contraste avec les nuances variées de l'érable ou le rouge foncé des feuilles à demi flétries de l'arbre à suif.

Notre pilote se trouve être un original, très-communicatif et très-disposé à donner des renseignements ; c'est encore une question de savoir jusqu'à quel point on y peut compter. Il n'est certainement pas infaillible dans l'emploi pour lequel on l'avait retenu, mais il subvient à ses défauts en ce genre par une impudence et une suffisance tranquilles qui ne l'empêchent pas d'être fort agité toutes les fois que nous touchons le fond, parce qu'il considère alors que sa tête est en danger. Il a déjà lié des relations avec plusieurs matelots, il fréquente beaucoup le trou des chauffeurs dans les matinées froides, et il se promène sur le pont, armé d'une paire de bas de laine tirée pour lui du magasin du vaisseau. Il a une faiblesse particulière pour les cigares, et, pour en jouir tout à son aise, il se perche sur les chaînes comme un singe et fume d'un air de sybaritisme qui exprime la satisfaction la plus vive. A tout prendre, il croit avoir rempli ses fonctions de pilote lorsqu'il sort de sa cachette toutes les fois que nous touchons terre pour venir dire au capitaine Osborne que dans cet endroit l'eau n'est pas profonde, et que le canal est dans une tout autre direction, qu'il ne s'aventure pas à indiquer; après quoi, il disparaît pour finir son cigare et pour contempler les conséquences qui peuvent résulter pour lui de notre désagréable situation.

Ce digne homme m'apprend que les principales cultures de ce pays-ci sont le froment, le coton, le millet, les pommes de terre, le riz et le camphre. Dans le voisinage de Toong-Lew, ville où nous devons arriver demain, on cultive une espèce de thé très-ordinaire qu'on vend 10 pence la livre. On cultive aussi du tabac sur un point, à une certaine distance dans l'intérieur des terres. On ne cultive pas la soie dans les environs. Le pilote nous apprend qu'il était employé sur les jonques qui transportaient du grain pour l'approvisionnement annuel de Pékin, avant la démolition du grand canal et l'occupation de la rivière par les rebelles. Il tient les rebelles dans le plus grand mépris. « Non-seulement, dit-il, « ils ne se rasent pas la tête, mais encore ils s'appellent tous frère et sœur, sans distinguer les générations. » Je remarquai qu'il devait être difficile de distinguer entre les rebelles qui l'étaient par choix et ceux qui l'étaient pas force. Il dit que la longueur des cheveux était un indice à peu près infaillible. Les impériaux savent depuis combien de temps une place est occupée par les rebelles, et ils regardent habituellement comme d'anciens rebelles ceux dont les cheveux ne correspondent pas comme longueur à cette période de temps.

En passant au bout de la langue de terre près de laquelle le bras de Ta-Toong rejoint le corps du fleuve, nous aperçûmes deux barques officielles, décorées de quatre étendards éclatants et mues par douze rameurs, le visage tourné du côté de la proue, qui se dirigeaient vers nous. Nous ralentîmes donc notre course, et nous vîmes que c'étaient des mandarins du cinquième rang (boutons de cristal) qui montaient sur le pont. Ils s'annoncèrent comme les émissaires de Wang et de Le, commandant la flotte et les troupes impériales à Ta-Toong, qui désiraient présenter leurs compliments au grand chef étranger et lui offrir leurs services. Nous leur donnâmes du sherry qu'ils avalèrent en faisant d'affreuses grimaces. Ils n'avaient évidemment jamais vu un Européen, encore moins une frégate à vapeur de quatre cents chevaux, et ils avaient bien de la peine à dire leur message, tant ils étaient occupés des objets qui les environnaient. Le pilote commença aussitôt à leur expliquer les merveilles du vaisseau des barbares, en disant qu'il avait atteint l'âge de trente et un ans, mais que ses yeux s'ouvraient pour la première fois.

Près de Tao-Toong s'ouvre le lac Meikan qui est, à vrai dire, une lagune séparée de la rivière par une étroite langue de terre qui la suit parallèlement sur une étendue de trente milles environ. A Wang-Chea-Tan, port impérial sur la rive septentrionale près duquel nous passâmes, nous aperçûmes une baie remplie de petites jonques et nous en rencontrâmes bientôt une grosse flotille. Celles que nous avions hélées répondaient qu'elles portaient une cargaison de papier. Elles venaient de sortir d'une crique aux mains des impériaux sur la rive méridionale, et elles allaient remonter un petit affluent pour arriver dans des districts qui n'étaient pas infestés par les rebelles. C'étaient les premières jonques de commerce que nous eussions vues depuis notre entrée dans la rivière, et les voiles blanches parsemées sur son large sein lui donnaient un air d'animation fort inaccoutumé.

La rive septentrionale de la rivière est plus constamment plate que la rive méridionale. La chaîne de montagnes est en général plus éloignée. Le pays entre les montagnes et la rivière semble bien peuplé, sans que les habitants y soient pressés ; la population forme en général des petits hameaux entourés d'un bosquet de saules ou d'autres arbres.

Avant d'arriver à Che-Chow, le fleuve se sépare de nouveau ; nous suivîmes, comme à l'ordinaire, le bras du Nord, tandis que la mission de lord Amherst avait pris l'embranchement appelé Ma-Show-Ja, qui passe près de Che-Chow, ville importante qu'on apercevait dans l'éloignement, grâce à une belle pagode à sept étages qui en indiquait la situation.

La ville proprement dite est bâtie entre les montagnes ; c'est le chef-lieu d'un district et l'une des places fortes des insurgés sous le commandement de Wei-Che-Suen, l'un de leurs grands officiers.

La vue de notre perchoir aérien était particulièrement belle cette après-midi. Nous avions échangé la chaîne de montagnes du Sud, qui bordait d'ordinaire la rivière, contre la chaîne septentrionale qui s'en approchait cette fois brusquement. Dans cette direction, les montagnes s'élevaient par masses qui ondulaient les unes au-dessus des autres jusqu'au point où une ligne irrégulière et nette d'un bleu foncé venait terminer le paysage. Des petits lacs brillaient comme des joyaux dans les creux, et le soleil couchant jetait un éclat plus vif encore sur le brillant feuillage des bois au milieu desquels ils étaient enclavés ; les fermes, les hameaux et les champs verdoyants donnaient un air hospitalier au paysage, et, en le contemplant, nous avions de la peine à croire qu'un pays revêtu par la nature de couleurs si chaudes et si éclatantes pût être le théâtre choisi par les hommes pour y déployer les plus mauvaises passions dont la nature humaine soit susceptible. Il en était cependant ainsi et l'accident même de la guerre ajoutait à la scène un trait pittoresque et nouveau.

Une flotte impériale nombreuse était réunie à l'embouchure

d'une rivière que nous apercevions entre les montagnes où elle serpentait, s'étendait parfois jusqu'à devenir un lac et finissait par former un seul fil d'argent.

Cette flotte était composée de cinquante belles jonques de guerre remplies de soldats revêtus de brillants uniformes et parées de bannières flottantes; je comptai vingt et un pavillons, tous de couleurs et de dessins différents, sur un seul bâtiment. Quelques-unes des jonques étaient d'une construction particulièrement étrange, ornées avec grand soin et portant six ou huit canons de bronze d'un côté; elles étaient mises en mouvement par des avirons. Le soleil se couchait, nous jetâmes l'ancre au milieu de cette brillante foule, et lorsque nous eûmes fourni à ce charmant paysage ce premier plan bizarre et nouveau, l'effet général était si curieux et si étrange que, lorsque le rideau de la nuit l'eut caché à nos yeux, nous aurions pu nous imaginer que la pièce était finie, qu'il ne nous restait qu'à sortir du théâtre, à appeler un cabriolet et à aller nous coucher.

L'absence de bœuf nous rappela la triste réalité de notre situation. MM. Wade et Lay se rendirent donc à bord du vaisseau qui avait arboré le plus grand nombre de pavillons, et qu'on pouvait naturellement prendre pour la jonque amirale. Ils cherchaient un amiral, ils ne trouvèrent qu'un commodore. L'amiral Yang, qui était, à ce qu'il paraît, à Ta-Toong, s'était rendu à Nankin pour surveiller les opérations contre les rebelles. Le commodore promit du bœuf avant l'aube sans faute. Nous ne pouvions douter de son existence, puisque nous avions vu de grands troupeaux qui paissaient sur la rive septentrionale. Nous apprîmes que la flotte venait de la province de Hoopeh, que la rivière à l'embouchure de laquelle nous nous trouvions s'appelait le Tsung-Yang-Ho, et que la ville de Tsung-Yang était située au milieu des montagnes, à cinq milles de distance.

Nous terminâmes ainsi une journée longue et intéressante. Nous avions parcouru un espace satisfaisant; l'eau était profonde; les côtes parfois magnifiques; et le paysage, à tout prendre, avait surpassé notre attente.

Le 26. — Le bœuf ne paraissait pas ; les premières heures de la matinée étaient trop précieuses pour passer notre temps à l'attendre ; nous nous remîmes en route au point du jour. Je comptai des deux côtés de la rivière, un peu au-dessus de Tsung-Yang, deux cent cinquante jonques de guerre pavoisées de pavillons provocateurs et bien équipées.

Nous passons bientôt à côté du rocher de Taï-Tse-Kee, qui s'élève au milieu de l'eau à une hauteur de quelques pieds seulement, mais qui porte néanmoins les murs ruinés d'un vieux temple. A quelques centaines de pas se trouve le passage de 48 chang ou 180 yards. La rivière est barrée là plus d'à moitié par les rochers qui en sortent comme les pierres d'un gué. On l'appelle le Lan-Kan-Ke, ou « la Poule qui barre la rivière, » nom dérivé de la légende suivante, que notre pilote nous raconta vivement dans un de ses accès de bavardage :

Autrefois, le paysage était très-beau et très-pittoresque dans cet endroit-là ; des rochers gigantesques parsemaient tout le pays. Un jour, un bonze vit en rêve une querelle qui s'élevait entre les bons esprits de l'eau et ceux qui résidaient dans les rochers. L'esprit qui présidait aux rochers avait la forme d'une poule, et le résultat de la querelle fut que les esprits des rochers, pour satisfaire leur mauvaise humeur, résolurent de bloquer le passage de la rivière. Afin d'accomplir ce mauvais dessein, le rocher poule se mit en marche, suivi de tous les rochers à sa suite. A ce moment le prêtre s'éveilla, et voyant ce qui se passait, avec une présence d'esprit infinie, il se mit à chanter comme un coq. Le rocher poule qui marchait en tête est séduit, il s'arrête au milieu du passage ; on invoque la déesse Kwan-Yin. Alors tout le peuple se réunit et, pendant que le rocher poule reste sans mouvement, sous l'empire du chant du prêtre, qui continue toujours, ils réussissent à lui couper la tête, ce qui arrêta efficacement ses progrès et ceux des rochers qui le suivaient, en sorte qu'ils sont encore-là. »

Pour éviter ce dangereux passage on a ouvert un canal dans la rive sud, dans un coin appelé No-Yang-Ho. Nous trouvons cependant de l'eau et un bon passage sur la rive opposée. Avant d'arriver à Ngan-King, la rivière se sépare, laissant des îles nombreuses et vastes, très-plates et soigneusement cultivées, qui sont couvertes de bestiaux. Nous remarquâmes des herbes qu'on avait étendues sur les jeunes plantes pour les protéger de la gelée. Comme on entendait en avant des coups de canon répétés, je montai à mon poste d'observation et j'aperçus les rebelles et les troupes impériales qui escarmouchaient à l'horizon. D'épaisses colonnes de fumée qui s'élevaient dans toutes les directions nous prouvèrent que l'œuvre de destruction allait son train, et qu'on réduisait en cendres les maisons et les villages de tous les côtés. Nous arrivons bientôt en vue de Ngan-King, capitale du Ngan-Hwui, avec sa belle pagode à huit étages qui sort d'un fort isolé solidement bâti en pierres ; des murs épais, qui bordent la rivière, donnent à la ville un aspect imposant.

Nous aperçûmes à cheval, sur la rive, un officier impérialiste probablement d'un haut rang, car il montait un beau cheval blanc, couvert d'un caparaçon de couleur éclatante. Il était accompagné de dix ou douze cavaliers bien armés et bien montés, et nous tenait tête parce que nous luttions contre la force du courant. A ce qu'il paraît, les troupes du gouvernement avaient appris notre arrivée et avaient résolu d'en profiter pour attaquer Ngan-King, poste avancé des rebelles sur la rivière, et défendu par une forte garnison. Le mandarin à cheval était évidemment un général qui faisait une reconnaissance, car il ne s'aventura pas à portée des forts et revint sur ses pas au galop, en apparence fort satisfait de ses exploits.

La Lee marche la première, elle fait des sondages pour s'assurer du canal, nous suivons avec précaution lorsque, pouf ! voilà une petite fumée blanche qui sort d'une des embrasures et un boulet qui passe en sifflant sur l'eau; mais l'élévation était mal calculée, et il va tomber à l'eau à vingt yards de son but. N'importe, la direction était bonne, et ce genre de réception exige une riposte immédiate. Il est évident que la nouvelle de l'aventure de Nankin n'est pas même arrivée à Nang-King. Nous savions bien que cela n'était pas possible, et comme nous prévoyons une nouvelle folie de la part des rebelles à leur dernier poste, les ponts étaient libres pour l'action et les hommes étaient à leurs pièces. La fumée du premier coup de canon ne s'était pas dissipée que le pavillon bien connu qui est en tête de la liste des signaux anglais flottait à notre grand mât et que le *Furieux*, le *Croiseur*, le *Dove* et la *Lee* ouvraient le feu en chœur. La brave garnison resta près des pièces assez longtemps pour tirer encore trois fois, puis je les aperçus de mon poste d'observation qui couraient comme des rats derrière le fort dans le pays ouvert. Ils se trouvèrent cependant alors dans l'embarras, les impériaux étaient descendus des hauteurs, et réunissant tout leur courage, ils s'avançaient en bon ordre dans la plaine, avec l'intention évidente d'attaquer le fort par derrière. Ils ne s'attendaient pas à voir la garnison tout entière venir au devant d'eux. Nous aperçûmes les rebelles qui se groupaient précipitamment et qui se rangeaient sous des haies, pendant que les impériaux, qui avaient peur d'avancer, faisaient flotter leurs bannières et déchargeaient sur eux leurs mousquets à des distances incroyables.

Dans ce moment l'effet général était extrêmement animé et pittoresque. Les corps qui traversaient les champs en tous sens, les drapeaux qui flottaient au vent, les décharges de mousqueterie, le tonnerre de nos gros canons, les groupes de paysans, pliés sous d'énormes fardeaux, qui se hâtaient de passer le pont-levis pour chercher un refuge dans la ville en chassant devant eux leurs troupeaux, pendant que la fumée de leurs maisons en flammes montait jusqu'au ciel sans nuages, tout cela faisait un spectacle qui eût ému le cœur de l'homme le plus flegmatique et fait bouillir son sang dans ses veines.

Il est rare que nous puissions éprouver des émotions qui combinent en un seul et même moment la somme la plus élevée d'intérêt esthétique et de mouvement matériel. Lorsque madame de Staël disait : « Pour bien goûter la nature, il faut ou l'amour ou la religion, » elle n'avait pas essayé l'effet de la guerre. Notre feu ne dura que dix minutes, nous ne tenions pas à abîmer les ornements extérieurs de la pagode ni à prodiguer nos bombes sur des batteries abandonnées. D'ailleurs, puisque les impériaux n'avaient pas eu le courage d'entrer dans le fort désert que nous avions pris la peine de balayer pour eux, ils méritaient bien de le perdre ; nous cessâmes donc notre feu, et nous passâmes lentement sous les murs de la ville ; nous ne les avions pas encore quittés lorsque nous vîmes le fort occupé de nouveau par sa garnison.

Quelques membres de la mission de lord Amherst visitèrent cette pagode, ils disent qu'elle est en bon état ; et qu'elle contient au rez-de-chaussée un bel obélisque de marbre renfermant le cœur d'un guerrier célèbre. Comme nos boulets étaient souvent venus tomber sur la pagode, l'obélisque peut en avoir souffert si les goûts iconoclastes des rebelles ne les avaient pas déjà portés à regarder ce monument comme un emblème sacré. Heureusement pour nous l'effet produit par notre feu, quelque court qu'il eût été, empêcha les rebelles de tirer sur nous des murs de la ville, car le canal passait à cinquante ou soixante yards, et nous avions l'air de regarder dans la gueule des canons en passant devant ; mais les batteries étaient en partie abandonnées, et je distinguais dans la ville des places où des groupes se formaient évidemment dans l'incertitude sur nos intentions, çà et là on voyait des soldats qui couraient le long des murailles en se couchant pour éviter d'être vus.

Nous arrivions au dernier angle du mur, et nous nous félicitions de notre bonne chance lorsqu'on tira deux fois sur nous coup sur coup et d'assez près. Cette absurde impertinence valut à la ville un second bombardement de dix minutes. La riposte fut trop chaude et trop vive pour admettre une troisième décharge. La batterie fut bientôt réduite au silence, et, après avoir essayé notre portée sur quelques-uns des bâtiments publics de l'aspect le plus imposant au centre de la ville, après avoir lancé une bombe ou deux dans les rues par manière d'avertissement, nous laissâmes derrière nous Ngan-King et nous nous trouvâmes ainsi au delà de la dernière place forte de nos désagréables amis les rebelles. De ce côté de la ville comme de l'autre, les paysans fuyaient à l'approche des impériaux. Ces derniers concentrent toutes leurs forces sur ce point et sur Nankin, ces deux chefs-lieux de province occupant l'extrême gauche et l'extrême droite du territoire des rebelles. Bien que Ngan-King soit bien située et qu'elle soit entourée d'une belle muraille, la ville ne paraît pas aussi vaste et aussi populeuse que la plupart des cités de la même classe. Je remarquai cependant plusieurs belles maisons et des yamuns bien bâtis. Les faubourgs étaient tout abattus et présentaient un lamentable aspect de désolation. M. Ellis, qui avait exploré la ville en 1816, dit que les boutiques ne valaient pas celles de Woo-Hoo et que les rues étaient singulièrement étroites. Les boutiques les mieux assorties étaient celles où l'on vendait des porcelaines et des lanternes de cornes. « On n'aurait pas eu grand'peine, » dit-il, « à dépenser une grosse somme en curiosités de tout genre, comme des colliers, de la vieille porcelaine, des coupes d'agate, des ornements de corundum et autres pièces et des spécimens curieux de sculptures en bois et en métaux. »

Peu après avoir quitté Ngan-King, nous passâmes à côté d'une seconde flotte impériale de plus de deux cents jonques à l'ancre. Nous remarquâmes également un mouvement chez les paysans, et nous en demandâmes la cause au pilote, qui nous répondit que le bruit de notre bombardement leur avait sans doute fait supposer que la ville était prise et qu'une horde de rebelles allait être lâchée sur le pays pour piller et voler.

Il ne faut pas en conclure que les insurgés soient seuls adonnés à ces vices. J'ai déjà dit que la population des campagnes se réfugie à Ngan-King pour échapper aux troupes impériales. Le fait est que les malheureux paysans sont victimes de la licence et de la rapacité des deux partis. Indifférents à leurs dissensions, ils ne demandent que la paix et la tranquillité; ils sont pillés par les uns, puis par les autres, et lorsqu'il s'agit d'une ville, les impériaux, en chassant les rebelles, achèvent d'ordinaire l'œuvre que ceux-ci avaient ébauchée.

Nous fûmes égayés par la vue de quelques jonques de commerce, et nous passâmes à côté de plusieurs bâtiments réunis près des villages de Hong-Tse-Kee et de Wang-Tse-Kee sur la rive sud. A cet endroit la rivière est bordée par des falaises d'argile rouge, à la base desquelles se trouvent d'énormes blocs de rochers.

Nous apercevions de notre vergue une vaste étendue d'eau à quelque distance de la rivière sur la rive septentrionale. Cette lagune s'étend à partir de Ngan-King pendant une distance de trente milles au moins sur une ligne parallèle à la rivière en variant de largeur d'un mille à cinq ou six milles. Elle porte divers noms. Derrière cette nappe d'eau, on aperçoit de hautes chaînes de montagnes. Dans certains endroits le pays ressemblait à un parc, les arbres y formaient de grands bouquets. Sur la rive méridionale, les montagnes sont plus basses, bien boisées et cachent dans leurs replis des petits lacs. A tout prendre, cette combinaison de bruyères, de lacs, de bois et de marais semblait devoir offrir une chasse abondante et variée.

La ville de Toong-Lew occupe une situation charmante sur la rive sud. Deux pagodes dominent les maisons, l'une, haute de huit étages, se trouve tout près de la rivière ; l'autre s'élève sur une éminence à quelque distance dans l'intérieur des terres. La ville n'est pas grande, et elle est entourée d'une muraille qui suit les ondulations du terrain et finit par arriver près d'un lac qui fait à moitié le tour de la ville et qui est bordé d'arbres. En regardant la ville de loin, nous aperçûmes d'énormes espaces couverts de ruines calcinées, traces de l'occupation des rebelles; ils se contentèrent cependant de brûler une grande partie de la ville et l'évacuèrent ensuite après l'avoir gardée un moment. Une plaine large d'un demi-mille la sépare de la rivière. Elle fut bientôt parsemée d'êtres humains ; la population, nous ayant vus jeter l'ancre devant la ville, courut au rivage pour nous contempler. Nous leur achetâmes des volailles et quelques autres petites provisions pour notre garde-manger. Nous avions fait plus de cinquante milles dans la journée, en sorte que nous étions satisfaits de notre course. Nous avions suivi parfois le courant pendant une dizaine de milles sans manquer d'eau et sans voir la rivière faire un coude. Nous sommes tous les jours plus frappés des ressources qu'offre ce grand fleuve.

XVII

Une expédition de fourrageurs. — Romans de notre pilote. — Grandeur du paysage. — Le rocher du Petit-Orphelin. — Un pays exposé. — Entrée du lac de Poyang. — Légende du rocher de l'orphelin. — Inondation du Yang-Tse. — Explication qu'on en donne. — Statistique rurale. — Aspect des femmes. — Traits géographiques du pays. — La vallée du Yang-Tse. — Kew-Kiang. — Examen de ses ressources. — Villages des rives. — Magnifique paysage. — Déprédations des Neefei. — Nous abordons à Hwang-Shih-Kang. — Activité commerciale. — Ile de la Tortue-Blanche. — Nous entrons dans la province de Hoopeh. — Le philosophe Laoutz. — Les montagnes du Tigre-Blanc. — Un dialogue peu satisfaisant. — Nous approchons de Han-Kow.

Le 27 octobre, nous levons l'ancre de bonne heure. En quittant Toong-Lew, les montagnes sur la rive méridionale commencent à gagner en hauteur; mais nous avions à peine commencé à jouir du paysage lorsque nous échouâmes sur un banc de sable. Tandis qu'on cherchait à remettre le vaisseau à flot, nous débarquâmes pour chercher des provisions et nous réussîmes à acheter quatre bœufs. Le pays était plat, le terrain léger et sablonneux. De petites fermes s'élevaient çà et là, et on apercevait des charrettes traînées par des buffles montés par leurs maîtres.

Les paysans nous dirent que peu de temps auparavant les rebelles avaient fait une incursion dans leur district et qu'ils avaient été obligés de prendre la fuite. Ils étaient tous armés et beaucoup d'entre eux portaient le mot *vaillant* inscrit sur la poitrine, ce qui signifiait qu'ils faisaient partie de la milice. Quelques-uns des jeunes gens avaient été enlevés par les rebelles, on nous en montra un qui s'était échappé de leurs mains.

Nous emmenâmes notre pilote à terre avec nous, ce qui l'inquiéta extrêmement, il croyait que nous allions lui infliger quelque châtiment pour le punir de nous avoir fait échouer. Lorsqu'il découvrit que nous ne lui demandions autre chose que de faire notre marché pour l'acquisition des bœufs, il retrouva son sang-froid, et, au bout de quelques minutes, il racontait avec les gestes les plus animés à un groupe de ses compatriotes le bombardement que nous venions de faire subir à Ngan-King, le tout avec de grands embellissements. Il avait bien soin de s'identifier avec nos héroïques actions à cette occasion. « Vous auriez dû voir comme nous les avons traités, » disait-il « comme nos coups portaient, et comme nos boulets étaient gros ; il aurait fallu trois imbéciles comme vous pour en soulever un seul ! » Ceci s'adressait à un respectable personnage d'un âge mûr, qui fumait sa pipe et qui regardait le narrateur d'un air incrédule qui mit les rieurs de son côté.

Quelques-uns de nos amis ayant découvert un lac dans l'intérieur, nous nous mîmes en devoir de l'aller explorer. Nous le trouvâmes couvert de gibier d'eau. Des pélicans, des cygnes sauvages, des oies, des canards, des grues, des hérons, et une quantité de bipèdes à plumes qui m'étaient inconnus, caquetaient, battaient des ailes et se promenaient dans toutes les directions, en faisant beaucoup de tapage. Malheureusement, nous étions nombreux et assez bruyants, et le gibier était fort sauvage. Un coup de fusil imprudent les envoya tous dans les airs, où ils tournoyaient avec de grands cris, décrivant des cercles perpétuels, tout en regardant si nous restions en place ; ils formèrent de longues files et s'en allèrent chercher de plus sûres retraites.

Je poursuivis mes explorations avec deux de mes compagnons, et, après avoir traversé un petit pont, nous arrivâmes à une ferme qui portait l'agréable nom de Hwaa-Yuen-Chin, ou la « station des fleurs. » Elle était située sur le bord d'une grande lagune large de deux milles environ et d'une longueur inconnue, que les naturels appellent Ta-Hoo par excellence ou « le lac. » Je tuai là une paire de beaux canards, l'un d'eux n'était cependant que blessé, et nous le poursuivîmes longtemps dans une barque que nous avions trouvée fort à propos pour nous en emparer. L'eau n'avait nulle part plus de six à huit pieds de profondeur.

On nous dit que le sol léger et sablonneux s'imprégnait en été de la chaleur du soleil, de façon à rendre presque impossible à la population de travailler dans les champs au milieu du jour. Même alors, à la fin d'octobre, le soleil de midi était terrible, bien que les nuits et les matinées fussent tout à fait froides. Le vaisseau se retrouvait à flot à quatre heures de l'après-midi, mais il jeta l'ancre pour la nuit.

Le 28. — Nous avons levé l'ancre de bonne heure. Le temps était doux au lever du soleil, mais peu après un coup de vent du Nord-Est s'est élevé avec beaucoup de force et nous a apporté le froid. Le paysage prenait sur la rive méridionale un aspect de grandeur qui surpassait tout ce que nous avions vu jusqu'alors. Les montagnes s'avançaient hardiment jusqu'au bord de l'eau, et formaient dans la rivière une série de promontoires, de rochers ou de falaises à pic. Le plus frappant de tous était le Ma-Tang-Shan, mais nous ne le vîmes qu'à distance, parce que nous suivions le canal du Nord. Le vent soufflait avec furie et obscurcissait l'atmosphère par des nuages de poussière. Cette vapeur et les menaces du ciel donnèrent un aspect tout à fait imposant à notre entrée dans la gorge de Seaou-Koo-Shan. *Le Croiseur*, avec ses mâts abaissés, subissait la tempête ; les deux petites canonnières, à peine visibles devant nous, semblaient se plonger dans les profondeurs de quelque région infernale dont nous apercevions vaguement le portail à travers le brouillard. Au bout d'un moment, nous nous ouvrions aussi un chemin entre deux grands blocs de rochers dans un canal qui n'a pas plus d'un quart de mille de large, et qui est profond de quinze à seize brasses.

Le Seaou-Koo-Shan, ou le rocher du Petit Orphelin, s'élève à pic au milieu des vagues qui battaient sa base jusqu'à une hauteur de trois cents pieds environ. La montagne qui se trouve en face, et qui s'appelle le Chin-Tze-Shan, ou Montagne du Miroir forme une masse compacte au bord de la rivière, couronnée par des murs qui serpentent au bord des précipices et des tours perchées sur des pointes de rochers à faire tourner la tête. Une partie de ses fortifications est l'ouvrage des rebelles. On a construit ou plutôt introduit un temple bouddhiste dans le rocher de l'Orphelin, comme une plaque d'émail, à mi-chemin entre la base et le sommet. On y arrive par des marches taillées dans le roc, et l'aspect en est frappant et très-pittoresque. M. Ellis, qui a vu le temple, dit que les prêtres lui ont montré un papier qui établissait que le temple avait été doté par la mère de l'Empereur. Les jonques s'arrêtent fréquemment là, et font des offrandes à la divinité du lieu pour se la rendre propice. Nous remarquâmes une inscription sur un endroit lisse du rocher, elle était placée en vue, et M. Wade supposa que c'était une citation. Elle portait « Montagne verte, pic de la rivière, on te voit de l'extrémité du coude. »

Ce défilé marque les limites des provinces de Ngan-Hwui et de Kiang-Si.

Nous entrons maintenant dans cette dernière province, que le *Magasin chinois* décrit comme une vallée spacieuse comprenant un espace de 72,176 milles carrés, ce qui équivaut à peu près à l'étendue de l'État de Virginie, avec une population de vingt-trois millions d'âmes au moins. Le premier point que nous remarquions est la ville de Pang-Tse, pittoresquement située au milieu des montagnes. Les quelques bâtiments qui subsistent encore dans cette ville qui n'a jamais été très-grande sont entourés d'un mur qui renferme également une vaste étendue stérile de montagnes et de vallées. Ceux qui ont construit le mur semblent avoir eu pour but de le faire arriver sur les montagnes les plus élevées par des pentes si escarpées qu'elles étaient par elles-mêmes une défense.

Le vent augmentait et devenait presque une tempête, nous jetâmes l'ancre à deux heures de l'après-midi dans un endroit où un banc de sable fort désagréable rendait la précaution nécessaire ; nous fûmes amenés à croire les coups de vent comme celui que nous subissions fréquents dans le pays, à cause des nombreuses dunes de sable que nous remarquâmes sur la côte méridionale, et qui formaient un contraste frappant avec les éminences verdoyantes et les montagnes boisées qui la bordaient d'ordinaire.

Le 29. — Pour la première fois ce matin le thermomètre est descendu à deux degrés au-dessous de zéro. On se vit obligé de baliser le canal devant nous, et le vent étant tombé, nous levâmes l'ancre et nous trouvâmes trois brasses d'eau par-dessus le banc. Le vent d'hier semble avoir purifié l'atmosphère, il fait beau, ce qui nous permet d'apprécier la beauté du pays qui se déroule à nos yeux pendant que nous approchons de l'entrée du lac de Poyang. Le canal qui unit cette vaste nappe d'eau avec la grande rivière a environ trois milles de long sur un mille de large. Sur la rive occidentale, au point de jonction, la ville de Hoo-Kow « cité de l'ouverture du Lac » se trouve perchée sur un rocher à pic qui porte le nom de Tsa-Chee, ou « la Tête déchirée, » en face duquel le majestueux Lew-Chan, ou Montagne de la Mule, dresse sa crête imposante à une hauteur de cinq mille pieds. Nous apercevions dans l'éloignement le Takoo-Shan, ou rocher du Grand-Orphelin, qui s'élevait au-dessus des eaux du lac dans une fière solitude ; les aspects pittoresques et les souvenirs qui s'y rattachent ont fréquemment excité la verve poétique de la population.

Notre pilote, qui est un grand amateur de légendes, nous a rendu compte, comme il suit, de l'origine du Takoo-Shan. Un pêcheur avait un jour laissé tomber son ancre au-dessous du Seaou-Koo-Shan, ou rocher du Petit-Orphelin, et ne pouvait la retrouver ; il demanda donc du secours à un prêtre. Le prêtre lui donna une pierre qu'il devait attacher sur son front avant de plonger pour chercher son ancre. Le charme réussit à miracle : non-seulement il découvrit l'ancre qu'il avait perdue, mais il trouva en outre une charmante nymphe des eaux qui en avait fait sa couche. Au premier abord, il resta dans l'admiration devant cette charmante vision ; puis, retrouvant sa présence d'esprit, il résolut d'en conserver un souvenir, et, enlevant doucement la petite pantoufle au pied ravissant et difforme de cette naïade chinoise, il remonta à la surface muni de son ancre ; mais la dame, probablement réveillée par l'enlèvement de son lit de fer, s'aperçut de la perte de son soulier et se mit immédiatement à la poursuite du pêcheur. Bien qu'une chasse à l'arrière soit généralement très-longue, le pêcheur perdait visiblement du terrain, lorsqu'il imagina de changer la position de ses voiles, afin de tromper sa belle ennemie sur la direction qu'il suivait, l'avant et l'arrière de sa jonque étant semblables. Cet expédient, qui fut l'origine d'un gréement tout nouveau usité sur la rivière, échoua pourtant, et il fut serré de si près qu'il se vit contraint de jeter le soulier par-dessus le bord à l'entrée du lac Poyang, et ce fut à cet endroit que le rocher solitaire qu'on appelle Takoo-Shan et quelquefois Shcae-Koo-Shan, ou la Montagne du Soulier, vint s'élever à jamais.

La navigation sur ce point était extrêmement compliquée; les masses d'eau qui arrivaient du lac, et qui se mêlaient au rapide courant de la rivière, formaient des tourbillons et des rapides connus en Chine sous le nom « d'eaux chow-chow, » et ce que nous redoutions plus encore, les bancs de sable et les barres abondaient dans toutes les directions.

Nous n'avions pas fait dix milles lorsque nous échouâmes sur l'un de ces insupportables obstacles. Nous ne regrettions pourtant pas trop ces retards qui nous permettaient de débarquer et de courir le pays. Le vaisseau n'était pas à la côte depuis dix minutes que nous avions déjà suivi son exemple et que nous nous dispersions dans tous les sens, les uns pour chercher du gibier, les autres en quête de renseignements et quelques-uns pour acheter des bœufs et des volailles.

Nous avions mis pied à terre sur la rive septentrionale, et la campagne s'étendait en un seul plateau jusqu'à une chaîne de montagnes que nous apercevions à peine dans l'éloignement. Des troupeaux de buffles paissaient dans les prairies, un certain nombre montés par des petits garçons qui gardaient le troupeau, perchés sur le dos de ces animaux disgracieux et qui présentaient ainsi l'aspect le plus étrange. Une levée destinée à retenir les eaux s'étendait le long de la rivière, et les paysans y avaient construit une rangée de pauvres chaumières dont les murs et les toits étaient composés de roseaux. Çà et là une maison de pierres annonçait un ancien poste des rebelles ou une auberge construite par quelque spéculateur entreprenant. C'était par crainte des inondations qu'on élevait des habitations si légères; la plupart des habitants avaient des fermes dans la montagne et s'y réfugiaient pendant les pluies. Ils nous assurèrent que la rivière montait jusqu'à cent pieds. Nous nous contentâmes de croire nos propres observations, et les marques que nous aperçûmes nous convainquirent que la crue d'été devait s'élever au moins à cinquante pieds au-dessus du niveau actuel. Dans cet endroit, le courant s'était évidemment précipité avec violence dans la campagne et avait dévasté une immense étendue de terres cultivées ou de pâturages en y apportant une grande quantité de sable.

Il paraît que les eaux se retirent en partie seulement et laissent de grands espaces couverts de ces lagunes et de ces marais que nous apercevions toujours des deux côtés de la rivière. Pendant la saison sèche, les eaux diminuent et les canaux qui déversaient le superflu de leurs eaux dans la rivière restent à sec. En conséquence, après des pluies partielles, tous les torrents des montagnes qui, en d'autres circontances, auraient grossi les eaux de la rivière principale, sont absorbés par les lacs au pied des montagnes, et à moins que la pluie ne dure assez longtemps pour amener le débordement des lacs, le fleuve ne monte pas. Cependant la grande évaporation, qui s'opère sur des surfaces d'eau si étendues, rend la crue des lacs comparativement fort lente. C'est, à ce qu'il me semble, la seule manière d'expliquer le fait de la rareté des crues de la rivière par rapport à l'humidité du climat. Selon toute probabilité, on s'apercevra cependant que ces crues sont plus fréquentes au-dessous du lac Poyang qu'au-dessus. C'est ce qu'on peut présumer d'après le fait que les eaux qui nourrissent le Poyang, prenant leur source dans des pays plus méridionaux, ne sont pas aussi sujettes aux gelées et subissent plus promptement le dégel, en sorte que le volume d'eau produit par le lac varie infiniment plus que celui qui descend la rivière pour le rejoindre.

Mais les malheureux paysans craignaient les violences des rebelles autant que celles de la rivière; lorsqu'ils n'étaient pas

Un maître d'école.

inondés par l'une, ils étaient incendiés par les autres. Peu de mois auparavant, « les pestes » avaient parcouru le district et avaient brûlé toutes les maisons pour se chauffer. « Ah! c'était un temps bien triste, » nous disait pathétiquement l'un des paysans.

Nous entrâmes dans une petite maison de briques : le propriétaire annonçait sur la porte que c'était une auberge pour les voyageurs. Nous trouvâmes à l'intérieur deux petites chambres et une grande; celle-ci était garnie de lits de paille sur lesquels on aurait pu coucher huit ou dix voyageurs bien serrés. Le propriétaire nous apprit qu'il possédait trois ares de terres produisant différentes espèces de grains et de légumes, qu'il nous montra; il payait au gouvernement un fermage de trois shillings six pence. Il exportait ses produits dans les districts voisins.

Tout près de là se trouvait l'école du village, qui ne contenait que huit élèves. Le maître d'école nous dit que chaque enfant lui payait environ neuf shillings par an, mais que les paysans étaient souvent trop pauvres pour profiter de ce privilége et qu'au lieu de cela, ils envoyaient leurs enfants garder les troupeaux.

En passant près d'une autre cabane, nous reconnûmes l'odeur de l'opium, et en entrant nous vîmes deux hommes qui fumaient du tabac; mais une lumière qui brillait à travers une fente d'une pièce intérieure trahissait l'occupation secrète de celui qui s'y trouvait. Nous y jetâmes un coup d'œil et nous le vîmes commodément étendu, appuyé sur son coude, et faisant passer l'opium dans sa pipe de l'air le plus expérimenté. Il était tellement absorbé dans sa jouissance du « kief, » qu'il daigna à peine nous regarder, bien que nous eussions dû lui faire l'effet d'une apparition fort inattendue. Ses camarades nous demandèrent ce que nous avions à vendre, supposant évidemment, d'après l'intérêt que nous portions à la consommation de la drogue, que nous en avions à vendre.

Nous vîmes peu de femmes, celles qui nous accordèrent la faveur de voir leur visage auraient pu s'épargner cette peine. Je crois que je n'ai jamais vu le beau sexe sous un aspect moins séduisant.

Ce fut à cet endroit que la mission de lord Amherst quitta la grande rivière pour retourner à Canton par le lac Poyang, ce qui donne lieu à cette réflexion d'adieu qu'on lit dans le journal de M. Ellis : « En vain le patriote cherchera-t-il quelque sympathie, en vain l'homme d'honneur cherchera-t-il un ami, en vain surtout une femme aimable cherchera-t-elle une compagne sur les bords du Yang-Tse-Kiang. » Notre expérience nous apprit que ce dernier espoir eût été aussi frivole pour un homme aimable.

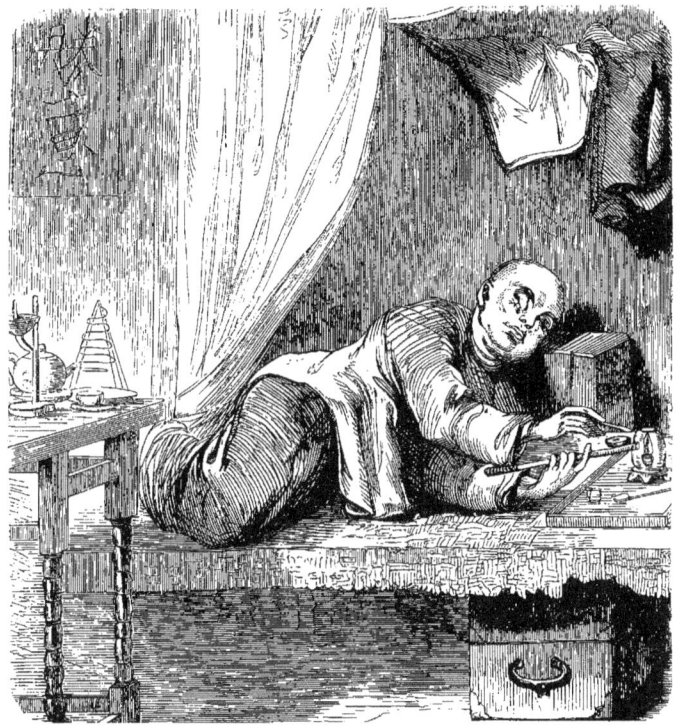

Chinois fumeur d'opium.

Le village que nous venions d'explorer s'appelait Pa-le-Kiang, c'est-à-dire « Huit-le-rivière, » et c'est le point où les voyageurs qui vont dans le midi traversent ordinairement le Takiang. Le père Huc, qui était venu par terre de Woo-Chang, passa le fleuve à cet endroit et se rendit à Hoo-Kow.

Au point de vue géographique, cette partie de la rivière qui traverse le coin de la province de Kiang-Si est peut-être la plus intéressante. Nous venions de remonter le Takiang sur une étendue de 450 milles, et nous rencontrions enfin son premier affluent sérieux, car à l'exception de la rivière de Tsung-Yang, tous les tributaires indiqués sur la carte ne sont que des fossés presque à sec en hiver. Mais le grand fleuve rencontre ici un aliment digne de lui. Le lac de Poyang y jette en un seul flot toutes les eaux pluviales de la grande province de Kiang-Si; entourée de toutes parts par de grandes chaînes de montagnes, la barrière septentrionale du lac a dû se trouver la plus faible à un moment donné, ce qui a ouvert une issue à l'accumulation des eaux par cette gorge.

Le Takiang fait ici un coude vers le Midi qui est l'un des traits les plus marquants de son cours comme s'il voulait aller au devant de cette importante accession. Pour suivre cette courbe, il a fallu que la rivière s'ouvrît un passage au travers du Ma-Tze-Shan, ou de la chaîne de montagnes « Épine dorsale du cheval, » qui fait partie de la frontière occidentale du Kiang-Si, et qui sépare cette province de celle d'Hoopeh. Ces montagnes sont coupées par la rivière à Woo-Sueh, elles se dirigent vers le Nord-Est sous un autre nom, marquant dans cette direction les limites de la province dont une petite partie est enclavée entre elles et la rive septentrionale du Takiang. Après avoir ainsi accompli sa mission en pénétrant dans la Kiang-Si, et en recevant le trop plein du Poyang, la grande rivière quitte la province par le défilé pittoresque du Scaou-Koo-Shan ou « rocher de l'Orphelin » que j'ai déjà décrit.

On comprendra mieux la distribution des montagnes dans cette partie de la Chine en supposant qu'une chaîne de montagnes septentrionale se rattache à ces chaînes au pied desquelles la rivière suit une courbe dans la direction du Midi, qu'elle forme pour ainsi dire au-dessus une sorte de boutonnière, opposant au fleuve des barrières qu'il a rompues pour s'ouvrir une entrée et une sortie. En même temps il faut se rappeler que les montagnes qui composent cette boutonnière ne s'élèvent pas seules au nord de la rivière. Comme nous l'avons dit à plusieurs reprises, on aperçoit constamment de hautes chaînes de montagnes dans cette direction, mais elles se rapprochent rarement de la rivière. A tout prendre, pendant tout le cours du voyage, la grande vallée du Yang-Tse ou Takiang a conservé les mêmes caractères généraux qu'on pourrait décrire en peu de mots. La largeur variait de dix à cinquante milles. La rivière pressait toujours de près la chaîne méridionale qui s'éloignait rarement à plus de quatre ou cinq milles de la côte dominant une étroite plaine d'alluvion, pendant que des lacs nombreux baignaient la base des montagnes ou reposaient entre elles. Vers le Nord, la plaine et le lac s'étendaient parfois aussi loin que le regard pouvait atteindre; mais, en général, des montagnes plus ou moins éloignées bornaient l'horizon.

Le 30. — Nous nous apercevons, à notre grande contrariété, que nous n'avons pas pris le bon passage; nous sommes donc obligés de revenir sur nos pas, de franchir une seconde fois la barre et de tourner autour d'une île située en face de l'entrée du lac pour chercher un canal dans cette direction. Nous y parvenons enfin, mais il faut traverser une autre barre très-dangereuse. A deux heures de l'après-midi, nous nous trouvions en face de Kew-Kiang. Comme nous avions des lettres pour les autorités de cette importante ville « Foo », et que c'est la première cité de ce rang, appartenant aux impériaux, que nous ayons rencontrée depuis que nous avons quitté Chin-Kiang-Foo, nous restons là pour le reste de la journée, et nous nous rendons à terre pour étudier sa situation actuelle. Nous la trouvons extrêmement triste. Une seule rue en ruines, composée de deux ou trois pauvres boutiques, voilà tout ce qu'il reste de cette cité naguère populeuse et florissante, l'immense espace renfermé entre des murs de cinq ou six milles de circonférence, ne contient autre chose que des décombres, des mauvaises herbes et des potagers. Les habitants déclarent que cet état résulte en partie de l'occupation de la ville par les rebelles pendant cinq ans, et en partie de l'humeur destructrice des troupes impériales qui l'ont reprise au mois d'avril dernier, c'est-à-dire il y a sept mois. La garnison se compose actuellement de quatre mille hommes, et la population ne s'élève pas à plus de quatre cents âmes. Tous les habitants à ce qu'il me semblait, s'étaient mis à notre suite; leur physionomie exprimait le plus profond étonnement mêlé de quelque inquiétude.

Au milieu de la ville s'élevait une éminence couverte de ruines, du haut de laquelle on avait une vue étendue et curieuse. A nos pieds s'étendait un lugubre désert de briques en monceaux, derrière nous s'élevaient les pics abruptes du magnifique Lew-Shan; devant nous se déroulait, dans un lointain vaporeux, une chaîne de lacs qui finissaient par disparaître sous les rayons ardents du soleil couchant, tandis que le puissant Takiang baignait les murailles et roulait ses ondes jaunâtres du côté de la mer. Le seul objet en bon état à Kew-Kiang était un temple de Confucius, que l'empereur venait de faire construire, et qui contenait une inscription placée là par un célèbre ministre d'Etat, en souvenir d'un général tartare, son ami, qui avait succombé pendant le siège de la ville.

Nous trouvâmes dans le faubourg une rue mieux bâtie et des boutiques mieux assorties. L'une d'elles contenait des marchandises étrangères; j'y vis des calicots de Manchester et une espèce de serge rouge qui venait de Russie. Nous entrâmes dans la boutique d'un apothicaire et nous lui vîmes prescrire à des patients inquiets des araignées écrasées, du ginseng et diverses espèces de racines et de reptiles. Nous visitâmes aussi l'établissement d'un boulanger, qui nous apprit qu'une partie de la farine venait de la province de Shan-Tung. Nous essayâmes des confitures chez un épicier; nous examinâmes des étoffes de coton chez un marchand de nouveautés, et nous cherchâmes en vain des vieilles porcelaines dans une boutique de faïencier. Kew-Kiang possède deux pagodes: l'une dans la ville et l'autre en dehors des murs. La première est en partie détruite.

1er décembre. — La navigation était si difficile hier, qu'on a expédié ce matin *la Lee* pour étudier le passage; à son retour avec un rapport satisfaisant, nous avons levé l'ancre et nous avons avancé sans encombre pendant une vingtaine de milles, pour nous trouver ensuite arrêtés tout d'un coup par une barre au-dessus de laquelle il fallut baliser un passage. Nous finîmes par la franchir en n'ayant pas plus de trois pouces d'eau sous la quille. A cet endroit, le village de Loong-Ping s'élève sur la rive septentrionale ; de l'autre côté du fleuve nous remarquons des falaises d'une argile rougeâtre.

En regardant dans la direction du Midi, nous apercevons du haut des vergues un grand lac parsemé d'îles boisées, et on distinguait dans l'éloignement les voiles blanches des nombreuses jonques qui le sillonnaient.

Vers le Nord, un grand lac également couvert de jonques s'étendait jusqu'au pied d'une chaîne de montagnes dans le lointain. Je remarquai pour la première fois des radeaux en bois, portant chacun une petite population qui y vivait dans des huttes. Le pays était plat et bien cultivé, les habitants étaient nombreux et semblaient plus prospères que ceux que nous avions vus jusqu'alors sur les bords de la rivière. Une route fréquentée traversait la plaine, on y apercevait de nombreux voyageurs traînés dans des brouettes, et qui se protégeaient des rayons du soleil au moyens de parasols de toutes les couleurs.

A quelques milles plus loin, nous passons sur la rive septentrionale à côté de la ville florissante de Woo-Sueh. Le marché y est considérable, et toute la population sort pour nous examiner. Au sud, le joli village de Makow occupe une situation charmante dans une vallée bien boisée. Les Ma-Tze-Shan, ou montagne de « l'épine dorsale du cheval, » arrivent ici jusqu'au bord de la rivière et s'élèvent abruptement jusqu'à une hauteur de 1,500 à 2,000 pieds. Nous sommes ravis de voir que la chaîne de montagnes du Nord semble vouloir s'opposer à nos progrès, puisque nous serons obligés demain de nous y ouvrir un passage, et à en juger par la nature montagneuse du pays, nous pouvons espérer des aspects pittoresques. Notre voyage s'est revêtu aujourd'hui d'un attrait particulier. Jamais ces eaux-ci n'avaient été explorées par un étranger, à moins que quelque Jésuite déguisé, qui n'a jamais rendu compte de ses courses errantes, ne les ait traversées dans le cours de ses travaux. Nous pouvions donc nous promettre pour quelques jours la sensation délicieuse et rare qu'on éprouve en contemplant un pays que personne n'a jamais visité auparavant.

Le 2. — Nous étions sur le pont de bonne heure le matin, résolus à ne perdre aucune des beautés inconnues de la rivière. Peu après avoir levé l'ancre nous entrions dans la gorge d'où sort la rivière pour pénétrer dans la province de Kiang-Si. Les montagnes la dominent des deux côtés, et, en serpentant à leur pied, le fleuve revêt l'aspect d'un lac des Highlands. Les vallées sont couvertes de sapins d'un vert foncé, les rocs grisâtres sont couronnés de bruyères rouges et des pics sauvages s'avancent en un hardi relief.

L'endroit le plus frappant se trouve auprès de la falaise à pic de Pwan-Pien-Shan, en face de laquelle la surface du rocher calcaire est creusée ; un temple s'élève sur l'extrême pointe. Chaque tour de roues nous fait découvrir un nouveau point de vue, nous offre des beautés inattendues dans les pics et les sommets du premier plan, et les lignes abruptes des grandes chaînes de montagnes qui forment le fond du paysage. Nous donnâmes à l'une de ces montagnes le nom de la « Bouchée du diable, » à cause d'une dépression singulière dans ses contours.

Passant à côté des villes de Sha-Wootze et de Tien-Shiakin, nous arrivâmes à onze heures du matin à la sous-préfecture de Ke-Chow, dont les murs couronnent une falaise qui domine la rivière. Un fort circulaire en pierre s'élève au milieu du fleuve.

Nous nous arrêtâmes un moment pour recevoir un mandarin qui apportait à lord Elgin les compliments du gouverneur général de Hoo-Kwang, dans la juridiction duquel il venait d'entrer. La rivière était encombrée de jonques qui allaient toutes dans la même direction, et les passants se pressaient sur les routes qui suivaient ses bords. Notre visiteur nous apprit, lorsque nous lu demandâmes la cause de ce mouvement, que les rebelles étaient à Kwang-Tse, ville située à trente ou quarante milles de là, vers l Nord-Est, et que le père Huc dit avoir visitée.

Marchande de rafraîchissements au Japon.

LE JAPON. 295

Ce n'étaient pas probablement les rebelles Taï-Ping, mais quelque corps de Nèê-Fei, qui profitait de l'état de trouble du pays pour commettre des déprédations qui chassaient les paysans de chez eux. Quelques autorités provinciales se trouvaient dans la ville et cherchaient à rétablir la confiance. Un corps important de cavalerie impériale, que notre mandarin portait à dix mille

Paysannes chinoises.

hommes, venait d'arriver à leur aide, et s'était posté dans les environs. Ke-Chow avait été en partie détruite par les Taï-Pings, qui l'ont prise et reprise jusqu'au moment où ils en ont été chassés définitivement, il y a environ un an.

Un peu au delà de la ville, nous passâmes à côté du théâtre d'une bataille très-sanglante entre les rebelles et les impériaux, qui eut lieu en 1854, et que notre pilote nous raconta de la manière la plus animée; suivant lui, les rebelles avaient été battus, repoussés dans la rivière, et plus de vingt mille d'entre eux avaient été tués ou noyés.

Dans l'après-midi, nous côtoyâmes la haute falaise du Taou-Tseg-Fuh, qui s'élève comme une muraille à cinq cents pieds au-dessus de la rivière. Dans le fond, une magnifique chaîne de montagnes nous offrait des aspects pleins de grandeur et d'une pittoresque beauté. Nous vîmes passer à côté de nous un Chinchaï ou mandarin d'un haut rang, sur une jonque de rivière élégamment ornée et plus grande que toutes celles que j'avais vues; il était suivi d'une série de barques avec le déploiement ordinaire de gongs, de parasols et de bannières. Il allait probablement « rétablir la confiance. » Nous arrivâmes à la ville importante de Hwang-Shih-Kang ou « Pierre jaune » nom dérivé sans doute des carrières du voisinage, à temps pour l'explorer avant la nuit. Une magnifique muraille de grès, s'élevant dans la rivière et surmontée d'une belle balustrade, donnait à la place un air imposant. L'eau était si profonde que nous fûmes obligés de jeter l'ancre tout près des jonques qui étaient amarrées au rivage. Une foule compacte commence à se précipiter hors des portes pour arriver au bord de l'eau et pour contempler l'énorme Triton, qui venait de prendre sa place au milieu du fretin, et qui laissait échapper sa fumée de manière à confirmer les spectateurs dans l'idée qu'il arrivait en droite ligne des régions infernales.

Nous eûmes toutes les peines du monde à descendre des bateaux, tant la population se pressait jusque dans l'eau. En entrant dans la ville, nous fûmes frappés de la propreté générale des rues et de la supériorité des boutiques sur celles de toutes les villes que nous avions visitées sur la rivière. Les nombreuses jonques amarrées devant la muraille donnaient à la ville un air de grande activité commerciale. Cet aspect de prospérité et d'opulence nous frappa d'autant plus que nous ne nous y attendions pas et qu'il faisait un très-grand contraste avec tout ce que nous avions vu jusque-là. La contrée environnante produit beaucoup de coton; on en transporte annuellement à l'état brut pour une valeur de 800,000 taëls sur Chanh-Sha, la capitale du Hoonan, On cultive également beaucoup d'indigo dans le voisinage, et nous assistâmes à l'opération qui consiste à rouler le coton qu'on vient de teindre avec d'énormes rouleaux de pierre, mus en partie avec les pieds et en partie avec des machines. Le coton brut, dont je me procurai quelques échantillons, me parut d'un brin court.

Costumes de ville.

On apporte de Hing-Kwoh, ville située à quelque distance, du chanvre de première qualité, et on se procure du charbon dans une mine qui se trouve à cinq milles de là. On ne cultive ici ni le thé ni la soie; mais le commerce des grains est considérable. Je vis dans les boutiques des calicots gris de Manchester et des velours de coton hollandais. Les observations et les recherches ne sont jamais très-agréables à faire dans une ville chinoise, mais ici la foule, bien que fort respectueuse, répandait un tel parfum et nous accablait d'attentions tellement pressantes, que nous fûmes enchantés de regagner nos canots et de respirer un air pur.

L'immunité de toute violence de la part des rebelles dont jouit Hwang-Shik-Kang, tient probablement à l'absence de murailles ou de fortifications qui pussent en faire un poste important au point de vue militaire.

Le 3. — Les difficultés de la navigation nous ont obligés aujourd'hui d'avancer doucement. On apercevait des lacs des deux côtés, et vers le Midi le pays était joli et accidenté, parsemé de falaises et, dans le fond, de chaînes de montagnes. La rivière a encore plus d'un mille de large. Dans l'après-midi, nous passons à côté de Woo-Chang-Hsien, ville entourée de murs avec deux pagodes à sept étages, un lac sur les derrières, de belles chaînes de montagnes au delà, deux portes très-pittoresques et une grande foule qui se presse sur la rive pour nous voir. La ville a l'air en bon état, probablement parce que les rebelles l'ont évacuée en prenant Hwang-Chow pour leur poste militaire. Il y a là un rocher qui s'élève dans l'eau et qu'on appelle Peh-Kwei, ou l'île de la Tortue-Blanche. Ce nom vient d'une fable qui raconte qu'un soldat poursuivi par ses ennemis se trouvait dans cette île ; pour leur échapper, il sauta dans la rivière, et l'une des grosses tortues qui se trouvaient près du bord le prit sur son large dos et l'emporta en sûreté sur l'autre rive.

A deux milles au-dessus, nous trouvâmes la ville d'Hwang-Chow, qui est un chef-lieu de district. Elle possède la plus belle pagode qui se trouve sur la rivière, et qui reste en très-bon état, en dépit de l'occupation des rebelles. Une armée d'impériaux était campée sous les murailles, et une flotte de jonques de guerre était amarrée au rivage. L'aspect de ces forces de terre et de mer était extrêmement pittoresque. Les tentes blanches, les drapeaux aux vives couleurs, les chevaux attachés par groupes et les hommes se pressant en masse à une espèce de revue, les jonques éclatantes, chacune portant un emblème particulier, tout cela formait une scène frappante. Ici une pinasse somptueuse portait sur son étendard « le chef des braves d'Hoonan, » là une autre se glorifiait de contenir le « commissaire général des camps volants de Hoopeh. »

Les murs d'Hwang-Chow renferment, comme de coutume, un désert parsemé de ruines ; la ville a été abandonnée par les rebelles, il y environ deux ans.

Nous allons donner du nez contre un banc de sable à quelques milles au-dessus d'Hwang-Chow, et nous passons tout le reste du jour à chercher en vain un canal.

Le 4. — Nous restons presque toute la journée à l'ancre sur le même point ; les canonnières sont à la recherche d'un passage. Les difficultés de la navigation deviennent si grandes, que nous craignons bien de ne pas venir à bout de faire parcourir encore une centaine de milles au vieux vaisseau en remontant la rivière.

C'est pourtant une satisfaction de sentir que nous sommes arrivés dans la province d'Hoopeh au centre de l'empire. « Cette province, » dit *le Magasin Chinois*, « jouit de tant d'avantages comme température, comme climat, comme fertilité, en fait de rivières navigables, de beaux lacs et de beaux passages, qu'on l'appelle le grenier de l'empire. » Notre expérience confirme pleinement la dernière partie de cette assertion. Depuis que nous sommes entrés dans cette province, nous avons toujours pu distinguer un lac ou un autre du haut des vergues.

Le Liang-Tze que nous avons vu hier, communique avec le lac de l'Axe par un conduit qui forme sur ce point une communication au travers du coude du Takiang. La population d'Hoopeh s'élève à vingt-sept millions ; son étendue est deux fois plus considérable que celle de l'Angleterre, non compris le pays de Galles. Le mot Hoopeh veut dire « au nord des lacs. » Le père Huc prétend que cette province est inférieure, sous beaucoup de rapports, à celle de Sz-Chuen. Le sol est assez stérile, bien qu'il soit couvert d'un grand nombre de lagunes et de marais, dont les Chinois ne peuvent tirer grand parti, en dépit de leur patiente industrie ; en conséquence, les villages présentent l'aspect de la misère et de la souffrance. Les productions végétales sont les grains, la soie, le coton, le thé et le bois ; les ressources minérales sont considérables ; le sol contient de l'or, de l'argent, de l'étain, du fer, du mica, de la couperose, du cristal, du marbre, de la terre à porcelaine, etc. Les manufactures produisent du papier de bambou, des objets de cire, des cristaux et autres ornements célèbres dans tout l'empire.

La province d'Hoopeh se vante également d'avoir donné le jour à Laoutz, philosophe qui n'a guère moins de réputation que Confucius. « Il naquit cinquante-quatre ans avant Confucius ; on dit qu'il avait les cheveux et les sourcils blancs au moment de sa naissance, et que sa mère l'avait porté dans son sein quatre-vingts ans, ce qui valut le nom de « Laoutz » ou « vieil enfant, » et plus tard de « Lan-Kium » ou « vénérable prince. » Il fut le fondateur de la secte des rationalistes ou Taukia, et il est l'auteur du *Tau-tik-king*, ou « Mémoire sur la raison et la vertu, » ouvrage qui sert de texte à ses disciples.

L'après-midi était avancée lorsque nous découvrîmes un passage étroit et sinueux au-dessous d'une île fort basse et couverte de longues herbes. Nous rasâmes de si près le bord de la rivière que les groupes de paysans réunis pour nous voir passer auraient presque pu sauter sur le pont. Je débarquai dans l'île avec Wade pour chercher du gibier ; il parvint à abattre une belle oie sauvage au milieu du troupeau qui volait au-dessus de nos têtes.

Le 5. — Nous n'avons rencontré aujourd'hui qu'un seul obstacle sérieux, et nos progrès ont été satisfaisants. Le pays n'avait l'air ni aussi peuplé ni aussi bien habité que le district que nous venons de traverser ; dans certains endroits, la côte septentrionale était plate et bien boisée, avec un lac de temps à autre ; vers le Midi, le sol était plus accidenté, mais il n'y avait point de hautes montagnes. Les « Montagnes du Tigre Blanc » dont la forme est remarquable et qui descendent jusqu'à la rivière ne s'élèvent pas à une hauteur de plus de cinq cents pieds. En été, une étendue considérable de terrain qui sert maintenant de pâturage doit se trouver sous l'eau. Le temps devient sensiblement plus froid. Il a grêlé hier au soir, et ce matin j'ai vu quelques traces de grésil.

Bien que nous soyons à 500 milles de la mer, nous avons revu aujourd'hui des marsouins que les Chinois appellent des « Cheang-choo-tsze. » Ils se servent de cette huile pour teindre la soie. Les jonques et les radeaux sont plus nombreux que par le passé, et notre aspect terrible excite toujours une si grande sensation que les équipages en sont à peu près pétrifiés. Non-seulement notre apparition, mais notre ignorance les étonnent. Nous demandons à grands cris des renseignements au sujet des lacs, des montagnes et des villes qu'ils connaissent à merveille, mais dont notre pilote ne sait pas le nom mieux que nous. Il supplée à son ignorance par l'énergie qu'il met à lancer ses questions sur toutes sortes de sujets à tous les passants. Il commence ainsi :

« Hé, là-bas, du radeau... Oh! mon père! » — Il reçoit pour toute réponse un regard vague.

Le pilote reprend avec plus d'énergie. Hé!... oh!... ah!... Mon grand oncle! — Ce degré de parenté plus éloigné amène non-seulement un regard ébahi, mais un ah! ah! ah! prolongé qui ressemble assez au bêlement d'un mouton asthmatique.

Le pilote, un peu indigné, devient moins affectueux et renouvelle sa question : « Parent très-honoré, entendez-vous? Comment s'appelle cet endroit-ci? »

Réponse du parent très-honoré : « Ah! — ah! — ah! » sur une cadence différente de la première.

Le pilote en colère : « Vénérable vieillard, je vous demande comment s'appelle cet endroit-ci?

Le vénérable vieillard, enfin réveillé, crie et montre la rivière. Il dit : « Tout va bien, continuez. »

Le pilote, tout à fait exaspéré, substitue tout d'un coup les injures aux épithètes polies, il les prononce avec une grande volubilité, en faisant ronfler la dernière syllabe sur une note aiguë et en y appuyant avec beaucoup de vigueur et d'amertume : — Vieil imbécile, vieux cerveau creux, vieil idiot-ot-ot-ot, je ne vous demandais pas si tout allait bien, je vous demandais le nom. »

Réponse : « Oh ! oh ! oh ! le nom de la ville, le nom de la ville; oh! oh! oh! oh! c'est le nom de la ville que vous voulez savoir! Le nom de la ville c'est... »

Le pilote : « Et le nom du lac? »

Réponse : « Il n'y a pas de lac. »

Le pilote : « Je vous dis qu'il y a un lac. »

Réponse : « Un lac, dites-vous? oh ! oh ! oh ! Est-ce qu'il y a un lac? Non, oh! non, il n'y a pas de lac. » Et on continue ainsi jusqu'à ce qu'en désespoir de cause nous nous remettions en marche. La rivière s'appelle la grande rivière ou la vieille rivière, la montagne n'a pas de nom et n'en a jamais eu. Parfois, lorsque nous sommes à l'ancre, quelques-uns des bateaux s'approchent de nous pour contempler de plus près notre énorme masse, alors le pilote devient familier et communicatif. « Venez, dit-il, venez voir un peu le monde. » Nous n'avons jamais pu apprendre de ces visiteurs à quelle distance nous nous trouvions de Han-Kow. Plus nous approchons, plus il nous reste de *li* à parcourir.

Le 6. — On a expédié hier *le Dove* avec l'ordre d'arriver à Han-Kow si cela était possible. Nous comptions en faire autant, mais un brouillard épais a retardé notre départ. Lorsqu'il fut dissipé, nous aperçûmes du haut des vergues une vaste plaine de terre labourable qui rejoignait dans la direction du Nord un grand lac sur lequel nous distinguions vaguement les voiles des jonques. Au Midi, la plaine était coupée par une chaîne de montagnes basses et irrégulières qui paraissaient très-peuplées, un grand lac bornait aussi l'horizon de ce côté.

Le pays a l'air peuplé et bien cultivé, ce qui nous porte à espérer que nous approchons d'une grande ville. Peu à peu des maisons bordent les rives, elles sont séparées par des potagers entourés de jolies barrières. Puis nous apercevons une masse compacte de maisons, une montagne surmontée d'un mur, les mâts d'un grand nombre de jonques, au milieu d'eux la cheminée du *Dove*, et nous savons que nous touchons enfin le but et que les fatigues et les inquiétudes d'un mois sur la rivière sont enfin couronnées de succès.

XVIII

Premières impressions produites par Han-Kow. — Ressemblance avec Nijni-Novogorod. — Premier débarquement. — Une foule bien élevée. — Plan de Han-Kow. — Vue de Wo-Chang et de Han-Yang. — Population de ces deux villes. — Manufacture de câbles de bambous. — Prix des cotonnades de Manchester. — Cire d'insectes. — Mode de production. — Démolition récente de Han-Kow. — Population mêlée. — Politique des mandarins. — Investigations commerciales. — Difficulté d'obtenir des renseignements. — Un dialogue. — Commerce de Han-Kow. — Districts producteurs de thé. — Visites à Han-Yang. — Assertions du père Huc.

L'aspect général de la célèbre ville commerçante de Han-Kow, vue des vergues du *Furieux*, nous causa un vif désappointement. — Nous avions tant entendu parler des immenses cités situées à la jonction du Hang et du Yang-Tse, de leur étendue, de leur population et de leur activité commerciale, nous avions si vivement désiré d'y arriver, nous avions douté tant de fois de pouvoir y réussir que nous avions conçu de plus vastes espérances et attendu une plus noble récompense après tant d'anxiétés et d'efforts. Cependant il était agréable, après avoir vu tant de ruines et d'amas de décombres à la place de cités populeuses, de revoir des rues pleines de monde et une rivière fort animée, bien que le tout fût sur une moins grande échelle qu'on ne nous avait induits à croire.

La situation de Han-Kow et les traits topographiques du pays environnant me rappelèrent vivement Nijni-Novogorod. Han-Kow occupe l'angle formé par le Han et la grande rivière qui se rencontrent à angles droits : sur la rive opposée ou la rive droite du Han s'élève une rangée de montagnes abruptes couronnées par les fortifications en ruines de la ville de Han-Yang. Ces constructions correspondent au Kremlin de Nijni, tandis que Han-Kow répond à la foire. Sur la rive opposée du Yang-Tse se trouve l'importante cité provinciale de Wo-Chang, qui n'a point d'équivalent sur les bords du Volga. Han-Kow est construit en forme de triangle aigu; la base qui repose sur le Yang-Tse n'a pas plus d'un mille de longueur, tandis que la ville s'étend pendant deux milles et demi sur les rives du Han et se termine presque en pointe. En qualité de ville purement commerciale, Han-Kow n'est pas entourée de murailles, ni d'aucune apparence de fortification.

Le Han qui est le premier affluent important que reçoit le Yang-Tse, en remontant la rivière, varie de largeur de cent à cent cinquante yards et ne présente pas l'aspect imposant qu'on pourrait attendre d'une rivière d'un si long cours, entretenant sur ses eaux un commerce considérable. De nombreux bacs tiennent lieu de pont. A partir d'un demi-mille avant sa jonction avec le fleuve, la rivière est encombrée de jonques aussi serrées que possible; bien peu, cependant, jettent l'ancre dans le Yang-Tse. Ce magnifique cours d'eau s'étend à cet endroit sur une largeur de trois quarts de mille, et, à côté de la ville, nous avons jeté l'ancre à une profondeur de treize brasses, et cela à six cents milles de la mer. Cependant, tandis que nous étions occupés de toutes ces observations, la foule devenait plus compacte, les barques se multipliaient sur la rivière, l'air retentissait des voix de milliers de gens qui nous regardaient de tous leurs yeux, et qui exprimaient leur étonnement par des murmures confus. Bientôt nous vîmes glisser sur les ondes au milieu de cette population aquatique des barques remplies de fonctionnaires qui semblaient chargés de maintenir l'ordre. Ils vinrent se poster tout auprès du vaisseau à l'avant, à l'arrière, sur les flancs, regardant par les sabords et tâtant les planches comme s'ils eussent voulu voir de quoi le navire est fait.

Nous résolûmes alors de mettre pied à terre et de satisfaire ainsi leur curiosité; en conséquence, nous nous dirigeâmes, non sans quelque difficulté, à travers un labyrinthe de barques de toutes les tailles et de toutes les espèces, remplies de curieux de toutes les classes et de toutes les conditions, jusqu'à un débarcadère surmonté d'un escalier qui conduisait dans la ville, mais qui était pour lors tellement encombré d'êtres humains que nous regardions comme un problème l'entreprise de nous ouvrir un passage. Nous n'eûmes pas plutôt mis pied à terre qu'une ouverture se fit dans la foule, et les spectateurs se reculèrent un peu effarés. Nous trouvâmes les rues aussi encombrées que les marches, mais partout la foule nous ouvrait respectueusement un passage; c'était même un exemple assez curieux de l'influence morale exercée par la présence de quatre vaisseaux étrangers au cœur de l'empire que la facilité avec laquelle nous traversions les rues d'une cité populeuse, non-seulement sans être arrêtés ni brutalisés, mais en nous voyant obligés de nous écrier constamment d'un ton amical : « Puh! pao! puh! pao! » (n'ayez pas peur! n'ayez pas peur!), condescendance assez arrogante de la part d'une poignée d'étrangers au milieu d'une population d'un million d'âmes.

Les rues elles-mêmes étaient plus belles que toutes celles que j'avais vues dans les autres villes de l'empire. Elles étaient bien pavées et recouvertes d'un toit de nattes, comme on le fait en Perse et en Égypte; mais elles étaient assez larges pour rester gaies et claires. Les boutiques étaient bien assorties, beaucoup plus grandes et plus belles que celles de Canton ou des autres ports francs. Des passants à pied, des brouettes chargées de marchandises ou de voyageurs et des gens riches dans leurs chaises à porteurs encombraient les rues. Nous remarquâmes une chaise qui nous suivait obstinément, et nous découvrîmes qu'elle contenait un petit mandarin qui avait été chargé ou qui s'était chargé du rôle d'espion. Lorsque nous fîmes des objections à cette surveillance, il nous assura qu'il nous suivait uniquement par égard pour notre sûreté et dans le but de maintenir l'ordre parmi la foule. A la vérité, il se mit bientôt à déployer dans l'accomplissement de ce devoir un zèle que nous n'approuvions guère, sortant de sa chaise toutes les fois que nous entrions dans une boutique et dispersant à coups de fouet la foule qui se réunissait naturellement autour de la porte. Comme cette façon d'agir était faite pour nous rendre fort impopulaire parmi le peuple qui manifestait une curiosité parfaitement innocente et naturelle, nous adressâmes des remontrances à notre officieux protecteur, et nous réussîmes à nous débarrasser de lui ; mais nous avions des raisons de croire que sa conduite concordait avec les instructions reçues des principales autorités de la province. Nous fûmes bientôt confirmés dans cette manière de voir par la requête que nous adressa le même jour le fonctionnaire qui faisait partie de notre suite, le mandarin Wang, qui pria lord Elgin de ne pas insister pour entrer dans la cité provinciale de Wo-Chang, ni pour faire une visite au gouverneur général.

Nous remarquâmes des proclamations affichées dans différentes parties de la ville pour informer le peuple de la visite que les étrangers se proposaient de faire dans leur ville, en leur assurant que ce séjour serait de courte durée et n'avait pas un but commercial. Néanmoins, la question qu'on nous faisait le plus souvent lorsqu'il se trouvait dans la foule quelqu'un d'assez hardi pour nous parler, était celle-ci : « Qu'avez-vous à vendre, et quand venez-vous faire le commerce? »

Le plan de Han-Kow est extrêmement simple. Deux artères principales coupent la ville en lignes parallèles, ces deux grands chemins sont traversés par des rues formant une courbe et s'étendant à une distance à peu près égale les unes des autres. Après avoir jeté un premier coup d'œil sur la ville et sur les boutiques que nous nous proposions d'inspecter plus à fond, nous traversâmes le Han, et nous procédâmes à l'escalade de la montagne qui s'élève sur l'autre rive. La tour qui la couronne se trouvait environ à trois cents pieds au-dessus de la plaine, la vue y est étendue et magnifique. La montagne proprement dite s'appelle Tapieh ou « la grande montagne de division. »

A nos pieds, le puissant Yang-Tse roulait vers la mer ses flots jaunâtres; jusque-là, c'est un fleuve utile et couvert de bâtiments, mais au-dessous de ce pont il ne rencontre plus qu'un pays dévasté, et il emporte dans son sein les ruines et les débris de cette cité populeuse dont le commerce actif donnait naguère de la vie et de l'animation à ses ondes maintenant désertes. Nous jetâmes un regard sur les ponts de nos vaisseaux, chassant fièrement sur leurs ancres là où des vaisseaux étrangers n'avaient jamais pénétré avant eux, s'élevant majestueusement au-dessus de la foule noirâtre des barques qui les entouraient, et nous ne pûmes retenir un mouvement d'orgueil en voyant le pavillon anglais flotter pour la première fois au cœur de l'empire.

En face de nous, de l'autre côté du fleuve, dans une charmante situation sur le flanc de la montagne, s'élevait au bord de l'eau la capitale du Hoopeh, la ville de Wo-Chang, digne de porter le nom de la reine du Yang-Tse. Ses collines couronnées de maisons et de pagodes, son double mur longeant le bord de la rivière et garni de tours, de portes et de bastions, tout s'unissait pour lui donner un aspect imposant et majestueux. Notre illusion s'évanouit lorsque nous pénétrâmes dans les rues, mais dans le paysage l'effet était charmant. Au-dessous de nous, sur notre droite, se trouvait le chef-lieu d'un département, la cité de Han-Yang, pressée entre deux montagnes abruptes entre lesquelles s'élevaient ses murs garnis de tours; nous contemplions ses rues désertes, ses maisons sans toitures, ses murs écroulés et ses rues couvertes d'herbe. Cette ville n'a jamais été bien considérable, elle a cruellement souffert de l'occupation des rebelles et elle ajoute au paysage un trait mélancolique, mais non sans intérêt.

A gauche, dans la plaine qui s'étend à nos pieds, le marché animé de Han-Kow offrait un contraste frappant avec cette scène de désolation, tandis que le Han, couvert de sa population aquatique, se perdait dans l'éloignement, les voiles blanches des nombreuses jonques indiquant seules les replis de son cours. Le soleil couchant répandait une ardente lumière sur les lacs qui parsemaient la campagne vers le Nord, et dans le fond des montagnes aux croupes recourbées fermaient ce magnifique et curieux panorama.

De l'endroit où nous nous trouvions, nous pouvions embrasser

Chinois lisant une proclamation affichée.

d'un coup d'œil toute l'étendue occupée par les trois villes de Wo-Chang, de Han-Yang et de Han-Kow, et nous faire une idée assez juste de leurs populations respectives. Le père Huc, qui avait seulement traversé ces deux dernières villes et qui ne paraît pas avoir eu beaucoup d'occasions de juger de leur population, la porte à huit millions. En laissant tout le champ possible à la faculté que possèdent les Chinois de s'entasser dans un petit espace, je ne crois pas qu'il fût possible de renfermer dans l'étendue qui se trouvait au-dessous de nous une population plus considérable que celle de l'Irlande tout entière. Nous crûmes calculer très-largement en portant la population des trois villes à un million; mais nous les voyions, à vrai dire, dans une situation fort désavantageuse : l'espace occupé par les ruines était aussi grand que l'espace habité, en sorte que dans le temps du père Huc ces villes contenaient probablement un nombre d'habitants deux fois plus considérable; leurs populations réunies peuvent avoir égalé celle de Londres, mais elles ne l'ont certainement jamais dépassée.

Cependant un certain nombre de Chinois avaient découvert le groupe d'étrangers au sommet de la montagne, et la foule commençait à y arriver, en sorte que nous crûmes à propos de quitter notre position élevée, surtout lorsque nous découvrîmes que les assistants ne pouvaient nous venir en aide dans nos calculs. Lorsque nous demandâmes quel était le nombre des habitants des trois villes, ils nous répondirent comme les Chinois font d'habitude : « Oh! bien des myriades. »

Le 7. — Lord Elgin a expédié le petit mandarin Wang, qui nous avait accompagnés à partir de Sanghai, et qui avait exprimé hier l'espoir que lord Elgin ne rendrait pas visite au gouverneur général à Wo-Chang, avec un billet pour Son Excellence, lui annonçant l'intention de lord Elgin d'aller le voir le lendemain. Quelques officiers des vaisseaux se rendirent également à Wo-Chang pour y faire une exploration. J'accompagnai lord Elgin dans un voyage de découvertes sur la rive gauche, dans le but de faire des recherches plus minutieuses au sujet du contenu des boutiques et des ressources de Han-Kow en général.

Lorsque nous étions à bord du vaisseau, nous avions été frappés d'un certain nombre de grandes constructions ressemblant à des tours de veilleurs, qui s'élevaient au bord de l'eau. En y regardant de plus près, nous vîmes que c'étaient des manufac-

Dame japonaise en litière.

tures de câbles de bambou. On réunit les bambous fendus sur une plate-forme élevée de quarante à cinquante pieds au-dessus du sol. Cette plate-forme est très-petite et ne peut porter qu'un seul homme abrité par un toit de nattes. C'est là qu'on tresse les câbles qui sont roulés par terre sous la plate-forme qui permet probablement à un seul homme de rouler et d'arranger sans difficulté un objet aussi incommode qu'une corde grosse de six pouces. A première vue, l'aspect de ces plates-formes, auxquelles pendait une longue corde, était extrêmement mystérieux et difficile à expliquer.

Lord Elgin avait l'habitude, pendant tout son séjour en Chine, de ne jamais perdre une occasion d'entrer en communication personnelle avec la population, et, dans cette occasion, nous entrâmes en rapports intimes avec des marchands et des artisans fort intelligents. La première personne qui frappa notre attention fut un homme dont les bras jusqu'au coude étaient d'un beau bleu, et qui s'occupait à étendre sur l'herbe des étoffes de la même couleur. En y regardant de plus près, nous vîmes que c'étaient des calicots de Manchester; il nous dit qu'ils coûtaient 700[1] cash le chang. La teinture coûtait 200 cash le chang, en sorte que le prix total du calicot de Manchester, teint en bleu de Chine pour faire des vêtements, était de 900 cash le chang, environ neuf pence et demi. Les cotonnades manufacturées en Chine ont le tiers de largeur et valent 200 cash le chang, ce qui fait qu'en tenant compte de la différence de largeur, elles coûtent 100 cash de moins que les anglaises.

L'indigo qu'on employait pour ces teintures croît en grande abondance dans le voisinage. On le cultive également sur une grande échelle dans la province de Kwei-Chau. Il y avait aussi du calicot teint en vert. Cette teinture est moins chère que l'indigo et s'obtient au moyen de deux espèces d'écorce. Nous entrâmes dans la maison et nous vîmes bouillir la liqueur. L'une des espèces d'écorce s'appelle le Tung-Leu, et se trouve dans la province de

---

1. 4 Yards — 4 chang. 288 cash — 1 shilling.

Chang-Teh; on nomme l'autre le Shwing-Chin. On lave deux fois par jour l'étoffe dans un mélange de ces deux infusions, pendant cinq jours lorsqu'on opère sur des cotonnades indigènes, pendant dix jours lorsqu'il s'agit du calicot.

Nous inspectâmes également une manufacture de velours de coton employé dans le pays. On étend l'étoffe de coton, et on la frotte avec une brosse de crin jusqu'à ce qu'elle soit devenue plucheuse; on la prépare alors avec une certaine feuille, et l'infusion qu'on verse dessus lui donne une apparence laineuse et frisée. Ce qui nous intéressa le plus dans nos recherches fut la cire d'insecte ou Peh-lah, dont on voyait de grandes quantités en vente dans les boutiques de marchands de chandelles. On la vend en général en blocs qui ressemblent à des fromages; lorsqu'on les brise, ils présentent un aspect cristallin, qui ressemble au spermaceti. Lorsque nous entrâmes dans l'arrière-boutique du fabricant de chandelles, ou pour mieux dire, dans sa fabrique, nous apprîmes l'un des principaux usages de cette cire. Le suif végétal, dont on fait d'ordinaire les chandelles, se fond avec une extrême facilité; afin de les empêcher de couler, on les revêt d'une couche très-mince de la cire la plus fine, qui est extrêmement dure et fond lentement, ce qui maintient le suif végétal à l'état liquide et fournit un ingrédient économique et propre à la fabrication des chandelles.

Nous cherchions en vain à obtenir du marchand quelques renseignements exacts sur l'endroit qui produisait cette singulière denrée, lorsqu'un homme dans la foule nous offrit volontairement des informations; c'était, disait-il, l'objet de son commerce. La province de Sz-Chuen produisait cette denrée; mais, chose étrange, bien que l'arbre nécessaire à la nourriture de l'insecte y vînt à merveille, il fallait entretenir le nombre des insectes en important sans cesse des œufs par la frontière occidentale de la province. Il avait été constamment occupé de ce genre d'expédition. Il nous dit que l'insecte avait environ un pouce de long, et qu'il était d'un gris pâle. L'arbre qui le nourrit exclusivement, d'après notre autorité, s'appelle le Peh-lah-Shuh. On regarde le devoir d'un insecte comme accompli s'il a produit une once de cire dans la saison qui occupe seulement les mois d'été. L'insecte ne souffre ni de la pluie ni du mauvais temps, mais il meurt lorsque les feuilles tombent. On recueille alors la cire qu'on fait fondre dans un linge au-dessus d'un chaudron d'eau bouillante. Elle est d'un blanc éclatant. Sur les grands gâteaux de cire suspendus dans les boutiques des épiciers et des fabricants de chandelles de Han-Kow nous remarquâmes souvent cette inscription : « Elle se moque de la gelée et rivalise avec la neige. » Cette cire coûtait quarante dollars le picul, ce qui fait environ quinze pence la livre.

Nous fûmes enchantés de voir dans certaines boutiques des marques anglaises bien connues, qui prouvaient que les produits de notre pays commencent à pénétrer dans l'empire. Nous demandâmes le prix d'un drap de dames très-fin, on nous dit qu'il valait cinq taëls et demi [1] le chang, c'est-à-dire environ six shillings le yard.

Il est bon de remarquer qu'on vend couramment dans les rues de l'opium du pays.

Les boutiques de fourrures étaient nombreuses et bien montées à Han-Kow. Les provisions d'hiver venaient évidemment d'arriver et l'on pouvait se procurer les plus belles et les plus rares fourrures de la province de Shang-Si et de la frontière du Thibet aux prix fabuleux ordinaires à ce genre de marchandises. Nous cherchâmes en vain des vieilles porcelaines, des bronzes et des curiosités. Han-Kow était probablement un lieu trop pratique pour offrir un attrait aux amateurs, et le mouvement et le va-et-vient des rues indiquaient une grande activité commerciale. Nous avions bien de la peine à croire que cette ville si animée eût été rasée moins de deux ans et demi auparavant. Plusieurs des habitants répondirent à nos questions à ce sujet qu'il ne restait pas dans la ville pierre sur pierre, tant les rebelles avaient soigneusement démoli toutes les maisons et les boutiques, après en avoir pillé le contenu.

1. 1,200 à 1,400 cash — 1 taël.

Rien ne peut donner une preuve plus frappante de la vitalité du négoce sur ce point et de son importance comme centre commercial que cette merveilleuse résurrection de Han-Kow. On construisait des maisons dans toutes les directions; on ouvrait partout de nouvelles boutiques. La stagnation des affaires pendant les deux années précédentes, résultat inévitable de la proximité des rebelles, devait être sans doute un stimulant de plus. Pour le moment, ces « nuisibles pestes » se trouvaient à une plus grande distance, et les chances de leur retour à Han-Kow étaient assez faibles pour encourager le peuple à former de nouveaux établissements, bien qu'il témoignât toujours une certaine aversion à parler des « hommes à longs cheveux, » comme on appelle toujours les rebelles. Dès qu'on y faisait la moindre allusion, le Chinois prudent se tenait sur ses gardes, dans la crainte de dire quelque chose qu'on pût lui reprocher plus tard comme un symptôme de son hostilité à la cause révolutionnaire. Un fait remarquable, c'est que dans toutes les maisons particulières et les vérandahs d'Han-Kow les petits sanctuaires étaient vides. Généralement, dans une maison chinoise, les lares et les pénates de la famille occupent ces petites niches et on brûle des allumettes sacrées devant ces images. On n'en voyait pas une seule pour le moment, sans doute par déférence pour les penchants iconoclastes des hommes aux longs cheveux. Le seul édifice sacré en voie de reconstruction que nous ayons vu à Han-Kow, était le temple de la Longévité, dans lequel on célèbre l'anniversaire de l'Empereur.

Comme tous les grands marchés qui participent un peu à la nature des foires, la population de Han-Kow est à la fois diverse et flottante à certaines époques de l'année; des commerçants d'Ili, de Kobdo et d'autres parties du Thibet viennent à Han-Kow; leurs traits tartares accentués et leurs turbans les distinguent des Chinois. Je n'ai vu dans aucune autre ville de l'empire une pareille variété de types. Le caractère de la race mongole se retrouve naturellement chez tout le monde, mais les nez plats et les yeux relevés ont beau être généralement répandus, on ne saurait s'imaginer combien il y a de variétés bien distinctes de nez plats et d'yeux relevés. En outre, les nuances de leur teint, toujours cuivré, sont extrêmement différentes. Han-Kow, qui est purement une ville de commerce, compte dans sa population une beaucoup plus grande quantité d'hommes en proportion des femmes que cela n'est ordinaire dans les villes chinoises. Ce fait s'explique aisément lorsqu'on se rappelle qu'une grande partie des habitants ne sont que des visiteurs.

Nous n'avons pas pu réussir à faire des emplettes aujourd'hui ; les fonctionnaires, dans le but de décourager autant que possible le goût qu'on nous suppose pour le commerce, avaient défendu à la population de recevoir notre argent. Cela fut porté à un tel point que les autorités rapportèrent à bord, dans l'après-midi, tous les dollars qu'on avait dépensés pour acheter des provisions, et que les marchands avaient acceptés sans difficulté avant la promulgation de l'ordre, et voulaient nous les faire reprendre. Cependant lord Elgin refusa constamment de rien recevoir sans payer, et ne consentit à accepter les moutons, le bétail et ce qu'on lui offrait qu'à condition de les payer à leur juste valeur. Il était aisé de pénétrer la politique futile des mandarins et de comprendre que leur but était d'empêcher, autant que cela leur était possible, tout rapport entre nous et la population, qui n'était que trop empressée d'entrer avec nous dans les relations les plus intimes.

Nous eûmes une preuve plus forte encore de cette résolution, lorsque les promeneurs qui s'étaient rendus à Wo-Chang en revinrent dans l'après-midi après avoir vainement tenté d'entrer dans la ville. Les gardes des portes leur avaient assez brutalement refusé l'entrée et ils avaient été traités dans l'ensemble d'une manière qui différait notablement du ton que les commissaires avaient tenu à Shanghai pendant nos négociations et qu'on supposait alors être le ton du gouvernement en général.

Le 8. — Bien que les autorités ne fussent assurément pas dans la disposition d'esprit à laquelle il était désirable de les amener, le gouverneur général ne pouvait guère s'aventurer à refuser de voir lord Elgin. En conséquence, Wang est revenu hier au soir fort tard avec une réponse du gouverneur général annonçant qu'il était prêt à recevoir la visite du plénipotentiaire anglais, et ce matin un messager spécial est venu prendre des arrangements pour la cérémonie qui doit avoir lieu demain à deux heures. Cependant je partis avec M. Lay pour faire une nouvelle tournée d'investigations commerciales; mais, pour cette fois, nous nous bornâmes à visiter les ondes du Han.

Les jonques étaient amarrées sur les deux bords de la rivière, serrées les unes contre les autres autant que cela était possible, ne laissant au milieu du courant qu'un petit passage. On pouvait marcher pendant des centaines de yards d'un pont à l'autre en examinant en route la cargaison de chaque bâtiment et en interrogeant le propriétaire ou le capitaine.

La construction des jonques variait selon le district auquel elles appartenaient. Beaucoup d'entre elles venaient de descendre le Kang-Tse-Kiang ou ses tributaires pendant plus d'un millier de milles. Les unes étaient étroites, longues, pointues à l'avant et à l'arrière, les autres avaient l'avant relevé comme une pantoufle turque, ou bien elles avaient la tournure et les larges flancs des anciens lougres hollandais. Un grand nombre possédaient des cabines soigneusement arrangées et semblaient destinées au transport des voyageurs aussi bien qu'à celui des marchandises, d'autres étaient d'une saleté dégoûtante et servaient d'abri à un capitaine graisseux et à un équipage plus graisseux encore.

C'est fort triste à dire, mais après nous être donné beaucoup de peine nous n'avons pas réussi à obtenir des renseignements sur lesquels on puisse compter. Si nous nous étions contentés de croire ce que le premier bavard chinois trouvait bon de nous dire, nous aurions pu revenir bien munis de faits; mais, malheureusement, plus nous poursuivions nos recherches, plus il nous devenait difficile de savoir ce qu'il fallait croire, attendu qu'il nous était impossible de mettre deux personnes d'accord sur la question la plus simple et la moins susceptible de discussion. Cela ne venait pas du désir de nous induire en erreur, au contraire, la population témoignait toujours le plus grand empressement à nous communiquer tous les renseignements en son pouvoir ; ils avaient l'air enchantés de l'intérêt que nous prenions à la question, et ils avaient évidemment grande envie de nous engager à venir faire le commerce chez eux. La grande difficulté était de les empêcher de parler tous à la fois et de leur persuader de répondre d'une manière directe ou intelligible aux questions les plus simples.

Par exemple, il était inutile d'espérer qu'ils comprissent une question supposant des prémisses. On ne pouvait pas commencer par demander où se produisait la soie. Pour arriver à ce résultat il fallait avoir recours à cette préface indiscutable :

« Il y a une telle chose que la soie. »

Le Chinois répète vivement : « Il y a une telle chose que la soie, oh ! oui ! ah ! il y a une telle chose que la soie. »

« Il y a des provinces qui produisent de la soie, d'autres n'en produisent pas. »

Le Chinois répète d'un air pensif : « Oui, il y a des provinces qui produisent de la soie, d'autres n'en produisent pas. »

Les assistants qui ont saisi plus rapidement l'idée se disent les uns aux autres ; « Ah ! c'est vrai, il y a des provinces qui ne produisent pas de soie. »

« Cette province-ci produit-elle de la soie ? »

« Oui. »

« La province de Sz-Chuen produit-elle de la soie ? »

« Non. »

« Alors, portez-vous de la soie dans la province de Sz-Chuen ? »

« Non. »

« Alors, que portez-vous dans la province de Sz-Chuen ?

Le Chinois répète sans comprendre : « Qu'est-ce que je porte dans la province de Sz-Chuen ? »

Les assistants répètent tous vivement : « Qu'est-ce que vous portez dans la province de Sz-Chuen ? »

Le Chinois : « Je porte quelquefois de la soie et quelquefois du coton dans la province de Sz-Chuen. »

« Est-ce que le coton vient dans la province de Sz-Chuen ? »

« Oui. »

Et cependant vous portez du coton à Sz-Chuen ? »

« Oh ! quelquefois je rapporte du coton de Sz-Chuen. »

Les assistants en chœur : « Quelquefois il rapporte du coton de Sz-Chuen. »

Et ainsi de suite jusqu'à ce qu'on perde patience et qu'on se demande en quoi consiste l'irrécusable intelligence d'un Chinois, et comment il se fait qu'en dépit de son incapacité lorsqu'il s'agit de soutenir un interrogatoire sur la question qu'il sait le mieux, il surpasse toutes les autres nations par son instinct pour développer le commerce intérieur dans un pays aussi vaste et aussi productif que le sien.

Heureusement la plupart de ces jonques avaient leur cargaison à bord, ce qui nous permettait de juger par nous-mêmes. Une grande partie de la flottille à l'ancre dans la rivière venait de Hoonan, et portait du charbon. Nous prîmes à bord du charbon parfois de bonne qualité et parfois de qualité très-inférieure au prix de 2 liv. st., 9 shillings, 3 pence la tonne. Le meilleur charbon vient d'un endroit qui s'appelle Ching-Leang. Hoonan envoie également à Han-Kow une quantité d'huile et de charbon de bois, du chanvre, des fèves, du riz et du grain. En fait, Hoonan semble produire à peu près toutes choses, excepté le coton. Cette denrée est la principale production de la province de Hoopeh et forme la plupart des cargaisons qu'on dirige sur Hoonan et Sz-Chuen. Nous sommes arrivés sur les provinces de Hoonan et de Hoopeh à des conclusions tout à fait différentes de celles que nous donne *le Magasin Chinois*. D'après cette respectable autorité, le commerce extérieur de Hoonan est sans importance, mais nos observations nous ont amenés à croire qu'il alimentait la plus grande partie du commerce de Han-Kow ; de même la description de Hoopeh, dans *le Magasin*, ferait croire que cette province produit à peu près toutes choses, tandis qu'à l'exception du thé et du coton, nous eûmes bien de la peine à nous faire nommer une production du pays par nos amis les capitaines des jonques ; à la vérité, cela pouvait provenir d'un défaut de leur imagination.

Le district de Lotien produit de la soie, à ce qu'il paraît ; le Maching donne également une espèce de soie jaune et fournit du gypse et de l'indigo ; à Shangteh on produit de l'indigo d'une qualité supérieure.

La province de Sz-Chuen est le grand centre des productions minérales. L'étain, le plomb et le cuivre viennent de la capitale, Ching-Tu. On produit également dans cette province le sucre le plus fin et on expédie par le Yang-Tse de l'indigo, du tabac et des drogues.

On trouve dans le Paou-Ching de l'étain et du fer d'une qualité supérieure.

Le commerce de Kwei-Chau et d'Hoonan ne me parut pas fort étendu ; cette dernière province est, dit-on, couverte de pâturages, et elle exporte des bestiaux et des peaux. Kiang-Si expédie son contingent de grains et de sucres, mais ses porcelaines surtout sont célèbres.

Nous arrivons enfin au produit le plus important peut-être, au thé. La province de Hoopeh, dans laquelle nous nous trouvions, produit, dit-on, un thé Congo d'une qualité incomparable. Il est connu à Canton et dans les ports sous le nom d'Oopak. Oopak était la prononciation de Canton pour Hoopeh ; mais il ne semble pas venir nécessairement de cette province. On cultive également cette espèce de thé dans la province montagneuse de Kwei-Chau et dans la province de Hoonan. Le meilleur thé Oopak pousse cependant, dit-on, dans le district de Toongh-Shang, dans le département du Wo-Chang.

Les thés jaunes qu'on exporte, dit-on, d'Hoopeh sur la Russie, croissent, à ce qu'il paraît, dans la province voisine, le Ngan-Hwui.

Il y a une espèce de thé amer qui ressemble à du thé noir très-fort ; nous en goûtâmes par la suite, lors de notre visite chez le gouverneur général, qui le fit servir immédiatement après le dîner en guise de café, comme un digestif ; on le cultive exclusivement dans un endroit qui s'appelle Pu-Urh, et qui est un département de la province de Yunan, sur la frontière Laos, près de la rivière

Meikon. Ce thé est pétri en petits pains ou en gros pains circulaires, suivant la qualité. Il coûte fort cher, et on le regarde comme ce qu'on peut boire de plus recherché en fait de thé. Je n'en ai goûté qu'une fois pendant mon séjour en Chine. Il y a deux espèces de thé d'Hoopeh, qu'on vend sous forme de briques étroitement serrées et qui présentent un peu l'aspect d'un pain de tabac cavendish, lorsqu'on les coupe. J'en ai acheté à deux shillings la brique. Cependant les provinces de Fuh-Kien et de Cheh-Kiang produisent indubitablement les thés les plus fins et fournissent déjà en grande partie aux exportations dirigées vers notre pays.

J'espère que ceux de mes lecteurs qui ne s'intéressent pas à notre commerce avec la Chine ont sauté cette description prosaïque du négoce à Han-Kow. Ceux qui y portent quelque intérêt voudront bien se rappeler à quelles sources incertaines nous avons puisé ces renseignements, pour leur accorder le crédit qu'ils méritent; nous les avons recueillis pour la plupart à bord d'une fort belle jonque qui servait d'agence et de magasin pour les grains. Les chefs de la maison se trouvaient à bord au moment de notre visite et nous offrirent du thé et des pipes. Une foule nombreuse se réunit autour de nous quelques minutes après notre arrivée, et lorsque après une longue discussion commerciale nous nous levâmes pour nous en aller, et que nous leur dîmes adieu, en exprimant l'espoir que la première fois qu'ils verraient des Européens ce serait pour faire le commerce. Cette phrase fut saluée par une acclamation bruyante qui ressemblait à un hourrah autant que cela est possible en Chine.

Nous passâmes l'après-midi à explorer Han-Kow jusqu'à ses dernières limites, et nous arrivâmes dans la campagne après avoir marché pendant deux milles environ. Là, nous imprimâmes le souvenir de notre visite dans la mémoire d'une foule de gamins qui nous suivaient, en leur jetant une poignée de petite monnaie ; pendant qu'ils se battaient, nous pûmes nous réfugier dans un bac et traverser le Han ; nous voulions visiter l'intérieur de la ville de Han-Yang. Elle est entourée d'un mur énorme, bien construit et en bon état ; c'était évidemment une petite ville bien bâtie et compacte qui n'avait guère plus de deux milles de tour. C'était probablement une résidence tranquille et aristocratique, fréquentée surtout par les fonctionnaires et leurs employés ; tous les bâtiments publics du département s'y trouvaient. Les ruines en étaient considérables. Les rues, bien pavées, étaient jonchées de fragments de lions et de dragons sculptés en granit ou en marbre. Par-ci par-là une belle arche de granit sculpté s'élevait encore au-dessus des rues principales. Mais elles étaient renversées pour la plupart et couvertes de mauvaises herbes. On travaillait à en relever quelques-unes, et la plupart des autorités occupaient des demeures temporaires.

La scène de désolation, suite naturelle de l'occupation des rebelles, était complète ici comme ailleurs, et présentait les traces les plus mélancoliques de la grandeur passée de la ville. Dans la rue qui rattachait Han-Yang à Han-Kow, qui a peut-être deux milles de longueur, il n'y avait pas deux maisons debout. Le père Huc raconte qu'il lui fallut une heure pour traverser le longues rues de Han-Yang. Il fait probablement allusion à la rue dont nous venons de parler, aucune des rues de l'intérieur de Han-Yang n'ayant plus d'un demi-mille de long ; mais le missionnaire jésuite n'est pas toujours d'une exactitude scrupuleuse dans ses assertions. Il prétend que le Yang-Tse-Kiang présente l'aspect d'un bras de mer et qu'il est fort dangereux à traverser. Nous n'avons pu néanmoins découvrir en quoi consistait ce danger.

De même le père Huc, ignorant apparemment l'existence de la rivière Han, donne une description de Han-Kow, qui serait, d'après lui, situé sur une rivière qui se jette dans le Yang-Tse, presque sous les murs de Wochan, et il traduit le nom chinois de Han-Kow, qui veut dire « Bouche du Han, » par les mots « Bouche de commerce, » traduction qui a le mérite de décrire le caractère de ce grand marché commercial, si elle ne possède pas celui de l'exactitude.

XIX

Première apparition des étrangers. — Chasse à la bécassine près de Han-Kow. — Visite au gouverneur général. — Aspect extérieur de Wo-Chang. — Réception du gouverneur général. — Magnifique repas. — On nous rend notre visite. — Brillant spectacle. — Examen des aspirants. — L'armée des Braves. — Singulier uniforme. — Panorama de Wo-Chang. — Raisons de notre retour. — La rivière baisse. — Un passage étroit. — Politesse de la population des campagnes. — La *Lee* dans l'embarras. — Carrières de pierres à chaux. — Paysages sauvages. — Les grandes eaux.

Le 9 décembre. — Lord Elgin, ayant encore des raisons d'être mécontent du ton que prenaient les fonctionnaires et du parti qu'ils semblaient avoir pris de nous empêcher de faire la moindre acquisition, envoya MM. Wade et Lay sur *le Croiseur* à Wo-Chang, avec un message assez sec, pour retarder sa visite au gouverneur général.

Le Croiseur vira immédiatement de bord et se plaça en face de la principale porte de la ville. Cette démonstration produisit l'effet désiré. On traita MM. Wade et Lay avec la plus grande politesse, et on leva toutes les restrictions dont nous nous étions plaints.

Dans l'après-midi j'eus l'occasion de m'assurer des bonnes dispositions des paysans à l'égard des étrangers. Je fis une promenade de quatre à cinq milles en compagnie du lieutenant Nott, de l'artillerie royale de marine, pour aller voir un lac charmant que nous avions aperçu de loin au sein des montagnes. La rumeur de l'arrivée des vaisseaux barbares à Han-Kow avait pénétré peut-être dans ce petit coin retiré, mais bien certainement ses naïfs habitants n'avaient jamais vu un échantillon de la race mystérieuse qui les montait. Les enfants se sauvaient en pleurant devant cette hideuse apparition et allaient se réfugier dans le sein de leurs mères, qui obtiennent probablement encore d'eux quelque sagesse en les menaçant de nous voir reparaître. Les laboureurs s'arrêtaient dans leurs travaux plus longtemps qu'il n'arrive d'ordinaire à un Chinois pour examiner avec étonnement ces deux bipèdes étrangement vêtus, qui semblaient prendre plaisir à patauger dans l'eau jusqu'aux genoux, au bord du lac, plutôt que de marcher sur la terre ferme. Les pêcheurs qui se trouvaient dans les bateaux s'approchaient de nous pour nous contempler, nous critiquer et s'étonner de notre conduite qui semblait inexplicable à des gens qui ignorent les charmes de la chasse à la bécassine; mais toutes les fois qu'un oiseau tombait dans l'eau à côté d'eux, leur étonnement et leur joie étaient extrêmes, et ils faisaient volontiers le métier de chiens sans songer à une récompense. Ils étaient animés d'une bonne volonté sans bornes et du plus grand désir de se rendre utiles, et ils nous transportèrent avec empressement sur le lac dans toutes les directions qu'il nous plut d'indiquer.

Nous réussîmes seulement à abattre huit bécassines et un lièvre, mais la beauté du paysage et la bonne grâce de la population nous payèrent amplement de notre peine. Il était tard lorsque nous reprîmes le chemin de Han-Kow; nous nous trouvions à cinq milles de nos vaisseaux, parfaitement seuls au milieu de cette race si hostile, dit-on, aux étrangers, et cependant les manières de la population étaient si rassurantes que nous n'éprouvions aucune inquiétude, et que nous marchions dans l'obscurité aussi tranquillement que si nous revenions chez nous après avoir chassé dans les bruyères.

Pendant notre voyage de retour je fis une quantité d'expéditions de chasse, parfois à une grande distance de la rivière, et j'ai toujours trouvé la même bonne volonté chez les gens de la campagne. Partout où elle n'existe pas, il est facile de reconnaître l'influence des mandarins.

Le 10. — Nous nous sommes mis en route aujourd'hui à une heure de l'après-midi, pour aller faire notre visite au gouverneur général. Nous étions nombreux; trente officiers en uniforme accompagnaient la mission. Quarante soldats de marine et trente matelots formaient la garde d'honneur. Au moment où *la Lee*, avec l'ambassadeur à bord, vint à lever l'ancre, les gros canons du *Furieux* et du *Croiseur* firent retentir un salut comme les rues encombrées de Han-Kow n'en avaient jamais entendu résonner. Les maisons de bois en étaient ébranlées; une foule compacte, qui s'était rassemblée au bord de la rivière pour nous voir monter sur *la Lee*, fut tellement épouvantée que chacun se précipita sur son voisin dans sa hâte pour s'enfuir, et ce ne fut qu'au bout d'un moment qu'ils se convainquirent de la nature inoffensive de notre feu; alors, riant de leur terreur, ils reprirent leur ancienne position.

Nous traversâmes promptement la rivière sur *la Lee*, et nous trouvâmes un certain nombre de chaises à porteurs qui nous attendaient pour nous transporter à travers les rues; une garde d'honneur chinoise était rangée en bataille au débarcadère. En passant les portes de la ville, nous aperçûmes une seconde garde plus forte encore. Nous suivîmes les rues de Wo-Chang pendant un mille et demi au moins avant d'arriver au yamun du gouverneur général. Je n'ai rien vu de plus beau en Chine que la grande rue. Probablement les belles rues de Soo-Chow la valent, mais celles que j'ai traversées lors de ma visite dans cette ville restaient bien certainement au-dessous de la principale rue de Wo-Chang. A mesure qu'avançait la procession de chaises à porteurs, de matelots et de soldats de marine, la foule, parfaitement tranquille et respectueuse, s'ouvrait pour nous laisser un passage, regardant dans chaque chaise à porteurs, avec la plus vive curiosité, comme s'ils voulaient imprimer dans leur souvenir la photographie de celui qui l'occupait.

La ville est coupée par une montagne couverte de maisons.

La grande rue passe dessous, et les boutiques continuent sous le tunnel ; la plus belle partie de la rue se trouve même à l'entrée de ce monument de l'art des ingénieurs chinois. Les boutiques sont mieux assorties sur ce point, et la vie et la gaieté qui y règnent ne se retrouvent pas dans le reste de la ville qui se remet lentement des suites d'une occupation prolongée par les rebelles. En nous rendant au yamun, nous traversâmes de larges espaces couverts de ruines, mais nous eûmes par la suite d'autres occasions de juger de leur étendue.

Le yamun proprement dit semble avoir été épargné par les insurgés, car l'édifice était beau et en bon état. Nous fûmes accueillis à notre entrée par les saluts ordinaires et par une musique discordante, et nous trouvâmes le gouverneur général entouré d'un brillant état-major, à la porte de la cour intérieure, attendant lord Elgin. Je n'avais jamais vu une réunion aussi brillante de mandarins chinois. Ils ne se donnent généralement pas la peine de revêtir leur costume officiel pour recevoir les barbares, et leur toilette reste toujours simple. Cette fois, le gouverneur général eut soin de faire remarquer à lord Elgin que toutes les autorités provinciales, civiles et militaires, se trouvaient là en grand costume. La soie, le satin et les fourrures étaient de la plus belle qualité, et ils portaient tous sur la poitrine l'image brodée d'un dragon ou de quelque autre animal. La salle d'audience était vaste et contenait comme de coutume, à l'une de ses extrémités, une estrade sur laquelle lord Elgin et le gouverneur général prirent place. De chaque côté une longue rangée de chaises et de petites tables à thé attendaient alternativement un officier anglais et un mandarin chinois, quelque difficile qu'il pût être d'échanger des politesses, encore moins des idées, lorsqu'on ne pouvait faire autre chose que saluer en buvant du thé.

Kwan, gouverneur général de Hoopeh et de Hoonan, est un Tartare. Il est fort en faveur auprès de l'Empereur, grâce aux succès qu'il a remportés contre les rebelles, qu'il a chassés de son gouvernement. Il prétendait connaître à merveille les étrangers, vu qu'il avait naguère servi à Canton en qualité de commandant en second de la garnison tartare de cette ville. Il avait par conséquent eu l'occasion de voir parfois des barbares de loin.

Après une courte conversation sur des sujets généraux, notre hôte nous conduisit dans une autre pièce, où nous attendait un magnifique repas, fort supérieur à tous ceux auxquels nous avions assisté en Chine. Quatre tables, assez grandes pour recevoir tous les invités, étaient chargées de toutes les friandises de la saison élégamment arrangées en forme de globes et de pyramides. On ne se borna pas d'ailleurs à nous offrir la collation froide inséparable des visites officielles : une quantité de plats chauds se succédaient rapidement, presque tous d'une apparence un peu graisseuse, mais assez agréables à manger pour les gens d'un caractère confiant, qui n'éprouvaient pas le besoin de s'enquérir des matériaux qui composaient ces diverses entrées.

On nous offrit également plusieurs espèces de vin chaud, et ensuite de l'excellent thé Pu-urh, dont j'ai déjà parlé. Ce n'était pas uniquement dans le désir de calmer notre « indomptable férocité » qu'on nous traitait si magnifiquement. Notre hôte était évidemment un bon vivant et un homme de goûts hospitaliers. Il aimait à entasser des friandises sur son assiette, comme sur celles de ses voisins, et il mettait évidemment de l'amour-propre à la perfection de sa cuisine et à la bonne tenue de sa maison en général. Nous apprîmes par la suite qu'on avait offert des rafraîchissements à nos soixante-dix hommes d'escorte. Après avoir fait honneur à son festin, nous dîmes adieu à notre hôte sybarite, qui accompagna comme de coutume lord Elgin jusqu'à sa chaise à porteurs, en lui exprimant ses regrets de le voir s'éloigner, et en l'assurant que la seule consolation qui lui restait était la perspective de lui rendre sa visite le lendemain.

Une foule nombreuse nous accompagna jusqu'au bord de la rivière, et nous nous rembarquâmes au milieu du salut des Chinois, enchantés de ce que nous avions vu dans la journée, et sans autre préoccupation qu'une certaine inquiétude vague au sujet des conséquences possibles de nos exploits gastronomiques, qui nous hantèrent naturellement un peu pendant vingt-quatre heures.

Le 11. — Les belles et pures journées d'automne dont nous jouissons sont bien propices à l'échange des courtoisies officielles qui entraînent tant de parades en plein air; le matin, à onze heures, le préfet de Wo-Chang et quelques autres mandarins de marque sont venus à bord pour nous préparer à l'arrivée du grand personnage. Comme la cérémonie devait être accompagnée de beaucoup de pompe et d'éclat, la nouvelle s'en était répandue partout et la surface de la grande rivière était littéralement peuplée de bateaux remplis de curieux et de spectateurs qui arrivaient aussi gaiement que si nos canonnières se fussent trouvées dans les eaux de Southampton au lieu de flotter sur le Yang-Tse-Kiang, et qu'ils fussent venus de Londres pour voir la grande revue navale.

Nous distinguions avec nos lunettes les troupes de cavalerie et d'infanterie qui bordaient la rive opposée et nous aperçûmes la jonque de cérémonie. Après l'attente et les délais de rigueur, trois bouffées de fumée annoncèrent l'arrivée du gouverneur général, sur quoi le pesant bateau leva l'ancre, et l'excitation devint générale. Des barques chargées de fonctionnaires, l'avant et l'arrière ornés de pavillons, allaient et venaient à droite et à gauche, donnant des ordres, faisant ouvrir le chemin; le murmure de milliers de voix remplissait les airs, le bord de la rivière présentait une masse confuse de têtes dont les maîtres se poussaient, regardaient, bavardaient.

Cependant la lourde jonque de cérémonie couverte de pavillons et remorquée par une file de bateaux de vingt rameurs, tous décorés de la même manière, s'avançait lentement et d'un air majestueux à travers la rivière, au milieu d'une foule de bateaux contenant des spectateurs et des fonctionnaires d'un ordre inférieur. A son arrivée nous ajoutâmes toute notre collection de pavillons aux dragons et autres emblèmes célestes qui flottaient déjà au vent. Tout à coup les vaisseaux se trouvèrent pavoisés, et un « Ay, yah! » d'étonnement courut à demi-voix dans la foule.

Cependant le pont se couvrait de mandarins de tout rang, et le vaisseau était entouré de barques pleines de soldats revêtus de vestes rouges, portant des lances, des arcs, des mousquets, des tridents et autres armes bizarres et fantastiques.

Les exécuteurs surtout attiraient les regards avec leurs bonnets coniques tachés de sang, leurs physionomies grossières et les lanières tressées qu'ils tenaient à la main comme emblème de leur office. On amarra la grande jonque à côté de nous, tous les hommes grimpèrent sur les vergues et saluèrent bruyamment notre illustre visiteur au moment où il mettait le pied sur le pont, et les pavillons flottaient, et les gongs résonnaient, et la foule témoignait à demi-voix sa satisfaction, tandis qu'un brillant soleil éclairait de ses rayons l'une des scènes les plus animées et les plus curieuses que j'aie jamais eu le bonheur de contempler.

Lord Elgin promena alors dans tout le bâtiment le gouverneur général et sa suite, qui virent pour la première fois, sans manifester le moindre étonnement, l'admirable mécanisme d'une machine à vapeur de la force de 400 chevaux. Pourtant, lorsque le canon à pivot de 95 vint à tonner pour leur amusement, un observateur attentif eût pu découvrir sur leur visage un éclair de surprise mêlée de dignité. Après un repas qui n'égalait pas tout à fait comme magnificence celui du gouverneur général, mais auquel il fit cependant honneur, on l'établit sur le pont pour faire sa photographie. Le résultat enchanta Son Excellence, qui exigea de M. Jocelyn la promesse solennelle de lui envoyer de Shanghaï une collection d'épreuves.

Notre hôte illustre fut extrêmement frappé de la jeunesse des militaires qui l'entouraient. Les aspirants sont toujours une grande source d'étonnement pour les Chinois qui ont coutume de traiter les adolescents avec des égards qui vont presque jusqu'au respect et qui ne comprennent pas un système qui permet de les exposer si jeunes aux périls et aux dangers qu'entraîne le service de leur pays. Kwan demanda qu'on lui présentât un certain nombre de ces jeunes gens afin de les inspecter, et il leur déclara avec un sourire approbateur qu'il lisait sur leur physionomie l'assurance de leurs facultés. Enfin, le grand homme prit congé, protestant avec une énergique ardeur de la satisfaction que lui avait procurée notre visite, et nous assurant dans les termes les plus affectueux des sentiments de respect et d'amitié qu'il nous conserverait éternellement. Alors, au milieu du tonnerre des saluts, il remonta sur sa brillante embarcation. Cet étrange et pesant spécimen d'architecture navale reprit lentement sa course, et comme un éléphant traîné par une armée de rats, il suivit son escouade de rameurs jusqu'à la rive opposée.

Comme nous avions envie de voir de plus près les braves troupes qui étaient rangées en si bel ordre sous les murs de Wo-Chang, et que notre curiosité au sujet de cette ville n'était pas encore satisfaite, nous sautâmes dans un canot et nous arrivâmes sur la rive opposée presque en même temps que le gouverneur général. Nous trouvâmes quinze cents ou deux mille hommes formant une haie sur le bord de la rivière.

La cavalerie montait des poneys à tous crins ; les hommes portaient une veste de gros drap rouge avec une espèce de pan qui retombait sur l'extérieur de la cuisse par-dessus le pantalon. Les soldats étaient tous armés de mousquets attachés derrière leur dos; les officiers avaient des sabres et des carquois remplis de flèches ; les arcs n'étaient pas visibles. Mais le costume de l'infanterie était bien plus grotesque et plus fantasque. Chaque régiment comptait un certain nombre d'hommes vêtus d'un habit collant couleur de chair, qui les couvrait depuis la tête munie d'un capuchon jusqu'aux chevilles. Chacun d'eux portait sur la poitrine un bouclier rond en paille sur lequel étaient peintes d'épouvantables figures de monstres. A distance, ces hommes paraissaient nus, à l'exception de leurs boucliers. En approchant de plus près, on trouvait qu'ils avaient plutôt l'air d'arlequins, attendu que la peau jaune qui les couvrait était ornée de petits têtards peints en noir. A tout prendre, leur mine était parfaitement bouffonne, et comme ils ne semblaient pas porter d'armes défensives, on compte sans doute sur la terreur que peut inspirer leur aspect. A côté de cet escadron de masques se trouvait un petit corps d'hommes vêtus de noir, armés de mousquets. Ensuite venait le gros du régiment en uniforme rouge, muni de lances, d'arcs, de flèches et d'épées. Quatre ou cinq régiments de cette espèce, sans compter la cavalerie, attendaient le gouverneur général ; une partie des troupes l'accompagna à sa rentrée dans la ville en qualité de garde d'honneur. Nous nous arrangeâmes pour éviter la procession, et, passant par des rues latérales, nous arrivâmes à la montagne, dont j'ai déjà parlé, et qui est percée par un tunnel sous lequel passe la grande rue.

On a du haut de cette montagne, qui divise la ville en deux parties égales, un très-beau panorama. L'espace contenu entre les murailles de Wo-Chang est peut-être plus grand que celui qu'occupe Canton ; mais il n'y a pas plus du tiers de cette étendue qui soit construit et peuplé, en sorte que la proportion relative des deux populations ne reste plus la même.

Nous estimions la population de Wo-Chang à trois ou quatre cent mille âmes. Les murs sont en mauvais état ; dans certains endroits ils n'ont pas été réparés et ne portent point de canons. On voit de grands espaces couverts de ruines et des débris des maisons détruites par les rebelles. On pourra se faire une idée du caractère désert de certaines partie en apprenant que nous abattîmes quatre faisans en nous promenant au cœur de la ville. Le lieu où nous nous trouvions était tellement solitaire que la foule ne nous aperçut qu'au bout d'un certain temps, et même alors des groupes seulement se formèrent. Du haut de la montagne nous avions la vue de tous les bâtiments publics restés debout. Les plus importants étaient la salle des examens, le yamun du gouverneur général Kwan, celui du gouverneur de la ville et une belle pagode. Un corps de troupes occupait des tentes qui s'élevaient à nos pieds ; on faisait dans ce moment la manœuvre.

A tout prendre, le déploiement des forces militaires de Wo-Chang était ce que nous avions vu jusqu'alors de plus considérable en Chine.

Au delà des murs le pays était accidenté, une quantité de lacs scintillaient sous les rayons du soleil couchant, dont le disque rougeâtre, qui touchait déjà la ligne de l'horizon des plaines du côté de l'Occident, nous avertissait que nous n'avions plus que le temps nécessaire pour regagner la rive et pour traverser la grande rivière avant de retrouver notre bon vaisseau au milieu des jonques de Han-Kow.

Le 12. — Nous avons déjà passé six jours à Han-Kow, mais il y a cinq semaines que nous avons quitté Shanghaï, et nous faisons à nos amis l'honneur de croire qu'ils peuvent commencer à s'inquiéter. Connaissant la fécondité de l'esprit humain en fait d'histoires invraisemblables et la facilité avec laquelle le public anglais les admet, nous nous sentions contraints de commencer sans plus de délai notre voyage de retour. Nous n'avions d'ailleurs point d'excuse valable pour remonter plus haut la rivière : Han-Kow était le point extrême que le traité nous accordât comme port, et si ce n'est dans le but d'explorer le pays, nous n'avions plus de raison sérieuse de prolonger notre voyage.

Jamais, dans les annales des entreprises des marins anglais, une frégate de Sa Majesté n'avait accompli tant de milles d'exploration en rivière. Et c'était avec la plus grande répugnance que nous exposions l'arrière de notre bon vaisseau, au lieu de l'avant, à la force de ce courant qu'il avait si courageusement bravé. Nous avions espéré un moment d'arriver jusqu'au lac de Toong-Ting, la plus grande nappe d'eau qu'il y ait en Chine; nous n'en étions guère éloignés à plus de cent milles ; c'est probablement la dernière limite que puisse atteindre un vaisseau qui tire seize pieds d'eau, même dans les circonstances les plus favorables. Au delà de ce point se trouvent les rapides de Kwei ; nous ne savons pas bien la nature de cet obstacle, mais il n'est pas impossible, d'après les vagues récits que nous en avons entendu faire, que les bâtiments à vapeur, tirant peu d'eau avec des machines très-puissantes, puissent les remonter.

Pendant tout le temps de notre séjour la population ne cessa pas de se réunir en face des vaisseaux et de les contempler, et probablement, dans bien des années, lorsque les bateaux à vapeur laboureront les ondes du Yang-Tse comme celles du Mississipi, les vieillards raconteront à leurs enfants étonnés, qui seront probablement chauffeurs, qu'ils se rappellent le jour où les vaisseaux étrangers qu'on croyait alors sous l'influence du démon parurent subitement à Han-Kow au milieu des bâtiments maintenant inusités qu'on appelait autrefois des jonques, et disparurent tout d'un coup au bout d'une semaine, et comment on crut longtemps, jusqu'à ce que les barbares fussent revenus à Han-Kow pour élever une cité magnifique sur les bords de la rivière, que cette apparition avait tenu du surnaturel.

Nous arrivâmes au « défilé » au-dessus de Han-Kow à temps pour le baliser pour le lendemain ; mais nous aperçûmes, à notre grand effroi, que l'eau avait baissé de cinq pieds depuis notre passage et que le niveau continuait à descendre. Les renseignements que nous avions reçus en remontant la rivière étaient donc parfaitement faux : on nous avait assuré que la décroissance de l'eau avait déjà eu lieu.

Le 13. — Nous passons toute la journée à chercher en vain un passage pour franchir une barre un peu au-dessous de Han-Kow. Les choses commencent à devenir graves ; chaque moment de retard diminue nos chances de passer les différentes barres qui se trouvent devant nous. *Le Dove* et *la Lee* sont infatigables dans leurs recherches. Quelques-uns des attachés se consolent en débarquant sur un banc de sable pour faire la chasse aux oies sauvages ; ils sont assez heureux pour en rapporter trois.

Le 14. — *Le Dove* est à la côte, et nos chercheurs de passage abandonnent la partie. Les esprits sombres se laissent aller aux réflexions les plus accablantes sur l'avenir, et l'idée de passer l'hiver sur le Yang-Tse se présente à l'imagination avec une certaine énergie. Dans le but de se rendre compte des ressources du voisinage en pareille occurrence, nous mettons pied à terre par détachement, afin d'explorer et de chasser dans toutes les directions. Nous trouvons une vaste plaine qui s'étend au delà des villages et des champs cultivés qui bordent la rive. Nous apercevons des arbres dans l'éloignement.

Cette plaine est un lac en été, et nous traversâmes des endroits où l'eau séjournait encore. Un ruisseau fangeux la traverse pour aller se jeter dans une petite rivière qui s'appelle le Paho et qui joint ses eaux à celles du Yang-Tse-Kiang à cet endroit. D'innombrables troupeaux d'oies sauvages paissent cette herbe verte et courte, mais elles ne se laissent pas approcher. Une quantité de cigognes, de grues, de hérons et d'autre gibier d'eau d'une taille énorme se promènent dans tous les sens sur cette herbe qui est tondue de si près qu'elle ne donnerait pas un abri à une souris; dans le lointain ils ont l'air d'autruches. Des cochons difformes et des buffles montés par des enfants pataugent avec les oiseaux.

Il y avait là de nombreuses espèces de gibier d'eau qui m'étaient parfaitement inconnues. Outre les canards sauvages, il y avait une quantité de grèbes de différentes variétés, plus intéressantes pour un ornithologue que pour un chasseur. Les grandes et les petites sarcelles abondaient; j'en eus bientôt tiré huit, mais en l'absence d'un chien, il était moins agréable d'aller les pêcher dans l'eau. Heureusement je trouvai des paysans qui, là comme ailleurs, étaient tout prêts à se rendre utiles, et l'un d'entre eux abandonna complétement son ouvrage pour se vouer à nager après les oiseaux ou à se plonger dans une boue épaisse, en se déshabillant chaque fois qu'il entrait dans l'eau.

Pendant que nous marchions péniblement dans les champs, on nous invitait souvent à venir nous rafraîchir avec le thé chaud que les travailleurs tiennent toujours tout prêt pour se soutenir pendant leur labeur; ils faisaient plus de cas de quelques charges de poudre ou d'une douzaine d'allumettes chimiques que d'une poignée de petite monnaie; on se passait surtout les allumettes de mains en mains, et on les conservait comme le chef-d'œuvre de l'art pyrotechnique. Bien souvent les paysans refusaient toute rémunération pécuniaire et se contentaient d'accepter quelque objet de curiosité.

Lord Elgin cependant avait été voir la ville de Paho, qui était, disait-il, une petite cité compacte, bien construite en grès rouge. Pendant que j'étais occupé à me concilier l'affection des populations des campagnes, j'aperçus tout d'un coup le signal du rappel qui flottait au grand mât du *Furieux*, et j'arrivai à temps pour prendre part à l'émotion que donnait un saut par-dessus une barre de quatorze pieds.

Le passage le plus profond qu'on eût trouvé donnait dix-huit pouces de moins que notre tirant d'eau. Cependant, comme nous n'avions d'autre alternative que de rester où nous étions, le capitaine Osborne crut pouvoir se permettre de tenter l'entreprise, et il faut avouer que le vieux vaisseau sauta la barrière de la façon la plus satisfaisante. Un moment il se balança si fort que nous nous demandions si le fond était assez mou et le courant assez fort pour qu'il pût passer. Ce fut avec une certaine satisfaction que nous jetâmes à la fin l'ancre dans des eaux profondes, du bon côté de ce formidable obstacle.

Le 15. — Notre espoir d'hier au soir s'est trouvé aussi mouvant et aussi perfide que le lit de cette malheureuse rivière. A peine nous félicitions-nous du succès de nos hauts faits, lorsque *la Lee*, au sortir de dix brasses d'eau, se trouva prise sur un rocher, où elle commença à exécuter de gracieuses pirouettes comme pour se moquer de notre désespoir. Pendant que son actif commandant, le lieutenant Jones, tendait des câbles de flot, allait de l'avant, puis de l'arrière, faisait rouler, sauter sur le pont, et qu'il finissait par la décharger, nous qui connaissions maintenant à fond tous les procédés à employer lorsqu'il s'agit d'une canonnière dans l'embarras, nous profitâmes cette fois encore du délai pour débarquer et pour aller explorer des carrières assez intéressantes que nous avions remarquées en remontant la rivière.

Une rangée de rochers à pics, composés de pierre à chaux, qui s'élèvent à une hauteur de 1,500 à 2,000 pieds, dominent la rivière sur ce point ; à leur base, le village de Shih-Wa-Yaou, habité surtout par des carriers, occupe une situation pittoresque, tandis que leurs flancs abruptes sont sillonnés et minés par les travaux réitérés de l'homme. On extrait la pierre de la carrière avec des pioches et des ciseaux à froid ; on ignore, à ce qu'il paraît, le système des mines. Les fours à chaux se trouvent au pied de la montagne. On se sert de charbon comme combustible, et on le tire surtout du voisinage de Hing-Kwoh, où il coûtait 18 shillings la tonne. On mêle dans les fours de l'argile rouge au charbon. Cette argile, une fois brûlée, sert dans les constructions; on la place avec des briques à peine cuites entre d'épaisses couches de chaux. Toutes les maisons de la ville sont construites de cette manière. Je ne comprenais pas, au premier abord, l'utilité de ce mélange de chaux et de charbon. Les scories semblent être de bons matériaux de constructions.

On conserve la chaux vive en tas sous de grandes mannes d'osier, hautes de trente ou quarante pieds, couvertes d'un toit de chaume, en sorte que les tas ont l'air d'un énorme panier renversé; la forme est celle d'un cône tronqué. On vend la chaux vive 18 shillings la tonne, la chaux éteinte sert d'engrais.

Il paraît que les carrières sont ouvertes à tout venant; tout le monde a droit d'y travailler en payant tous les six mois 1,000 cash, environ 4 shillings, à une compagnie qui tient les carrières à ferme du gouvernement.

Nous ne pûmes venir à bout de savoir combien cette compagnie payait en tout au gouvernement, et nous ne pûmes pas obtenir des renseignements exacts sur la quantité de chaux produite tous les ans. L'affreux dialecte que parlaient nos interlocuteurs rendait encore plus difficile que de coutume la tâche de ceux qui voulaient arriver à quelques connaissances précises sur la question. Ils nous apprirent cependant un fait peu encourageant, c'est que la rivière devait encore baisser de quelques pieds, attendu que le rocher sur lequel *la Lee* était perchée était nettement visible lorsque les eaux étaient basses.

Nous escaladâmes la montagne jusqu'à une hauteur de 700 à 800 pieds au-dessus de la rivière, et nous jouîmes avec délices de la vue qui se déroulait sous nos yeux. La ville de Hwang-Shih-Kang, en pleine prospérité, et qui fait un heureux contraste avec les villes en ruine dans ses environs, se chauffait au soleil à quelques milles de nous. De vastes lacs bleus et des plaines verdoyantes s'étendaient vers le Nord jusqu'à une rangée de montagnes rougeâtres qui s'élevaient dans le lointain; derrière nous, des vallées boisées et des montagnes aux flancs abruptes avec des arêtes qui descendaient jusque dans la rivière et s'élevaient en pics inaccessibles au-dessus de ses eaux jaunâtres. Nous descendîmes dans une vallée où certaines excavations aux bords noircis, qui s'ouvraient dans le flanc de la montagne, indiquaient des mines de charbon. Les puits dans lesquels nous entrâmes n'étaient pas profonds. Les habitants du pays nous dirent qu'on ne les avait pas exploités depuis cinquante ans, mais qu'avant cette époque on en tirait du charbon.

En revenant au vaisseau, nous apprîmes avec satisfaction que *la Lee* était sortie de sa fâcheuse position non sans quelques avaries; cependant nous avions bien des raisons de nous féliciter que le rocher eût été découvert par la canonnière et non par *le Furieux*. Avec son tirant d'eau et son poids plus considérable, ce brave vaisseau, s'il eût touché, aurait probablement terminé prématurément son existence au service des explorations diplomatiques.

A quelques milles au-dessous de nous, la magnifique falaise de Ketow, ou la Tête de Coq, s'avance au-dessus de la rivière. *Le Dove* vient de faire des sondages au-dessous de ce rocher énorme, il annonce trente-trois brasses d'eau.

XX

Exploration d'un lac. — Un paysan bien élevé. — Nous chargeons une barre. — Navigation difficile. — Bonne chasse. — Nous abandonnons le *Furieux*. — Jour de Noël. — Nous nous entassons sur la *Lee*. — Nous approchons de Ngan-King. — M. Wade fait une visite aux rebelles. — Son rapport. — Arrivée à Woo-Hoo. — Communication des rebelles. — Nous débarquons à Nankin. — Visite à un chef rebelle. — Compte rendu de l'entrevue. — Entrevue avec Le. — Véritable état de la situation. — Mœurs des rebelles. — Force de la garnison. — Théologie des rebelles.

Le 16 décembre. — Notre voyage nous a conduits aujourd'hui au travers de la gorge de Pwan, qui est sans contredit ce qu'il y a de plus beau sur la rivière. Une petite rivière qui vient du Midi et qui divise les provinces de Hoopeh et de Kiang-Si, se jette sur ce point dans le Yang-Tse-Kiang. C'est dans un endroit qu'on appelle Toong-Sha, et qui est situé sur le bord de cette rivière, qu'on cultive, dit-on, le meilleur thé de la province de Hoopeh. Le charbon et le coton sont deux produits très-importants de ce district.

Notre voyage pour redescendre la rivière présentait des difficultés de navigation beaucoup plus grandes que celles que nous avions rencontrées en remontant. Nous avions alors touché fréquemment, mais nous avions maintenant cinq pieds d'eau de moins, et le courant nous emportait rapidement vers des dangers inconnus. Les incidents d'un voyage en descendant le Volga me revenaient sans cesse à l'esprit, mais les bancs de sable de ce noble fleuve ne sont rien à côté des bas-fonds et des écueils du Yang-Tse.

Le 17. — Les canonnières ont passé toute la journée à chercher un passage par-dessus la barre des falaises rouges, obstacle sérieux à notre voyage et qui paraît même insurmontable. Nous ne pouvons regretter ces retards constants que par égard pour la quille du vaisseau, attendu que nous en profitons pour faire la connaissance des populations rurales et pour examiner les traits généraux du pays.

Après avoir marché à travers la plaine pendant deux à trois milles, en quittant le vaisseau, nous sommes arrivés près d'un vaste lac dont les rives s'élevaient en pentes arrondies au-dessus de sa surface de cristal. Des promontoires couverts de bois s'avançaient jusqu'à la moitié du lac, formant de profondes baies où s'étaient groupées des chaumières ; des bateaux y étaient amarrés, et des plantations de coton couvraient les flancs des collines.

Des oiseaux d'eau de différentes espèces pataugeaient et voltigeaient sur le bord de cette vaste nappe d'eau, car nous ne pouvions pas distinguer toute son étendue d'un seul regard ; une petite rivière qui serpentait dans la plaine arrosait la prairie où paissaient des bestiaux et des troupeaux. La grande rivière elle-même inonde parfois ce riche pays. Nous apprîmes que cette catastrophe ne s'était pas présentée depuis 1849, mais le mal avait été immense alors, et une grande étendue de terre cultivée avait été couverte de cinq ou six pieds de sable. Nous aperçûmes bien des endroits stériles où l'on avait creusé des puits pour arriver au sol fertile qui se trouvait ainsi enterré.

Dans un petit village, à la porte de l'une des chaumières, lord Elgin remarqua une inscription ; il se la fit interpréter et apprit que c'était un avis annonçant que l'un des membres de la famille qui l'habitait avait passé les examens scolastiques du plus haut rang, et qu'il était parvenu à un grade élevé parmi les mandarins, bien qu'il fût le fils d'un paysan. Le frère habitait alors cette humble demeure. Il avait également le goût des études littéraires, et, ne possédant que trois acres de terre, il avait payé cent huit taëls pour l'un de ses examens : mais, malheureusement, il avait été refusé toutes les fois qu'il avait tenté d'aller plus loin, et il était, par conséquent, réduit à la désagréable alternative d'être obligé d'attendre sa soixantième année, moment où il aurait le droit de se présenter de nouveau *ad eumdem*. Dans le fond de la chaumière se trouvait une presse d'une forme bizarre, remplie de graine de coton, qui était soumise aux coups d'une grosse poutre qui se balançait comme une catapulte. On nous dit qu'on employait pour la cuisine l'huile extraite de cette manière.

Dans toutes les directions que prenaient les différents détachements d'exploration, tout le monde rencontra toujours le même empressement de la part des paysans, et nous n'hésitions jamais à entrer dans leurs chaumières. Il y avait aujourd'hui un an que nous nous étions embarqués pour la première fois sur *le Furieux*. Une résidence d'un an sur ce bon vaisseau avait suffi pour nous attacher à notre maison flottante, bien que nous prévissions déjà une séparation touchante et quelque peu brusque.

Le 18. — Le seul incident de la journée, c'est le parti pris par le capitaine Osborne de chercher à franchir la barre.

Le 19. — *Le Croiseur*, qui tire quelques pouces d'eau de moins que nous, a passé sans toucher. Nous tirons dix-huit pouces d'eau de plus ; nous savons à quoi nous attendre, et nous arrivons à toute vapeur. C'était un plaisir de voir la perfection avec laquelle le vieux vaisseau était dirigé dans cette course de haies, et comme il se conduisait bien, comme on le retenait au moment d'arriver aux barrières, comme il obéissait au moindre mouvement des rênes. Le capitaine sur l'un des tambours, le maître d'équipage sur l'autre, quatre hommes au cabestan, du monde au-dessus des focs, du monde aux ancres devant et derrière, les machinistes tout près dans la chambre des machines ; alors, avec le courant dans toute sa force, « à toute vitesse en avant, » nous nous élançons sur le second cutter à l'ancre sur une des rives à tribord, de manière à faire croire au jeune homme qui est à bord que nous avons résolu sa perte, nous le rasons par miracle, nous passons à deux lignes d'une bouée à bâbord, et puis nous abattons nos focs en un clin d'œil. Tout est inutile, le vaisseau est parfaitement en main, nous nous maintenons admirablement dans le passage ; mais *le Furieux* lui-même ne peut pas flotter dans quatorze pieds d'eau lorsqu'il en tire quinze. Quelque chose nous arrête, le vaisseau s'agite, les roues tournent sans avancer ; on donne à regret l'ordre d'arrêter et on commence vivement à mettre en usage les câbles à flot, les ancres dans toutes les directions. Le vaisseau fut habilement placé en travers du courant, ce qui en fit une espèce de machine à draguer, et, pendant plus de douze heures, nous nous traînâmes lentement dans la boue en changeant nos ancres toutes les fois que le changement de situation rendait cette manœuvre indispensable.

Le 19. — A quatre heures du matin, lorsque nous étions tous parfaitement indifférents à notre sort, le bon vaisseau avait enfin retrouvé le courant au-dessous de la boue, et on avait jeté l'ancre au delà de la barre. Lorsque le jour se leva, la situation n'avait pas l'air d'être beaucoup meilleure ; nous étions amarrés dans le sens opposé au courant dans un canal si étroit qu'il semblait impossible de s'y retourner, et tout aussi difficile d'avancer à reculons dans le passage tortueux qui se trouvait devant nous. On réussit enfin, par un miracle d'habileté, à exécuter cette manœuvre, en poussant l'arrière du navire contre la rivage de façon à mettre en danger les pieds de quelques Chinois qui restaient sur le bord de l'eau à nous regarder ; alors, entre le courant et les focs le vaisseau se retourna, et nous fendîmes de nouveau triomphalement les eaux fangeuses de la grande rivière.

En passant près de Loong-Ping, nous aperçûmes les tentes d'un corps impérialiste, un certain nombre de jonques de guerre et des troupes qui paraissaient en marche ; nous en conclûmes que les rebelles se trouvaient probablement dans le voisinage.

Le Dove vint nous rejoindre à la tombée de la nuit, en nous apportant une triste nouvelle : il n'y avait que onze pieds d'eau au-dessus de la barre qui se trouvait devant nous. S'il était vrai, c'était un coup mortel à toute idée d'arriver à la mer sur *le*

Furieux. Cependant, nous conservions encore quelque espérance, et nous jetâmes l'ancre pour la nuit un peu au-dessous de la ville de Kew-Kiang.

Le 20 et 21. — Pendant que *la Lee* et *le Dove* vont en avant pour chercher un passage, nous passons comme d'ordinaire notre temps à faire une chasse moins importante, mais plus divertissante ; nous faisons de longues promenades dans le pays charmant qui s'étend entre la rivière et le lac Poyang. Nous explorons dans toutes les directions les montagnes peuplées de chênes et de pins rabougris, de champs de coton, de lin et de blé de diverses espèces, habitées par une population simple dont les maisons commodes s'élèvent dans un coin abrité des étroites vallées ; leurs demeures qui ne sont pas sujettes aux inondations sont mieux bâties que celles des plaines. Des lacs charmants reposent au sein des montagnes, et le plus grand et le plus célèbre de tous, le Poyang, s'étend au loin vers le Midi comme un océan terminé par un horizon argenté. Nous abattons dans ces bois une quantité de magnifiques faisans au plumage étincelant ; au bord des lacs nous tuons des canards sauvages et des bécassines, et l'un de nous a le bonheur de rapporter à la maison un beau chevreuil comme fruit de son adresse dans la journée.

Le 22. — Nous avons fait bonne chasse aujourd'hui ; mais cela ne suffit pas à nous consoler de la triste nouvelle que nous recevons en revenant aux vaisseaux : il n'y a point de passage, et on a pris la douloureuse résolution d'abandonner *le Furieux* et *le Croiseur* pour se rendre à Sanghaï sur *le Dove* et *la Lee*.

Le 23. — La journée s'est passée à nous lamenter avec nos compagnons de voyage de l'année dernière sur la mélancolique perspective qui les attend, un hiver dans l'intérieur de la Chine, car on n'espère pas la crue des eaux avant le printemps. Ce fut une journée de soupirs et de lamentations, de mouvement et de confusion ; il fallait transporter rapidement tous les objets qui s'étaient accumulés depuis un an dans l'espace restreint qu'offrait la canonnière ; il fallait abandonner bien des choses en désespoir de cause ; on emballait, on serrait les objets, on les cassait, on se lamentait; enfin, on se réunit pour la dernière fois dans une disposition parfois joviale, parfois lugubre, et on resta fort avant dans la nuit à chanter des chansons pathétiques improvisées pour la circonstance et à se rappeler pour la dernière fois les souvenirs communs de nos aventures et les spectacles curieux que nous avions contemplés ensemble.

Nous allâmes tous nous coucher le cœur gros pour passer, croyions-nous, une dernière nuit à bord du *Furieux*.

Le 24. — Le ciel pleurait ce matin par sympathie pour ce que nous éprouvions. Il nous semblait que nous agissions lâchement en abandonnant le capitaine Osborne après tous ses efforts et ses admirables succès, en quittant notre ancienne demeure et tous ses habitants si bons et si obligeants; mais la nécessité était là, il fallait bien se résigner aux décrets de l'inexorable destin et chercher à rendre *la Lee* aussi confortable que possible. Lorsque tout fut prêt, lord Elgin adressa quelques paroles pleines d'émotion au capitaine Osborne, aux officiers et à l'équipage du *Furieux*, pour exprimer le regret qu'il éprouvait en se voyant obligé de les quitter, et nous nous séparâmes, emportant les bons souhaits de nos amis les marins avec lesquels nous avions vécu, pendant notre longue résidence à bord, dans les rapports les plus intimes et les plus agréables. Lord Elgin écrivait au secrétaire d'État, en faisant allusion à cet incident : « Pour ma part, j'ai quitté *le Furieux* avec un grand regret. Pendant plus d'un an, j'y avais fait ma demeure, et pendant tout ce temps je n'ai jamais entendu dire une seule fois que *le Furieux* pût avoir de la peine à aller quelque part ou à faire quelque chose lorsque je croyais cette opération utile pour le service public [1]. » Alors vint le salut d'adieu, et nous échangeâmes nos hourras tant que nous pûmes nous faire entendre, au grand étonnement d'un corps de troupes impériales qui avaient l'air de faire l'exercice du mousquet sur la rive septentrionale de la rivière.

Le 25. — Le jour de Noël se passa de la manière la plus

---

1. *Blue Book*, p. 446.

Une dame japonaise et sa fille.

triste et la plus lugubre. En dépit des louables efforts et des soins de notre hôte, le lieutenant (maintenant commandant) Jones, il nous était impossible d'être fort gais. Des tourbillons de neige et de grésil balayaient le pont découvert de notre petit bâtiment et nous réduisaient à l'état d'amphibies toutes les fois que nous cherchions à sortir de la cabine. Malheureusement l'alternative n'était pas beaucoup plus agréable. Je suppose qu'aucun de mes lecteurs, à l'exception de ceux qui faisaient partie de la mission, ne sait ce que c'est que de se trouver douze passagers de première classe dans la cabine d'une canonnière. Lorsque M. Jones entrevit pour la première fois la possibilité d'avoir à caser une pareille invasion de barbares, il fit une épure très-soignée de la façon dont il disposerait ses hôtes dans leur lit. Il accordait à chacun un pouce de moins que n'exigeait sa taille, et le plus petit d'entre nous fut installé dans une bibliothèque où il remplaçait admirablement la littérature légère que ce meuble contenait d'ordinaire. Deux hommes se balançaient dans des hamacs, au-dessus de l'unique table; deux autres couchaient sur ladite table, et les deux derniers s'étendaient sous le même meuble qui leur tenait lieu d'un lit à colonnes. Lorsque nous n'étions pas tous endormis, il y avait quelqu'un qui se lavait et s'habillait, et les autres attendaient leur tour sur le pont, en recevant la pluie. Lorsque toutes les toilettes étaient achevées, les repas commençaient; lorsque les repas étaient finis, le parfum du cavendish se répandait dans l'atmosphère jusqu'au coucher, heure à laquelle nous rentrions tous les uns dans les autres comme des harengs dans une caque.

Lorsque nous eûmes passé ainsi huit jours et huit nuits à utiliser notre existence en société, nous fûmes en état d'apprécier les mérites d'un espèce de bâtiment qui fait honneur à la marine anglaise. « Comme il me semble », dit lord Elgin dans la dépêche que j'ai déjà citée, « qu'on ne fait pas toujours assez de cas de ces utiles bâtiments (les canonnières), je voudrais attirer l'attention de Vos Seigneuries sur le fait que voici : *La Lee,* avec l'aide d'une jonque qu'elle a remorquée pendant une partie du chemin, a transporté en sûreté toute la mission, y compris les domestiques, de Kew-Kiang à Shanghaï, distance de 450 milles environ, malgré les embarras d'une navigation compliquée, à travers un pays assez mal disposé pour nous. La pluie n'a pas cessé de tomber, et nous étions extrêmement serrés ; mais les soins obligeants du lieutenant Jones nous ont permis de supporter ces petits inconvénients. » Pauvre petite *Lee !* elle avait fait bravement son devoir tant qu'elle avait eu quelque chose à faire, et, au dernier moment, elle ne fit pas tort au pavillon qui flottait encore à son grand mât. Après avoir supporté un typhon sur la côte du Japon, avoir subi le feu des batteries de Nankin, après avoir échappé à tous les dangers du Yang-Tse-Kiang, *la Lee* a laissé enfin ses os sur les rives boueuses du Pei-Ho, où elle a sombré sous les pieds de son brave commandant, toute démâtée, criblée de boulets, et le pont couvert de dix-sept morts ou blessés qui avaient fait partie de son mince équipage.

Nous jetâmes l'ancre pour la nuit en vue des batteries de Ngan-King.

Le 26. — Je ne puis mieux décrire les opérations de la première partie de la journée qu'en empruntant au *Blue Book* quelques lignes de la dépêche de lord Elgin et le rapport de M. Wade.

« La conduite à tenir en passant à côté de Ngan-King, » dit Son Excellence, « était une question qui demandait réflexion, comme je l'ai déjà fait remarquer. On avait tiré sur nous lorsque nous remontions la rivière, et la nature du passage nous obligeait à notre retour de raser les murailles de la ville d'assez près pour qu'il leur fût facile de balayer notre pont avec leurs couleuvrines. Lors de la première attaque, les canonnières étaient accompagnées de deux grands vaisseaux. Elles étaient seules et sans appui lorsque nous arrivâmes en vue de Ngan-King en redescendant la rivière. Il fallait cependant assurer la sécurité du passage, non-seulement pour nous, mais pour les bâtiments qu'on pourrait envoyer de temps à autre porter des communications au *Furieux* et au *Croiseur*.

---

1. *Blue Book,* p. 446.

» Afin d'arriver à ce résultat, je crus bon de prendre le ton un peu haut avec les rebelles.

» J'envoyai donc M. Wade à terre le 26 décembre, de grand matin, pour y porter un message dont on verra dans son rapport la nature et le satisfaisant résultat. Il eût été de mauvais goût partout ailleurs de menacer de prendre avec deux petites canonnières une grande ville fortifiée et munie d'une garnison ; mais, en Chine, c'était la seule chose qu'il y eût à faire. »

Je donne ci-dessous le rapport de M. Wade au sujet de sa mission auprès des rebelles de Ngan-King.

« Dans la soirée du 26 décembre, au moment où les canonnières arrivaient auprès de Ngan-King, d'après le désir de Son Excellence le comte d'Elgin, je me rendis sur *le Dove* pour entrer en communication avec la garnison insurgée qui avait tiré sur notre escadre lorsque nous remontions la rivière. La nuit arriva tout d'un coup, et, en avançant dans l'obscurité, nous nous trouvâmes à quelques centaines de pas des murailles. Nous crûmes qu'on nous avait aperçus. On apercevait çà et là des lumières sur les murs, et nous crûmes distinguer des jonques qui traversaient le passage devant nous. N'ayant pas eu l'occasion de faire l'expérience des dispositions de la garnison depuis l'échange de coups de canon du 26 novembre, je ne crus pas prudent d'accomplir ma mission sans voir au moins devant moi, et je retournai sur *la Lee*. Le lendemain matin, vers huit heures, le lieutenant Bullock de *l'Actéon* vint me chercher ; il pleuvait à torrents, et les parapluies rouges se multipliaient sur le rivage à mesure que nous approchions de la ville. Les porteurs étaient revêtus de cet uniforme rouge et bleu qui donne aux troupes rebelles une apparence pittoresque. On déploya un grand drapeau rouge, sans doute pour diriger notre marche ; nous avancions d'ailleurs dans la direction qu'on nous indiquait, c'est-à-dire vers l'angle sud-ouest de la position fortifiée. Un cheval de frise assez grossier, large de quelques yards, projetait devant la muraille pour défendre la pente, et les batteries intérieures, qui étaient construites avec une pierre jaune qui semblait facile à travailler, étaient finies avec assez de soin.

Trois ou quatre personnes de la foule se détachèrent pour venir au-devant de nous. L'une d'elles, presque un enfant, portait un grand drapeau rouge sur une pique ; mais à cette exception près, je ne vis pas trace d'armes dans leurs mains et les préparatifs hostiles se bornaient à quelques misérables canons placés dans les embrasures. L'un de ces hommes me dit que tous les chefs venaient de Canton ; je demandai à leur parler, et un jeune homme sortit de la foule qui était réunie sous une grille par laquelle passait le sentier à l'extrémité duquel se trouvait le canot. J'appris qu'il était né dans la province de Kwang-Si, mais il parlait très-bien le dialecte de Canton. Il me dit ensuite qu'il commandait en troisième. Je lui dis que j'étais chargé de savoir pourquoi, sans aucune provocation, la garnison avait tiré sur les vaisseaux de Sa Majesté, lorsqu'ils remontaient la rivière. Le chef répondit que c'était une méprise due à l'ignorance de quelques provinciaux de la garnison, qui ne venaient ni de Canton ni de Kwang-Si. Ces derniers avaient ignoré le fait jusqu'au moment où les vaisseaux avaient déjà dépassé la ville. Ils avaient alors reconnu le pavillon anglais, « Ta-ying-ki. » Cet accident ne se renouvellerait pas. Je lui recommandai d'y veiller. Nous n'avions aucune envie d'entamer une querelle avec ceux qui ne se mêlaient pas de nos affaires, et j'avais été envoyé précisément parce que le ministre d'Angleterre ne voulait pas répandre le sang sans nécessité ; mais comme nos vaisseaux devaient passer et repasser le mois suivant et peut-être quelque temps après, bien que nous n'eussions pas l'intention de prendre parti dans la guerre civile qui régnait pour le moment, cependant, si on nous attaquait, nous nous vengerions comme à Nankin, dont la garnison avait tiré sur nous à notre passage, à la suite de quoi nous avions détruit les forts.

« Oh ! oui ! » répondit le chef, « nous avons appris ce qui s'est passé à Nankin ; » et là-dessus il répéta ses excuses en termes plus humbles encore que la première fois. Il me dit qu'ils enverraient à notre grand personnage un présent de bœufs et autres provisions. Je refusai naturellement. Il m'invita également, comme l'avaient déjà fait quelques autres, à débarquer et à venir faire une visite à leur principal chef, qui était originaire de Canton. Je refusai encore, en disant que j'avais été envoyé pour leur communiquer un message ; je le leur répétai encore une fois, en ajoutant qu'ils savaient sans doute combien il nous serait facile de les détruire de fond en comble si on nous y poussait. Il en resta d'accord avec la même conviction qu'il avait montrée lorsque j'avais parlé de Nankin. Comme je prenais le large, il me salua de l'adieu ordinaire à Canton : « Portez-vous bien ! bonne chance ! etc. »

» La foule me parut en général mieux vêtue et mieux portante que les rebelles de Woo-Hoo. Un personnage qui n'était ni l'un ni l'autre s'était mis fort en avant et m'avait parlé l'anglais de Canton. Il m'apprit volontairement qu'il venait de Whampoa, et des signes autres que sa connaissance de notre langue indiquaient en effet qu'il avait subi notre influence. Il avait l'air de ce qu'il était très-probablement, un coolie fumant de l'opium. La majorité de la population me parut se tenir sur la réserve ; quelques personnes seulement s'approchèrent du bateau. »

Nous passons à côté des batteries des rebelles sans encombre, nous faisons une bonne journée, et nous jetons l'ancre pour la nuit près de Toon-Gling.

Le 27. — Nous avons réussi à rejoindre *la Rétribution* à Woo-Hoo, avant que le jour vînt à nous manquer. Le capitaine Barker a eu la bonté de mettre son bâtiment à la disposition de la mission, mais nous ne nous trouvons pas trop serrés, et, par ce temps froid, nous jouissons de la chaleur que nous nous procurons réciproquement, nous restons donc en possession de la cabine de *la Lee*.

Depuis son arrivée à Woo-Hoo le capitaine Barker a reçu une lettre d'excuses au sujet de l'affaire qui a eu lieu près de Tai-Ping, lorsque nous remontions la rivière. Elle était probablement destinée à lord Elgin et contenait ce qui suit : « Il y a quelque temps, lorsque Votre Excellence a honoré d'une visite notre humble ville, certaines personnes ignorantes, placées à notre station (ou barrière) centrale, ont tiré sur vous par méprise, sur quoi notre Roi céleste Hung-Sin-Tsuen a fait décapiter tous ces ignorants coquins. Vos vaisseaux étant toujours en marche, Hung-Sin-Tsuen n'a pu les joindre pour vous présenter ses excuses ; c'est pourquoi il nous a envoyé ordre à nous, vos frères cadets, de vous transmettre ses décrets ; mais comme vos honorables vaisseaux ont continué leur route, et qu'il y avait aussi des vaisseaux diaboliques (impérialistes) qui nous barraient le chemin, nous nous sommes contentés pour le moment de faire un rapport au Roi céleste, en attendant ici le retour de votre honorable vaisseau, pour vous présenter en personne nos respects et pour recevoir de votre propre bouche vos ordres, sur quoi nous ferons notre rapport au Roi céleste. En conséquence, nous envoyons un officier en avant pour souhaiter la bienvenue à Votre Excellence. »

Le 28. — La journée a été un peu inquiète ; nous ne savions pas si *la Rétribution* pourrait franchir la barre au-dessous de Tai-Ping ; heureusement elle a pu passer avec un pouce d'eau en sus de ce qu'il lui fallait.

Le 29. — Nous sommes arrivés à Nankin au milieu du jour. Le ton extrêmement humble de la communication que nous venons de citer fit à lord Elgin l'effet d'ouvrir la porte à des rapports avec les rebelles de Nankin. Il m'envoya donc avec MM. Wade, Lay et Wylie, pour faire une visite aux autorités et pour recueillir des renseignements.

Nous débarquâmes sur la rive sud, près de l'un des forts qui avaient entretenu contre nous le feu le plus acharné. Tout était muet, cette fois, et nous éprouvions quelque légère hésitation à mettre pied à terre connaissant si mal les dispositions de la brave garnison à notre égard. Quelques soldats en haillons sortirent bientôt par une porte, et nous ne leur fîmes pas une impression plus agréable que celle qu'ils nous faisaient. Cependant, nous voulions arriver dans la ville, et nous nous aperçûmes que le point du faubourg le plus rapproché de nous se trouvait au moins à un mille de distance. Nous résolûmes de nous y rendre, et nous traversâmes à pied une plaine fangeuse sous d'épais tourbillons de neige. Un enfant que nous avions pris pour guide nous conduisit à travers d'étroites ruelles jusqu'à un établissement public de mince apparence, où l'officier qui commandait les troupes de cette division avait établi son quartier général. Comme nos dernières communications avec ce fonctionnaire avaient revêtu la forme d'un boulet de canon, et que nous n'avions pas fait depuis lors un échange officiel de sentiments amicaux, nous n'étions pas bien sûrs de la manière dont il envisagerait cette visite sans cérémonie de quatre ennemis. Nous nous aperçûmes bientôt qu'il avait l'intention de nous retenir par des phrases polies et d'envoyer demander des instructions. Comme cela ne rentrait pas dans nos intentions, et que nous avions vu dans sa cour quatre jolis poneys appartenant à des officiers de son état-major, nous résolûmes de nous les approprier et de pousser outre jusque dans la ville. Toutes les remontrances demeurant inutiles pendant que nous détachions les chevaux pour les monter, le général, car nous apprîmes qu'il occupait ce grade, nous fournit un guide, et bientôt après nous vîmes un courrier passer près de nous à toute bride, sans doute pour aller instruire de notre arrivée les autorités de la ville.

Nous longeâmes les murs de la ville pendant plus de six milles avant de trouver la porte par laquelle on voulait nous faire entrer. Nous passâmes sur notre chemin à côté de l'endroit où s'élevait naguère la tour de porcelaine; il ne reste plus aucune trace de ce monument célèbre.

En entrant dans la ville par une porte massive, munie d'une herse, nous traversâmes pendant plus d'un mille des rues désertes avant d'arriver à la résidence de l'un des chefs rebelles, nommé Le. Ce grand dignitaire vint au-devant de nous jusqu'à la porte et nous conduisit à la salle d'audience. Là, revêtant une coiffure brodée avec beaucoup d'art, qui tenait le milieu entre la mitre d'un évêque et un bonnet d'âne, il s'assit dans son fauteuil de cérémonie et attendit solennellement notre déclaration. Ce grand fonctionnaire portait un costume qui ressemblait à celui de son collègue de Woo-Hoo ; un longue robe jaune l'enveloppait de la tête aux pieds. Son bonnet et ses souliers étaient les seules parties de sa toilette honorées de quelques ornements ; le dessin des pantouffes était extrêmement voyant, le bonnet était couvert de dragons et M. Wylie prétendit que sa forme était une imitation des grands dignitaires sous la dynastie Ming.

Comme la conversation se passa entre Le et M. Wade, je cite textuellement le rapport de ce dernier : « Nous annonçâmes l'objet de notre visite, qui était d'informer la garnison que nous avions reçu la note qu'on avait envoyée à Woo-Hoo, pour expliquer la méprise qu'ils avaient faite en tirant sur les vaisseaux de Sa Majesté, et que ces vaisseaux étant restés dans la rivière et d'autres devant probablement aller et venir, nous nous verrions contraints de châtier comme la première fois toute atteinte à leur libre circulation. Le fit des excuses, mais sans bassesse. Il avait l'air plus empressé de nous attaquer du côté de la religion : il redisait sans cesse qu'en qualité de chrétiens nous étions des frères de la même famille ; mais il parlait d'un air contraint, sans enthousiasme et sans chaleur. Il nous dit qu'Hung-Sin-Tsuen était toujours Tai-Ping-Wang, et que son fils ne lui avait pas succédé comme on nous l'avait raconté.

» Nous demandâmes des nouvelles du roi d'Orient, qui avait été tué dans une échauffourée, à ce qu'on disait depuis longtemps. La question était embarrassante, mais, après un moment d'hésitation, il répliqua que Yang était dans le ciel, et, comme nous le pressions de questions, il ajouta que son fils avait succédé à ses honneurs et à ses fonctions. Il évaluait à plusieurs centaines de mille hommes les forces qu'il commandait. Il était gouverneur général de Kiang-Nan, et, à ce qu'on nous dit plus tard, chef du pouvoir exécutif à Nankin. Il prenait lui-même le titre d'officier ou noble du troisième degré, et portait sur son grand bonnet l'emblème *Yih-tien-fuh*. Ce dernier caractère semblait indiquer le degré de noblesse, bien qu'il signifie proprement félicité ou bénédiction. Les deux premiers veulent dire « pour avantager le ciel. » Nous demandâmes s'il avait quelques livres nouveaux, mais il ne put nous en produire d'autres que ceux que sir George Bonham avait rapportés de Nankin en 1853. L'un contenait un calendrier pour l'année suivante, dans lequel Yang figure encore comme le roi d'Orient. Le nous promit d'autres livres si nous voulions passer la nuit à Nankin ; nous pourrions même aller voir la cour du Royaume Céleste. Nous en avions déjà demandé la permission, mais Le nous avait déclaré qu'il ne pouvait pas s'y présenter s'il n'y était pas appelé. L'un des hommes de sa suite, personnage à l'air intelligent, qui avait l'air d'un bonze, paraissait s'amuser de notre empressement au sujet des livres. Les Chinois présents, qui n'étaient pas nombreux, se pressaient autour de nous avec aussi peu de cérémonie qu'à Woo-Hoo, et ils s'asseyaient où bon leur semblait.

» Nous demandâmes à voir leur lieu de culte; mais bien que l'un d'eux eût d'abord répondu qu'il y avait un temple tout près, Le intervint pour observer que les frères célébraient tous les jours le culte dans leurs maisons, mais qu'ils se réunissaient le jour du sabbat dans le Temple Yutai (juif?), à la cour du Roi. Ceci nous amena à leur faire quelques questions sur les jours de la semaine; mais nous ne pûmes venir à bout de savoir s'ils observaient le sabbat le premier ou le dernier jour de la semaine, attendu qu'ils n'étaient évidemment pas bien sûrs de la place du mercredi que nous passions en leur compagnie. Notre longue course à cheval nous avait pris tant de temps que nous ne pûmes passer plus d'un quart d'heure avec Le. Avant de partir, nous en revînmes à la question des vaisseaux. Il nous demanda, si nous passions par là, d'en instruire la garnison, de manière à éviter toute chance de collision. D'après nos instructions, nous lui répondîmes qu'on prendrait des mesures dans ce but, et refusant tout rafraichissement, nous prîmes congé. »

Nous avions résolu de retourner à la rivière à travers la ville, au lieu d'en longer les murs; c'est pourquoi, en dépit des remontrances ordinaires sur nos procédés indépendants, nous partîmes à pied dans la direction où nous voulions aller, car nous ne pouvions nous fier à un guide; mais, après avoir réussi à nous égarer nous-mêmes, nous finîmes par rentrer dans le yamun, et Le, voyant notre entêtement, ordonna à un petit officier d'un rang inférieur, qui avait un air de bonne humeur, de nous conduire jusqu'à la grille de la rivière. Il faisait sombre, et nous avions encore à faire une course de cinq à six milles. La nuit était noire, il pleuvait, et pendant cette longue et triste promenade, nous devînmes fort intimes avec notre guide. Au premier abord, tant que ses compagnons purent l'entendre, il protesta des abondantes ressources des rebelles, et parla le plus pur mandarin, mais pendant notre course solitaire à travers la campagne boisée qui se trouve renfermée dans les murs de la ville de Nankin, il retomba dans son dialecte de Canton et nous confia le véritable état des choses. Les rebelles, dit-il, en étaient réduits aux plus dures extrémités pour obtenir des subsides, et cette assertion était confirmée par les proclamations de Le que nous vîmes sur les murailles et qui invitaient le peuple à souscrire.

Notre guide demanda aussi à M. Wade s'il ne pourrait pas le cacher à bord de l'un des vaisseaux anglais. On lui répondit que c'était impossible, sur quoi il exprima le désir de faire le commerce de l'opium ou des armes. Il fumait, nous dit-il, et un tiers de la population de Nankin en fait autant, non pas ouvertement cependant, car la loi défend de s'adonner à cette drogue, et on n'en vend pas publiquement. Il nous dit que si la garnison de Nankin n'était pas considérable, il y avait cependant quatre armées rebelles fort importantes : l'une dans la province de Kwang, l'autre dans celle de Fuh-Kien, une troisième dans le Cheh-Kiang et la quatrième, qui était très-nombreuse, dans le Ngan-Hwui. Il parlait des impériaux en les appelant les troupes du gouvernement, et non les démons ou les lutins comme les rebelles l'affectent en général. Ils s'enfuyaient toujours, à ce qu'il nous dit, lorsque les rebelles les attaquaient, mais il convint que les rebelles s'enfuyaient aussi lorsqu'on les attaquait, en sorte que la guerre peut être longue. Il nous dit que la polygamie était à l'ordre du jour. Le Roi céleste avait trois cents femmes, et il avoua qu'on lui avait donné récemment une très-jolie petite personne. On distribue parmi les soldats les jeunes prisonnières, et nous remarquâmes en traversant les rues quelques jolis visages.

On oblige les hommes dont on s'empare à entrer au service ;

on les attache ensemble et on les met au premier rang lorsqu'on engage la bataille.

Notre guide ne connaissait d'autre forme de prière qu'une courte phrase d'actions de grâce qu'on prononce avant les repas, et qu'il nous répéta. On se mettait quelquefois à genoux, dit-il, le maître priait, mais on ne comprenait pas ce qu'il disait. Lorsque nous remontions la rivière, le feu de nos vaisseaux avait tué trois officiers et vingt hommes, à ce qu'il nous raconta.

La ville de Nankin était exclusivement au pouvoir des rebelles. Nous n'aperçûmes pas une seule boutique et il n'y avait personne qui fît le commerce. La plupart des rues étaient désertes et les maisons abandonnées. Une grande partie de l'espace contenu entre les murailles n'avait jamais été bâtie, mais les yamuns et les bâtiments publics, encore debout, attestaient la magnificence passée de la ville. Ce que nous vîmes de plus remarquable, c'était le Choong-Koo-Loo, ou tour centrale du Tambour, au pied de laquelle nous passâmes.

On évalue pour le moment les forces de la garnison rebelle de dix à quinze mille hommes ; les assiégeants sont deux fois plus nombreux. Leur seul espoir paraît être d'affamer les insurgés ; dans ce but, ils ont coupé toutes les routes par terre, et n'ont laissé ouvert que le côté qui donne sur la rivière ; les rebelles se sont assuré ce passage en construisant des forts sur les deux rives du Yang-Tse, ce qui leur permet de sortir à leur gré. Sur les treize portes qui donnaient naguère accès à la ville, six sont encore ouvertes, les autres sont murées.

Cette ville est évidemment le centre de l'autorité, mais certaines circonstances jettent quelques doutes sur l'existence de Hung-Sin-Tsuen, bien que ses disciples parlent toujours de lui comme s'il était vivant, et qu'on promulgue toujours des décrets en son nom, sous le titre de Teen-Wang (Prince céleste). Les preuves de la mort des quatre princes secondaires, les rois du Nord, du Midi, de l'Orient et de l'Occident, sont plus concluantes. Deux d'entre eux ont été tués à la guerre, et les deux autres qui tenaient leur cour à Nankin ont été victimes de leurs querelles intestines. On dit qu'on a nommé des successeurs aux princes de l'Orient, de l'Occident et du Midi ; ils sont tous mineurs. Outre le premier ministre Tsin, qui, à ce qu'on dit tout bas, joue le rôle du prince, les chefs résidents du pouvoir exécutif paraissent être au nombre de quatre : Chin, Le, Mung et Sin ; ils ont tous leurs bureaux dans la ville. On disait que le prince assistant, Shih-Ta-Kae, se trouvait à la tête de l'armée dans la province de Fuh-Kien, à l'est de Kiang-Si.

Il y a vingt-quatre premiers ministres et un nombre égal de ministres secondaires, qui sont répartis dans les différentes régions du territoire insurgé. La plupart des charges importantes sont confiées à des membres de la première confédération, appartenant presque tous aux provinces de Kwang-Tung ou de Kwang-Si.

On voit que nos rapports avec les rebelles, bien que plus intimes que tous ceux qu'ils avaient eus jusqu'à présent avec les étrangers, n'ont pas été de nature à nous permettre de recueillir des détails bien précis sur leurs doctrines religieuses. M. Wylie, qui suivait depuis un an avec intérêt les progrès de la révolte, pensait que les excentricités religieuses qui avaient commencé à se produire dès le début prenaient maintenant un développement qui menaçait d'étouffer toutes les vérités vitales du christianisme. Ils semblaient disposés à insister sur la suprématie de leur chef Hung-Sin-Tsuen et à l'élever au troisième rang des hommes divins ; tous ceux qui croyaient en Jésus devaient se ranger sous lui comme des frères cadets. M. Wylie assure qu'on peut révoquer en doute la foi de la plupart d'entre eux à la mission divine de Hung, et il est à craindre que le scepticisme ne soit tout aussi répandu pour ce qui regarde les dogmes plus importants de la foi qu'ils professent. On insiste toujours sur la destruction des temples et des idoles : les images brisées qui jonchaient les rues et les proclamations partout affichées pour inviter la population à extirper l'idolâtrie sous toutes ses formes, en étaient des preuves. Cette animosité ne s'étend pas aux temples des ancêtres, qui ont été respectés partout, ce qui fait supposer que le culte qu'on y célèbre est d'accord avec leurs doctrines.

La théorie de leur religion, telle qu'elle est développée dans les documents qu'ils ont publiés, paraît être un étrange mélange d'organisation juive, de théologie chrétienne et de philosophie chinoise. Notre expérience nous prouva que le résultat était ce qu'on pouvait attendre d'un si bizarre amalgame. Les rebelles font la guerre comme les Juifs, vivent comme les plus misérables de ceux qui professent le christianisme, et croient comme.... des Chinois!

XXI

Le Yang-tse-Kiang considéré au point de vue commercial. — Sensation produite par notre arrivée. — Soudaine apparition du *Furieux*. — L'édit secret. — Correspondance avec les commissaires. — Les affaires de Canton. — Résultat de la correspondance. — Décret publié dans la *Gazette de Pékin*. — Départ de Shanghaï. — Promenades militaires près Canton. — Expédition à Fayune. — Voyage à Hainan. — Nous disons adieu à la Chine. — Nous arrivons à Malte.

Comme lord Elgin tenait à arriver à Shanghaï à temps pour la malle, nous poussâmes en avant sur *la Lee*, laissant derrière nous *le Dove*, qui devait piloter *la Rétribution* à travers les obstacles de la navigation. Nous accomplîmes en huit jours notre voyage de New-Kiang à l'embouchure du Shanghaï. Lorsqu'on se rappelle que nous étions dans la saison la plus sèche de l'année, et que notre canonnière tirait huit pieds d'eau, on est obligé d'admettre que la grande rivière de la Chine peut rendre d'immenses services à la navigation. Cependant, lorsqu'on aura construit des bateaux à vapeur dans le but exprès de les employer sur cette grande voie de communications intérieures, on s'apercevra que le succès dépend non de la profondeur de l'eau, mais de la nature de la concurrence qu'ils rencontreront. Si les paquebots de rivière peuvent remorquer les radeaux à meilleur marché que les Chinois ne peuvent conduire leurs barques sur les canaux et les rivières de l'intérieur du pays, le Yang-tse-Kiang deviendra le grand chemin du commerce anglais. Dans tout autre pays du monde, les machines doivent triompher du travail à la main, qu'elles soient appliquées aux bateaux à vapeur ou aux manufactures de coton. En Chine, où le travail de l'homme ne vaut pas plus d'un sou par jour, son labeur tient un rang plus élevé dans la lutte avec la puissance de la vapeur. Nous avons échoué dans notre tentative pour remplacer en Chine, sur une grande échelle, les étoffes de coton manufacturées à la main par les étoffes manufacturées à la vapeur, espérons au moins que les bateaux à vapeur pourront détrôner les jonques.

Toutes les fois qu'il s'agira de cargaisons précieuses, l'opium par exemple, sans aucun doute on préférera les bateaux à vapeur aux transports par eau du pays; il est plus douteux qu'il en soit de même lorsqu'on aura à transporter du thé ou des denrées plus pesantes.

Si nous échouons, nous nous consolerons probablement en attribuant notre infortune à quelque influence incompréhensible du gouvernement. Sans doute, la responsabilité du gouvernement chinois est grande, mais elle ne peut porter sur les principes fondamentaux de l'économie politique sur lesquels il n'a aucune action. Lord Elgin, en parlant de l'avenir de notre commerce sur les marchés de l'intérieur, fait aussi allusion à cette erreur populaire : « A tout prendre, j'ai l'impression que les fabricants anglais auront de grands efforts à faire s'ils prétendent supplanter d'une manière sérieuse sur le marché indigène les étoffes que cette population frugale, industrieuse et sobre, fabrique pendant ses loisirs, lorsqu'elle se repose de ses travaux agricoles. C'est une illusion agréable, mais funeste, que de s'imaginer que l'influence d'un mandarin intrigant est nécessairement en mouvement toutes les fois qu'un acheteur préfère le calicot indigène au calicot étranger [1]. » Cela est également vrai lorsqu'il s'agit de la préférence de la population pour les navires indigènes.

En même temps on ne peut résoudre ce problème, si c'est un problème, tant que les rebelles ne seront pas chassés des positions

---

1. *Blue Book*, 446.

qu'ils occupent sur les rives du Yang-tse-Kiang, sur une étendue de cent cinquante milles ; nous ne pouvons espérer que le gouvernement chinois nous permette de faire le commerce avec les rebelles, et si la rivière est une fois ouverte aux entreprises commerciales des étrangers, il n'est pas aisé d'imaginer un système qui bornât leurs relations aux gens bien disposés pour les autorités constituées du pays.

Le résultat de nos six semaines d'exploration sur le grand fleuve de la Chine restait donc très-satisfaisant au point de vue des ressources de la navigation, et tolérablement satisfaisant au point de vue commercial, une fois les complications politiques disparues ; mais, par malheur, ces difficultés semblaient de nature à neutraliser sur bien des points tous les autres avantages. Espérons que l'occasion d'écarter tous ces obstacles, qui ne s'est pas présentée pendant nos travaux diplomatiques en Chine, viendra enfin, et qu'on pourra ouvrir à tous les négociants du monde cette magnifique voie de communication.

Nous arrivâmes à Shanghaï à toute vapeur, et nous jetâmes l'ancre au milieu des vaisseaux qui encombraient la rivière avec l'agréable sentiment que nous produisions une sensation. Une escadre de cinq vaisseaux était sortie du port il y a six semaines ; une canonnière reparaissait seule, portant le pavillon de lord Elgin à son grand mât. Le public de Shanghaï n'y entendait plus rien. On avait raconté que lord Elgin et le reste de la mission avaient été faits prisonniers, qu'on nous avait envoyés à Pékin dans des cages, que la plupart des vaisseaux avaient sombré, et que *le Furieux* seul avait survécu pour raconter nos aventures. On pouvait s'y attendre. Mais voilà que lord Elgin revenait sans *le Furieux ;* le phénomène était bien plus étrange et plus étonnant. Nous fûmes cordialement accueillis par un groupe de curieux qui vinrent au-devant de nous comme nous débarquions sur le Bund, et tout le monde fut ravi d'apprendre qu'il y avait deux vaisseaux anglais établis pour l'hiver au cœur de la Chine. Quelle méthode plus efficace que celle-là aurait-on pu inventer pour ouvrir le pays ? Quels prodiges d'exploration des chefs aussi entre-

Exercice des papillons.

prenants que les capitaines Osborne et Bythesea ne pourraient-ils pas accomplir avec leurs officiers pendant une résidence de quatre ou cinq mois dans l'intérieur? Pauvres gens, ils avaient bien besoin de ressources matérielles et intellectuelles de toute sorte. On chargea *le Dove*, qui était prêt à repartir avec des provisions, d'une bibliothèque de littérature légère, de bière de Bass, de bas de laine, de plomb n° 4, de tabac de Cavendish, de bottes imperméables et de tous les objets de luxe ou de nécessité que le bon cœur des colons put imaginer pour les consoler d'une existence qui pouvait se prolonger pendant bien des mois, à ce qu'on espérait charitablement pour le bien du commerce en général.

On peut se figurer notre étonnement, lorsque huit jours après notre arrivée à Shanghaï, le capitaine Osborne vint nous surprendre en personne vers minuit. Il paraît qu'il avait profité d'une crue subite de la rivière, à la suite de grosses pluies, pour s'élancer par-dessus la boue, et qu'il était arrivé à toute vapeur avec notre bon vieux vaisseau, dont nous aperçûmes le lendemain matin les formes bien connues des fenêtres du consulat.

Les commissaires impériaux s'empressèrent de venir faire une visite à lord Elgin pour le féliciter de son heureux retour après les périls de sa navigation sur la rivière, et nous les trouvâmes en cette occasion de fort belle humeur.

A cette époque, nous reçûmes de Canton des nouvelles qui donnèrent lieu à une correspondance trop importante pour ne pas la mentionner; un corps de troupes anglaises qui faisaient l'exercice, dans les environs de Canton, fut inopinément attaqué par un nombre considérable de Braves, et fut contraint, bien que ses pertes ne fussent heureusement pas graves, de se retirer promptement dans la ville. Cet acte d'une hostilité gratuite, dans un moment où le gouvernement impérial professait à Shanghaï, par la bouche de ses commissaires, les sentiments les plus affectueux et les plus conciliants, exigeait une prompte réparation; en conséquence, on organisa une expédition contre la petite ville de Shek-Tsing, située à sept milles environ de Canton, et qu'on savait le quartier général d'un corps considérable de milice locale.

Cette opération fut exécutée avec beaucoup d'entrain et de succès. Nous n'eûmes que quatre hommes de blessés et nous réussîmes à raser Shek-Tsing, à en chasser les Braves qui se dispersèrent en grand désordre et à nous emparer d'une partie des papiers privés des commissaires chargés par le gouvernement de l'organisation de la milice contre les barbares, généralement connus sous le nom de commissaires de Fayune.

Ce fut à la même époque que M. Parker envoya à lord Elgin un document curieux qui lui était tombé entre les mains. Cette pièce prétendait être un édit secrètement publié par le gouvernement pour exciter les Braves à des actes hostiles, et pour leur tracer une politique si perfide et si lâche, que lord Elgin l'envoya aux commissaires avec cette observation : « Son Excellence se dispense de tout commentaire au sujet de ce document, dans le sincère espoir que les commissaires pourront lui assurer que les auteurs ont abominablement abusé du nom de l'Empereur, en imputant à Sa Majesté la politique hostile et insidieuse qu'il développe. » Les commissaires répondent en affirmant sans hésiter que lord Elgin ne s'est pas trompé. « Quant au document auquel votre lettre fait allusion, et dont vous nous avez envoyé copie, » disent-ils, « nous avons l'honneur de vous assurer positivement, qu'après l'avoir examiné tous ensemble, nous ne doutons pas que cette pièce ne soit controuvée.

» Le commissaire Twan a siégé tant d'années dans le conseil (où l'on prépare ces documents pour les expédier ensuite), qu'il est assurément en mesure de prononcer sur cette question, et l'inspection de la pièce l'a convaincu que c'était une composition controuvée. »

En dépit de cette assurance, lord Elgin était si mécontent de l'état des affaires dans le Midi, qu'il résolut d'adopter dans sa correspondance un ton qui obligeât les commissaires à lui venir en aide pour porter remède au mal ; il en revint donc à sa première demande, et il insista pour que les commissaires obtinssent de l'Empereur la destitution de Hwang, le gouverneur général de Canton, et la dissolution du comité des propriétaires, dont les fonctions consistaient à organiser des corps de Braves destinés en apparence à protéger le pays contre les rebelles, mais qui devaient en réalité nous inquiéter dans l'occupation de Canton.

On se rappellera que, lorsque les commissaires étaient arrivés à Shanghaï, au mois d'octobre, lord Elgin avait attiré leur attention sur le mauvais état des affaires à Canton, et qu'il avait intimé son refus d'entamer des négociations avec eux tant qu'ils ne lui promettraient pas que Hwang, le gouverneur général de Canton, serait destitué, ainsi que les chefs du comité de Fayune.

Leurs Excellences s'engagèrent à présenter à Sa Majesté un mémoire demandant la destitution des personnes ci-dessus indiquées, et à remettre à lord Elgin le décret que pourrait publier l'Empereur en réponse à la prière contenue dans ce mémoire.

Sur la foi de ces assurances, l'ambassadeur entra en négociations avec les commissaires sur différentes questions qu'il importait de régler définitivement, dans le but d'établir la paix et la bonne intelligence entre la Grande-Bretagne et la Chine.

Après notre retour à Shanghaï, au bout de trois mois, lorsque lord Elgin demanda aux commissaires impériaux une copie du décret impérial qu'on lui avait promis, on lui remit un décret impérial qui, bien loin de destituer Hwang et de retirer leur commission aux chefs de Fayune, déclarait aux commissaires que l'Empereur n'entendait pas se conduire dans cette affaire d'après leurs conseils. En même temps nous reçûmes de Canton la nouvelle qu'on avait tiré sur nos troupes. En de telles circonstances, lord Elgin fit savoir aux commissaires qu'il avait pris les résolutions suivantes :

1° De n'avoir aucune communication ultérieure avec les commissaires impériaux au sujet de Canton, attendu qu'ils ne tenaient évidemment pas de l'Empereur une autorité suffisante pour traiter cette affaire.

2° D'engager les commandants des forces navales et militaires à Canton à faire circuler librement leurs troupes dans la province et à punir sévèrement les Braves ou autres qui pourraient avoir la témérité de les molester.

Lord Elgin termine en disant que « lorsque le soussigné (ou son successeur) se rendra à Pékin pour échanger les ratifications du traité de Tientsin, il recherchera si les événements qui ont eu lieu à Canton, et dont ils ont eu à se plaindre, ont ou n'ont pas reçu la sanction de l'Empereur, et qu'il agira en conséquence. »

Cette missive eut l'effet désiré. Nous eûmes des raisons de croire qu'on en avait expédié une copie à Pékin au taux de 600 li par jour, et les commissaires répondirent aussitôt en assurant positivement que Hwang et le comité seraient destitués, et en blâmant la conduite des Braves dans les termes les plus énergiques. Avant de quitter la Chine, lord Elgin eut la satisfaction de recevoir des commissaires une communication contenant une copie d'un décret impérial qui transférait le sceau de commissaire impérial, jusqu'alors confié à Hwang, entre les mains de Ho, le sage gouverneur général des Deux-Kiangs. Comme ce décret fut ouvertement promulgué en réponse à la note de lord Elgin que nous venons de citer, on ne peut douter que l'allusion qu'elle contenait à une visite à Pékin n'eût fait une vive impression sur l'esprit de l'Empereur.

La dernière communication officielle que lord Elgin ait reçue de la Chine, lorsqu'il était déjà en route pour l'Angleterre, fut la notification de la publication dans la *Gazette de Pékin* de ce même décret secret qui destituait Hwang et qui condamnait l'édit comme une pièce controuvée, comme si c'était un acte spontané du gouvernement chinois.

Le décret porte ce qui suit :

ÉDIT IMPÉRIAL DE LA GAZETTE DE PÉKIN, LE 31 JANVIER.

« Nous avons reçu aujourd'hui un mémoire de Kwei-Liang et de ses collègues, qui nous annoncent qu'ils ont reçu avec les lettres des Anglais un faux édit impérial rédigé comme ceux qui émanent directement de la cour impériale, et qui avait été envoyé de Canton à l'ambassadeur par un Anglais, à ce qu'on leur dit.

» En lisant ceci, notre surprise a été extrême. De tout temps la Chine a maintenu les principes de la justice la plus stricte dans ses mesures bienveillantes pour la tranquillité des diverses nations ; elle n'a jamais tramé des complots pour leur faire secrètement du mal.

» Après l'échec de Yeh-Ming-Shin, nous avons nommé Hwang-Tsung-Han gouverneur général des Deux- Kiangs, et nous lui avons confié le sceau de commissaire impérial sur notre territoire. Quant au vice-président Lo-Tun-Yen et à ses collègues, stimulés par une patriotique ardeur, ils ont enrôlé des Braves pour la défense de leur pays, occupation parfaitement légitime pour les propriétaires locaux.

» Récemment, cependant, les négociations amicales de Kwei-Liang et de ses collègues à Tientsin étant terminées, Hwang-Tsung-Han n'avait à s'occuper que des affaires militaires à l'intérieur, Lo-Tun-Yen et ses collègues n'avaient affaire qu'aux bandes indigènes, pour obéir à nos ordres. Nous n'entendions pas qu'ils entretinssent des hostilités avec les Anglais et les Français. Bien que ces nations n'aient pas encore délivré la capitale de Kwang-Tung, cependant s'ils maintiennent l'ordre parmi leurs troupes, et qu'ils ne causent pas d'embarras aux habitants, ils peuvent vivre ensemble en paix, libres de toutes difficultés.

» Cependant, on a fabriqué une dépêche de la cour qui a donné lieu à des dissensions entre Lo-Tun-Yen et ses collègues d'une part et les deux nations de l'autre, et a soulevé des doutes et des soupçons dans l'esprit des Anglais. Nous ordonnons en conséquence à Hwang-Tsung-Han de prendre des mesures sévères pour s'emparer de ces faussaires effrontés et pour les punir selon toute la rigueur de la loi. Toutes les nations sauront ainsi que la Chine conduit ses affaires dans un esprit de franchise, de droiture et de libéralisme, et que lorsqu'une fois une question est réglée on peut mettre de côté tous les soupçons et les doutes, sans laisser ainsi de place aux insinuations des traîtres et des intrigants.

Comme Shanghaï est fort éloigné de Canton, et que c'est là qu'on négocie pour le moment les arrangements qui ont rapport au commerce général nous nommons le gouverneur des Deux-Kiangs, Ho-Kwei-Tsing, commissaire impérial des affaires étrangères, et nous donnons l'ordre à Hwang-Tsung-Han de lui envoyer un officier spécialement chargé de lui remettre le sceau de commissaire impérial maintenant en usage. Respectez ceci ! »

Lorsqu'on se rappelle que *la Gazette de Péhin* est publiée uniquement pour l'instruction de la population chinoise, et qu'on ne suppose pas que les étrangers la lisent ni même la voient jamais, on comprend que nous regardons la promulgation officielle de ces sentiments conciliants comme un heureux symptôme pour l'avenir.

Cependant lord Elgin croyait que sa présence à Canton pourrait faciliter le règlement des affaires dans ce pays agité, il avait déjà pressé le général Straubenzee de poursuivre vigoureusement les opérations qui avaient si bien réussi contre Sheh-King. « Je crois fort important, » écrivait Son Excellence, « de profiter de la saison fraîche pour accoutumer les habitants des environs de Canton à la présence de nos troupes, et pour punir sévèrement les Braves ou autres qui pourraient s'aventurer à les attaquer ou à leur résister, en donnant naturellement toute sécurité pour le repos de la population tranquille. »

Lord Elgin annonça alors aux commissaires son intention de se rendre à Canton, en ajoutant qu'il comptait revenir à Shanghaï pour discuter avec eux certaines questions qui restaient encore pendantes. Il ne put exécuter cette résolution, parce qu'en arrivant à Canton, il apprit qu'on attendait tous les jours l'arrivée de M. Bruce qui avait été chargé de le remplacer. La colonie des négociants croyant que la mission allait dire à Sanghaï un adieu définitif, présenta à Son Excellence une adresse pour le féliciter de la large part de succès qui avait couronné ses négociations en Chine et au Japon.

Le 25 janvier, lord Elgin donna au consulat un dernier bal, après lequel nous rentrâmes à bord du *Furieux*, dans les lits que nous connaissions si bien, et nous dormions encore le lendemain lorsque Shanghaï était déjà à vingt milles derrière nous et que les eaux troubles du Yang-tse-Kiang nous portaient pour la dernière fois vers la mer.

Dans les premiers jours de février 1859, *le Furieux* jeta l'ancre dans la rivière de Canton, au même endroit où je l'avais quitté un an auparavant. Quels changements s'étaient opérés à Canton dans cet intervalle! Alors les troupes étaient campées sur les murs, ou installées provisoirement dans les yamuns, les rues étaient encombrées de gens effrayés qui quittaient la ville, la plupart des boutiques étaient fermées, et un grand nombre de maisons inhabitées tombaient en ruines.

Maintenant un bon système de gouvernement avait fait sortir l'ordre du chaos. Un corps d'agents de police, fort efficace, faisait des patrouilles dans les rues qui étaient plus propres que celles de toute autre cité chinoise. Les échoppes où l'on jouait avait disparu. Les espaces vides avaient été nettoyés et on en avait fait des champs de parade. Les officiers et les soldats occupaient de bonnes casernes, et on pouvait se promener partout dans les rues avec la plus parfaite sécurité. Le commerce était florissant, les négociants habitaient pour la plupart des demeures provisoires dans l'île d'Hainan de l'autre côté de la rivière, en attendant qu'on eût choisi le site de la nouvelle factorerie anglaise.

Les forces numériques du corps de police qui maintint l'ordre à Canton pendant une année d'occupation ne s'élevaient qu'à cent cinquante hommes. Le capitaine Pim, qui commandait ces troupes, me dit qu'il avait eu quatre hommes tués et douze blessés dans l'exercice de leurs fonctions. Ces crimes avaient été commis en été, lorsque les Braves avaient coutume d'entrer secrètement dans la ville pour y assassiner les Européens isolés. Mais les gens de Canton, bien loin de sympathiser avec ces misérables, les dénonçaient souvent à nos hommes.

Le succès de l'expédition de Shek-Tsing et le bon effet moral déjà produit sur la population rurale du district de Canton suggérèrent l'idée de promenades militaires sur une très-grande échelle. En conséquence, on en entreprit une à Fashtan et une autre à Taileck, principal village d'une confédération connue sous le nom des « Quatre-Vingt-Seize-Villages. » Ces deux courses se passèrent fort paisiblement et produisirent, autant qu'on en pouvait juger, un effet très-salutaire sur la population. Nous avions encore à visiter la ville de Fayune, de mauvais renom, située à trente ou quarante milles au nord de Canton ; le général Straubenzee se promettait de s'y rendre avec un corps d'un millier d'hommes. On me permit d'accompagner les troupes dans cette expédition, qui se trouva être par le fait une charmante excursion qui dura cinq jours et qui ressemblait à un pique-nique plutôt qu'à une reconnaissance militaire. Comme cette course a été complétement décrite au moment même, et qu'elle n'avait d'autre intérêt que celui qui s'attache nécessairement à une marche dans un pays peu connu, je n'entrerai là-dessus dans aucun détail. Les résultats politiques de cette promenade militaire comme de toutes celles de même nature qu'on entreprit à cette époque furent extrêmement satisfaisants. Les paysans, qui sont naturellement bien disposés envers les étrangers, s'accoutumèrent à notre présence, et furent moins disposés que jamais à souscrire pour l'entretien de ces misérables qui s'étaient réunis dans les environs de Canton et qui prenaient le nom de « Braves. »

Le prestige des Braves proprement dits souffrit beaucoup de l'affaire de Shek-Tsing, et ils comprirent pour la première fois que les barbares pouvaient entreprendre des mouvements militaires sans être soutenus par les « vaisseaux des démons, » et qu'il n'y avait point de retraites dans le voisinage de Canton qui fussent à l'abri des visites des troupes étrangères. La dissolution du comité de Fayune, par un édit impérial, et l'établissement d'un millier d'hommes sous les murs de la ville pendant vingt-quatre heures, suffirent à calmer l'ardeur belliqueuse de la milice, et ce sera notre faute si nous le laissons jamais reparaître.

Comme la malle qui devait arriver en Chine à la fin de février devait nous apporter des nouvelles positives sur les mouvements de M. Bruce, en même temps que les intentions du gouvernement sur une question d'organisation qui pouvait obliger lord Elgin de retourner à Shanghaï, il résolut d'employer cet intervalle à faire un voyage de découverte et d'exploration jusqu'au nouveau port ouvert par le traité de Tientsin dans l'île d'Hainan.

Par malheur, au moment où nous approchions sans cartes de cette côte peu connue, un coup de vent vint à s'élever. Un rivage bas et sablonneux, d'une apparence perfide, s'étendait sous le vent ; à l'intérieur, s'élevait une grande montagne de forme conique ; à gauche, les îles Taya nous apparaissaient à travers le brouillard, avec leurs dangereuses falaises ; les vagues écumaient et roulaient autour de nous d'une manière désagréable et qui semblait indiquer des courants violents et des récifs cachés. Cependant le sondeur criait toujours, à mesure que nous avancions lentement en entendant sa voix avec inquiétude : « Pas de fond ! » Tout à coup un cri aigu retentit : « Sept brasses ! » Nos sondeurs étaient trop bien appris pour perdre leur temps à faire des roulades en pareille occasion. Une minute après, l'avant portait, et le mouvement de l'eau, au moment où le vaisseau tournait presque sur lui-même, prouva combien le danger était pressant. La mer était trop forte pour que la recherche d'un passage au milieu de récifs de corail fût un amusement agréable ou prudent en l'absence d'une canonnière. Nous tournâmes donc le dos avec dégoût aux côtes inhospitalières d'Hainan, et nous allâmes chercher un refuge dans un joli petit port de la terre ferme, où un village de pirates s'abritait commodément dans les bois, dans un coin si reculé que nous le découvrîmes par accident, pour y trouver une population prête à couper la gorge au public, et qui semblait vivre dans l'aisance sans autres ressources apparentes que celles que pouvaient lui procurer un certain nombre de jonques bien armées. Après avoir touché à l'île de Saint-Jean, après avoir exploré en vain l'une de ses baies à la recherche de la tombe de saint François Xavier, nous revînmes jeter l'ancre dans la baie de Hong-Kong, « positivement pour la dernière fois, » à ce que nous espérions de tout notre cœur.

L'arrivée de la malle, qui n'apportait pour ainsi dire point de lettres pour la mission, vint trancher la question. Il était évident qu'en Angleterre on nous croyait en route, puisque les correspondances officielles et particulières avaient presque cessé. Comme M. Bruce devait échanger les ratifications, et que l'amiral avait reçu l'ordre d'envoyer un vaisseau à Singapour vers la fin de février pour l'y attendre, nous n'avions plus rien à gagner en prolongeant notre séjour sur le théâtre de nos longues négociations.

Le 4 mars, nous vîmes avec un inexplicable plaisir les côtes rugueuses de la Chine disparaître à l'horizon ; huit jours après, nous débarquions à Singapour. Ce ne fut cependant qu'en arrivant à Ceylan que nous rencontrâmes M. Bruce, dont le départ d'Angleterre avait été retardé.

Le Furieux, plus fidèle envers nous que nous ne l'avions été envers lui sur le Yang-Tse-Kiang, nous transporta sans encombre à Suez, et nous eûmes la satisfaction d'être les premiers voyageurs qui eussent jamais déjeuné sur la mer Rouge pour aller dîner sur la Méditerranée. Cette circonstance ne donnera qu'une faible idée de notre désir de revoir notre patrie.

Nous entrâmes dans le port de Valette jour pour jour deux ans après en être partis, pour nous diriger vers l'Orient. Depuis lors l'Inde et la Chine avaient successivement occupé l'esprit public, qui était maintenant absorbé par les destinées de l'Italie. Malheureusement, des événements aussi inattendus que déplorables viennent de surgir de nouveau dans le Céleste Empire. Du succès de notre diplomatie autant que de la force de nos armes dépend maintenant la question de savoir si le traité de Tientsin finira par devenir une réalité ou une fiction.

APPENDICE

N° 1

TRAITÉ DE YÉDO

Renfermé dans le n° 200.

Traité de paix, d'amitié et de commerce entre Sa Majesté et le Tycoon du Japon, signé en anglais, en japonais et en hollandais, à Yédo, le 26 avril 1858.

Sa Majesté la Reine du royaume-uni de la Grande-Bretagne et d'Irlande, et Sa Majesté le Tycoon du Japon, désirant placer sur le pied d'une bienveillance durable les rapports entre les deux pays, afin de faciliter les relations commerciales entre leurs sujets respectifs, ont résolu à cet effet d'entrer dans une alliance de paix, d'amitié et de commerce ; ils ont donc nommé leurs plénipotentiaires :

Sa Majesté la Reine de la Grande-Bretagne et d'Irlande, le très-honorable comte d'Elgin et Kincardine, pair du royaume-uni, chevalier du très-noble et très-ancien ordre du Chardon ;

Et Sa Majesté le Tycoon du Japon, Midzno-Tsik-Fogono-Kami, Nagai-Gembono-Kami, Inouwye-Sinanono-Kami, Hori-Oribeno-Kami, Iwase-Higono-Kami, et Tsuda-Hanzabro ;

Qui, après s'être mutuellement communiqué leurs pleins pouvoirs, et les avoir trouvés en bonne et due forme, ont décrété et conclu les articles suivants :

ARTICLE I

Une paix et une amitié éternelle s'établiront entre Sa Majesté la Reine du royaume-uni de la Grande-Bretagne et d'Irlande, ses héritiers et successeurs, et Sa Majesté le Tycoon du Japon, ainsi qu'entre leurs territoires et sujets respectifs.

ARTICLE II

Sa Majesté la Reine de la Grande-Bretagne et d'Irlande pourra nommer un agent diplomatique qui résidera dans la ville de Yédo, et des consuls ou agents consulaires qui pourront résider dans les ports du Japon ouverts par le traité au commerce anglais.

L'agent diplomatique et le consul général de la Grande-Bretagne auront le droit de voyager librement au Japon partout où bon leur semblera.

Sa Majesté le Tycoon du Japon pourra nommer un agent diplomatique qui résidera à Londres, et des consuls ou des agents consulaires dans tous les ports d'Angleterre.

L'agent diplomatique et le consul général du Japon auront le droit de voyager librement dans la Grande-Bretagne partout où bon leur semblera.

ARTICLE III

Les ports et villes d'Hakodadi, Kanagawa et Nangasaki seront ouverts aux sujets anglais le premier juillet mil huit cent cinquante-neuf. En outre, les ports et villes ci-après désignés leur seront ouverts aux dates indiquées :

Neegata, ou bien si Neegata ne se trouve pas être un port commode, quelque autre port plus approprié au commerce sur la côte occidentale de Niphon, le premier janvier mil huit cent soixante ;

Hiogo, le premier janvier mil huit cent soixante-trois.

Les sujets anglais pourront résider en permanence dans les susdits ports et villes ; ils auront le droit d'y louer un terrain, d'acheter les bâtiments qui s'y élèveraient, et de construire des maisons et des magasins ; mais on n'élèvera point de fortifications, ni de poste militaire sous prétexte de construire des magasins ou des maisons particulières, et pour s'assurer que cet article soit observé, les autorités japonaises auront le droit d'inspecter de temps à autre tous les bâtiments qu'on pourra construire, changer ou refaire.

Le consul anglais et les autorités japonaises du lieu régleront les endroits que pourront occuper les maisons des sujets anglais, ainsi que les ordonnances du port, et s'ils ne peuvent s'entendre, on en référera à l'agent diplomatique hollandais et au gouvernement japonais. Les Japonais ne pourront élever aucun mur, porte ou barrière, ni quoi que ce soit qui puisse les empêcher d'aller et venir en liberté.

Les sujets anglais seront libres d'aller où bon leur semblera, dans les limites prescrites, autour des ports ouverts au Japon.

A Kanagawa, ils pourront remonter jusqu'à la rivière Logo, qui se jette dans la baie de Yédo entre Kasawaki et Sinagowa, et à dix *ri* dans toutes les directions ; à Hakodaki, à dix *ri* dans toutes les directions.

A Hio-go, à dix *ri*, dans toutes les directions, celle de Kioto exceptée ; on n'approchera pas de cette ville à moins de dix *ri*. L'équipage des vaisseaux qui viendront à Hio-go ne pourra pas traverser la rivière Enagawa qui se jette dans la baie entre Hio-go et Osaca.

La distance sera mesurée par terre, à partir du Goyoso, ou hôtel de ville de chacun des ports ci-dessus, le *ri* égalant environ quatre milles deux cent soixante-dix yards de mesure anglaise.

A Nangasaki, les sujets anglais pourront se rendre dans toutes les parties du domaine impérial dans le voisinage.

Les bornes seront fixées pour Neegata, ou pour le port qu'on y pourra substituer, par l'agent diplomatique anglais et par le gouvernement du Japon.

A partir du premier janvier mil huit cent soixante-deux, les sujets anglais pourront résider dans la ville de Yédo, et à partir du premier janvier mil huit cent soixante-trois dans la ville d'Osaca, uniquement pour faire le commerce. Dans ces deux villes, l'agent diplomatique anglais et le gouvernement du Japon régleront un endroit convenable où ils pourront louer des maisons et la distance à laquelle ils pourront aller.

ARTICLE IV

Toutes les questions touchant aux droits de personne ou de propriété, qui pourraient s'élever entre des sujets anglais sur le territoire de Sa Majesté le Tycoon du Japon, seront soumises à la juridiction des autorités anglaises.

ARTICLE V

Les sujets japonais qui pourraient se rendre coupables d'un acte criminel contre des sujets anglais seront arrêtés et punis par les autorités japonaises, d'après les lois du Japon.

Les sujets anglais qui pourraient commettre quelque crime contre les sujets japonais ou les sujets ou citoyens de quelque autre pays, seront jugés et punis par le consul ou par tout autre fonctionnaire public à ce autorisé, d'après les lois de la Grande-Bretagne.

La justice sera bien et équitablement administrée des deux parts.

ARTICLE VI

Un sujet anglais ayant des raisons de se plaindre d'un Japonais, se rendra au consulat et y exposera son grief.

Le consul s'enquerra de l'affaire et fera tout ce qui sera en son pouvoir pour l'arranger à l'amiable. De même, si un Japonais a des raisons de se plaindre d'un sujet anglais, le consul recevra de même sa plainte et cherchera à arranger l'affaire à l'amiable. Si des discussions de nature à ne pouvoir être arrangées à l'amiable venaient à s'élever, le consul réclamera l'assistance des autorités japonaises, afin d'examiner ensemble l'affaire et de la régler équitablement.

ARTICLE VII

Si un sujet japonais manquait à payer les dettes qu'il aurait contractées envers un sujet anglais, ou qu'il prît frauduleusement la fuite, les autorités japonaises feront tout ce qui dépendra d'elles pour le ramener devant la justice et pour l'obliger à payer ses dettes; de même, si un sujet anglais prenait frauduleusement la fuite, ou manquait à payer les dettes par lui contractées envers un sujet japonais, les autorités anglaises feraient tout ce qui dépendrait d'elles pour l'amener en justice et pour l'obliger à payer ses dettes.

Ni le gouvernement anglais ni le gouvernement japonais ne seront tenus pour responsables des dettes contractées par les sujets anglais ou japonais.

ARTICLE VIII

Le gouvernement japonais ne mettra aucun obstacle à ce que les sujets anglais emploient des Japonais à toutes les occupations permises.

ARTICLE IX

Les sujets anglais pourront librement pratiquer leur religion, et, dans ce but, ils auront le droit de construire des lieux de culte convenables.

ARTICLE X

Toutes les monnaies étrangères auront cours au Japon, et seront reçues pour leur poids équivalent de monnaie japonaise de la même nature.

Les sujets anglais ou japonais pourront user indifféremment d'argent étranger ou japonais dans leurs payements réciproques.

Comme il se passera quelque temps avant que les Japonais connaissent la valeur de l'argent étranger, le gouvernement japonais fournira aux sujets anglais, pendant un an après l'ouverture de chaque port, de l'argent japonais en échange du leur, on leur donnera poids égal, sans rien retrancher pour le droit de battre monnaie.

On pourra exporter du Japon les monnaies de toute espèce, à l'exception de la monnaie de cuivre du Japon, tout aussi bien que les lingots d'or et d'argent étranger.

ARTICLE XI

On pourra débarquer à Nangasaki, à Kanagawa et à Hakodadi des provisions pour l'usage de la marine anglaise, qui seront emmagasinées dans les entrepôts, sous la garde d'un employé du gouvernement anglais, sans payer de droits, mais si l'on vend au Japon quelque partie de ces provisions, l'acheteur payera des droits d'entrée au gouvernement japonais.

ARTICLE XII

Si un vaisseau anglais se trouve en aucun lieu échoué ou ensablé sur les côtes du Japon, ou s'il est obligé de se réfugier dans l'un des ports des domaines du Tycoon, les autorités japonaises, en étant instruites, lui rendront immédiatement tous les services qui seront en leur pouvoir; les personnes qui se trouveront à bord recevront de bons traitements, et on leur fournira, s'il est nécessaire, les moyens de se rendre à la station consulaire la plus proche.

ARTICLE XIII

Tout navire marchand anglais arrivant dans l'un des ports francs du Japon, aura le droit de prendre un pilote pour entrer dans le port. De même, lorsqu'il aura acquitté tous les droits et charges légales, et qu'il sera prêt à partir, on lui permettra de prendre un pilote pour sortir du port.

ARTICLE XIV

Dans tous les ports ouverts au commerce les sujets anglais auront le droit de faire des importations de leurs ports ou d'autres ports, d'y vendre, d'y acheter et d'exporter sur leurs ports ou autres ports toute espèce de marchandise n'étant pas de la contrebande, en payant les droits comme ils sont indiqués dans le tarif ici annexé, sans autres charges d'aucune nature.

A l'exception des munitions de guerre, qu'on vendra uniquement aux étrangers et au gouvernement japonais, ils pourront acheter librement aux Japonais et leur vendre tous les objets que les deux parties pourront avoir à vendre, sans intervention des fonctionnaires japonais dans ces ventes ou achats, pour faire ou recevoir les payements, et toutes les classes du Japon pourront acheter, vendre, garder ou employer toutes les denrées à eux vendues par les sujets anglais.

ARTICLE XV

Si les employés des douanes japonaises ne sont pas satisfaits du prix indiqué par le propriétaire pour certaines marchandises, ils pourront y attribuer une valeur en offrant de prendre les marchandises à ce taux. Si le propriétaire refuse d'accepter cette offre, il payera le droit sur cette évaluation. Si l'offre est acceptée par le propriétaire, on lui en payera sur-le-champ la valeur, sans diminution ni escompte.

ARTICLE XVI

Toutes les marchandises importées au Japon par les sujets anglais et qui auront payé les droits fixés par ce traité pourront être transportées par les Japonais dans toutes les parties de l'empire sans payer aucune taxe, excise ou droit de transit.

ARTICLE XVII

Les négociants anglais qui auraient importé des marchandises dans l'un des ports francs du Japon, en payant les droits, pourront, sur le certificat des autorités japonaises, reconnaissant ce payement, réexporter ces marchandises et les débarquer dans quelque autre port franc, sans payer d'autres droits.

ARTICLE XVIII

Les autorités japonaises de chaque port adopteront les mesures qu'elles croiront les plus efficaces pour empêcher les fraudes et la contrebande.

ARTICLE XIX

Toutes les amendes imposées, ou toutes les confiscations exécutées d'après ce traité appartiendront au gouvernement de Sa Majesté le Tycoon du Japon qui se les appropriera.

ARTICLE XX

Les articles réglant le commerce qui sont annexés à ce traité feront partie du traité, et lieront également les deux parties contractantes et leurs sujets.

L'agent diplomatique de la Grande-Bretagne au Japon, d'accord avec la personne ou les personnes que le gouvernement japonais pourra nommer à cet effet, aura le droit d'établir des règlements nécessaires pour exécuter pleinement les provisions de ce traité et les provisions des articles réglant le commerce y annexés.

ARTICLE XXI

Ce traité étant écrit en anglais, en japonais et en hollandais, et toutes les versions ayant le même sens et la même intention, on tiendra la version hollandaise pour l'original. Mais il est convenu que toutes les communications officielles adressées aux autorités japonaises par les agents diplomatiques et consulaires de Sa Majesté la Reine de la Grande-Bretagne seront désormais écrites en anglais. Afin, cependant, de faciliter la transaction des affaires elles seront accompagnées, pendant cinq années à partir de la signature de ce traité, d'une version japonaise ou hollandaise.

ARTICLE XXII

Il est convenu que les deux hautes parties contractantes de ce traité pourront, en avertissant un an d'avance, en demander une révision au premier juillet mil huit cent soixante-douze, ou par la suite, dans le but d'y insérer les changements dont l'expérience pourrait démontrer l'utilité.

ARTICLE XXIII

Il est expressément stipulé que le gouvernement anglais et ses sujets participeront librement et complétement à tous les avantages, immunités ou priviléges que Sa Majesté le Tycoon du Japon peut avoir accordés ou pourra accorder dans la suite au gouvernement ou sujets de toute autre nation.

ARTICLE XXIV

Les ratifications de ce traité, de la main de Sa Majesté la Reine de la Grande-Bretagne et d'Irlande, et de la main et sous le sceau de Sa Majesté le Tycoon du Japon, s'échangeront à Yédo, un an après le jour de la signature.

En foi de quoi les plénipotentiaires ont signé et scellé ce traité.

Fait à Yédo, le vingt-six août mil huit cent cinquante-huit, correspondant à la date japonaise du dix-huitième jour du septième mois de la cinquième année.

Signé : ELGIN et KINCARDINE,
MIDZNO-TSIK-FOGONO-KAMI,
NAGAI-GEMBONO-KAMI,
INOUWYE-SINANONO-KAMI,
HORI-ORIBENO-KAMI,
IWASE-HIGONO-KAMI,
TSUDA-HANZABRO.

TABLE DES MATIÈRES

I. — Premier aspect du Japon. — Charmant paysage. — Singulier bateau. — Pappenberg. — Forts Dungaree. — Spectacle enchanteur. — Un gardien du port philosophe. — Visite des fonctionnaires japonais. — Décima. — Abolition des restrictions. — Ancien emprisonnement des Hollandais. — Un skipper contrebandier. — Avidité hollandaise. — Règlements sévères. — Concessions récentes. — Nangasaki. — Aspect des maisons. — Boutiques de Nangasaki. — Les rues. — Plan de la ville. — Janiteurs de Décima. 1

II. — Succès de la mission de Xavier. — Dons surnaturels. — Héroïsme des convertis japonais. — Discussions théologiques des convertis. — Leurs objections aux peines éternelles. — Louis d'Almeyda. — Le prince d'Omura. — Sa conversion. — Fondation de Nangasaki. — Conversion des princes. — Sort de Nangasaki. — Mort de Sumitanda. — Constitution du gouvernement japonais. — Les deux empereurs. — Taiko-Sama. — Persécution des chrétiens. — Projets de Taiko-Sama. — Il envahit la Corée. — Nangasaki est annexée par le Ziogoon. — William Adams. — Factorerie anglaise au Japon. — Économistes japonais. — Intrigues des Hollandais. — Expulsion des Portugais. — Établissement de Décima. 18

III. — Surabondance de sensations. — Les bazars russes et hollandais. — Les changeurs. — Placements séduisants. — Visite du vice-gouverneur. — Une école d'équitation. — Environs de Nangasaki. — Une visite dans un jardin à thé. — Festins et musique. — Produits de Fizen. — Mines de charbon. — Le prince de Satsuma. — Écoles japonaises à Nangasaki. — Organisation militaire. — Un coup de vent. — Éruptions volcaniques. — Lieux de châtiments futurs. — Une nuit orageuse. — Arrivée à Simoda. — Dangers du port.. 39

IV. — Résidence du consul d'Amérique. — Un ermitage. — Visite au consul d'Amérique. — Son succès récent à Yedo. — Bazar de Simoda. — Tourments de l'indécision. — Un cimetière japonais. — Temples de Bouddha. — La religion Sintôo. — Dieux Lares. — Un temple japonais. — Doctrines des Sintôo. — Spéculations théologiques. — Valeur de la religion Sintôo. — Visite du gouverneur. — Politesses dispendieuses. — Aspect général de Simoda. — Voyage pour reconnaître la baie de Yedo. — Chaumières japonaises. — Kanagawa. — Arrivée à Yedo. 57

V. — Visiteurs officiels. — Nous changeons d'ancrage. — Visite des princes. — But de l'entrevue. — Un bâtiment de guerre japonais. — Visite à l'amiral. — Jonques japonaises. — Uniforme impérial. — Curiosité des promeneurs sur l'eau. — Moriyama. — Visite des commissaires. — Parties de débarquement. — Lieu de débarquement. — Une selle japonaise. — Procession à travers Yedo. — Excitation de la foule. — Le beau sexe. — Les femmes mariées sont défigurées. — Parties de plaisir japonaises. — Arrivée à notre future résidence. 74

VI. — Résidence de la mission anglaise. — Plan de notre maison. — Nattes rembourrées. — Espions japonais. — Toits de bardeaux. — Le quartier des Princes. — Une aristocratie rétrograde. — Arguments qu'elle emploie. — Inconvénients de la civilisation. — Contraintes imposées aux nobles. — Palais des princes. — La citadelle. — Panorama de Yedo. — Banquet impérial. — Expédition dans les boutiques. — Échelles d'incendie. — On nous prend pour des Chinois. — Maisons de bains. — Belles laques. — Un marchand de soieries. — Activité de la police. — Organisation du ministère de la police. — Chiens des rues. — Daims sauvages. 90

VII. — Constitution du gouvernement. — Nayboeni. — Le système d'espionnage. — Le conseil d'État. — Une crise politique. — Heureuse fin. — Ruine d'un homme politique. — Échelle sociale au Japon. — Une visite à la citadelle. — Les ministres japonais. — Les domestiques japonais. — Thé et confitures. — Emplettes à Yedo. — Passion pour les chiens. — Visite officielle des commissaires. — Costume officiel. — Du vin de Champagne et du jambon. — Première conférence. — Plaisanterie d'Higono-Kami. — Bonne humeur générale. 108

VIII. — Une course à cheval. — Beauté des faubourgs. — Une jolie maison à thé. — Jardins à thé de Hojee. — Un pique-nique pittoresque. — Arrangement intérieur d'une maison à thé. — Une salle de bain. — Paysages de l'intérieur du Japon. — Les jardins botaniques. — Une visite aux premiers ministres. — Les commissaires à déjeuner. — Le Coquin. — Écoles de Yedo. — Talents linguistiques des Japonais. — Système d'éducation. — Littérature japonaise. — Système postal. — Langue japonaise. — Sa construction. — Usage universel du papier. — Intelligence des Japonais. . . . 123

IX. — Un enterrement japonais. — Façon d'arranger les cheveux des dames. — Qualité de l'acier japonais. — Sculptures en ivoire. — Instruments de musique. — Éventails de guerre japonais. — Excursion dans la campagne. — Cérémonie religieuse. — Tatouages compliqués. — La rivière Logos. — Le temple de Daï-Cheenara. — L'intérieur du temple. — Singulier post-scriptum. — Lois somptuaires. — Sinagawa. — Impôts au Japon. — Caractère de la législation. — Manière des Japonais de traiter les enfants. — Résultat de nos expériences. — Goût des Japonais pour le plaisir. — Effet du contact avec les Européens. 140

X. — Population de Yedo. — Le Nipon Bas. — Le temple du Quanon. — Une foire. — Une volière. — Un singulier tableau. — Représentations théâtrales. — Boutiques de jouets. — Système d'astronomie. — Pèlerins des montagnes. — Lutteurs japonais. — Représentation d'un escamoteur. — Le tour du papillon. — Les commissaires à dîner. — Enthousiasme après le dîner. — Présents faits à la mission. — Énormes robes de chambre. — Dernière nuit à Yedo. . . 157

XI. — Nous réglons nos comptes. — Monnaie japonaise, monnaie d'or et d'argent. — Difficultés du change. — Emballage japonais. — Signature du traité. — Mort du tycoon nayboen. — Cause probable de sa mort. — Profond secret. — Nous quittons notre maison. — Livraison du yacht. — Séparation. 170

XII. — Perspectives d'avenir. — Civilisation du Japon. — Effets du traité. — Servilité des Hollandais. — Entrevues des Hollandais avec le tycoon. — Politique à suivre. — Nécessité de la probité commerciale. — Ressources du Japon. — Rapports de commerce avec la Chine. — Intervention du gouvernement. — Cargaisons de Chow-Chow. — Concurrence avec les fabricants indigènes. — Écoulement probable pour les étoffes de laine, etc. — Produits végétaux. — Cire du Japon. — Ressources minérales. — Avenir du commerce. — Nous quittons le Japon. — Port de Hiogo. — Ohosaka. — Kioto. — Nous sommes pris par le typhon. — Arrivée à Shanghaï. 181

XIII. — Effets du climat de la Chine. — Avantages de Shangaï. — Arrivée des commissaires impériaux. — Correspondance au sujet de Canton. — Proclamation de la paix. — Nomination de la sous-commission. — Nos collègues chinois. — Conférences journalières. — Taux du nouveau tarif. — Droits de transit. — Perception des droits de douane sur les étrangers. — Le commerce de l'opium. — Réponse de lord Elgin. — Règlement de la question. — Visite des commissaires. — Le joyeux Ho. — Dîner avec les commissaires. —

378   LE JAPON.

Le ministre résident à Pékin. — Expédition projetée sur le Yang-tse-Kiang. — Signature des conventions commerciales. — Départ de Shangaï. 199

XIV. — Tous les vaisseaux ensablés. — Le delta du Yang-tse. — Nous sommes à la recherche d'un passage. — Les falaises de Kiang-Yin. — Aspect des rives du fleuve. — Fixés dans un rocher. — L'île d'Argent. — Yang-Chow. — Spectacle de désolation. — Chin-Kiang. — Effets de l'occupation des rebelles. — L'île d'Or. — Vue magnifique. — Nous quittons le rocher. — Tan-Too. — Traduction des noms chinois. — Orthographe chinoise. — Entrée du grand canal. — Absence des jonques de commerce. — Arrivée à Nankin. — Engagement avec les rebelles. — Résultats.. 215

XV. — Nouvel engagement. — Bombardement fort vif. — On démonte les batteries. — Engagement entre les rebelles et les impériaux. — Nous reprenons notre voyage. — Les rebelles reçoivent une leçon. — Nous abordons pour recueillir des renseignements. — Pauvreté des paysans. — Prière de venir en aide aux rebelles. — Notification en réponse. — Nous entrons dans la province de Ngan-Hwui. — Procession militaire. — Les grilles des piliers de l'Orient et de l'Occident. — Arrivée à Woohoo. — Lettre du chef des rebelles. — Nous lui faisons une visite. — Foule indisciplinée. — Costumes variés. — Un espion de l'Empereur. — Ancienne position de Woohoo. — État actuel. — Un manifeste Tai-Ping. 232

XVI. — Une bataille entre les rebelles et les impériaux. — Sortie de la population. — Arrivée à Kew-Hsien. — Position des rebelles. — Tactique des rebelles, état d'abandon du pays. — Tee-Kiang. — Beau paysage. — Fortifications nouvelles des rebelles. — Une chasse au sanglier. — Description du pays. — Notre pilote. — Culture. — Visiteurs mandarins. — Caractère des bords de la rivière. — Une flotte impériale. — Une visite au commodore. — Légende de la barrière de la poule. — Approche de Ngan-King. — La pagode à huit étages. — Tactique des impériaux. — Traitement qu'ils font subir à la population. — Toong-Lew. 261

XVII. — Une expédition de fourrageurs. — Romans de notre pilote. — Grandeur du paysage. — Le rocher du Petit-Orphelin. — Un pays exposé. — Entrée du lac de Poyang. — Légende du rocher de l'Orphelin. — Inondation du Yang-tse. — Explication qu'on en donne. — Statistique rurale. — Aspect des femmes. — Traits géographiques du pays. — La vallée du Yang-tse. — Kew-Kiang. — Examen de ses ressources. — Villages des rives. — Magnifique paysage. — Déprédations des Neefei. — Nous abordons à Hwang-Shih-Kang. — Activité commerciale. — Ile de la Tortue-Blanche. — Nous entrons dans la province de Hoopeh. — Le philosophe Laoutz. —

Les montagnes du Tigre-Blanc. — Un dialogue peu satisfaisant. — Nous approchons de Han-Kow. 280

XVIII. — Premières impressions produites par Han-Kow. — Ressemblance avec Nijni-Novogorod. — Premier débarquement. — Une foule bien élevée. — Plan de Han-Kow. — Vue de Wo-Chang et de Han-Yang. — Population de ces deux villes. — Manufacture des câbles de bambous. — Prix des cotonnades de Manchester. — Cire d'insectes. — Mode de production. — Démolition récente de Han-Kow. — Population mêlée. — Politique des mandarins. — Investigations commerciales. — Difficulté d'obtenir des renseignements. — Un dialogue. — Commerce de Han-Kow. — Districts producteurs de thé. — Visites à Han-Yang. — Assertions du père Huc. . . . 304

XIX. — Première apparition des étrangers. — Chasse à la bécassine près de Han-Kow. — Visite au gouverneur général. — Aspect extérieur de Wo-Chang. — Réception du gouverneur général. — Magnifique repas. — On nous rend notre visite. — Brillant spectacle. — Examen des aspirants. — L'armée des Braves. — Singulier uniforme. — Panorama de Wo-Chang. — Raisons de notre retour. — La rivière baisse. — Un passage étroit. — Politesse de la population des campagnes. — La *Lee* dans l'embarras. — Carrières de pierres à chaux. — Paysages sauvages. — Les grandes eaux. 322

XX. — Exploration d'un lac. — Un paysan bien élevé. — Nous chargeons une barre. — Navigation difficile. — Bonne chasse. — Nous abandonnons le *Furieux*. — Jour de Noël. — Nous nous entassons sur la *Lee*. — Nous approchons de Ngan-King. — M. Wade fait une visite aux rebelles. — Son rapport. — Arrivée à Woo-Hoo. — Communication des rebelles. — Nous débarquons à Nankin. — Visite à un chef rebelle. — Compte rendu de l'entrevue. — Entrevue avec Lee. — Véritable état de la situation. — Mœurs des rebelles. — Force de la garnison. — Théologie des rebelles. 337

XXI. — Le Yang-tse-Kiang considéré au point de vue commercial. — Sensation produite par notre arrivée. — Soudaine apparition du *Furieux*. — L'édit secret. — Correspondance avec les commissaires. Les affaires de Canton. — Résultat de la correspondance. — Décret publié dans la *Gazette de Pékin*. — Départ de Shanghaï. — Promenades militaires près de Canton. — Expédition à Fayune. — Voyage à Hainan. — Nous disons adieu à la Chine. — Nous arrivons à Malte. 356

APPENDICE 369

IMPRIMERIE EUGÈNE HEUTTE ET Cⁱᵉ, A SAINT-GERMAIN.

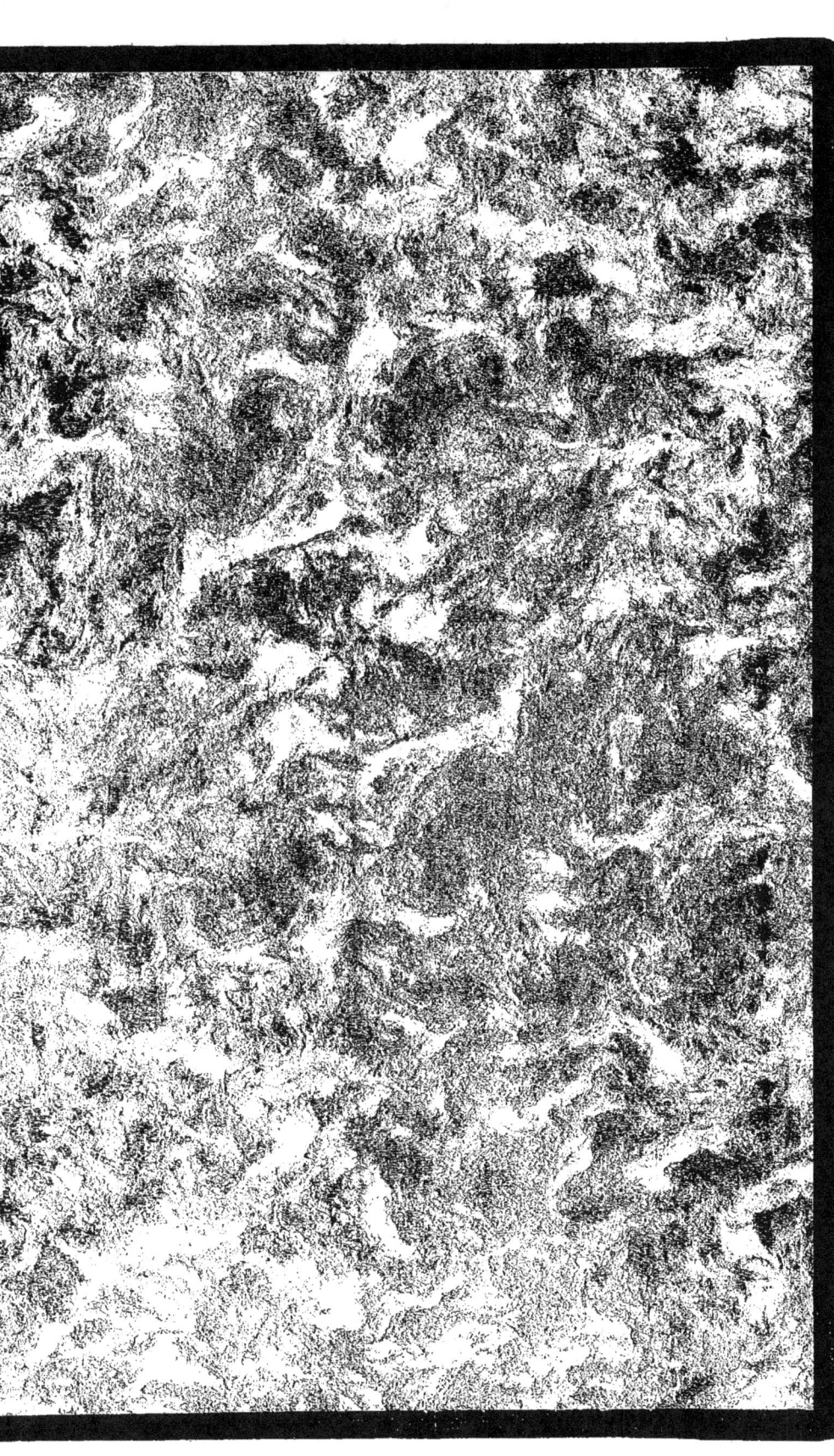